埃及五千年

文明起源與王朝興衰的故事

THE STORY OF EGYPT

JOANN FLETCHER
喬安·佛列契

楊淩峰——譯

獻給史蒂芬與愛莉諾

Egypt within the ancient world 3000 BC – 30 BC
古代世界的埃及，西元前3000年至西元前30年

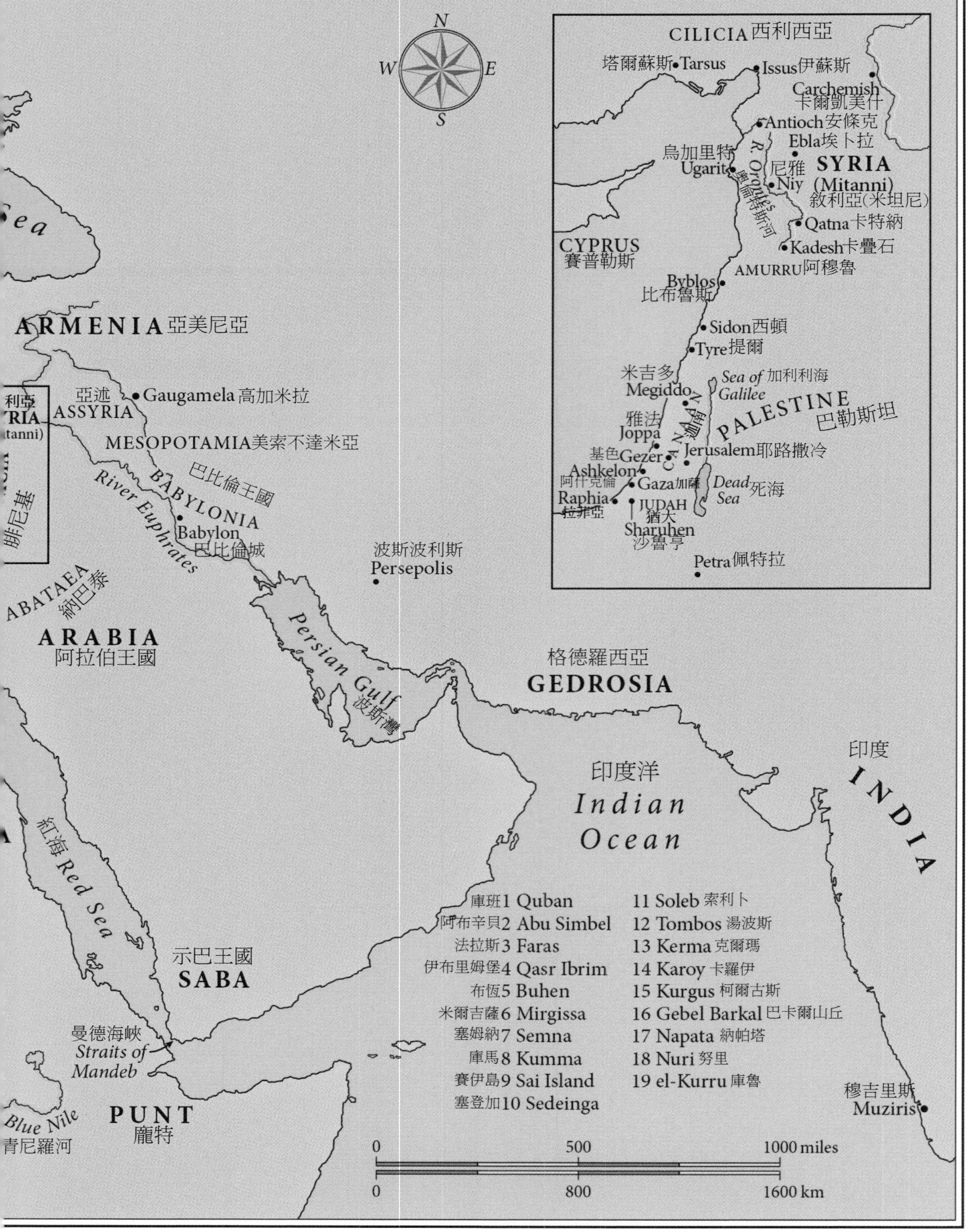
N
S
E
W
CILICIA西利西亞
塔爾蘇斯•Tarsus
•Issus伊蘇斯
Carchemish
卡爾凱美什
•Antioch安條克
Ebla埃卜拉
烏加里特
Ugarit
R. Orontes
奧倫特斯河
尼雅
•Niy
SYRIA
(Mitanni)
敘利亞(米坦尼)
•Qatna卡特納
•Kadesh卡疊石
CYPRUS
賽普勒斯
AMURRU阿穆魯
Byblos
比布魯斯
•Sidon西頓
•Tyre提爾
米吉多
Megiddo
Sea of 加利利海
Galilee
PALESTINE
巴勒斯坦
雅法
Joppa
CANAAN
迦南
Jerusalem耶路撒冷
基色Gezer
Ashkelon
阿什克倫
Gaza加薩
Dead Sea
死海
Raphia
拉菲亞
JUDAH
猶大
Sharuhen
沙魯亨
Petra佩特拉
Sea
ARMENIA亞美尼亞
亞述
ASSYRIA
•Gaugamela高加米拉
MESOPOTAMIA美索不達米亞
巴比倫王國
BABYLONIA
River Euphrates
Babylon
巴比倫城
波斯波利斯
Persepolis
ABATAEA
納巴泰
ARABIA
阿拉伯王國
Persian Gulf
波斯灣
格德羅西亞
GEDROSIA
印度洋
Indian Ocean
印度
INDIA
紅海 Red Sea
示巴王國
SABA
曼德海峽
Straits of Mandeb
PUNT
龐特
Blue Nile
青尼羅河
穆吉里斯
Muziris
庫班1 Quban
阿布辛貝2 Abu Simbel
法拉斯3 Faras
伊布里姆堡4 Qasr Ibrim
布恆5 Buhen
米爾吉薩6 Mirgissa
塞姆納7 Semna
庫馬8 Kumma
賽伊島9 Sai Island
塞登加10 Sedeinga
11 Soleb 索利卜
12 Tombos 湯波斯
13 Kerma 克爾瑪
14 Karoy 卡羅伊
15 Kurgus 柯爾古斯
16 Gebel Barkal 巴卡爾山丘
17 Napata 納帕塔
18 Nuri 努里
19 el-Kurru 庫魯
0
500
1000 miles
0
800
1600 km

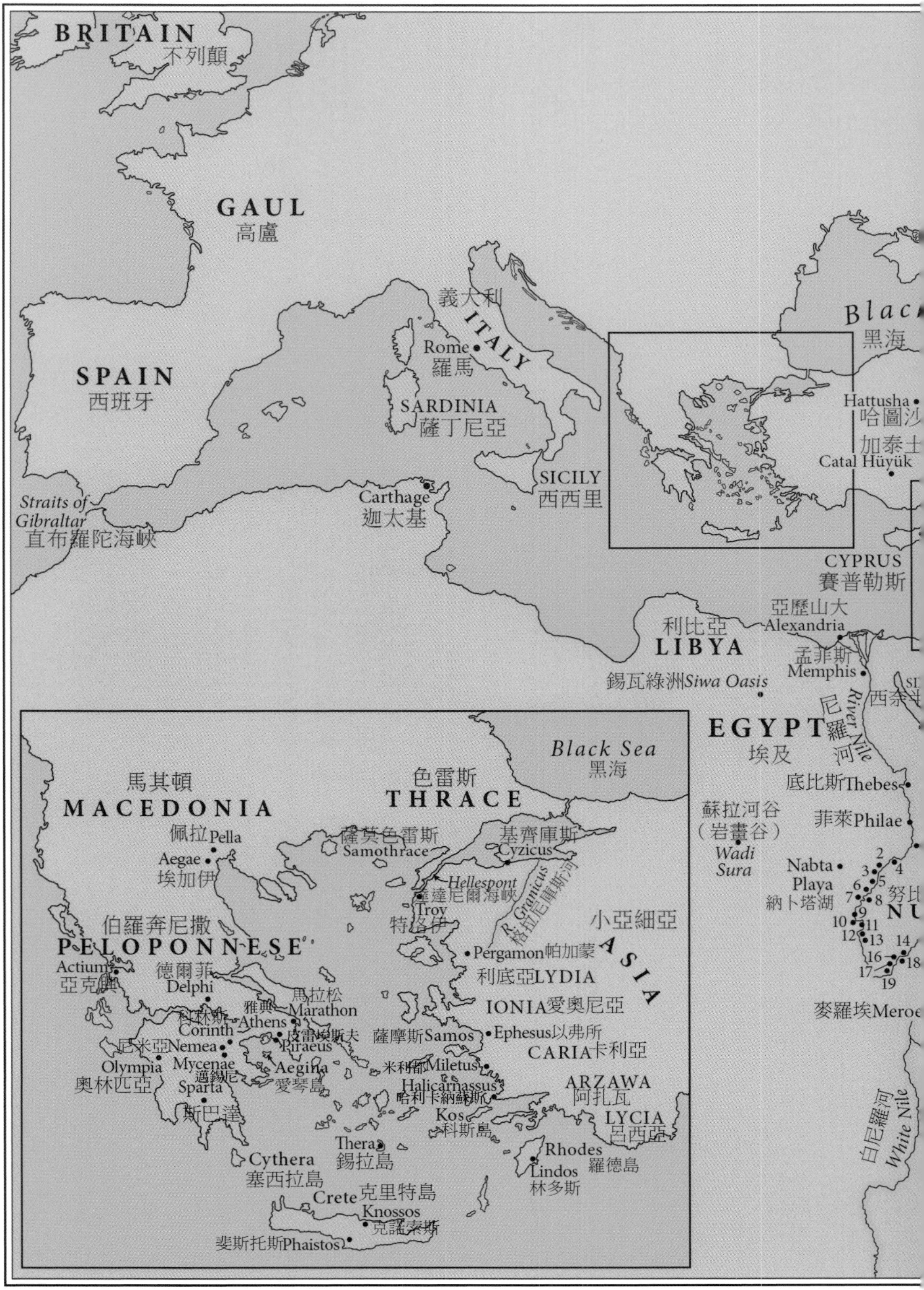
BRITAIN
不列顛
GAUL
高盧
義大利
ITALY
Rome
羅馬
SPAIN
西班牙
SARDINIA
薩丁尼亞
SICILY
西西里
Carthage
迦太基
Straits of Gibraltar
直布羅陀海峽
Blac
黑海
Hattusha
哈圖沙
加泰土
Catal Hüyük
CYPRUS
賽普勒斯
亞歷山大
Alexandria
利比亞
LIBYA
孟菲斯
Memphis
錫瓦綠洲Siwa Oasis
EGYPT
埃及
尼羅河
River Nile
底比斯Thebes
菲萊Philae
蘇拉河谷
（岩畫谷）
Wadi Sura
Nabta Playa
納卜塔湖
1 2 3 4 5 6 7 8 9 10 11 12 13 14 16 17 18 19
麥羅埃Meroe
白尼羅河
White Nile
Black Sea
黑海
馬其頓
MACEDONIA
色雷斯
THRACE
佩拉Pella
Aegae
埃加伊
薩莫色雷斯
Samothrace
基齊庫斯
Cyzicus
Hellespont
達達尼爾海峽
R. Granicus
格拉尼庫斯河
Troy
特洛伊
小亞細亞
ASIA
伯羅奔尼撒
PELOPONNESE
Actium
亞克興
德爾菲
Delphi
Pergamon帕加蒙
利底亞LYDIA
IONIA愛奧尼亞
馬拉松
Marathon
雅典
Athens
科林斯
Corinth
比雷埃夫斯
Piraeus
尼米亞Nemea
Olympia
奧林匹亞
Mycenae
邁錫尼
Sparta
斯巴達
Aegina
愛琴島
薩摩斯Samos
Ephesus以弗所
CARIA卡利亞
米利都Miletus
Halicarnassus
哈利卡納蘇斯
ARZAWA
阿扎瓦
Kos
科斯島
LYCIA
呂西亞
Thera
錫拉島
Cythera
塞西拉島
Rhodes
羅德島
Lindos
林多斯
Crete克里特島
Knossos
克諾索斯
斐斯托斯Phaistos

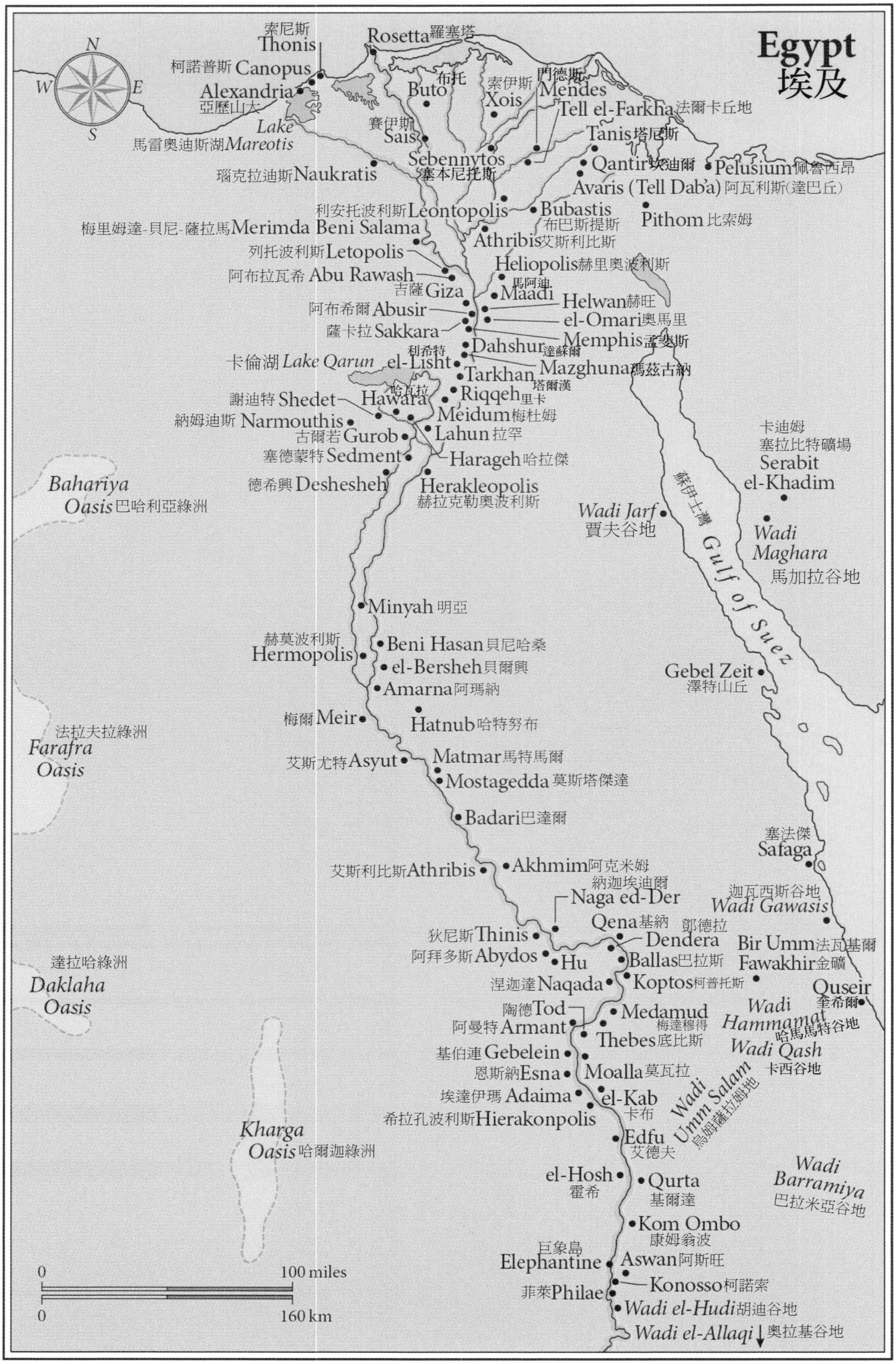
Egypt
埃及
N
S
E
W
索尼斯
Thonis
Rosetta羅塞塔
柯諾普斯 Canopus
Alexandria
亞歷山大
Lake
馬雷奧迪斯湖Mareotis
布托
Buto
賽伊斯
Sais
索伊斯
Xois
門德斯
Mendes
Tell el-Farkha法爾卡丘地
Tanis塔尼斯
Qantir坎迪爾
Pelusium佩魯西昂
瑙克拉迪斯Naukratis
Sebennytos
塞本尼托斯
Avaris (Tell Dab'a) 阿瓦利斯(達巴丘)
利安托波利斯Leontopolis
Bubastis
布巴斯提斯
Pithom比索姆
梅里姆達-貝尼-薩拉馬Merimda Beni Salama
Athribis艾斯利比斯
列托波利斯Letopolis
Heliopolis赫里奧波利斯
阿布拉瓦希 Abu Rawash
馬阿迪
Maadi
吉薩 Giza
Helwan赫旺
阿布希爾 Abusir
el-Omari奧馬里
薩卡拉 Sakkara
Memphis孟斐斯
Dahshur達蘇爾
利希特
卡倫湖 Lake Qarun
el-Lisht
Tarkhan
塔爾漢
Mazghuna馬茲古納
哈瓦拉
Hawara
Riqqeh里卡
謝迪特 Shedet
納姆迪斯 Narmouthis
Meidum梅杜姆
古爾若 Gurob
Lahun拉罕
塞德蒙特 Sedment
Harageh哈拉傑
德希興 Deshesheh
Herakleopolis
赫拉克勒奧波利斯
Bahariya
Oasis巴哈利亞綠洲
Wadi Jarf
賈夫谷地
蘇伊士灣
Gulf of Suez
卡迪姆
塞拉比特礦場
Serabit
el-Khadim
Wadi
Maghara
馬加拉谷地
Minyah 明亞
赫莫波利斯
Hermopolis
Beni Hasan貝尼哈桑
el-Bersheh貝爾興
Amarna阿瑪納
Gebel Zeit
澤特山丘
梅爾 Meir
Hatnub哈特努布
法拉夫拉綠洲
Farafra
Oasis
艾斯尤特Asyut
Matmar馬特馬爾
Mostagedda 莫斯塔傑達
Badari巴達爾
塞法傑
Safaga
艾斯利比斯Athribis
Akhmim阿克米姆
納迦埃迪爾
Naga ed-Der
迦瓦西斯谷地
Wadi Gawasis
Qena基納
鄧德拉
狄尼斯 Thinis
Dendera
Bir Umm法瓦基爾
Fawakhir金礦
阿拜多斯 Abydos
Hu
Ballas巴拉斯
達拉哈綠洲
Daklaha
Oasis
涅迦達 Naqada
Koptos柯普托斯
Quseir
奎希爾
陶德Tod
Medamud
梅達穆得
Wadi
Hammamat
哈馬馬特谷地
阿曼特 Armant
Thebes底比斯
Wadi Qash
卡西谷地
基伯連 Gebelein
恩斯納Esna
Moalla莫瓦拉
Wadi
Umm Salam
烏姆薩拉姆地
埃達伊瑪 Adaima
el-Kab
卡布
希拉孔波利斯Hierakonpolis
Kharga
Oasis哈爾迦綠洲
Edfu
艾德夫
Wadi
Barramiya
巴拉米亞谷地
el-Hosh
霍希
Qurta
基爾達
Kom Ombo
康姆翁波
巨象島
Elephantine
Aswan阿斯旺
Konosso柯諾索
非萊Philae
Wadi el-Hudi胡迪谷地
Wadi el-Allaqi奧拉基谷地
0
100 miles
0
160 km

向北流淌的尼羅河將埃及沙漠分為兩半。在接近地中海的河口三角洲，原先狹窄的流域擴散展開如扇形。紅海在東側構成埃及的另一道海岸線。

已知最早的人頭狀雕塑，燒陶並上色。發現於埃及三角洲西部的梅里姆達－貝尼－薩拉馬遺址。約西元前四五〇〇年。

女體彩陶造型，舉起的雙臂被描述為「模仿牛角」。出土於埃德夫附近馬瑪利亞（el Mamariya）的一座墓葬。約西元前三六〇〇至西元前三三〇〇年。

形制較大、用於祭儀典禮的石灰岩權杖杖頭，浮雕呈現「蠍子王」在表演灌溉儀式。出自希拉孔波利斯的神廟。約西元前三一五〇年。

那爾邁統一埃及，建立了世上第一個民族國家。這一化妝品研磨石板，實際是用於慶祝和紀念國家統一。發現於希拉孔波利斯神廟。約西元前三一〇〇年。

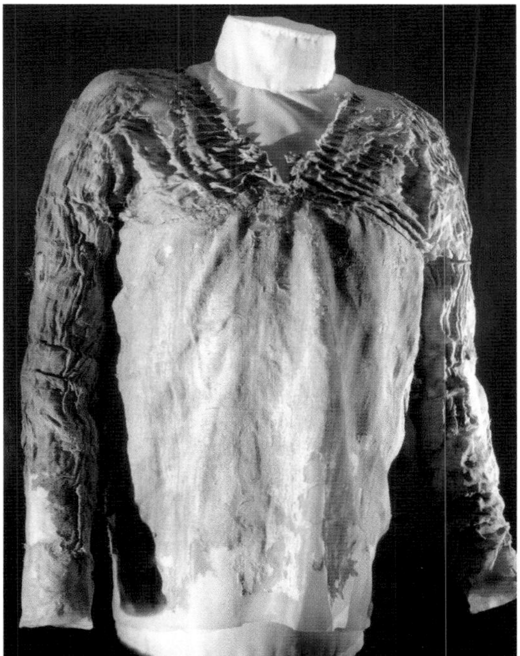

「世上最古老的衣裙」，是一位年輕女子所穿的長袖亞麻布上衣。發現於塔爾漢的一處墓葬，最初裡外翻轉，正如此衣物當年埋入墓葬時的樣子。約西元前二九五〇至西元前二八〇〇年。

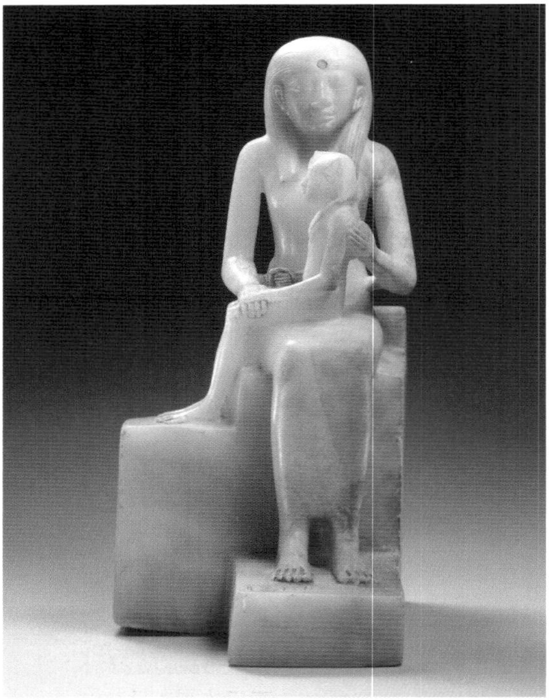

雪花石小雕像，攝政女王安赫尼絲佩皮二世將幼兒時的法老佩皮二世抱在大腿上。此雕像可能是來自埃及南部的一座神廟。約西元前二二七八至西元前二二七〇年。

阿蒙內姆哈特三世的花崗岩雕像，戴著哈索爾的護身符號項鍊，髮型是髮絡樣式的細辮子。在法尤姆地區謝迪特的神廟中發現。約西元前一八五五至西元前一八〇八年。

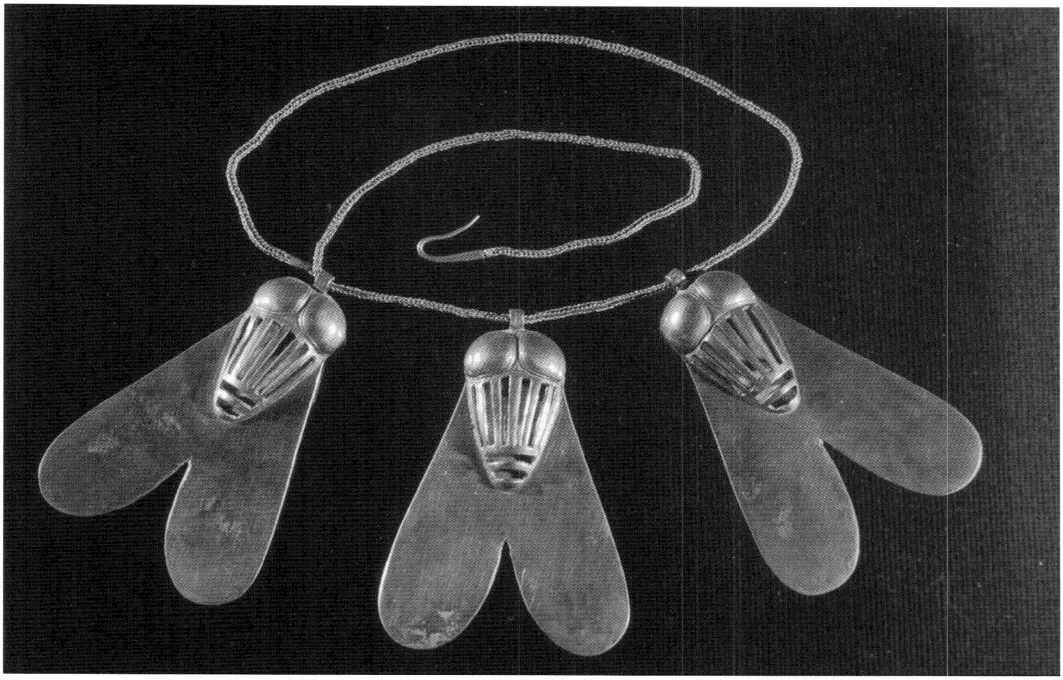

「勇氣金蒼蠅」勳章。佩戴此一戰功勛章的是安霍特普王后。發現於王后在德拉阿布－納迦的底比斯墓葬中。約西元前一五六〇年至西元前一五三〇年。

抄書吏內巴蒙（Nebamun）在底比斯的墓葬壁畫場景。牧牛者對前面弓著腰的同伴喊話：「老兄！請你讓開好不好啊！要讓牛保持秩序，安穩地繼續向前走！」約西元前一三六〇年。

阿蒙霍特普三世與王后迪伊的大型雕像，兩人腳下為其女兒。最初位於法老在柯姆－赫坦（Komel-Hetan）的葬祭廟。約西元前一三六〇年。

此鍍金小雕像為女性法老，戴著上埃及的白色王冠。出自帝王谷的圖坦卡門墓葬（國王谷第六二號陵墓）。約西元前一三四五至西元前一三三五年。

王后諾德耶美特（Nodjmet）與丈夫赫里霍爾（Herihor）都戴著象徵王權的神蛇頭飾。圖像來自她個人的《亡靈書》中的場景，很可能是出自迪爾一巴哈里的地下神龕龕位（迪爾一巴哈里第三二〇號墓）。約西元前一〇七〇年。

「神之妻」女祭司卡若瑪瑪（Karomama）。她是奧索爾孔二世的女兒，該大型鍍金青銅雕像的手上曾持有叉鈴。此雕像可能出自底比斯。約西元前八七四年至西元前八五〇年。

巴卡爾山丘，傳說中阿蒙神的出生地。這裡的金字塔屬於西元前七四七年至西元前六五六年統治埃及的努比亞法老們的繼承者。現位於蘇丹。

奈克塔內波一世（西元前三八〇至西元前三六二年在位）的斯芬克斯排列大道，布置在路克索神廟前面。此地原先是第十八王朝舉行儀式時，通往卡納克神廟的巡遊路線的起始處。

亞歷山大大帝，額上帶有象徵阿蒙神的羊角，出現在四德拉克馬（tetradrachm）幣值銀幣的正面。銀幣由曾經擔任他的將軍的色雷斯國王利希馬庫斯（Lysimachus）鑄造。約西元前三〇五年至西元前二八一年。

羅馬皇帝安東尼·庇護（Antoninus Pius）所鑄的一德拉克馬（drachm）幣值青銅幣的反面，呈現「法羅斯的伊西絲」（Isis “Pharia”）的身影，在亞歷山大港的法羅斯大燈塔旁，正穩住一艘在洶湧波濤間航行的船隻。西元一四八年。

康姆翁波神廟浮雕中的「托勒密三人組」。分別為「胖子」托勒密八世、「姐姐」克麗奧佩托拉二世與「妻子」克麗奧佩托拉三世，三人站在神靈荷魯斯面前。約西元前一四二年至西元前一一六年。

前言

——喬安・佛列契寫於約克郡，二〇一五年

這是關於埃及的故事，關於埃及的古代文明，最初如何產生，接著如何發展和繁榮，又如何明顯衰敗，最終在概念意義上走向末路的故事。

過去數百年間，這個故事已經被講述了無數次；有多少人講，就有多少個版本。所以，本書就是我個人版本的埃及故事，重點圍繞在吸引了我一生的那些人物、地點與事件。

如果說，埃及在相當程度上就是我的生活，其實也說得不錯。於我而言，古埃及人是十分熟悉的存在；以家裡的藏書、照片與長輩的戰時回憶錄，我得以接近他們。我的童年歲月，他們看似總在身邊，帶給我觸動，讓我畫出最早的圖畫；我為布娃娃穿衣打扮的樣式，我閱讀和收集的事物，也是來自同樣的啟迪。

一九七二年，決定性的時刻到來：圖坦卡門專題展登陸英國。媒體掀起狂潮，那張驚人的黃金面具無處不在；任何法老時代的東西，都受到連篇累牘的報導，當時的古埃及學家頻繁成為報紙追逐採訪的目標。真的有人研究古埃及並以此為謀生之本，對我而言，這是既令人吃驚又非常美妙的發現，於是，六歲的我便宣告，自己也要做那一行。

一九七〇年代，英國約克郡（Yorkshire）的巴恩斯利（Barnsley）只是一座採礦業小城。我必須承認，對於在這類地方長大的女孩來說，古埃及學一定不是特別順理成章的職業選擇；那時的國民教育課程顯然還沒有古埃及的影子。學校的就業諮詢老師認為我被誤導了，苦口婆心地建議我，當老師或從事護理才是唯一現實的職業前景。與此同時，我寄出向博物館專業人士與學者們尋求指引的信件也全都石沉大海。

但我心意已決。十五歲，在這樣一個可塑性極強的易感年齡，我有了第一次埃及之行。這次旅行讓我神魂顛倒地迷上了那個國家，那裡的人，還有那片土地的過往。隨後，我更加努力地學習，爭取各學科成績達標，為的就是能被錄取，攻讀自己夢想中的專業學位及課程——埃及學與古代史。從本科起步，然後研讀。現在，我十分幸運能教授這門學科，另外與大學、博物館、考古學實驗室以及電視公司也都有合作。當然，我在埃及渡過很多時間，與我認領資助的家庭、朋友們，與我心目中埃及學領域的幾位英雄們，相伴相處。

隨之而來的是一系列令人目眩神迷的研究計畫，這些都是孩童時代的我完全不敢想像的，不僅重新發現過去，而且嘗試再造過去，以求進一步理解古埃及人是如何生活、如何死去，還有如何利用木乃伊的形式繼續存在，為未來存留自己。

這份工作帶著我走遍了整個埃及，更遠到了葉門、蘇丹和南非，更不用說英國巴恩斯利、哈洛蓋特

（Harrogate）和威根（Wigan）等地；不同地方的各種計畫，讓我開始質疑部分關於古埃及過往和彼時彼地人民的長期定論，這表示與更「傳統的」歷史敘事相比，我的古埃及故事勢必會有所差異。

傳統的描述幾乎總是如此：一個菁英族群從他們偉大河流的兩岸跳出來之際，已然完全成形，接下來，在進入西元元年之前的三〇〇〇年中，他們保持與外界徹底隔絕的完美狀態，然後又倏忽消失，他們的消失與到來都神秘莫測，他們異域色彩強烈的玄奧遺產，對現代西方世界而言大多無法參透。

然而，儘管古埃及是只有圈內人才勉強能懂一點的艱深話題，但古埃及人其實是最務實能幹和最具創造力的。他們對世界的看法（以他們的目光而言也相當合乎邏輯），真的不會比我們的見解更稀奇古怪。

比起一般看法，構成「古埃及」的所有元素在更早時期已經定型，持續的年代也更為長久，涵蓋的地域也更為廣闊，無疑遠遠超出了狹窄的尼羅河谷，也遠遠超越了傳統埃及學諸多成果的拘囿。

此處我們將時間向前推移，擺脫原有的框架局限，越出現有的研究邊界，突破以往只聚焦於男性主導的帝王和祭司，完成這本更為平衡的埃及故事。

跨越數千年，跨越不同的大陸和社會階層，這是一則最初由氣候變遷和人口遷移為起點的故事，接著在非常特別的地理環境繁衍茁壯，那是一片沙漠，由一條偉大的河流澆灌了當地生命，河流兩岸豐饒的沃土孕育了世上最輝煌的文明。

目錄

根據他們極為豐富的神話和民間傳說，埃及人相信，「天地之初」是完全黑暗，一種無限無形之水所構成的黑暗，世上的第一塊陸地便是從此水中冒出。

不過，創世並非獨有的單一事件，而是每一年重複發生；每年一度的尼羅河洪水期間，世界又一次再造和新生。按照古代一位目擊者的說法，這時，「整片土地轉化成為海洋」。

洪水被認為發源於埃及南方最遠處的一個岩洞。洪水到來的預兆，是升起的晨星（天狼星），埃及人將此星認作是閃亮的女神索提斯（Sothis），「所有神祇最美的存在，在幸福一年的開端出現」。

當尼羅河水位上升，淹沒河谷的土地時，也帶來了生命，「擁抱田野，於是每樣東西都獲得了重生」。當「洪水浸潤兩岸，草地歡笑」，人們向水中扔下鮮花、祭祀物品，甚至自己也跳到水裡，每當此際，「整個大地都因歡樂而雀躍！」

每年的水位有起有落，河流的節奏決定了兩岸生活的節律。一年內的循環變化構成了三個季節固定更替的年曆，先是氾濫季（akhet），然後是耕種季（peret），再接著是收成季（shemu）。每年，洪水退去後便留下一片重獲活力的土地，充滿著對新生命的期許。一層肥沃、濕潤的黑色淤泥在陽光下閃爍，茂盛的農作物就在這片土壤生長。事實上，淤泥與周邊環繞的荒瘠沙漠形成的反差是如此醒目，因此明顯可知，埃及的土地由兩部分構成，它是雙重地貌的合體，一部分是紅土地（deshret），一部分是黑土地（kemet）。

尼羅河從南向北流淌約一千兩百公里，沿岸每年都會有同樣的自然循環。對一年一度的這些事件而言，埃及每個地區都有各自不同的解釋，這些解釋自然是採用創世傳說的形式，不過各地都有自己的神靈擔當主角。

在孟斐斯（Memphis），創世被認為是造物神普塔（Ptah）的手工作品。此神祇在原初之水結合了雄性與雌性元素，融合成升起的陸地。然後，普塔「想了想」，世界便現形了。普塔不僅是「眾神之父」，還是「生出眾神的眾神之母」，祂僅僅說出了各類生靈的名字，生命就憑空而來。正如我們耳熟能詳的《聖經》：「太初有言，言與神在」，而這便是最早版本。

在賽伊斯（Sais）附近，這個「言即是神」的版本場景更為熱鬧活潑，伴隨著奈斯（Neith）如雷轟鳴的笑聲。奈斯是「駭人的至高神」，這位持有武器的創世女神單獨生出了太陽。她同時是「能扮演雌性的雄性，也是能扮演雄性的雌性」，能隨時隨地讓天空傾覆垮塌，把她所創造的萬物都毀滅。生命與死亡兩極端在奈斯身上具體人格化，而生與死又是洪水和太陽之中的固有內涵。

再向南到了赫莫波利斯（Hermopolis），生命是由八位神靈聯手創造，那是「先於原初之神的父神和母神」組成的聯合體。最早的造物似乎是從退潮的洪水中顯形，一對雄性青蛙與雌性蛇。它們結合起來的能量被認為是最初讓生命出現的物質，也創造出原初的陸地土丘「火焰之島」，而太陽最早就是從這座「火島」暴湧而出。

但是，造物神話的關鍵是以赫里奧波利斯（Heliopolis）之城為中心。此處即是「太陽城」，至高神靈就是太陽，是「眾神之母兼萬物之父」，是「偉大的他她同體」。巨大的火球從洪荒陸地的土丘升起，構成最初的絢爛日出。隨後橫貫每日的天空，持續不斷地再生循環，一整個文明的節律也由此確定。正如白日之後是黑夜，黑夜之後是白日，生命、死亡、新生的更替也是如此。兩種存在狀態被認為是永恆的連續統一體——生便是向死而生，死也是為了新生而死。

太陽的力量啟動了宇宙間永續的更迭，而此過程以太陽的女兒瑪阿特（Mat）具象呈現。她是天地之間的監管，對雌雄同體的太陽父母所創造的萬物都有責任，維護著新建立的宇宙體系，力保一切處於完美的平衡：每樣東西都有其對應之物，例如反覆出現的二元，日與夜、光明與黑暗、豐腴與貧瘠、秩序與混亂、生與死，每一樣都是同一物的一半，是同一狀態的一面，彼此依存，缺一不可。這是所有事物都必須遵循的本質平衡，所有人從生到死，乃至諸神本身，都必是如此的對立二元，所有神靈必遵循「瑪阿特的法則存活」。

不過，瑪阿特並非獨生子女。根據數世紀繁育衍生出的龐大神話體系，雌雄同體的太陽生出的女兒多不勝數，既有司掌愛情生殖的牛頭女神哈索爾（Hathor），也有司掌征戰的獅頭女神塞克美特（Sekhmet），還有雨露女神特芙努特（Tefnut）。空氣神舒（Shu）是特芙努特的雙胞胎哥哥，據信這對同胞神靈是因太陽神體液的突然擠出而產生，「一個噴嚏打出了舒，一口唾液吐出了特芙努特」。不過，還有一個版本是兩兄妹經由「太陽神之手」如精液般射出成形。

接著，男神舒和女神特芙努特生了雙胞胎，即是悠閒自在的綠色土地神戈布（Geb），通常描繪成閒躺的模樣；以及亮閃閃的天空女神努特（Nut），拱伏在戈布上方，構成天穹，其擁有無窮精力，用身體支撐了宇宙，也保護著在她下方存活的萬物。

據稱，努特是「生了諸神的偉大母神」，她繁重的眾多職責也包括每天生孩子，例如每天黎明時分便要生出太陽。從技術角度來看，由於太陽本已是她的祖父母，這項職責非常弔詭。不過，這對埃及包羅萬象的神話信念體系完全不是問題，其會隨著時間充分的演化，而且，哪怕是最難說得通的神界宗族譜系，都能得到合理化的解釋。

戈布和努特也是另外兩對雙胞胎的父母，分別是歐西里斯（Osiris）與伊西絲（Isis），以及塞斯（Seth）與納芙希斯（Nephthys）。同時，也正是此家族的內部爭鬥，為太陽世系帶來了第一次的死亡。

依照傳說，伊西絲和她的雙生弟弟歐西里斯是埃及最早的統治者，這為帝王聯合執政期間迎來一段黃金時代，直至嫉恨滿懷的弟弟塞斯奪取了權力：他淹死了歐西里斯，肢解屍體，把屍塊碎片散扔在整座尼羅河谷。

但塞斯的勝利未能長久。伊西絲先是為歐西里斯哀哭，哭出了一條河，淚水引發尼羅河的第一次洪水。然後，她蒐集歐西里斯身體的碎片，拼接組裝，捆紮成世上第一具木乃伊。接著，她借助無限強大的法力，喚醒了歐西里斯的靈魂與其生殖能力，讓自己懷上兩人的兒子荷魯斯（Horus）。

伊西絲「比百萬個神靈更聰明」，「比百萬個男人更有計謀」，她隱蔽地撫養兒子，命他為父親復仇。在一連串的暴烈激戰中，終將叔叔塞斯消滅。伊西絲是兒子的保護者，「比百萬個士兵更有效」，她既能撫育又能攻擊的雙重能力是埃及人典型觀念，他們從不理所當然地簡單認為，男性和女性理應等同於主動和被動。

歐西里斯的父神戈布，與同類神靈如生育神敏（Min），通常會描繪成靜態和停滯不動的存在，只有顯眼的生殖器官才透露出些許生命活力的跡象，與他們對應的女神，經常是行動積極。從「昂首闊步，播撒珍奇寶石，化為星星」的努特開始，再到其精力充沛、富於變化的女兒伊西絲；伊西絲逐漸吸收其他同類女神的法力，最終脫穎而出，變成埃及力量最強大的神祇，其威力跨越地中海，千百年來在三塊大陸上都受到敬拜。

被做成完美木乃伊的歐西里斯則赴任新職——冥府之王。他被裹得嚴絲合縫，以「在絕好狀態下永存」，並如包裹一般遞交給「保護自己哥哥的萬能伊西絲」，得到永久的照看。兩人在夜空中相會，歐西里斯就是獵戶座，一旁守護的是伊西絲；伊西絲表現出索提斯（即天狼星）的特性，成為尼羅河洪水到來的預兆。

伊西絲同時存在於有生命的土地上，保護和引導她的兒子荷魯斯。荷魯斯接替他的父親，坐上了埃及的王位。他象徵著人間帝王們的神性本源，後繼的歷代君主都稱為「活著的荷魯斯」。在死亡之際，「荷魯斯們」再化身為又「一個歐西里斯」；這些冥府亡靈不斷加入持續累積勢力的地下集團，而每日夜裡，無所不在且無所不能的太陽神則會造訪，讓陰間世界重現生機。

儘管歐西里斯與荷魯斯之間的父子關係，是埃及人闡釋人間君主更替的示範，但它也是一種三方關係，因為王位相當於「男性與女性元素的複合體」：伊西絲，她的名字本義就是「王座、王權」，是至關重要的存在，是她將一代代君王相連。她是女兒、姐妹、妻子和母親，她的家庭角色關係是王室連續傳承的基礎。

這切入了一種古代文化的核心，在這種文化中，雄與雌、父與母、姐弟或兄妹、女兒與兒子，都是完整不可或缺的兩部分，各占一半。所以，現代研究聚焦於陽剛雄性的傾向，只能看到埃及故事的一半。部分埃及人會使用突出同時包含男性與女性元素的象形文字符號，代表「人」；使用「男人和女人」時，與使用「父親和母親」相似，男女同樣的平衡。

同樣的概念也延伸到了神話中許多帝王的起源。伊西絲與歐西里斯便同時出現在正式的帝王名單，聯手統治，然後由兒子荷魯斯繼位，之後是「荷魯斯的後繼者們」；這些半人半神的角色，代表的是已被長久遺忘的人類君主魂靈。

神祇與王族支配著埃及人的世界觀，而埃及的歷史，乃至人類本身，經常只是事後添加的成分，以不同又高度原創性的一系列方式創造出來。

在埃及南部，女神薩蒂特（Satet）與她那長著羊頭的伴侶克奴姆（Khnum）被認為是隱蔽在地下洞穴中操縱著尼羅河的水流，而克奴姆又尊為人類的創造者，以其陶輪造人。在賽伊斯，女神奈斯創造了生命，稱為「以模子澆鑄出萬物」，而在赫里奧波利斯，雌雄同體的太陽神「創造了萬物並使之存活」，是「眾神和人類的仁慈母親」。凡人有時被視為「神的牧群」，不過，創世紀的另一版本則玩了一點文字遊戲，聲稱人類是太陽神哀哭時，眼淚（remyt）落到地上，變成了人（remet）。太陽神當然有許許多多哀哭的理由，因為人類幾乎在世上出現起，就開始惹出麻煩。

太陽神決定懲罰這些人，於是召集各路神靈開會，詢問執行清理門戶、整飭秩序的任務，誰是最佳人選？大家做出了一致的選擇，重任落到太陽神的另一個女兒肩上。這女神就是牛頭模樣的哈索爾，雙角間頂著太陽作為王冠，她被譽為「太陽的眼目」，也是代表愛慾與照顧所有生者和死者的「金色之神」。不過，一旦被激怒，她將立刻變身為司掌征戰的獅頭女神塞克美特「威力無比的暴力之神」，對任何與雌雄一體太陽父／母為敵的存在物，她都會將死亡帶給對方。

世界對上神的怒火毫無戒備，當勢不可當、難以控制的力量釋放出來時，奸詐的惡人便四散逃命，企圖躲進沙漠深處。但殺興大起、乘勝追擊的女神不願放過他們，「神之眼目盯著你們，她吞噬你們，你們的血肉便是她的盛宴」，她從惡人的血河之間跋涉前行，身上的袍服被鮮血浸透，貌似「穿鮮紅衣裝的女士」。

直到太陽神目睹人們飽受了苦難的懲戒，變得恭順謙卑，塞克美特的屠戮狂歡才暫停下來。此時，太陽神會將麥芽酒（啤酒）與赭石粉混合，傾倒在沙地上，女神以為那是更多的人血，便俯身暢飲，很快地醉意昏沉，無法行動，忘了自己身在何處，甚至也忘了原本要做些什麼而酣睡入夢。

醒來之後，她再次變身為溫和友善的哈索爾，但灌注了新的雙重力量：雨露之神特芙努特的原初偉力，還有至上星光女神索提斯的能量。威力強大的這位星光神靈在回到埃及的天空時，便預示著「洪水的到來，以及世界的回春新生」。

隨著重獲活力，女神恢復了她原先的角色，繼續擔任太陽的守護者。劫後倖存的人類，躲過了被扼殺的命運，也回到埃及的家鄉。他們慶祝自己得到解救，慶祝方式後來演變為一年一度的啤酒節；參與者人人開懷暢飲、一醉方休，一面伴隨著音樂和舞蹈以撫慰所有的憤怒和恐懼。

人類逃避女神的追殺，躲到沙漠的邊緣或深處，再重新遷徙返回尼羅河谷。這段故事確實包含著一小塊歷史真相，關於埃及如一片迷霧的神秘起源中，這點正變得越來越明確，某些埃及真實起源的關鍵，顯然遠遠超越了我們所熟知的尼羅河谷，延展到了更為遼闊的範圍。

不過，並非是進入了神話的奇幻王國，而是延伸到了史前撒哈拉沙漠的中心地帶。

〔2〕

撒哈拉熱帶草原

約西元前五五〇〇〇～前五五〇〇年

如今，此處是一片灼熱的荒蕪之地，黃沙漫天，正適合太陽神女兒毀滅性的施暴。然而，很久以前，撒哈拉曾是一大片熱帶草原，廣袤又蔥綠，橫跨北部非洲，從西海岸直到東海岸。降雨帶在不同時間週期進一步向北方推移，於是有足夠的雨水維持綠草繁茂的地貌，草原點綴著金合歡和檉柳，以及各式各樣的野生動物，獅子、長頸鹿、大象、駱駝、瞪羚與野牛等等，當然了，還有人類。出自埃及的最早人類遺骨（以尺寸而言，也許是一名孩子），約是五五〇〇〇年前生活在鄧德拉（Dendera）一帶。

尼羅河谷主要是一片沼澤地，最早期的埃及原住民生活在尼羅河兩岸較高處，追隨著野牛群進行週期性遷徙，野牛在大草原到處移動，人們也跟隨其後。這些史前獵人兼野果採集者，也沿著尼羅河兩側季節性的小支流追蹤動物。這些河谷（wadis）如今早已徹底乾涸，但仍然不時可以發現石頭手斧、片狀燧石和箭頭；這些東西對最早期埃及人的生存至關重要，不僅在這個世界，似乎在來世與陰間都同等重要，因為早在三〇〇〇〇年前，此類人工造物就已放入墓中陪葬。

到了大約西元前二五〇〇〇年，這些早期人類在基納（Qena）等地建立起狩獵營地。當地遺址已發現了燒煮用火和獵物的骨頭。大約在一九〇〇〇年前，這些動物刻畫在艾德夫（Edfu）附近基爾達（Qurta）的砂岩上，成為「北非全境最古老的圖像繪畫」，這個「尼羅河沿岸的『拉斯科』（Lascaux）洞穴岩畫」，突顯了野牛的巨大身形，如同要從石頭表面衝出來般地栩栩如生。此外，還有瞪羚、河馬、鳥和魚類，以及風格化的女性輪廓畫像，這是埃及人在描繪自我形象方面最早的嘗試。

在尼羅河西岸路克索（Luxor）的高原上，也發現了更多早期人類活動的遺跡。尤其如今眾所周知的王后谷（Valley of the Queens）的頂部，那裡有描繪奶牛和星星的岩畫，象徵女神哈索爾的家。據信，女神是透過谷地頂部子宮一般的洞穴賦予死者生命或讓其再生，而偶爾由此湧出的洪水，也被視為後來人們冠以「大洪水」之名的哈索爾確實存在的證據。

如此嘩嘩湧出的洪水仍然能夠「在幾小時之內將乾枯的谷地，變成恣肆激盪的水流」，而類似的情形也能在埃及的東部沙漠發現。如今乾旱荒蕪的哈馬馬特谷地（Wadi Hammamat，字意為「浴場眾多的河谷」），在大約一二〇〇〇年前是一條暢通的常流水路。在連接尼羅河與紅海的若干道路中，在兩邊相距數百公里的巉岩嶙峋地表反覆出現岩畫，岩畫裡的圖像是裝配多把櫓槳的船隻，跟著上方高懸的孤星天狼星航行；另一幅圖像則被描述為「世上最古老的地圖」，很可能用來在這個複雜的地域環境中幫助導航。

不過，撒哈拉全境最豐富的圖像還是在埃及的西部沙漠，距尼羅河約六百公里，位於吉夫開比（Gilf Kebir），即「大牆」高原。在蘇拉河谷（Wadi Sura，即「岩畫谷」）岩石洞窟的庇護之下，能見到擁有眾多人類形象的岩畫，他們在奔跑、追獵、舞蹈，還從母牛腹下直接喝奶，這些岩畫被描述為繪於「埃及神廟建築地圖上，最早期的洞天聖所」，揭示了古代埃及的開端。

這些岩畫如此生動且效果驚人。看著它們，古代無名藝術家和現代觀看者之間八千多年歲月彷彿突然消失了。細小的線條畫人物中，可見某些明顯伸出的手臂與雙腿正在游泳！在沙漠中央名稱恰如其分的「游泳岩洞」中撲騰玩水，浪花四濺。這些線條畫的人們曾定期來到這裡的湖邊，這個湖確實曾存在於蘇拉河谷，並成了當時原住民社交往來的焦點場所。

二〇〇二年，附近的「野獸洞窟」發現了更多游泳者的圖像，約有八千種動物與人類造型刻畫在岩壁上，刻畫在由藝術家將紅色顏料吐在手掌印到岩壁上的「牆紙」。這類手印與石刻圖案交疊的印記，也在東邊更接近尼羅河谷的幾處遺址發現，法拉夫拉綠洲（Farafra Oasis）和「手印岩洞」皆有，「手印岩洞」所在的谷地相當偏僻，甚至鮮少標注於地圖之上。然而，「手印岩洞的手印圖案，是最值得關注和最強有力的證據之一，證明早期埃及人與撒哈拉（內陸非洲）之間的關聯」。

那些生活在此廣袤空間中的原初居民，也具有類似對野牛群的依賴。埃及西南部緊鄰蘇丹邊境之處，夏季降雨曾形成大湖（playas），吸引了動物與追隨這些動物的遊牧民族。其中最大的是位於尼羅河以西約一百公里的納卜塔湖（Nabta Playa），此處早在大約西元前八〇〇〇年就有人放牧野牛群。野牛群是一種「行走的肉食儲藏櫃」，或說是「會走的血庫」，為人們提供牛奶和血液，形成人體所需的蛋白質，今日東非的馬塞部落（Masai）依舊如此。不過，由於野牛群也同時代表部落的財富，所以大部分食用肉類還是以獵殺瞪羚、野兔和鴕鳥獲得，還有從大約西元前六〇〇〇年自近東引進的綿羊和山羊身上取得。

此時，原本的遊牧部族已經在大湖邊建立了永久定居點，其橢圓形的屋舍以檉柳樹枝和獸皮搭建而成。他們以爐炕燒烤食物與取暖，用研磨石處理穀物，同時還以地窖儲存食物；發掘地窖時，裡面尚遺留著小米、高粱、植物塊莖與水果的殘跡。甚至發現了鴕鳥蛋，每一顆巨大的鴕鳥蛋可以供八個人進食，並以蛋殼製成珠子飾品。

不過，納卜塔湖邊新石器時代的居民仍極度依賴一年一度的夏季雨水，因此，準確預測雨水何時再次更新和補充，對他們而言至關重要。

於是，千百年來積累的天文知識水準之高令人歎賞。人們借助星象航行，並製作初步的石刻地圖，同樣的技術也用來創造出相當創新的計時裝置。他們將狹窄的砂岩石塊安置在一個直徑約四公尺的小圓圈中，組合成納卜塔湖圓石陣，儘管規模比英國巨石陣小得多，但此原石陣的年代早了兩千年以上，是世上已知最古老的日曆。世上第一份日曆正是執迷太陽的埃及人所發明，他們「以天文研究發現了陽曆年的規律週期……。我個人認為，他們的計算方法比希臘人更出色」，一名希臘歷史學家曾如此表示。起源於石器時代撒哈拉且身為「人類史上唯一設計出的合理日曆」，此太陽年日曆正是埃及人記錄其歷史進程的方式。此紀年體系為羅馬人採用，然後又得到天主教官方認可，最終成為今日西方國家仍普遍應用的日曆。

納卜塔石陣日曆中最大的石頭，對準了夏至日的位置，標示著雨季的開始。此時，人們會在此神聖地點聚集，專注於「對遊牧部落而言，既有實用價值又具象徵意義的事件：死亡、水、牛、太陽和星辰」。緊鄰日曆遺址有一座高高的沙丘，仍然覆蓋著大堆牛骨，代表當時在雨季開始之際會伴隨屠宰儀式；人們珍視的野牛群鮮少被宰殺，此時的野牛除了提供食用，也作為犧牲祭品，敬奉帶來雨水的無形神秘力量。

另外，還有一塊雕刻成線條風格的母牛造型巨大砂岩石板，或許是用作「祭品牛的替代物」，這是全埃及已知最早的大型石雕作品。也有一些土丘頂部安置著岩石，每塊巨石重達兩噸，也許是納卜塔湖一帶知名人物墓葬的標示，某些岩石打磨成模擬人形肩膀的樣子，「暗示岩石也許相當於石碑，或許就代表墓中的死者」。如同日曆圓石陣的岩石，這些岩石也經過精心擺放，朝向北半球和拱極星（circumpolar stars）；拱極星是空中最亮的星辰，從來不會沉落，後來逐漸被稱為是「不滅的星辰」。

這些獨塊巨石對納卜塔湖的社群有重大意義。岩石必須從超過兩公里之外的採石場運來，表示須投入大量時間和努力，以及驚人的高度組織與合作。早在西元前六〇〇〇年左右，人們就能共同完成如此難度的計畫，顯然聚居在納卜塔湖的人們共享了當時所有技術和認知理念，同時還觸發了其他的技術進步，例如野牛群的馴化養殖，以及非洲已知最早的陶器生產。

然而，到了大約西元前五五〇〇年，降雨帶逐漸向南方推移。隨著雨水減少，熱帶大草原的範圍也隨之縮小。新石器時代最後一部分居住在剩餘草原地帶的居民，其蹤跡可以在拉姆拉山丘（Gebel Ramlah），即「沙山」的湖邊發現，此處距離納卜塔湖僅有二十公里。這似乎是一個和睦安寧的社群，應存在於西元前五〇〇〇年，人口混合了「地中海與撒哈拉以南」的族群，此族群擁有「豐富多樣、欣欣向榮的物質文化」，體現於燧石和花崗岩工具、動物骨頭和魚骨做成的配飾、陶器烘烤用具和碗盤，以及各類石器物品，例如閃長岩材質的器皿，以及用虹彩閃爍的雲母片岩做成的精緻吳郭魚（穿孔後作為女性懸掛首飾）。

這些原材從遠至西奈半島（Sinai）和紅海海岸運來，此事實頗為有趣，因為製成成品大部分純粹是用於個人裝飾。身為「失傳語言殘留下的詞彙」，飾品實是研究文字前文化的最佳途徑之一。令人大開眼界的拉姆拉山丘居民，尤其喜歡大量的珠子飾物，其材質包括紅瑪瑙、綠玉髓、藍綠松石、黑閃長岩、白石灰岩與鴕鳥蛋殼，同時配上動物牙齒、鳥類骨頭和來自紅海海岸的貝殼，戴在手臂、腕部、腿部、腳踝、腰間、脖子和頭部。這些先民的鼻子和嘴唇，也裝飾著鈕扣狀飾品，質材為瑪瑙、綠松石、貝殼和骨頭；他們的臉部和身體，往往塗上顏色，用的是紅赭石、黃褐鐵礦石和綠孔雀石，這些礦物顏料都來自東部沙漠，用鵝卵石在石板上壓碎研磨。

即使在死亡時，他們保持外表體面的願望未有絲毫減弱。現今發現的屍體往往會以新鮮蘆葦編製的墊子或獸皮包裹，埋在沙地橢圓形的葬坑裡，而最常見的陪葬品就是私人飾物。墳墓相當於子宮，而死者將從中得到再生，此潛在意義與訊息有進一步的強化，也就是部分屍體「幾乎完全覆蓋著」紅赭石碎粉末，或許代表誕生時母體流淌的血跡，而屍體本身蜷曲得如同胎兒。不過，這也可能是實際又實用的決定，因為可以盡量挖掘一個夠小的墓葬坑！

無論最初的動機為何，對西元前五〇〇〇年埃及的男女老幼而言，如此的墓葬卻是普遍採用的典型安葬方式，陪葬品強烈暗示著：死後，他們還需要用到這些東西。

大部分的屍體都埋葬在祖先安息的墓葬地，並依照家庭分組，可能代表著人們生前的社會關係；另外，只要舊屍骨因為新入葬而受到任何損壞，都會經過仔細修復，由此能見他們對死者真誠的關心和愛護，飾品會重新擺放好，散落的骨頭也會還原於相應的屍體，也代表當時的人們認為必須保持身體上的「完整」。那些屍骨沒有任何暴力外傷的痕跡，也顯示拉姆拉山丘的居民和平友好，他們營養正常，長得高，健康狀況也相對良好。但隨著雨水日漸稀少，湖區的人們無法繼續在湖濱田園樂土居留。大草原逐漸消失，沙地不斷蠶食推進，人們最終被迫向東部遷移，奔向最近的水源地，不久後，人們只能依賴唯一的水源——偉大的尼羅河。

〔3〕

尋找水源

約西元前五五〇〇〇～前三五〇〇〇年

尼羅河亮藍色的河水，從無盡的沙漠之間穿過，河道兩側是一片繁茂翠綠，這是一座長條狀的「線形綠洲」，是一條能從太空中看見的真實生命線。

儘管尼羅河的名聲響亮，但其源頭一直有著各式各樣的說法，也總是蒙上一層迷霧，直到二十一世紀情況才有所不同。首先，流速頗高的白尼羅河（White Nile）長期被認為源於烏干達的維多利亞湖，直到一九三七年發現了一條位於蒲隆地（Burundi）基基齊山（Kikizi）山腳的溪流，而白尼羅河最遠的支流則是直到二〇〇六年才確認，那便是盧安達（Rwanda）的卡吉拉河（River Kagera）。至於攜帶大量淤泥的藍尼羅河（Blue Nile）起點就在衣索比亞（Ethiopia），一般認為是塔納湖（Lake Tana），但其實發源自吉什阿拜（Gish Abay）小鎮的湧泉，維護這座泉水的是「聖水守護者」衣索比亞東正教會。

這兩條極為重要的河流接著在喀土穆（Khartoum）匯合形成尼羅河，一路向北奔流總長六千七百四十一公里，從非洲中心地帶直到地中海。身為世上最長的河流，尼羅河也的確對得起無數盛讚之詞，因為，沒有尼羅河就沒有埃及。

在整段西元前第六個千年期間，雨水持續減少，尼羅河成為唯一可靠的水源，因此如同磁鐵一般，逐漸把曾經生活在遠方平原的人們，吸引到了河谷地帶。

從熱帶草原的遊牧部族轉化成尼羅河岸的社群，標誌著新石器時代晚期的開始，埃及的前王朝時代（意即「王朝之前」擁有文字的文明）。

人們如此聚集，人際空間變得前所未有地緊密，誘發了文化快速萌生和創新。尋找水源之人別無選擇地聚居在尼羅河沿岸的狹窄區域，那兒濕潤的土地，因太陽光照變得溫熱，如同完美的孵化器，孕育埃及初生的文化。

尼羅河谷西岸和東岸各個地域的技術得以在此匯合交融，沿著埃及境內一千四百八十公里長的尼羅河，南至中非南部，北至地中海，順著尼羅河的人口種族各異，風俗習慣和信念也都有多元廣泛的差異。在漫長的歲月中，區域中心兩極化，形成了經典的南北分化，這種地理分化引出了二元論或雙重性的概念，這是埃及人相信保持宇宙萬物平衡的雙重性，此概念更是他們整體世界觀的基礎。

北半部分稱為下埃及，南半部分則是上埃及，因為尼羅河由南向北流淌。不同的地域稱呼反映出有「兩地」之稱的埃及擁有特徵差異極大的地貌：南部由窄窄的尼羅河谷構成，兩側都是沙漠與山地，而北部主要是尼羅河三角洲蔥翠肥沃的平原，廣布的河流最終皆進入地中海。

南北兩地的氣候也有所不同，如今依舊。更熱、更乾燥的南部與更濕潤的北部形成對比。北部「地中海冬季持續降雨」，此處的定居人口「遵循了更典型的地中海式發展路徑」。

北部法尤姆（Fayum）綠洲的早期居民確實如此。他們住在柳藤編織的房舍，製作陶器，充分享用該區域多元野生動物資源，尤其是尼羅河水灌注的卡倫湖（Lake Qarun）中的魚類、野禽和河馬。一頭河馬提供的肉量足以等同於五頭牛或五十隻綿羊或山羊。此外，早期法尤姆人也豢養豬隻，他們形成了埃及最初的農耕群落。

大約西元前五五〇〇年，農業在此地拉開序幕。比其他近東地區稍遲一些，也許是因為此處可食用的野生植物唾手可得，例如類似大麥的草，以及富含碳水化合物的莎草根莖。埃及最早的農人可能就是早期社群中的女性，「她們是農耕定居生活的主要連結，相反地，男性最初可能持續打獵，或更常放牧牛群」。

最初的農民種植小麥和大麥，用片狀燧石的鐮刀收割，以原始連枷打穀，穀物則儲存在寬廣的公共穀倉，穀倉是下挖至乾燥的沙地。穀倉的襯底是盤捲的秸稈，其中仍殘留著埃及最初人工栽培農作物的痕跡。一九五五年，新技術放射性碳定年出現，這些標本就是最早進行測定的樣本，年代大約是西元前五一四五年。

在相對濕潤又肥沃的法尤姆，另一種生長繁盛的農作物是亞麻，約西元前四五〇〇年，亞麻布便開始用這種植物纖維生產。很快地，無論是簡單的纏腰布或裹身長衣，亞麻都成為標準的布料選擇，同時可能再添上來自西奈半島的綠松石串珠首飾與地中海和紅海的貝殼。當時已有專門販運這些小玩意的旅行商人，法尤姆居民能從商販手中換得這些飾物。

法尤姆北邊三角洲一帶的馬阿迪（Maadi），在大約西元前四〇〇〇年建立了群落，一如法尤姆的鄰居，他們也畜養了同樣的牲口。他們食用豬肉、羊肉與鯰魚，魚骨會做成箭頭。他們獵捕鴕鳥和河馬，同時馴養驢子，去世時會讓鍾愛的狗兒陪葬，當地人們入土的姿勢是蜷縮如胎兒，面朝太陽升起的東方，就像是他們在赫里奧波利斯的鄰居。

不過，最令人吃驚的是，他們將死者埋在一般生活的房舍旁邊。在馬阿迪，死者埋在房舍下方的大陶罐，部分更心思周到地在罐子上留了孔洞，讓亡靈能「看見」外面的後人。在奧馬里（el-Omari），儲存穀物的地窖坑會再當成墓葬坑，入葬其中的死者不僅有鮮花享用，並以特殊織物包裹，這也成為埃及死者的同義語。

梅里姆達—貝尼—薩拉馬（Merimda Beni Salam）區域的蘆葦茅屋，一部分建基於地面以下，牆體用河馬骨頭強化加固，河馬健壯的脛骨用作入戶的踏步梯級，尺寸大小正好合適。河馬的幾條腿骨也豎起作為圖騰柱。河馬力大無窮，踏平一座茅屋裡裡外外實是輕而易舉，所以，埃及人總試圖以魔法馴化這類野獸似乎並不太奇怪，例如，他們會將河馬奉為家園的守護女神，奉為女性和兒童的保護神，婦女與兒童亡者遺體會埋在梅里姆達以河馬骨頭加固的茅屋之內。

墓中的隨葬品很有限，常常僅有一個陶罐或幾塊燧石，因為死者與生者的距離如此接近，代表他們可以繼續「分享」一切事物，因此無須再另外準備一整套了。

然而，這不表示這些群落一貧如洗，物質文明鮮少。梅里姆達很快便發展壯大，成為擁有一萬六千人口的定居地，此處的手工藝人在埃及的以物易物經濟中，以其器皿換取食物與補給品。那兒有一座石器打造作坊與部分區域從事紡織品、皮革和陶瓷生產，其中包括非洲已知最早的人物雕塑作品。某件小小的陶土人頭，時間可追溯至西元前四五〇〇年左右，其模樣有點像一顆烤馬鈴薯，以紅赭石粉上過色，底部還有一個大孔，因此可套入木桿頂端。這可能是在典禮儀式中當作人類的替代物，因為同一地點挖掘出埃及已知最早的狼牙棒石製杖頭，這種武器在隨後的五千年中都用以痛擊敵人，捶打致死。

馬阿迪的文化十分具有活力。此地北部以海洋與巴勒斯坦相連，陸路約為兩百公里，有一條騎驢只需耗時十天的商隊通道，商隊由此將酒水、油和當作焚香的針葉木樹脂輸入當地，或販賣到更遠的南方。生意如此興旺，激勵了巴勒斯坦貿易商在馬阿迪開業經營，而位處馬阿迪通往西奈半島的谷地開口，如此的地理位置也意味可以直接獲取半島的玄武岩。他們會將玄武岩做成精美的優質器皿，在埃及全境販賣。到了西元前三八〇〇年，開始冶煉玄武岩中豐富的銅礦，做成錛子、鑿子、斧頭和魚鈎，接著販運到尼羅河上游的南方，換取上埃及鄰居們生產的陶器和板岩材質的盤類器物。

南方最早期的文明集中在巴達爾（Badari）一帶，「巴達爾文化」以此得到命名。以往認為這種文化出現的年代是大約西元前五五〇〇至前四〇〇〇年，但最近修正為大約西元前四四〇〇到前三八〇〇年。

從巴達爾往北到莫斯塔傑達（Mostagedda）再到馬特馬爾（Matmar），順著尼羅河谷三十公里的範圍內，巴達爾文化的群落居住地沿河岸保留的遺址規模相對小得多；這裡開始種植小麥、大麥和亞麻，會比法尤姆晚了大約六百年。

與北邊的鄰居不同，巴達爾人會在距離較遠處埋葬死者，遠離有限的可耕種土地。沙漠邊緣才是他們的墓葬地，那裡乾燥的氣候環境將原本會消失的遺物保存了下來。這些墓葬是有效的時光膠囊，把最古老的埃及人帶到了現代，古老屍體的葬儀自然是理解古代生活的最佳途徑。

與北方群落形成對比的是，南方的古埃及人傾向於讓死者面朝西邊，對著沉落的太陽，讓他們的靈魂在那裡得到重生。不過，屍體依舊是以胎兒的蜷曲姿態安放，沙坑底部鋪上了蘆葦編織墊，屍體用草蓆或獸皮蓋著，如同毛毯，另外還有秸稈或獸皮的枕頭，讓死者在最終安息地能舒服地長眠。

墓坑用沙子填充埋覆。通常會使屍骨崩解的體液因重力從沙坑滲漏流失。同樣地，炎熱和乾燥環境能保留屍體的皮膚、毛髮、指甲，甚至是內臟器官，消化器官內有時仍會殘留最後一餐。

在巴達爾的墓葬中，人類並非唯一的活物，牛、羚羊、綿羊和狗也一樣會用蓆片包裹，埋進坑穴。有些甚至會與人類共享墓坑，其中包括埃及已知最早的貓，約西元前四〇〇〇年與它的男主人一起被埋在了莫斯塔傑達。

如同相距不遠、同一時期的拉姆拉山丘人們，巴達爾的死者入殮時會精心細緻地打扮。巴達爾人也一定會進行「尋寶遠征」，穿過東部沙漠，蒐集裝飾用的石頭、塗畫眼彩的孔雀石，還有綠灰色的石板（可以其研磨製備化妝品）。綠灰色的石板只有哈馬馬特谷地的「黑山」才出產，除了「黑山」，谷地其餘地方都是一片沙黃色。

與下埃及極簡隨葬品反差巨大的是，巴達爾人把他們所有物品都帶入墓中，供陰間使用，而死後的日子被認為是「塵世生活的轉化，在一個沒那麼殷實具體的王國繼續著」。

這些生活在文字出現之前時代的人，儘管他們的名字我們永遠也無從得知，但他們的財物讓後人能對他們的生活有所了解。巴達爾第五七三五號墓坑的男性，似乎是一位史前花花公子，愛好錦衣華服，不僅戴著海邊貝殼製成的手鐲，亞麻裹腰布上還有一層黑色的野獸毛皮，毛皮上纏繞著一條總長達九公尺的帶子，穿上綠色釉彩的珠子，帶子被一圈又一圈地反覆裹在腰間，這種纏裹方式在其他墓葬也可看到。第五七三八號墓坑是這位男子的女鄰居，也戴著珠子加貝殼的手鐲，腳踝還有成套的腳環；坑中有啤酒，以及一罐放在她面前的綠色眼彩，與其他墓坑考慮周到的安排如出一轍，石板會安置在死者手邊，方便女性在來生世界研磨準備化妝品。

巴達爾墓葬品主要的類型還是手工製作的罐子。這些罐子的鮮明特徵之一，就是上半部為黑色，製作方式是將橙紅色黏土的罐子倒置於柴火餘燼燒製，上部因此碳化，形成上下紅黑兩色，簡單又醒目地囊括了埃及的地貌「紅土地」與「黑土地」。黑色象徵新生命，而紅色代表混亂與死亡，「兩種色彩的組合，喻指生命與死亡之間的對比」。

紅黑雙色罐子裝放「死者必需的生活要素」，但指的並非維生食物。儘管肉眼看起來罐子裡已空無一物，但仍有足夠的分子殘留化學痕跡能判識原本內容物：混合了產自蘇伊士灣（Suez Gulf）的天然瀝青、來自地中海的海綿生物萃取物，還有遠方土耳其南部海岸的針葉松樹脂。

證實了埃及與廣大地域接觸的時間，遠比普遍認為得更早，這些罐子可謂是埃及世界的濃縮，其中別具異域特色、長途輾轉來到的物品，產自遙遠的他鄉，卻一起共存於這些器皿中，其配色又象徵了埃及紅與黑的自然地理環境。如果這兩種顏色確實分別代表了死亡與生命，罐中物品可能也在安葬儀式扮演著關鍵且意義重大的角色。

再次仔細檢驗巴達爾人墓葬的物質後，證實了上述推斷。某些屍骨部分包裹在亞麻布，亞麻布塗覆了一層「太妃糖乳脂般」的材料；這種物料最近識別出與上述頂部黑色的罐子所裝的複合物是同樣東西。令人驚訝的是，亞麻布和塗層的放射性碳定年結果都顯示它們來自西元前四三〇〇年左右，此年代不僅比舊世界所有已知的屍體浸膏塗抹更早，而且比之前認為木乃伊開始在埃及出現的時間，往前推進了幾乎整整兩千年。

巴達爾人精心處理和安葬的屍體一旁，還有女性的小雕像陪伴，其中一個「極簡主義」的軀幹上刻有一處凹進去的扇狀文身，此文身據信是「由一位女性製陶匠所創，其熟稔自身手藝，也了解同性生理」；另一個女性形象以骨頭雕成，姿勢相當隨意，看起來似乎是「把雙手插進口袋裡」。由於這些小雕像明顯強調乳房和生殖部位，因此傳統上都稱為「死者的侍女或小妾」，然而，女性和兒童死者墓坑中也有發現這種雕像，因此小雕像的實際用意可能是幫助死者們順利再生。

關於武器，現代人也有類似的成見。武器通常被認為屬於男性，習慣上設定男性是唯一能在戰鬥中使用武器之人，所以，雖然石製杖頭的狼牙棒「在女性墓坑並非難得一見」，一般還是被鄙薄地認為純粹是「表示心願和祈望的東西」，不足以帶給敵方多大的傷害。然而，其實最近考古研究具體圖解了它們的殺傷力，以及可造成的傷勢，即使不是致命但也相當嚴重；甚至有位年長的埃及學女學者還掄起此武器實際演示了它的威力。儘管如此，武器為男性專屬的定見仍舊根深蒂固。

不過，巴達爾文化走向末路，倒不是因為武器和衝突，而是它南邊的鄰居涅迦達（Naqada）的興起，那裡的文化讓巴達爾相形見絀，凋零衰落。與巴達爾相似，地名涅迦達也被用來命名一個年代，這段年代曾經被認為是一千年，但近來科學定年將這時間長度減了一半，「大約是五個世紀，約從西元前三八〇〇到前三三〇〇年。」

涅迦達文化從北邊的阿拜多斯（Abydos）一直延伸到南邊的希拉孔波利斯（Hierakonpolis），涅迦達位於兩者中間，就在礦藏豐富的哈馬馬特谷地入口處。涅迦達迅速成長為一個大型群落居住地，有大量的泥磚牆建築，墓葬位於遠處的沙漠中，墓坑群占地總面積達十七英畝，也是埃及發掘最早的前王朝遺址。此遺址於一八九五年發掘，在此之前，關於埃及最早期的歷史我們幾乎一無所知。

僅僅三個月，便挖掘了兩千多座墓坑，早年考古學家表示「屍骨就疊在（挖掘用臨建房的）院子裡，越堆越多，直到把我們棚屋的出口幾乎都擋住了。放在棚屋裡的是較易損壞和較具價值的出土文物，填滿了所有的空間，床底下、架子上或乾脆堆成一堆」。

此後的一個世紀，更多涅迦達區域的墓葬出土。屍體安葬時被擺成胎兒的姿勢，用蘆葦蓆和動物皮包裹，而希拉孔波利斯的部分女性遺體，頭和手則是用亞麻布包裹，布上的塗層與一千年前巴達爾墓葬所用的複合物相似，如樹脂。同樣延伸至人類陪葬品的動物，但已不僅限於牛、綿羊、山羊和貓。希拉孔波利斯的遺址還包括狒狒、鴕鳥、河馬、鱷魚，甚至是一頭豹子及大象；以亞麻和草蓆包裹大象，肯定不是輕易的任務。

部分人體遺骸足夠完整，能透露在世時有什麼樣的健康問題。基伯連（Gebelein）出土的屍骨已有五十件樣本經過了醫學檢驗，幾乎有一半測出曾患過瘧疾；從埃達伊瑪（Adaima）出土的一具年長者遺骨恐怕是世上最早的肺結核患者；希拉孔波利斯則發現了幾個遺體，患有先天性軟骨發育不全，亦即侏儒症最常見的類型。

現在，甚至已能推測與勾勒出這些早期人類的外貌形象。髮型多元，從捲曲短髮到長辮子都有，甚至有人的大鬍子修剪得很整齊。大部分人都是黑棕色的深色頭髮，但偶爾有一些特例，是生薑色和金色，這些髮色「最初可能是白色或灰色，但在數千年之間褪色了」。不過，希拉孔波利斯一名成年女性灰色的頭髮，被發現曾用「海娜」（henna）色料染過，以當地指甲花（Lawsonia inermis，現在依舊於此地生長）的葉子研磨製成；她那帶有暗紅色的頭髮編接成細長如雷鬼頭的造型。

這是目前埃及已知最早的假髮，實驗考古學的研究者為求驗證，重新製作了這頂假髮，同時實做了部分香脂和香料文物（也可能是在如此早的年代就出品）。希拉孔波利斯也發掘出一個裝滿物品的籃子，包含風乾的水果、薄荷、削成薄片的刺柏和柏木、莎草根莖，還有「大塊的樹脂」，貨真價實的百花香氛，其成分讓人聯想到後來經典的「奇斐」（kyphi）香脂，氣味獨特，聞起來有點像聖誕布丁。

希拉孔波利斯的居民改進或改變外貌的願望實踐，還包括戴上黏土面具，面具上眼、嘴和鼻子的位置鑽有孔洞。納迦埃迪爾（Naga ed-Dêr）出土的物品顯示，人們當時可能已開始穿拖鞋，陽具還戴有獸皮做的護套。但大多數形式各異的隨葬飾品，恐怕都被古代盜墓賊偷走了；在希拉孔波利斯，死者的脖頸是盜賊們特別關注的部位，因為當地男女老幼都如同巴達爾先輩，入葬時皆佩戴自己的珠寶首飾，例如皂石、瑪瑙、象牙、珊瑚和貝殼等等，一同埋進墓坑。

如匕首等銅質武器，也是盜賊的目標。這種匕首用繩子和刀鞘繫在左胳膊上方，以便用右手快速抽出。已知埃及最早的殺人案例中，匕首顯然就是行凶武器，目前僅知受害者是一名「基伯連人」。這具自然風乾保存下來的成年男子木乃伊，收藏在大英博物館，對一代又一代來參觀的學童而言，這人的名字就叫「生薑」（Ginger），因為他有一頭紅髮（紅髮人在英文中稱為生薑）。一九〇〇年，博物館得到這具乾屍後，它成為公眾細察探究的對象也有一個多世紀了。直到二〇一二年，館方專家對其做電腦斷層掃描，這才注意到「生薑」其實是背部遭刺而死，凶殺事件大約發生於西元前三五〇〇年。

實際上，越來越多的證據顯示這段時期多有暴力死亡的事件，遭割喉、砍頭和腦殼被打爛。在埃達伊瑪、希拉孔波利斯和納迦埃迪爾都有發現，同時還有抵擋擊打時造成手臂的防衛性骨折。男性和女性的墓坑中都有發現武器，弓與箭以及圓石頂狼牙棒，被認為既是「權威的象徵」，也是「保護的象徵」。

明顯經過頻繁使用的化妝研磨板，在女性與男性的墓葬都有發現。石板刻有線條風格的動物造型，有些是類似神靈的形象，例如頭上頂著星星狀角、後來代表哈索爾的天界牛頭女神，也有代表生殖之神敏（Min）的雙頭箭圖案。

部分石板繪有狩獵場景：獵人戴著面具模仿和引誘獵物。打獵必備的敏銳目光，透過研磨石板上製備的化妝品，被儀式化地強化放大，因這些彩妝面具突出五官，彷彿古代的太陽鏡，減弱了日光的強度。可能傳播眼疾的蒼蠅飛蟲，也能被化妝品的氣味驅散，甚至還能有抗菌藥的作用；孔雀石的銅成分可抑制皮膚感染的主要誘因之一：金黃色葡萄球菌。

他們還會用這些顏料勾勒小雕像的眼睛輪廓。不過，一個製於西元前三八〇〇年左右的獸骨材質雕像，僅以天青石做了一雙眼睛，尺寸之大，讓此座女性小人像看似戴著一副賈桂琳．甘迺迪（Jackie O）的招牌太陽鏡。引人關注的是，距離最近的天青石材料來源，是在三千兩百公里之外的阿富汗，代表早在約西元前四〇〇〇年，埃及人就已與黎凡特海岸（地中海東岸）的比布魯斯（Byblos）有了接觸，此處正是天青石貿易線路的最西端。

諸如此類的小雕像，有些是變形組合，把人類和動物融為一體，例如鳥狀的頭，寓意人的靈魂，或稱為「巴」（ba），在死後會再現為一隻帶有人頭的鳥兒，能夠自由搧動羽翼，任意飛翔。這些小雕像有時雙臂會向上伸展，就像芭蕾舞伶，因此稱為「跳舞女神」，這樣的姿態現代蘇丹依舊能看到，被描述為「模仿牛的角」。奶牛隨後很快將成為哈索爾的標誌，她是舞蹈的守護女神，也是照看死者靈魂的女神。涅迦達墓坑中安置的陶土奶牛造型組，被認為是永恆的食物來源，餵養陰間人口，同時也一樣象徵著這位牛頭神。

同樣有著芭蕾舞般姿勢的「奶牛舞者」，也被刻在岩畫上。東部沙漠的烏姆薩拉姆谷（Wadi Umm

Salam）岩畫場景，其中奪人眼目的是頭戴高聳羽毛冠飾，大大的陽具向前勃起；這些都是生育之神敏的關鍵特徵。這也許是「古埃及宗教已知最早的神明形象之一」。已知最早的法老風格群落首領畫像，時間可推斷至西元前四〇〇〇年，在同一片沙漠裡的卡西谷地（Wadi Qash）中發現。隨後的四千年間，此形象幾乎保持不變，牧羊人彎頭棍樣式的權杖，還有特徵鮮明的紅色王冠，都與涅迦達陶器上的一致。

這些器皿上出現越來越多動物，刻繪在外側表面，或做成小雕像裝在器皿邊，彷彿動物前來飲水。涅迦達的陶工採用仿石材的效果和類似彩陶的釉料，出產種類繁多的陶器，以滿足日常的實際應用和各種宗教儀式需求。這些罐子同樣按照一套固定的傳統，用作陪葬品。有波浪形把手的器皿，通常放置在死者頭部上方，大容量的儲物罐，則通常安置在死者腳邊。正是這些陶罐千變萬化的風格、尺寸和顏色，構成了判斷基礎，考古學家可先據此追蹤埃及文字前的歷史。考古學家利用「序列定年」（sequence dating），以陶罐上風格的逐漸變化，依照年代順序標繪，建構時間框架以推斷文物的相關年代。此體系的運用約為一個世紀，直到現代科技能直接探測文物的確切時期，隨著對埃及早期歷史的考證越來越深入和精確，以往的年代推斷也持續得到修正和更新。

不過，古埃及人隨身帶往來生世界的物品，並非都有著科學意義上的秘密或只有內行專業人士才能懂得的奧義。有些東西僅僅只是擁有者覺得足夠珍貴，希望永遠持有，便隨葬了。巴拉斯（Ballas）的第一〇〇號墓坑發掘了一套撞柱遊戲裝備，便是如此。其中每一件物品都經過仔細修復，考古學家不禁想復原此遊戲最初的玩法和場景，這套遊戲最後一次讓墓坑中的孩童得到娛樂，已是五千年前的事了。

墓葬品的研究讓我們看見約西元前三五〇〇年「階序人（Homo hierarchicus）的初現」，亦即人類階層的分化。不過，當時「女性的墓坑卻更大，隨葬品也比男性墓坑中的更有價值和意義」。獲得地位提升的菁英男性與女性，由於希望死後地位受後人所知，因此會要求新的墓坑，而不是類似從前地上隨意挖出的簡陋洞眼。於是，他們的墓穴加大了，其中有了梁柱、磚牆或塗上灰泥的內壁，甚至還有塗料彩繪。在希拉孔波利斯發現的埃及最古老彩繪墓穴，一公尺半的內壁上，滿是紅黑色的繪圖，如同陶罐與岩洞壁畫，其中有船，也有獵人忙著追捕野獸，或是以狼牙棒痛打被綁住的敵人。

同一處墓穴中間有一道分隔牆，代表墓坑一部分用於安放屍體，另一部分存放財物，其中包含大量首飾和精美無瑕的石頭器皿，也有從黎凡特海岸販運而來的昂貴酒類、油和樹脂。埋入地底之後也等於從貿易循環中消失，很快地，這些珍貴物品便不是大多數人有能力碰上的，因為「用來製作這些東西的材料來源由菁英階層專享和分配」，他們掌握了長途貿易的控制權。

象牙手柄的刀具不僅反映出技術能力的迅速提升，同樣代表了社會階層的分化。這些刀的刀刃依舊使用原始的燧石片，因此很可能只是某種形式的飾物或身分標誌，出自阿拜多斯·阿拉克（Gebelel Arak）山丘的小刀文物顯然就是如此。河馬牙齒製作的鍍金手柄刻有蓄大鬍子的人物形象，穿著美索不達米亞王國風格的袍服，兩側拱衛的是兩隻狂暴的獅子。

手柄上的裝飾圖案，還有高船頭的船隻和徒手近身搏鬥的場面，如同東部沙漠發現的岩畫。歐洲早年的埃及學專家猜測，此證據應能代表美索不達米亞某一「優等種族」，通過紅海，入侵位於非洲的埃及，帶動了那裡的文明發展，外來種族也迅速轉變為法老時代的人民和王國（das Volk und das Reich），這個曾經頗具影響力的理論反映出一九三〇年代不幸在歐洲盛行的種族社會觀念，此理論之後又改稱為「王朝種族」。不過，現在已經有豐富的證據，表明許多埃及文化的淵源都萌生自西部沙漠和撒哈拉，徹底摧毀了前述論調的基礎。

「來自美索不達米亞的人們，駕船駛向紅海西岸，經由哈馬馬特谷地進入埃及」，此舉是為了貿易，而非征服。他們對埃及的文化影響確鑿無疑，例如埃及泥磚牆不斷重複出現的壁龕，稱為「宮殿牆面」鑲板；或是象牙雕刻，除了野牛蹄和獅爪樣式的家具腳，也有精細優美的象牙梳子和髮夾。

石榴石、瑪瑙和天青石（青金石）的珠子也大受歡迎，如同金子。人們最早是偶爾從突發洪水衝入東部沙漠的低谷之間，直接發現小塊的天然黃金。這些低谷是涅迦達群落首要的定居點，緊靠法瓦基爾金礦（Bir Umm Fawakhir），此地也因此有了古代名稱努布特（Nubt），意即「黃金鎮」。希拉孔波利斯離巴拉米亞谷地（Wadi Baramiya）很近，當地金礦讓希拉孔波利斯的財富來源大為增長。當金子開始出現在墓葬的同時，遠方進口的天青石就與其配對成雙，這種藍與金的經典雙色組合，貼切地呼應了亮藍色天幕上的金色太陽，映照在尼羅河水面。

珍稀與美學價值的組合，如同向所有人宣告：如此難得且昂貴物品的擁有者，無疑是特殊人物，其與眾不同理當受到高度尊重。

阿拜多斯、涅迦達和希拉孔波利斯等南方幾處區域權力中心，隨著不斷修建防禦工事和哨卡、大型建築以及排場堂皇的墓地，都經歷了快速擴張，而財富持有者和未持有者之間日漸增長的對比，當然也越來越明顯。

部落首領的墓葬越漸繁複豪華，擁有多間墓室，屍骨邊環繞著炫示身分地位的各種寶物，墓穴的上部構造由進口雪松木製成。墳墓四周甚至還建起了圍牆，向平民們宣告：「禁止進入」。

上流社會、菁英階層向北擴展到下埃及的權勢據點，例如布托（Buto）、哈拉傑（Harageh）和阿布希爾．梅勒克（Abusir el-Melek，簡稱阿布希爾）。上埃及的這些地方在此時開始製作陶器。此處從前的蘆葦房舍，逐漸被南方的泥磚建築取代。北方以往低調簡樸的墓葬，也向南方鄰居看齊，有了氣派講究的特徵和隨葬品。每件物品都與「上埃及社會行為習慣和意識形態的傳播有關，上埃及的社會形態最終成為主流，傳遍了埃及」。

南方很快就進入北方的控制，不僅是文化和商業層面，最終更是延伸至政治層面，由此誕生了世上第一個國家政權。

〔4〕

南北分治

約西元前三五〇〇～前三一〇〇年

埃及人沿尼羅河的長條形聚居，極化為南與北，分成上埃及和下埃及，兩部分最終又分化出各個地域性中心，或稱諾姆（nomes，古埃及的省分）。每個諾姆都有自己的領袖、神靈與特色鮮明的標誌（類似旗幟）。

這些中心相互爭奪資源，爭奪影響力，最終是爭奪權勢。此過程貫穿整段尼羅河谷，他們建立起同盟群落的聯合幫派，以所謂的「城鎮石板」呈現，石板上繪有七塊建有防禦工事的聚居部落。每個聚落都有城垛環繞，這正是早期王名框（cartouche）的前身，這種如堡壘般框護的形狀即為「塞雷克」（serekh），框中的是重要人物的名字，框形頂部有一位相應的保護神。「城鎮石板」上的每一個聚落頂部都有一個生物，如獵鷹、蠍子或獅子等，或許代表的是該部族首領。每個動物還都揮舞著一把鋤頭，但鋤頭是用於建立這些定居點，或者更有可能是毀滅這些定居點？這點目前不得而知。

隨著領地範圍擴張，這些中心的數量也開始減少。涅迦達與其聯盟部落，逐漸被北邊的阿拜多斯和南邊的希拉孔波利斯競爭勢力掩去了光輝。

這些城鎮不僅獲得了政治勢力，還有宗教影響力。希拉孔波利斯成為南方的精神首都，北方與它對應的是位於河口三角洲的布托。它們皆以王冠的形式表現同盟的「團隊本色」。南方是高高的白色冠冕，與北方紅色的冠冕針鋒相對；紅冠冕中央上部的螺旋「讓人聯想到蜜蜂的觸鬚」。從前一般認為上下埃及都是冠冕的起源之地，但後來發現最早的紅冠冕圖像出現在南方，所以，很可能是「當上埃及控制了北方之後」，北方才開始採用此符號標識，而埃及人的經典作法就是為了潤飾（如果不是改寫）自己的歷史，創造一個更令人滿意的整齊協調結果。

一旦兩個冠冕成為此國家南北兩地的象徵符號，便各自有了標誌性神靈。布托的眼鏡蛇女神瓦吉特（Wadjet）成為北方守護者，而希拉孔波利斯地區的禿鷲女神奈荷貝特（Nekhbet）則是南方的保護神。兩個神靈被稱為「威力無窮的兩位」，分別被當作國王的神聖母親；蜿蜒盤曲的神蛇瓦吉特（古老的埃雷特〔Iaret〕語言，意即「眼鏡蛇」）奔躍起來攻擊，把死亡帶給王室的敵人，而敵人的屍體則會被她的禿鷲姐妹神奈荷貝特啄食消滅。

兩片土地上的花卉符號安寧祥和許多。北方的是紙莎草，南方的是「蓮花」，即睡蓮。兩個象徵都有變體形式，南方的是莎草植物、北方的是蜜蜂，尤其是蜂王，與創世女神奈斯有關。

同樣的二元性也延伸到男性神靈：帝王之神荷魯斯，與之抗衡的是混亂之神塞斯。此對抗的兩極，分別是希拉孔波利斯與涅迦達兩競爭對手的神靈代表。兩個神靈合併到帝王一人身上，帝王頭銜便是「兩神和平共處之王」，而前一位女王的稱號正與之對應，稱為「親見荷魯斯與塞斯之女君主」；如此命名幾乎有人格分裂之嫌。

隨後的三千年，經過這般無休止的人為排列組合，所有文化元素都能合併為一體，從荷魯斯和塞斯捆綁在一起，北方和南方代表性植物混合，再到護衛王族的瓦吉特和奈荷貝特。這些象徵符號強調和突顯了「兩方土地」豐富的多樣性，兩聯盟領地依照傳統一直是由布托和希拉孔波利斯的菁英首領統治，這些人被統稱為「荷魯斯的後繼者」。

不過，它們遠非簡單的符號代碼，僅用以代表傳說中王國的虛幻抽象統治者，這些圖形包含著歷史真相中許多被長期遺忘的事物。在持續進行的考古發掘工作中，發現埃及的這兩座神秘首府以及同樣神秘的統領者，確實曾經存在。

傳說中北方聯盟首府布托，曾一直被認為純屬虛構，直到一九八三年發現這座城市的原址。原址位於現代法拉因山丘（Tell el-Fara'in）的下方，約地下六至九公尺的飽和含水層。地層中的遺物顯示，布托最初都是蘆葦編織搭建的棚屋，其中的一座廟堂也是用這種壽命短暫的材料建成。據傳，在伊西絲的同胞兄弟兼丈夫歐西里斯被他們那嫉妒又狠毒的弟弟塞斯謀殺之後，布托這片茂密蔥鬱的小樹林，就是伊西絲的藏身之地。她的兒子荷魯斯於布托養育成人，擊潰了塞斯；這就是所謂的「布托神話」（Butic Cycle）組詩，而這一段神奇的歷史，傳播範圍超出了埃及本土，甚至影響了黎凡特沿海的神話信念。

布托，距離地中海僅僅二十四公里，不僅與黎凡特和巴勒斯坦有貿易往來，城中還有巴勒斯坦人聚居區。外來人口在此地製作其特徵鮮明的陶器，所用的陶輪，在一千年之後才被保守的埃及人接受和採用。與敘利亞的關聯，讓布托與遙遠的美索不達米亞有了聯繫，當地如壁龕般規則內凹的「宮殿牆面」建築最終也在布托出現，同時甚至還有更遠東方的貨物。這些貨品也被輸入三角洲另一個重要地方，法爾卡丘地；直到現在此地才得到充分的考察研究。

作為另一個主要的聚居地，法爾卡丘地設施齊備，有穀倉和一間大型的釀酒坊，這裡的「行政兼宗教中心」在近期出土了一些令人矚目的文物：河馬長牙材質的小雕像、化妝顏料研磨板、紅海的貝殼、黃金和半寶石的飾品，在在顯示了當時下埃及的財富和權勢，而這是學界從前沒預料到的情況。

法爾卡丘地最令人驚訝的發現是兩座金質小雕像，雕像被認為代表當地的統治者，也許是父子倆，約西元前三二〇〇年在該地的廟堂受到敬奉。他們都戴著巨大的陽具護套，呈勃起挺立狀，兩人的眼睛和眉毛都以阿富汗的天青石鑲嵌而成。

布托、法爾卡丘地，以及它們的三角洲腹地，都是位於「上埃及『非洲』文化與巴勒斯坦東方文化兩大傳統的交界」。而對應於布托的南方城市，希拉孔波利斯也是一樣的情況。

自從一八九七年首度發現，希拉孔波利斯就一直是諸多詳細考古探索的對象；這是一座泥磚建築沿著尼羅河岸綿延超過三公里的城鎮。當地農夫種植莊稼，飼養牲口，而各有專長的匠人們，則負責把船隻從南北兩方運來的象牙、金子和寶石做成奢侈品。

當地曾聚居過不少工具製作的匠人、石藝工匠和陶瓷匠人。製陶匠的產出非常豐富，因此當地至今仍四處散落著陶器碎片，由此產生了當地的現代地名：柯姆．阿瑪爾（Komel Ahmar），意即「紅土丘」。它的古代名字，希拉孔波利斯之意則是「獵鷹之城」，意在貢奉和讚美帝王之神荷魯斯，這裡正是埃及未來君主們的精神家園之一。

此地的初次發掘，理所當然地挖出了部分埃及至今發現最著名的手工藝品，而這些物品曾安置在最早一座敬奉荷魯斯的神廟。如今，這座遺址只是沙漠裡一連串的柱子坑，坑裡埋著曾經是四根雪松木製成的巨大柱子，它們從黎凡特海岸運至本地。柱子位於神廟前部，撐起門面；神廟牆體是蘆葦編織而成；廟堂建在沙子堆積出的人工丘地頂部，模仿了「創世說」的土丘陸地，四周環繞著大塊砂岩與石灰岩，其中一塊岩石「高高瘦瘦，至少像一根柱子，同時又像一座男性人物雕像」。

神廟前面是一片大大的橢圓形庭院，當中有另一根木柱，柱頂是獵鷹雕像，荷魯斯的宗教象徵物。曾有絡繹不絕的供品敬奉於此，既有出自本城作坊的奢侈工藝品、作為陪葬埋入周邊墓地的異國動物，還有戰爭中的俘虜，在神的見證下被現場處決；這些都是讓神靈們補充威力的適當儀式，互惠互利：人們貢奉上神，而神靈們則保佑埃及，維持宇宙萬物的正常節律。

神廟逐漸被祭品填滿，先前供奉物品便移出，放入四邊砌了泥磚的坑洞；早期考古學家在一八九八年於坑洞發現這些遺物。與法爾卡丘地相似，希拉孔波利斯的「主要寶藏」是由象牙小雕像構成，包括蓄鬍的男性、精心裝扮長髮的女性、一身行頭繁複的侏儒，還有被捆綁著下跪的囚徒等等，形形色色的人物似乎正演出一場祭典儀式的劇目，不過縮微成如同在棋盤上縱橫捭闔，決定宇內大事。

部分小雕像許多部位受潮侵蝕，原本的象牙變得軟黏，就如「罐頭鮭魚」，但也有部分以皀石和天青石雕成。此外，還有大型的武器，為三把燧石大刀，幾乎長達一公尺，以及三個一組的大型權杖棒頭，石灰岩材質且安置於粗矮木柱的頂部。由此，可以看到這些棒頭如何用來宣告社會地位，展示威力和控制權。

棒頭上都刻有精細的場景。其中的「蠍子權杖」得名於其中尺寸最大的人物形象，此人戴著南方上埃及的白色王冠，身後繫上一根牛尾巴，象徵他的猛力。這位蠍子「大王」是南方的首領，名字的書寫就是小蠍子的圖案。關於人工灌溉，在已知最早的具象描繪中，蠍子王揮動一把鋤頭，主持引領水渠開挖的典禮，此工程利用小型運河體系將尼羅河水引入田地，讓周邊更多土地能用於種植。前王朝時代，用於耕種的土地約為一萬六千平方公里，可養活約三十萬人口，其中大部分都是農耕居民。他們的穀物收成一部分用於納稅，有時他們還須承擔額外的勞役，進行遍及全國無數灌溉水道的開挖和維護。

強大的蠍子王保證了土地的豐收。石雕中，他身邊環繞著翩翩起舞、擊掌歡呼的女人們，上方安坐在滑竿轎椅中的還有一位王族貴婦（也是世上已知最早的女貴族肖像）。儘管此女之名目前仍未知，但很可能是蠍子王的母親或妻子。她正查看著眼前既歡慶又恐怖的場景。因為蠍子王兩側有手持扇子與盟友旗杆的男侍們簇擁，一旁地方勢力的旗杆甚至被換成了臨時絞架，桿子上晃蕩著麥雞的屍體，象徵反對蠍子王統一南方的敵人陣營。

蠍子王曾被認為是埃及古老神秘的虛構人物，但近年考古發現確有其人。強有力的證據出現在阿拜多斯編號「U-j」的地下墓穴，其面積為八十四平方公尺，擁有多達十二間墓室。此處曾經歷盜挖洗劫，但近期的重新發掘依舊出土了一柄象牙權杖，以及四千五百公升的黎凡特進口葡萄酒，儲存在四百件陶製容器，多數葡萄酒陶罐都印著官方封印或刻著象形文字標記，其中就包括了蠍子符號。

這類簡單的文字更常出現在一百六十四塊以象牙和獸骨製成的標籤上，這些標籤曾經固定在墓室木頭儲物箱上。文字列出的是早已從箱中消失的財物清單及來源地：若干卷的亞麻布匹、油料和其他商品，作為納稅朝貢，從北方的布托、南方的巨象島，以及東方和西方各個地區送到這位統治者的王宮。

這些不顯張揚的樸素標籤，是大小如同郵票的小牌子，北部某些考古遺址也有發現。它們是最早的實物證據，描述了埃及行政區（省分）如何運作且如何徵稅。但它們之所以能躋身人類歷史最重要的文獻之列，是因為小牌子刻的是史上最早的文字書寫證據，明顯早於美索不達米亞文明，證明了大約在西元前三二五〇年，埃及已經有「語音學意義上可讀」的書面文字。

西部沙漠同時期的岩畫石刻也有類似的價值，象徵埃及文字歷史的開端，為清晰可讀的手稿，其中蠍子和獵鷹的組合，再加上揮舞狼牙棒、手裡牽著一名俘虜的人形，被解讀和描述為「上埃及聯合統一的文獻紀錄」。石刻的位置暗示出，蠍子王和他的武裝利用基納一帶尼羅河大拐彎處對面西部沙漠的路線，從側翼迂迴包抄，擊敗了盤踞在涅迦達的敵對力量。

不過，蠍子絕非一個孤立和僅有的首領人物，因為阿拜多斯墓葬裡的小標籤也刻有獅子、大象、狗和貝殼，可能指代其他名字至今未可知的地區統領，他們甚至可能是古代帝王名錄中「荷魯斯的後繼者」，而埃及學研究者為了安頓這些人物，大概還得再編排一個「零王朝」，放在第一歷史王朝之前。阿拜多斯的墓地，不僅是蠍子王最終的安息之所，此處還發現了謎一般王朝最後兩個統治者的地下墓室。兩位大王分別是伊里—奧（Iri-hor）和卡（Ka）。與蠍子王一樣，他們只是半個王國的統治者，都為後繼帝王預演暖場。這位帝王長期以來被譽為古埃及的終極統一者，將此文明從史前時期帶入真正有據可考的歷史時期，此後，埃及人認可了這是統治整個國家的第一位君主。

這就是具有傳奇色彩的國王那爾邁（Narmer），習慣上被譽為埃及兩半國土的統一者，他在約西元前三一〇〇年完成此項大業，創建了世上第一個民族國家，這也是「所有現代國家的先驅」。

關於那爾邁的真實身分和歸功於他的成就，一直有持續的激烈爭論，雖然他統一國家的時刻被理想化了，卻一直受到高度稱頌，被認為相當於重演了「第一次」——創世，而這個重複的「第一次」，是指埃及國家政權的誕生。

此事莊重地記錄在那爾邁石板上。石板在希拉孔波利斯的主遺址中發現，並適切地定義為「古埃及創立的銘石碑刻」。

在這片彩妝顏料扮演重要角色的土地上，第一個歷史文獻竟然是以一塊超大化妝品研磨石板的形式出現，反倒是再合適不過了。儘管石板用以研磨色料的圓形凹陷區，幾乎只是偶爾使用。這塊六十四公分高的盾牌狀石板，主要意圖顯然不是當作日常研磨工具；就像是巨大的狼牙棒棒頭，這是一個慶典儀式用品，豎直安放在神廟，永久紀錄重大事件。它代表統治者傳播訊息採用的是「經典」埃及風格，其中的基本要素都已齊備，往後的三千五百年間，同類歷史事件的表述或再現一樣會出現相同的要素。在此前的幾個世紀，這方式已經在打磨和試煉過程中瞬間聚焦，達到最清晰的形式，以最佳的方式高妙地傳達王室宣傳與權威性。

帝王的名號，即所謂的「荷魯斯名字」，保護性地圈在形似要塞圍牆的「塞雷克」圖案中，兩個象形符號拼讀出那爾邁的名字：鯰魚符號代表「那爾」（nar），鑿子代表「邁」（mer），字面意思就是「擊殺鯰魚」。為了達到最完善安全保護，框中帝王名字兩旁各有一巨大的女神哈索爾頭像，下方才是那爾邁本人的真形。

其頭上是與蠍子王一樣的南方白色王冠，渾身每一處都是半神半人的神王氣派，那爾邁被描繪得高大。他戴著假鬍子，身後還繫著一根公牛尾巴（一件腰部嵌有釘珠的裹布裝飾著更多哈索爾牛頭圖案），以保護最脆弱的部位，守護王族後代繁衍的源泉，司掌愛情和生育的哈索爾無疑是最合適的神祇。

身穿一襲保護裝備的那爾邁高舉狼牙棒，朝腳下的俘虜施以致命一擊，不幸的敵對者依據考證是來自下埃及緊靠布托的「魚叉」（Harpoon）地區。他們下方包括更多敵人已橫屍倒伏，這項處決的一旁有荷魯斯察看著，其獵鷹象徵棲停在代表下埃及的紙莎草標誌上，標誌上的六個花簇，每個代表一千名被消滅的敵人。種種元素組合成一個象形符號的畫謎，意思是「大王擊潰了河口三角洲的敵人，計有六千名」。其功能既具藝術，也是一種語言形式。

石板的反面刻有那爾邁戴著紅色王冠，此種與北方的連結代表他已將全國納入麾下。他身前有人扛著一列旗標，旗杆頂部分別是獵鷹、豺狗和王族胎盤（Royal Placenta），部分代表「在統治者間代代相傳的神聖本質之物。最早便扮演著證明王權神授的重要角色，傳達和維持埃及帝王權威的意識形態」。這些旗標屬於「荷魯斯的後繼者們」，代表「下埃及帝王們的靈魂」，他們所累積並流傳下來的權力，現在由那爾邁挪用和占有。

這位勝利的君王認真地視察敵軍的屍體。死者的頭被割下放在雙腿間，頭顱上放著各自已割下的陰莖，這種儀式化的肢解切割，是為了剝奪敵人在來世的能力，讓他們無法完整行使功能。如此的策略，倒是不折不扣的「分而治之」，連身體都被肢解了。

那爾邁在擊敗和征服所有敵對者及競爭勢力後，舉行了一場相當平和的慶典。一件出土自希拉孔波利斯遺址的大型狼牙棒棒頭描繪了加冕登基的場景，其前面有一名沒有任何武裝的人物，坐在一把滑竿轎椅上。或許是某名敗軍首領的女兒，被他娶為妻妾，讓占領敵方土地顯得名正言順。這名女子最有可能的是奈斯霍特普（Neithhotep），有人認為她是「前王朝時期涅迦達統治者的後裔之一」。

因此，那爾邁似乎是透過聯姻、外交與武力征服的組合手段，將統治權延伸覆蓋到上下埃及的土地上。埃及統一成單一政治體，那爾邁與奈斯霍特普由此開始了一種君主政體統治。此政體將會持續三千年之久，也就是所謂的「王朝時代」。約有相繼三十個王朝先後統治了三千年，而帝王家族則是「透過血緣和姻親關係聯合，或以出生地或居住地相互關聯，也可能兩種關係兼而有之」。此後，那爾邁便一直被認為是第一王朝的第一位統治者。

〖5〗

兩方土地的男女主宰

約西元前三二〇〇～前二一八九〇年

隨後三千年的官方帝王名錄中，那爾邁居於首位。以他的名字為創始有了時間架構，埃及人以此架構計算整段歷史進程，依照每一位國王即位年分確定所有歷史事件的日期。這類名錄紀年中，最早的先例是帕勒莫石碑（Palermo Stone），王族母親與兒子的名字一同列於石碑。

那爾邁建立了自己的歷史地位，接著又用了第二個名字：美尼斯（Menes），此名字源自於具有「建立」或「永恆」之意的「men」。在後來的帝王名錄中，那爾邁便是以「美尼斯」之稱為人所知。這些名錄兼歷史紀年表明「死去的先王和半人半神英雄們的精神在此得到繼承。埃及人認為第一王朝相繼有八位國王統治，第一位就是美尼斯（那爾邁），他在治理王國的時期贏得了極高的聲望」。

按照傳統，那爾邁是第一位統一南北方且首次建立單一政權的君主（儘管是追溯）。新建立的王國劃分為四十二個地區（省分），協助他的是王族親屬和識字的官員。這些人能利用日漸精細和複雜的書面象形文字，代表君主管理此國家。

最初出現的象形文字用來記錄農田的產出，但很快就演變成國家政權賴以成形的具體化工具，抄書（即書記員）的行政服務範圍不斷擴展，採用這種文字方式將維持政權所需的物質資源計算和轉化成稅收。不論這些文獻多麼神秘難解、多麼具有主觀猜測的嫌疑，它們依舊提供了不可或缺的訊息，讓後人對埃及幽暗朦朧的初始，以及面目同樣幽暗隱秘的居民有了一些了解，現在我們至少能以名字稱呼這些人了。

那爾邁的伴侶奈斯霍特普，意即「讓創世女神奈斯滿意」，是歷史紀錄中第一位擁有具體名字的女性。她的名字被刻寫在具保護意義的塞雷克圖案框中，與她的國王丈夫一樣。代表她也享有類似的地位，因為「縱觀埃及的圖像歷史全程，每一位用到塞雷克圖案之人均是君主，無一例外」，她與那爾邁的婚姻很可能出於政治利益，以結束長期的敵對狀態，讓涅迦達名正言順地歸於那爾邁的控制之下。

與蠍子王相似，那爾邁看似來自阿拜多斯地區，但其勢力在涅迦達地區也相當強大。在柯普托斯（Koptos）同樣如此，此處是禮拜神靈敏的中心。當地敬奉敏的最早神廟，則與希拉孔波利斯的那座木造結構廟宇頗為相似。

柯普托斯有一些令人驚嘆的考古發現，例如兩排咆哮的石獅子，沿著一條慶典通道的兩邊列陣，而通道指向的盡頭是三座巨大的敏神雕像，每座雕像重達兩噸以上。發掘此遺址的維多利亞時代考古學家注意到，「雕像左手是敏神最常見的姿勢」，雕像最初完工之時，這位敏神將自己的陽具穩穩地抓在手中，但現在只有一個大大的圓圈洞眼，代表此重要生命器官所在位置，原先的陽具則用另外一塊石頭單獨雕製。

不過，另外還有一個頗為誘人的設想，就是將這些孔洞看成安放敏神至聖植物的地方。植物是錐形的萵苣，能長到一公尺高，收割時會滲出白色汁液。這種萵苣種在神廟旁邊，為敏神提供隨手可得的給養。古埃及敬拜行為之一，是將敏神的小雕像放到種植萵苣的臺地，眾人一邊反覆詠唱「敏神入園，歡呼致敬」，這種做法很可能可以回溯到史前時期請求增產豐收的農業祈禱儀式。

至於敏神偉岸的石灰岩雕像，身上只穿著一根帶子，懸垂的飾帶點綴著岩畫風格的象形文字，圖形包括有獅子、牛、一隻鸛鳥、一頭大象、一條蛇和一顆瞪羚羊頭。同樣的圖形，在阿拜多斯史前墓葬出土的象牙小標牌、封印刻石和陶器上也有發現，因此，有些人認為敏神的飾帶是一種早期的帝王名錄，上面也已辨認出那爾邁的名字。

那爾邁的大名為這座神廟增光，並非只是巧合。因為柯普托斯是位於東部沙漠通往紅海的主路入口，也就是哈馬馬特谷地的西口，那爾邁的名字沿著這條通道被遠征團的成員一路刻寫下去。他派遣遠征團蒐羅這地區豐富的物產，包括花崗岩崖壁上的紫水晶坯料、玄武岩大石間的綠孔雀石，還有綠灰色的片岩石板，皆從谷地的「黑山」開採而得。

這對王族夫妻還將他們的勢力範圍向北擴張，在三角洲的頂點創建一座新城市：孟斐斯。此後，這座城市成為埃及的行政首府。此城地理位置優越，其古代名稱就是在讚譽此地為「兩方土地的平衡點」。

尼羅河逐漸向東改道，漫過之前的沖積平原，最終將這座城市原貌很大一部分淹沒和摧毀。儘管如此，宏偉壯觀的孟斐斯確實曾經是一座大城。近幾年已探查出其城區邊界，位於目前地下水位之下深達幾十公尺之處。透過此區地質岩芯取樣，考古學家們檢測了當時氣候與河谷水平面的變化，這些變化對每個埃及人的影響都是相當巨大，無論是田地裡的農夫，還是處心積慮維持政權穩固的國王和朝臣。如果每年一度的洪水水位太低，就會導致饑荒；另一方面，如果太高，又會沖走家園與賴以維生的農作物與一切。

甚至，每年洪水水位最高都會有幾個月淹沒土地，就像洪荒之初的原始大水，「四面八方都變成了一片大海，城鎮孤零零地散落在水面之上，就像愛琴海上的小島。每當此際，水上運輸的交通方式就在各地啟用，而不再僅限於沿著尼羅河水道使用」。

這位古代的見證者還曾補充到，那爾邁也環繞那座新城市興修了一連串保護性的堤壩和疏導洪水的人工水道。利用數千年前編創出第一部日曆的相同智慧與技巧，埃及擁有最聰明頭腦的人也設計出預測洪水水位的方法——尼羅河水位計。

沿著尼羅河谷的神廟，他們在碼頭邊的吃水線刻下標記，所用的計量方法是「禮俗儀式上的腕尺」。這是一種攜帶式測量工具，以人類前臂的長度設計。祭司和官員用腕尺，再加上手掌和手指，精確地讀取尼羅河水位數據，一百九十二公尺的水位，在王室年鑑就會記錄為「三腕尺四掌三指」。不僅能測算有多少土地可用於耕種，以及確定隨後的稅賦，也是為了預測當年最終的水位高度，以便在必要時採取補救措施，另外還可因應灌溉和收穫活動舉行恰當的儀式。

孟斐斯的主神廟也是那爾邁主持修建的建築物。在這座廟宇中，神界的元素當然是絕對少不了的存在。這座廟宇敬獻創世神普塔及他的伴侶，獅頭征戰女神塞克美特；廟裡的祭司聲稱，此廟建立於洪荒之初從大水冒出來的第一片土地之上。所以，最有可能的是，孟斐斯神廟建成之後，整個國家才被命名。神廟叫作「普塔的靈魂居所」（Huwt-ka-Ptah），而後來在希臘的定居者將此讀作「埃吉普托斯」（Aigyptos），驗證了孟斐斯祭司們的聲言：他們堅稱這座廟宇是埃及的萬物之源，「埃吉普托斯」就是埃及之名的最初由來。

但是，論及為死亡的計畫安排（傳統上是在活著且頗為年輕之時，就開始制訂計畫，確保能執行完畢），那爾邁則追隨先輩的做法選擇在南方，回到他的故鄉阿拜多斯安葬。接下來的三個世紀中，阿拜多斯一直都是帝王們的墓園。

阿拜多斯王室墓園作為第一個「國王谷」，與另一同稱「國王谷」但更出名的陵寢聚集地相比，此處也毫不遜色。墓園位於一個巨大谷地的開口處，該谷地被認為是通往地下冥界的入口通道。此處大風捲起沙子，在峭壁的擠壓下呈漏斗狀下墜旋舞，形成一種低語嗚響，人們相信那正是死者自己發出的聲音。

此處身為埃及國王們最早的墓園場址，具有極為重大的意義。虔誠的朝拜者帶著祭品紛至沓來，他們人數之眾，以至於此處某塊區域如今仍布滿著敬獻的各種陶製器皿。這處地貌，被稱作「陶罐之母」（Umm el-Qa'ab）。

正是這裡，十九世紀晚期的挖掘考察發現了封印上並列刻下的名字，那爾邁—美尼斯（Narmer-Menes）。一九七〇年代，那爾邁的墓葬也被辨識出來，地下墓室中的小標牌和封印印紋上都有那爾邁的名字，因此確認了這是他的墓葬。同時發現了成百上千的燧石箭頭和儲物盒的象牙嵌飾。牙雕上有被捆綁的俘虜圖像，暗示曾有遠至海外的軍事擴張行動，向北直至巴勒斯坦境內的特爾·阿拉德（Tell Arad），向南則到努比亞（Nubia），那裡的陶罐都曾出現過這位國王的名字。

作為統一埃及的第一位帝王，位高權重的那爾邁最終與死亡相遇的方式顯然極為異常。古代歷史專家們斷言，他是「被一頭河馬帶走，就此消失無蹤」。這大概只是一個委婉的表達，河馬所代表的狂暴野蠻、血腥可怕力量被迴避和弱化了，但這個意外本身卻可能是歷史事實。

幸運的是，對這個新政權而言，那爾邁的繼承人遏制了可能的混亂或暴動。新君主叫作阿哈（Aha），此名字緊隨著那爾邁出現在早期的帝王名錄。他的父王離世之際，阿哈還是個孩子，於是母親奈斯霍特普便代表他治理國家，成為實質上的攝政，即「國王之母」。此官方頭銜比「國王之妻」的出現還要更早。當時，「王室傳人的母親，也是這位國王的官方陪伴者」（與女神哈索爾的情況相似，哈索爾是「生了小公牛的母牛」）足夠重要，所以她的名字被列出來了，就在帝王名字的旁邊。

奈斯霍特普的權力，自然也反映在與國王一般大的陵寢上。奈斯霍特普被下葬安息在涅迦達南邊很近的地方。涅迦達很可能就是她的故鄉。她的墓葬規模比丈夫那爾邁在阿拜多斯的還要大。她的恆久存在，與大河正對面生殖之神敏強大的雄性偉力，構成一種抗衡。厚厚的磚牆之內，奈斯霍特普的二十一間墓室容納了她的屍骨和葬儀必備品。有些陪葬品相當奢華，例如水晶石獅子造型的棋類玩具、潤膚保濕油和首飾。這些東西雖然很早就被盜墓賊偷走，但曾繫於珠寶盒的小吊牌上都明確地記錄下來，甚至連她項鏈上有多少顆珠子都數得一清二楚。

至於她的兒子阿哈，名字中有盾牌和狼牙棒的符號，意思是「戰鬥者」。暗示南北統一是持續的進程，直到他就位掌權，也就是西元前三〇八五年左右才全部完成。他在父王那爾邁的成就之上繼往開來，一小塊烏木書簡單提及他與南方塔—西提（Ta-sety）聚落的戰役。塔—西提是與努比亞接壤的地區，控制著利益可觀的貿易通路，主要貨品有烏木、象牙和產自東部沙漠奧拉基谷地（Wadi el-Allaqi）礦山的黃金。

埃及最南邊的這個區域，寬闊奔流的尼羅河被凸出地面的花崗岩構造打斷，形成瀑布。其中的第一瀑布（First Cataract）位於邊界城鎮阿斯旺（Aswan）。當地岩層凸起構成了巨象島（Elephantine）。考古發掘發現，早在當時的島上便有了定居點。努比亞是「通往非洲的走廊」，巨象島則是與努比亞貿易的重要驛站。高地建有一座大型要塞堡壘，控制河面的船隻交通，以此抵禦對島嶼的攻擊，同時保佑此處與周遭的廟宇；廟宇敬獻女神薩蒂特，這位邊境之地的保護神，能夠「用她的箭射殺國王的敵人」。神廟建在巨石之間，面對索提斯（天狼星）升起的方向。每當星星升起時，便是洪水將至的預兆。據信水的源頭就在神廟下方的洞窟中，控制水源的是薩蒂特的伴侶，羊頭的創世之神克奴姆。

對國土鞏固而言，奪取這處南方邊境重鎮是重要的一步，但阿哈在埃及的另一端也有動作。在賽伊斯，他建造了一座新廟獻給女神奈斯，而他的母后就是借奈斯之名被命名的存在。在三角洲的頂端，即首都孟斐斯，他為自己修建了一座宮殿。宮殿樓宇外牆塗刷的白色是如此耀眼，因此人們便稱其為「白牆」（Ineb-hedj）。

這座世上第一座「白宮」，其氣派輝煌的府邸是政府的權力中心。府邸四周環繞王室親屬和高官們的別墅，他們受阿哈委任治理國家。在埃及前貨幣時代的經濟模式之下，家宅都是由政府建造和提供，墓葬也是如此。墓園地界叫作「薩卡拉」（Sakkara），是根據當地神靈索卡爾（Sokar）命名。墓地就在城區邊緣，位於沙漠陡坡高處，顯得無比莊嚴，先輩亡靈因此能俯瞰和照管下方活著的後人。

谷地供水充足，也難免洪澇，其間的屋宇房舍早已消失，但位於高處乾燥沙漠中的墓園卻保存下來，並見證了當年貴族奢華的生活方式。地下的墓葬，有以泥磚砌成、長條凳形狀的上部結構來覆蓋保護，此上部結構就是金字塔的前身，馬斯塔巴（mastaba）方形內傾斜丘塚。墓室天花板用進口的黎巴嫩雪松木搭建，環繞中心墓室四周的是他們在人間居所的模型，配有穀倉、種滿樹木的花園，還有世上已知最早的木船；讓他們可以與神界的眾神一起航行，暢遊天國。

阿哈朝臣們的馬斯塔巴建構是如此壯觀，以至於薩卡拉曾一度被認為是埃及最初帝王們的陵寢所在。但阿哈和他的繼任者們卻依舊繼續安葬於南方的阿拜多斯。按照他在孟斐斯為自己建造新王宮的相同模式，阿哈在阿拜多斯複製了一座「來世之宮」；那是同樣以泥磚圍砌的封閉白色建築。它連通另外兩座為其母與其妻所建的墓室。這座冥界宮殿近年才被發現。最初的設想中，他們的亡靈能在此處接受祭拜供奉，也或許他們的屍體在安葬之前就在此抹上防腐香膏。此區四周安置了一支船隊，皆為雪松木的木船，多達十四艘，長度最高可達二十三公尺。帝王的陸上出行，則由十頭毛驢負責，驢子被埋在主人陵寢封閉牆體西南邊的一個長條墓坑中，此處另外埋有七頭小獅子，當初應是被抓住後進行人工飼養，此外還有幾位王室親屬的墓葬。但阿哈的屍骨卻被埋在幾乎兩公里之外的沙漠深處，更靠近陡崖之間的裂口，此裂口代表著地下冥界的入口。

三個墓室的地下墓穴，曾經容納著他的屍體和陪葬品，覆蓋在墓穴之上的是一座沙石丘塚，外層包裹著塗刷成白色的灰泥牆，也許是模仿創世之初的洪荒土丘。阿哈的靈魂可以從這座土丘飛升或再生。一切都藏匿在沙漠表面之下，相鄰的兩個墓室也是如此。這是為了阿哈的正宮妻子貝尼芮布（Benerib，意為「甜心」）所修建的墓室。這位王后墓中陪葬的象牙工藝品，與阿哈墓室不斷對應重疊、成雙成對。

遠處，整齊排列的三十四座單間墓葬屬於官員和僕從們，這群人生前為國王夫婦效力，死後同樣陪伴著兩人。此前，他們被猜測是各自死後分別埋到了這裡，但近年的重新檢驗卻發現，這些人平均年齡是二十五歲左右，暗示他們可能是同時死亡。儘管沒有脖頸折斷的跡象（如有，便是被勒死），但有人提出毒殺或利刃捅殺，兩種致死方式都難以用殘留的骷髏碎片探查和判斷。不過，此地出土的阿哈墓象牙雕牌之一，刻繪了一個處於捆綁狀態下胸部被捅刺之人，流出的血則收集到一只碗裡，這極可能是獻給荷魯斯的貢品。荷魯斯代表國王，是帝王之神，一旁旗標也描繪有他的形象。

儘管有些人認為比起用圓石狼牙棒猛擊打死的標準操作，直接刺死更令人反感和厭惡，但用鈍器把人腦漿活活打出來，比起外科手術般用刀片刺入身體殺人，應該更為暴力凶殘吧。不過，以處死人來彰顯君王的至高權力，無疑是最強有力的方式。作為埃及長期的貿易夥伴，美索不達米亞的男女統治者在西元前二六〇〇年之前，同樣讓成百上千的僕從家臣們跟著殉葬，並一起埋葬。此前一直假設這些人陪葬前曾被毒殺，因此顯得「沒那麼殘暴」，但近期的考察研究發現，遺骨生前曾遭鈍器暴力傷害，所用武器還加了配重塊，而慘遭擊殺者只是「血淋淋活人犧牲」祭獻物品的一部分。

阿哈和貝尼芮布動身前往來生世界，當然有前呼後擁的陪伴者；想必也是一場血流成河的安葬「盛典」。阿哈的後繼者是「強人」德耶爾（Djer），他是阿哈與妻子肯哈普（Khenthap）所生的兒子。

德耶爾的統治可能長達五十年之久。他是一位很活躍的君主，與塞特切特（Setchet）政權曾有交戰，後者位於當代西奈半島或巴勒斯坦南部的某地。德耶爾還啟動了兩年一度的王室巡視行程，走遍他的王國，讓自己看到民情，也讓民眾看到他，而作為扈從的官員則一邊計算產出，現場確定稅賦；與英王威廉一世當年《土地丈量清冊》（*Domesday Book*）時差不多。

他曾視察北部的賽伊斯和布托，在南方建造了底比斯（Thebes）已知最早的神廟，這是一座獻給荷魯斯的小型石頭聖殿。該廟在一九九六年才被發現，位於底比斯群山最高處一座名為「托特山」

（Thoth）的山頭上。如此偏僻的位置是特意選擇，此處可以看到尼羅河谷的宏闊景象。新廟的選址，精心匹配星光女神索提斯（天狼星）每年在天空升起的位置，而索提斯一旦出現就代表洪水季的開始。以神靈的介入維持洪水，讓土地得以澆灌，這是帝王們的信念和策略。同樣出於此考慮，德耶爾對女神薩蒂特也敬重有加。薩蒂特在巨象島的神廟被認為就是位於河水源泉的上方。德耶爾向廟裡敬獻了自己加冕登基的雕像，這尊藍釉的彩釉作品是至今已發現且身分確定的最早王族雕像。

宮廷的匠人們當然製作了許多令人歎賞的作品，部分作為陪葬品被放入德耶爾朝臣們在薩卡拉的墓中。其中包括一座正宮妻子赫奈斯（Herneith）的巨大陵寢，頂部是長條石刻有「一排馴順匍匐的獅子」。墓中還有王后的護駕犬，仍舊蜷縮躺在墓室的入口處。赫奈斯因此有「史上第一位有名有姓的愛狗人士」之別稱。

然而，德耶爾自己依舊安葬於阿拜多斯，一起長眠當地的還有五百八十七位以上的官員和僕役，其中只有不到一半埋在德耶爾墓葬附近封閉圍場的四周。這些人顯然是被下令殺死，此情況又一次刻繪在儀式化的場景中：被捆綁的人，在刀尖下失去生命。剩下的朝臣埋在德耶爾實際墓穴的邊緣。小小的墓碑柱石刻畫出他們的名字，還有簡略的側像，其中包括長頭髮的森巴（Senba）、「朋友費德」（Fed）與侏儒男子迪德（Ded）。此地也葬著德耶爾的另外兩位妻子，納克特奈斯（Nakhtneith）與荷狄絲（Hetes）。考古學家在木質棺材發現了她們的遺骨，包裹屍體的亞麻布在天然碳酸鈉中「浸泡」過，由此可知，這種從乾涸湖底採集的鹽鹼類殘留物，此時已用於屍體的保存。

其中想必也包括她們的國王丈夫德耶爾的屍體。這位國王埋在第一王朝規模最大的墓葬中，陪葬的妃嬪和朝臣也是人數最多。身邊供死後享用的物品也極為可觀。儘管早已遭到盜賊洗劫，盜賊們看不上眼的零星物品，也足以顯示隨葬品的奢華。留下的物品，除了有水晶石的器皿，還有洗浴用具（上面刻著「雙地之王洗手專用」），還有一件木質雕像，雕像戴著彩色塗繪的項鏈，並掛了小牌子，牌上寫著「德耶爾大王魂靈之立像」；彷彿為了萬一國王的屍體被損壞或遺失，還有此雕像代償。

另外有一間單體墓室，被發現時尚保持完好無損。墓室裡有十幾個陶製器皿組；埃及當地罐子，罐內裝著動物脂肪；進口的巴勒斯坦陶罐，裡面是植物油與針葉樹樹脂的混合物。這些東西應是用於製作芳香的保濕潤膚乳以供當時的活人使用，同樣也能用於死人，充當抗菌防腐香膏。

德耶爾的木乃伊確實已消失無蹤。最初，人們猜測其已完全損毀。不過，早期考古學家在墓室北邊牆上高處的一個裂縫中，有意外且驚人發現：一條經過木乃伊化處理的手臂，套著許多手鐲，手鐲材質有黃金、青金石和綠松石。推斷是古代的盜賊先把手臂藏於此處，也許之後再前來偷盜。依據手臂上的珠寶，此手臂可能「屬於當時的王后」。儘管如此，更有可能就是德耶爾的胳膊，此事實證明遠比上面的寶物更為重要。但不幸的是，此文物送到開羅博物館時，負責評估的是一位「只關心展覽效果好不好」的館長。「於是，他從一個用金錢纏紐編製的手鐲上方，砍去一半手臂，再將手臂和亞麻裹布扔了！博物館真是個危險的地方。」發現此文物的考古學家憤慨地說。幸運的是，他具有驚人的遠見，保留了包裹織物的一部分。一個世紀之後，當這些材料又一次出現時，金黃棕色的塗層被發現是進口的針葉樹樹脂，與德耶爾墓穴放在陶罐的物質相同。這種死後保存屍體的安葬方式持續很久，甚至可回溯至德耶爾之前的一千五百年。

德耶爾的繼任者是其兒子瓦吉特，簡稱為吉特（Djet），此名字借用了眼鏡蛇女神瓦吉特之名。他是第一位把南方白色王冠與北方紅色王冠融合為一體的帝王，此後便誕生新的雙重王冠。隨後，所有埃及統治者採納了新款式，以此表示國家南北兩區都在其控制之下。關於瓦吉特任期之內的歷史，我們所知甚少，除了「一場大饑荒席捲了埃及」。此危機可能在某些治國經驗豐富的官員努力之下得到控制。輔佐國王的官員包括阿姆卡（Amka），他曾在瓦吉特的父親手下效力。

瓦吉特很多妻妾和臣僚，無論生前或死後，都得到優厚的回報。孟斐斯以南的塔爾漢（Tarkhan）新建了王室墓地，其中包含兩千座墓葬。部分墓葬陪葬品能看出「比起男性墓室，女性墓室的物品更多且更豐富」。上流人物安葬在一般的木質棺材中，陪葬品包括化妝顏料研磨板、珠寶首飾盒、放鞋的托盤（最早期的鞋盒），以及若干的衣物，都是「經過漂白處理的亞麻布料，非常白」；部分物品被整理包裝後，流向了全球各地的博物館。六十五年之後，某件包裝盒被打開，其中收藏著世上已知最古老的衣裙，一件精緻的長袖收腰襯衫，袖子直到肩部都有打褶造型。此衣被認為屬於一位青春少女。衣服被發現時，為內部朝外的狀態，一如當年少女放下它的樣子，更令人驚嘆的是，袖子肘彎穿在身上造成的摺痕還十分清晰。

吉特手下位高權重的侍從與妃嬪們被葬在薩卡拉。希凱姆卡西狄（Sekhemkasedj）的墳墓規模相當宏大，上蓋結構部分裝飾了三百隻陶製牛頭，其上插有真正的牛角；這種建築構造的技巧在土耳其查塔胡約克（Catal Hüyük，「叉子土丘」之意，新石器時代遺址）的部分聖殿長期被使用。「馬斯塔巴五號墓」同樣壯觀，建於吉薩（Giza）南邊，周圍環繞著朝臣們的五十六座附屬墳墓。據信這裡是「代表國王母親的一處奢華墓葬，是兒子在世期間為其修建」。所指的國王當然就是吉特，但墓葬主人的名字至今未能明確，墓葬為何位於吉薩，同樣難以知曉。儘管如此，此墓穴依舊創下先例，並受到後繼仿效，在所謂金字塔時代的初始，便帶來令人驚嘆的建築成果。

至於吉特本人，他遵循傳統埋在阿拜多斯。一座巨大的石碑刻著優雅的眼鏡蛇，拼寫出他的名字，也標示其墓葬的位置。長方形的墓室襯有厚重木板，其中一道假門十分顯眼，同樣是後世效仿者的最早範本。假門代表的是一道真門，他的靈魂能經由這扇門來往於今世和來生。

在地下與吉特相伴的是三百三十五位朝臣與侍從，包括部分妃嬪。但吉特的正宮王后是其妹妹梅奈斯（Merneith），名字意即「奈斯女神的寵兒」。如同多數王族女性，她的名字也以盾牌和交叉箭頭的符號書寫，這些符號一樣象徵著女神。

梅奈斯擁有天下無雙的王族血統和家世：先王德耶爾的女兒，吉特的妻子兼妹妹，下一任帝王鄧恩（Den）的母親。她「與王權之間有著多達幾代的血緣宗譜關聯」。因此，當吉特離世，他們的兒子尚年幼之際，梅奈斯便是接管政權的理想人選。於是，她當起了攝政王，而且「或許實際曾是一代君王」。因為，梅奈斯的名字如同奈斯霍特普，也刻寫在帝王才適用的「塞雷克」框形圖案之中。一九八五年在阿拜多斯發現的一份帝王名錄上便有她的名字，名錄的先後順序是那爾邁、阿哈、德耶爾、吉特和梅奈斯。

此外，她擁有官方封印，刻寫的內容是「梅奈斯治下財政內庫之印」。她的一名行政官掌管「高等財務辦公室」，同時也是「運河水道巡察使」，負責監管農業灌溉工作。此人的印章竟刻有游泳的小人兒正以狗爬式游泳，而且圓滿地刻上了水泡。

當梅奈斯大限將至時，一百二十名朝臣與僕從伴隨她一起搬遷至「死者的國度」。她在阿拜多斯已規畫和修建好了壯觀的圍閉陵寢和墓室。朝臣們的小墳墓圍攏在她的墓葬四周，但事先經過周到的考量，墳墓在西南角便終止，為的是讓女主人的幽魂能清楚地看到峭壁間的那處裂罅，而且採用讓出通道的方式，讓靈魂能不受阻隔地前往標誌著冥界入口的裂罅。墓葬的大小與她的帝王資質正相配。她的好幾間墓室，曾經配置齊全、應有盡有，就跟許多前任男性帝王所享有的一樣。與他們相似，她也豎起宏偉的石碑標記她的安葬之地。「梅奈斯君王」的墓碑於一九〇〇年被發現，現場的考古學家當時斷言：「梅奈斯是一位國王，這點很難置疑。」直到後來才發現，預想中的男性帝王是女流之輩，梅奈斯便被微妙地降級，降到「王后」的位置，對埃及的女性統治者來說，這是一種常見的待遇。

梅奈斯顯然大權獨攬，長期治理國家，直到其兒子鄧恩成年，而且她對兒子的培養訓練無疑非常成功。

鄧恩是第一王朝中紀錄最良好的統治者，很大程度也是一位改革派的君王。他為孟斐斯的普塔神廟增加了一個重要元素，他在此安放一尊神聖動物的雕塑——神牛阿比斯（Apis）。生出這頭神牛的母牛，地位同樣神聖。這頭神牛是神界和王室權力的象徵，據信其本身就負載著普塔的魂靈。隨後的三千年，在埃及的官方慶典儀式上，阿比斯都扮演重要的角色。

鄧恩是第一位在帝王肖像加入保護神瓦吉特的君王，使用眼鏡蛇女神裝點額頭。他也是第一位在名字加上「二女神護佑之主」描述性御用稱呼的君王。二女神是指瓦吉特與奈荷貝特。鄧恩為自己添入第二個稱謂：「上下埃及之君」，也就是所謂的「帝王尊號」，用象徵著莎草植物和蜜蜂的符號束書。此外，儘管在其父吉特當政期間首先帶出了紅白合體的雙重王冠，並有圖像呈現，但據資料顯示，鄧恩是實際佩戴此冠冕的第一位君王。

身為埃及的君王，所有時刻的穿戴都須符合身分。每天、每週和每年的活動日程都有極為詳細的計畫安排，同時，每個不同的場合都相應配有具體的全套服飾。重大活動時刻尤其重要，例如加冕禮，或是執政三十週年的盛大慶典，讓朝臣們當面見證君王的種種天賦偉力得到延續。當然，現場也少不了代表各路神靈的旗幟，還有各位「荷魯斯的繼任者」在場監督，他們的靈魂時時刻刻地守望著後人。

鄧恩在「禮服更衣間」由侍從的協助之下，穿起菱形花紋圖案、布料厚重的慶典袍服，完成莊嚴的「巡遊」。然後，他脫下袍服，表演儀式化的跑步比賽。他是第一位被描繪成奔跑狀態的君王，其循著神聖路徑往返疾奔，此跑道可能是位於薩卡拉的「宗教專用圍地」。他被要求繞著兩個石頭標記物來回跑動，兩根石柱代表埃及的疆域邊界。四圈是以南方君王的名義奔跑，另外四圈則以北方統治者的名義奔跑，兩段路程須分別戴上表示南北方的相應王冠。鄧恩必須在神牛阿比斯旁邊跑過，為的是吸收神牛的神力，據信，已故先王們的魂靈也在當場觀看，為鄧恩加油。

象徵性地來回穿越他的領土之後，鄧恩還要逐一完成「狩獵」、「祭獻犧牲」和「勝利」等儀式，用女神奈斯的魚叉刺穿一頭河馬，表示消滅混亂，讓人間恢復太平秩序。這些重大事件與活動都用雕塑的形式呈現和記錄：三座金雕像，分別展示鄧恩手持狼牙棒勇猛進擊，從小船上用魚叉獵殺，還有與一頭河馬角力搏鬥的場景。雕像是在孟斐斯神廟的工藝坊創作和完工，而首席創世神普塔在此被尊為「匠人先祖」與「至尊巨匠」。帝王名錄（類似歷史年鑑）甚至還紀錄了此類雕像的「誕生」——此為真實事物的副本，以描述的方式讓事物的靈魂精髓寓居，其中，展現出鄧恩是統治國家的最佳人選，連生理也具備絕對優勢；他被表現為技能精妙超拔的運動健將和獵手，威猛的體力代表埃及的實力與顯赫尊嚴，這些都不僅限於戰場上。

在戰場上，鄧恩十分活躍且英勇。在歡慶和紀念「第一次痛擊東部蠻族」的勝利場景中，他高舉並揮舞狼牙棒，擊殺蜷縮在面前沙地上的敵人。此畫面刻在一塊象牙雕牌，牌子曾繫在他的一雙鞋子上，此敵人很可能是當地某部落首領之一，「他們仍然散居在東部沙漠，而且具備相當實力，對尼羅河谷發展的城鎮社群構成了挑戰和威脅」，敵方形象一旁尚伴有一句簡潔卻令人膽寒的宣言：「他們不應存在。」其他的俘虜被貓科動物外型的女神瑪芙德特（Mafdet）帶走。她是另一位「國王保護者」，也是「司法權威的體現」。這位女神的旗標桿組合了一把行刑用的斧形利刃，象徵她的利爪，而埃及帝王就是用此斧刃斬落敵人首級。

縱貫埃及全境，鄧恩膜拜和供奉了國家的眾多神靈，從三角洲地區門德斯（Mendes）的神羊，到南方希拉孔波利斯的荷魯斯，他都一律恭敬尊奉。文字讀寫女神塞莎特（Seshat）是「書籍與文化的最初先驅」，侍奉她的祭司在鄧恩執政時期非常活躍。受這位女神的啟迪，國王在能力超群的總理大臣西馬卡（Hemaka）的協助之下，進行了「一次全民人口普查，北方和東西部都包括在內」。

西馬卡受到禮遇，得以在薩卡拉厚葬安息。其墓穴是當地規模最大的墓葬之一，大約長達五十七公尺。墓室用泥磚砌成厚牆壁，入口有石製吊閘門加固封閉，保護其中豐富的陪葬品，包括金蓋的香料存放罐、鑲嵌了珠寶而用於賭博等遊戲娛樂的圓石片、多達七百件容器的酒窖，以及與他首席行政官身分最相符的圓形書寫用品盒，其中備有隨時能取用的一卷卷空白莎草紙。這種蘆葦類植物製作的紙張是已知最早的實物樣本。

鄧恩在位的漫長時期內，許多官員都希望能在薩卡拉安葬，墓園範圍因此不得不向北朝著阿布拉瓦希（Abu Rawash）擴展，到達阿布希爾（Abusir）與赫旺（Helwan）。當地墓葬數量驚人，達到一萬座，經測定都可回溯至鄧恩政權的年代。地位最高者的墓葬中約有五十座墓室還襯上了石灰岩石板。隨著墓葬建築技術的持續發展，其中的陪葬品也變得越發令人大開眼界，從全尺寸的大木船到成隊的驢子，無奇不有。阿布希爾的一座大型馬斯塔巴，屬於鄧恩眾多後宮妃嬪的某位佳麗，墓旁邊那三匹一組的驢子竟然是以站姿埋入，彷彿隨時準備邁開蹄子小跑，直接奔入來生世界。

不過，帝王的入葬之地依舊是在阿拜多斯。鄧恩的宏大墓葬四周環繞著一百三十六座墳墓，分別屬於他的幕僚和侍從、他的寵物獅子、他的愛狗「大金子」（Goldie）和「塞德」（Sed）——「有尾巴的那隻」。鄧恩則被葬於這片墓園中心泥磚牆砌築的馬斯塔巴之中。曾用於王室墓室的木材內襯板，此時以阿斯旺出產的花崗岩石板取代。還有創新的入口通道階梯，封住入口的是花崗岩的吊閘門。另有一段臺階通往酒窖般的墓室，或稱「地窖暗室」，其中安置著真人大小的鄧恩雕像，他的靈魂寄寓在雕像中，由此接受祭品供奉。

鄧恩死後多年依舊受到後繼者的緬懷景仰，他們會將部分陪葬品刻上鄧恩的名字。西元前二九二五年左右，阿涅吉布（Anedjib）登基，但相對湮沒無聞，因為其父親出色的政績很難重演和超越。

不過，儘管阿涅吉布相關文獻資料少之又少，但其建築師們卻在陵寢建築形態方面有了更大的創新。最早階梯式的構造就是於此時出現。他的大臣內比卡（Nebitka）在薩卡拉的墓室頂部就是直線的梯級立體結構，或稱「原型金字塔」。儘管掩藏在外部的泥磚結構之下，國王本人在阿拜多斯的陵墓依舊讓內比卡的墓葬相形見絀。阿涅吉布墓葬的規模連先王們的四分之一都不到。而且，他還被埋藏在幽暗不明的陰影之中：其墓葬中部分刻寫了名字的石質器皿，竟然被繼任者塞美赫特（Semerkhet）拿去再利用；他命人磨去阿涅吉布的名字，再刻上自己的大名。儘管，這可能只是顯示「富豪」節儉的單純證據，他們秉持實用精神重複利用器物，但把帝王名字抹除，相當於抹去某個體的全部印跡，此做法可能依舊別具深意，也許證明王族內部曾經歷權力的爭端，只是，其中的細節至今依舊如同塞美赫特短短八年的執政生涯一樣，模糊隱晦。

然而，塞美赫特的墓葬透露的訊息非常大，其中不僅包含了挪用先王的器皿，而且創新的結構還融入了家臣僕役的活人犧牲。在此之前，國王主墓四周附屬的墳墓都傾向獨立空間，但塞美赫特家僕們的墓葬卻是單一建築的一部分，代表葬身其中的人是同一時間埋入。國王對生殺予奪的絕對權力在西元前二九〇〇年的某個時段永恆地保留在磚石與灰泥之間。

屠殺之後，屍體腐爛分解的任何跡象都被掩蓋了。掩蓋的手段，是在墓穴入口內外傾倒加香料的油脂。四千八百年後，此處遺址開始被發掘，墓室地面被發現已「浸透了油膏」，深度達一公尺。考古學家們估算出「倒進來的油膏，重量肯定有好多英擔（每英擔為一一二磅）」，產生了一種濃烈的香氣，能使「整個墓地範圍都聞到」。

這種香氣濃烈（雖然也夠血腥）的永別儀式，由塞美赫特的繼任者卡阿（Qaa）監督執行。卡阿被稱為「揮動武器的大君」，其漫長的統治期甚至跨越至少兩次執政三十週年的慶典。他還完成了若干次王國內的巡遊視察，向南遠至欣欣向榮的新城市卡布（el-Kab），也曾在尼羅河另一邊的希拉孔波利斯與臣僕們一起宴飲歡慶。此處挖掘出的啤酒罐子刻有卡阿的名字，很可能是由梅瑞狄（Meriti）負責準備和提供，此人是「饗宴廳和佳釀酒窖的主管」，同時也是「希拉孔波利斯首席木工大師」，還是國王的「得力助手」。同樣地，「國王的隨從侍衛」奈斯的祭司梅卡（Merka）也多才多藝，其為「宮廷的總管大人」、「王宮來客覲見廳的主事官」、「王室用船的負責人」，並且身兼王室安全保衛的禁軍統領。

多年來，梅卡保障了卡阿的安全。這位君王最終還是葬在了阿拜多斯，陵寢的入口朝北，面對永不沉落的拱極星。在其他方面，陵寢的設計仍遵循卡阿的前任帝王慣例。薩貝夫（Sabef）等二十六位不幸的家臣與卡阿的「宮中良伴」被挑中殉葬，陪伴他們的統治者入地長眠。不過，薩貝夫及其同僚應是君王陪葬的最後一批人。儘管，王室的圓石棒頭權杖將會繼續以狼牙棒執行儀式般的處決，但舊有慣例化的屠殺臣僚僕的殉葬習俗，在西元前二八九〇年左右，還是在卡阿的時代終結了，至少在埃及是如此。埃及第一王朝的最後一位君主，此為卡阿最具辨識度的標誌。

〔6〕

焦點轉換

約西元前一八九〇～前一六八六年

第二王朝的新時代之第一位國王是赫特普塞克姆威（Hetepsekhemwy）。他打破了持續三個世紀的傳統，不再將阿拜多斯當作王室墓園，這標誌著第二王朝的開始。

這位新國望對孟斐斯宮殿的生活非常留戀，希望能永遠身為北方居民。於是，他選擇死後葬在毗鄰孟斐斯的薩卡拉墓園。此處的巨大陵寢可謂是再造宮殿，臥室、浴室和儲物室全都齊備，一切皆鑿進了岩床地基，供君王永遠享用。幾百年之後，他的魂靈與獻祭供奉維持著給養，完成此任務的是祭司赫特普迪夫（Hetepdief）。這位祭司微小的花崗岩雕像上，刻著他的頭銜「紅房子焚香大師」，紅房子指的是王室國庫。這座雕像還刻有幾位君王的名字，包括赫特普塞克姆威及其後繼者內布拉（Nebra）和奈尼特吉（Nynetjer），三人葬禮的儀式都由這位祭司操辦。第二王朝的這幾位君主，至今資料不詳、情況不明，而關於他們王后的文物證據，更是少之又少。儘管如此，仍有跡象顯示赫特普塞克姆威和內布拉，對貓科動物形象的北方女神巴斯泰特（Bastet）頗為敬重。女神的廟宇名為「巴斯泰特之屋」，現今地名為布巴斯提斯（Bubastis），位於孟斐斯東北方的三角洲地帶。她是太陽神的女兒之一，名字被解讀為「香脂罐女神」。如同敬拜所有神祇一樣，對其行敬奉之禮的儀式講究絕對的潔淨。於是，內布拉君主每天的例行要務，就包括沐浴：在一個石頭大澡盆裡洗淨身體。澡盆刻有他的名字，還刻著「每日必洗」的金科玉律。

赫特普塞克姆威開了先河，選擇葬在薩卡拉。內布拉的繼任者和菁英統治團體便如法仿效。他們的墓穴之一竟也安放了一座澡盆模型。國王侍從和寵妾們的屍體被小心細緻地塗抹上防腐香膏。這些人的葬身之所也安放了墓碑石牌，上面有修飾精緻、裝扮考究的人物肖像，描繪人物的身分，例如與生育女神同名的「國王葬儀首席女祭司」赫柯特（Heket）夫人，英俊的奈弗拉布（Neferabu），他的儲備食物陳列得與現代食品櫃一般，這般整飭的樣式也在謝普塞蒂貝特（Shepsetipet）公主的墓碑再現。不過，這位公主墓的棺材旁倒是擺設過一席實實在在的盛宴，桌上菜餚包括帶骨牛小排、一隻調味過的鵪鶉、燉鴿子湯、魚片、一罐罐軟乳酪、麵包塊、燉無花果、糕點與多罐葡萄酒，而且考慮得很周到，熱食用陶盤子盛放，冷食則是以石質大淺盤陳列。

同樣實用的石頭器皿，還包括內布拉大君沐浴用的洗澡盆。這只大盆被他的接班人奈尼特吉一併繼承。奈尼特吉對用來表示船隻的象形文字符號迷戀不已，代表「其屬於國王出行巡遊的行頭配備」。奈尼特吉的御用印璽上，其名字兩邊是由眼鏡蛇女神瓦吉特拱衛隨護，但女神在此處被刻繪為拿著高高權杖的女人形象，這能為後來的文獻記錄提供解釋。部分文獻表示奈尼特吉當政期間，「君王做出了決定，女性也可以執掌朝廷大權，治國理政」；不過，這應該可說是個遲來的結論，因為此作法早以實行了兩個多世紀。

這些文物資源還提供了進一步的證據，表示第二王朝的帝王們繼續尊奉神獸，其中包括神牛阿比斯。同一時期的文物紀錄提及了奈尼特吉在孟斐斯與阿比斯一起奔跑，還安排了更多的祭司供奉膜拜巴斯泰特，大擺排場地祭拜薩卡拉的神靈索卡爾，因為他自己在當地的陵墓（地下墓室擁有複雜的坑道迴廊）已經動工。

然而，儘管在位執政至少三十五年，奈尼特吉的名字至今在孟斐斯之外的任何地方都未曾發現。他明顯認為須常年逗留在首都一帶，這間接反映出他可能必須處理當地的不安和騷亂，因古代文獻曾描述奈尼特吉「血洗平定希美爾和北方土地」。希美爾（Shemre）及北方土地都是在三角洲，那裡顯然發生了嚴重的動盪。

雖然缺乏詳細資料，但環境研究顯示東部非洲的夏季降水「從第二王朝開始，平均似乎都比第一王朝日漸減少」，而且也確實如此，尼羅河水位計的讀數紀錄顯示：「第一王朝末期後，每年一度的洪水平均水位高度有顯著下降。」代表可耕種土地的減少，可被當作稅賦徵收的農作物產品也會隨之減少，這些東西原本要再次分配，作為俸祿發給為國王打理政權事務的所有人。一旦俸祿無法保障，君主統治就會有麻煩。不能分發預期的慷慨犒賞，之前所宣稱的承諾（國王帶來豐饒收穫，也是所有財富的源泉）一定會顯得越來越可疑。已經刻上奈尼特吉名字的石頭器皿，原先準備在執政三十週年大慶時賞賜給幕僚群臣的物品，最終卻棄置在庫房中，因局勢艱難，徒有其表的歡慶便沒幾個人真心欣賞。

王位相繼傳給了一連串政治生命短暫的帝王，而王宮駐地當然還是在北方。及至西元前二七〇〇年左右，南方已經處於一位新人的掌控之下，而此人的個性特徵與前幾任大為不同。

此君主便是珀里布森（Peribsen），自封為「瑪阿特（Maat）的門徒」。不過，那位負責寰宇秩序的女神並非珀里布森與神界的唯一靈感來源。

傳統上，統治者會在環繞自己名字的「塞雷克」框形圖案頂部安置象徵荷魯斯的獵鷹，而珀里布森則另闢蹊徑，其名字上方是象徵塞斯的動物形象。這種組合多種動物特徵的虛構神獸，突然出現在荷魯斯原本的位置，此現象很可能暗示「某種政治或宗教的爭端」。按照神話傳說，既然塞斯是謀叛者兼殺人犯，是荷魯斯的敵人，那麼，珀里布森可能以此發出一個強而有力的訊息，而這同時也是一個微妙的訊息，因為塞斯依舊代表著廣袤沙漠的神靈，是涅迦達的保護神，是法力極為強大的一個神界角色。

在珀里布森的治下，塞斯的存在顯然無法更突出了。王室墓地阿拜多斯，如今在珀里布森的領土又重新啟用。君主的黑色花崗岩墓碑挺立於此，上面刻有他的塞雷克圖案，頂端赫然停駐的是塞斯神獸。身為南方的君主，珀里布森要求葬身在南方最神聖的地界上，以此昭示和強調他的合法地位——第一王朝統治者的正宗嫡傳。其中有些先王的名字，甚至還刻寫在他的陪葬品上面。在他的印鑒圖章上，頭戴南方白色王冠的塞斯也是重點，其中一個圖章包含了埃及史上第一個完整的句子表述：「涅迦達的真一元神，將兩方土地交予其子珀里布森，上下埃及之王。」這絲毫不亞於是公開聲明，宣告威力無邊的塞斯將整個埃及託付給了他忠實的信奉者珀里布森。從史料角度而言，第二王朝大致上寂靜又沉悶，傳來如此響亮的公告，倒也讓人精神一振。這相當於宣布了珀里布森已經開始接手掌控兩方土地，把各自為政的零散區域重新整合為一個王國。王國的秩序得到了恢復，並且將在他的繼任人卡塞凱姆（Khasekhem）手中得到延續。

卡塞凱姆名字的意思為「威權已現」，他的所作所為倒是名副其實。他的確是帶來歷史變遷的關鍵人物之一，推動埃及進入第一個「經典」階段，也就是現在所稱的「古王國」時期，此時期的決定性特徵是：嚴厲的中央集權控制和地標般的宏大石頭建築。

與珀里布森一樣，卡塞凱姆也是南方人，而且在每個指標來說都是威猛的強人。站在那裡，他貌似「五腕尺加三掌」之高。這意味著他高達兩百四十公分，顯然令人難以置信，因為依照近年測算出的結果，埃及帝王們的平均身高只有一百六十六公分左右。西元前二六八六年前後，卡塞凱姆即位，隨後發動了對努比亞邊境上塔塞狄（Ta-Sety）部族勢力的戰爭。在描繪他勝利的畫像上，他單膝彎曲，壓在一名俘虜身上，畫面中還有銘文：「讓外邦臣服歸順」。在希拉孔波利斯的荷魯斯神廟中，他將此勝利者的雄姿複製呈現；那裡古舊的裝置與設施都用石材再造，包括神廟的門也煥然一新，雕刻成被綁縛的俘虜，壓倒趴伏在地，而門的轉軸支點就嵌入在人體後背的凹陷裡，所以每次門打開時，都會象徵性地將俘虜碾壓凌辱一番。

在神廟內部，卡塞凱姆的兩座雕像被豎立起來。他安然端坐，與刻在寶座基石上的被殺者屍體構成鮮明對比；同時還刻寫出非常精確的人數統計，「與北方敵軍交戰那一年」共剿殺「四萬七千兩百零九名北方敵人」。

徹底擊潰北方，再度統一了埃及全境，凱旋的卡塞凱姆將自己的名字改成了卡塞凱姆威（Khasekhemwy），意即「兩重威權已現」。荷魯斯的獵鷹與塞斯神獸結合，兩個神物都出現在君主大名塞雷克圖案的頂端，共同構成一個新的修飾語：「兩位神靈和諧共存、集其於一身之天子」，以突顯帝王的天經地義。兩個符號化的動物，呈現為鳥喙對著口鼻的姿態，就彷彿它們正相互親吻，取長補短，讓彼此更臻完善。

當他向哈索爾（埃及人將這位女神尊為「比布魯斯夫人」）奉上禮物，卡塞凱姆威的名聲遠播四方，從地中海東岸直到黎巴嫩的港口城鎮比布魯斯，這在政治方面認可了此港口的地位，它不僅是埃及所需大量木材的來源地，還是「連接和中繼站」，讓埃及與遠至克里特島（Crete）和阿富汗等地連結來往。

隨著海外貿易的拓展，王室工藝坊的出產也相應豐富了起來，至少有一座真人大小的站姿銅像雕鑄完成，名為「高大宏偉的卡塞凱姆威」。王室建築師們繼續用壽命更為持久的材料創作。文獻紀錄表示，「名為『女神長留停駐』的神廟，是以石材建造」，而不是用往常見的泥磚，卡塞凱姆本人還主持了奠基儀式，「拉起繩帶」丈量標注神廟的立體尺寸。為求建築的定位精確，甚至運用天文觀測知識，此事可從新宗教頭銜看出，例如「首席觀象師」或「最高查驗師」等等，都是御賜給赫里奧波利斯的高級祭司們，而此地則是太陽神和太陽神女兒哈索爾的崇奉中心。身為「國王在神界的先祖」之一，哈索爾在基伯連也享有一座新建的石頭聖祠。更南邊的卡布則是禿鷲女神奈荷貝特的大本營，此處也多了修飾，主要為石頭雕刻品，與河對岸希拉孔波利斯的荷魯斯神廟的新風格一樣。

卡塞凱姆威的陵墓建在阿拜多斯的馬斯塔巴，單邊長達七十公尺，其墓室再次使用了石材，另外還有四十三間裝滿陪葬品的儲藏室。地下墓穴的牆倒塌時，古代的盜賊趁機搶劫，只有一小部分位置隱蔽的寶藏免遭毒手，其中包括二百多件金蓋石頭器皿、金手鐲、金子與紅玉髓製成的王室權杖、象牙大盒子與其他家具、銅斧頭，還有埃及最早的青銅器，成品包括國王御用的洗浴套件，壺與盆，細心地用亞麻布包裹。

除了在阿拜多斯所建立的最大規模王室陵墓，卡塞凱姆威的陵墓還建有對應的喪葬宮室。這座陰間專用宮殿規模宏大，超過所有其他建築，占地面積達一公頃，周邊砌有泥磚牆，此建築至今仍然挺立，部分甚至保有原初的高度，高達十一公尺。與卡塞凱姆威的王宮一樣，此座亡靈專享的宮殿使用灰泥塗敷抹平，刷成白色，裡面同樣包含「內部隔間」或稱為儲藏設施，但在當地人常諧謔地稱為「裝蒼蠅的儲存室」（Shunet es-Zebib）。

在希拉孔波利斯，卡塞凱姆威已修建另一座類似建築，但規模只有阿拜多斯的一半。這座被描述為世上最古老的磚砌獨立結構大型建築，經測算需要數量驚人的「四百八十二萬塊磚」才能砌出，牆體達十一公尺，寬度為五公尺。

卡塞凱姆威以此方式在希拉孔波利斯南方古老都城留下了恆久存在的印跡。他同樣希望在北方永垂不朽，實現方式就是在傳統首府孟斐斯一旁的薩卡拉大興土木，修築第三座類似的圍閉工程。如今，這座遺址為人所知的名字是「領袖的圍場禁地」（Gisr el-Mudir）。必須從空中鳥瞰，才能看到此處的全貌。牆圍出的面積長八百公尺，寬約四百公尺，比例協調且具神界的莊嚴氣息。不過，這裡沒有刷上白色塗料，因為牆體都以純白得亮眼的石灰岩砌成。儘管此建築計畫結束之前，卡塞凱姆威早已一命嗚呼，但他依舊為第三王朝的後繼者展現了先例，為石材巨大建構奠定極為堅實的建築學基礎，也就是埃及的首批金字塔。

〔7〕

金字塔時代的興起

約西元前二六六七～前二六一三年

第三王朝黎明的天光剛亮，構成古埃及「經典」文化的要素就已近乎悉數到位。

首任國王左塞爾（Djoser，在位約西元前二六六七至前二六四八年），其為卡塞凱姆威與王后尼瑪哈普（Nimathap）的兒子。尼瑪哈普死後約一個多世紀間，她都被「尊為第三王朝的女性創始人」。她被厚葬在阿拜多斯近旁貝特哈拉夫（Beit Khalaf）龐大的馬斯塔巴。這陵寢長度達八十五公尺，甚至超過了卡塞凱姆威陵墓的規模。墓穴發現了左塞爾的名字，暗示是他將母親葬在了阿拜多斯。他禮葬母親的方式與督辦父親的後事相同，並以此明確宣示自己作為正宗嫡傳繼承人的資質。

不過，其父母下葬安息之後，倒是實際終結了阿拜多斯作為埃及王室墓園的定位，因為新國王左塞爾向北回歸孟斐斯。當地成為帝王生活的中心，緊接著也成為來世生活的中心。左塞爾娶了他的妹妹赫特普希爾涅蒂（Hetephirnebty），兩人生活的白牆王宮，掩映在棕櫚樹林和葡萄園之間。負責行政和內務的團隊，效率相當高，負責官員為何西拉（Hesira）。此人短小精悍、乾淨俐落，留著兩頭尖的小鬍髭，出席任何場合都戴著一頂假髮。他高明的醫術，令人歎服，不僅是「御用牙醫」，甚至是「有據可查的世上第一位醫生」。然而，宮中博學多才的能人並非鳳毛麟角，何西拉只是其一，另外還有何西拉總是跟著的總理大臣伊姆霍特普（Imhotep），而總理大臣同時也是王室御用建築師。

在薩卡拉的沙漠邊緣，過往臣僚的高大馬斯塔巴巍然挺立，就在卡塞凱姆威修築的雄偉石牆旁，俯瞰著下方不遠處的城鎮。伊姆霍特普和左塞爾很清楚這些建築的存在，而且完全認同：宏大建築是一種完美的手段，可在王國廣闊領土的四面八方蓋上帝王的權威封印。所以，左塞爾的墓葬建築群遠遠不只是一處安放屍體的墳墓，而應該是精心規畫設計的工程建構，使他的力量和威權經久不衰，讓他的靈魂恆久存活。而完全以石頭建造的陵寢，無疑對目標的實現有極大助力，效果明顯提升。

現場已有大量的石灰岩材料可用，只要拆掉卡塞凱姆威陵墓的石頭圍牆。此種做法簡直可被視為對先王的篡奪和僭越，不過也可闡釋為以過去的基礎繼往開來，將遺產發揚光大，讓新一代的王族比上一代更偉大。而這種模式，將貫穿古埃及歷史的其餘時期並代代相傳。當然，左塞爾的陵墓就是用了此策略，其馬斯塔巴的頂部石頭構造，直接矗立在先王赫特普塞克姆威和奈尼特吉既存的墓室上方，舊墓被改造擴建，以供左塞爾繼續利用。

左塞爾的石灰岩馬斯塔巴成形之際，他那圍閉的來生宮殿也取得了同步進展。但這是自古以來第一次，來世宮殿沒有建在離墓室相對較遠距離之外的地方，而直接圍著馬斯塔巴修建，並把這塊占地三十七英畝的神聖空間圍合了起來。

此做法的唯一問題在於墓穴本身因被圍在牆內，所以無法自孟斐斯望見。於是，伊姆霍特普決定將馬斯塔巴往上加建（這是受到附近第一王朝朝臣墓葬的啟發）：外層泥磚之下，內部地面以上的上蓋構造用泥磚呈階梯狀一級級疊砌上去。左塞爾的墓葬上方首先增加了階梯狀排列的三層石頭，因堆疊的效果非常好，又增加了兩層，由此產生的是高達六十四公尺的石灰岩建築體，白色耀眼，從數公里的遠處就能看到。

確切來說，這就是埃及的第一座金字塔，是非比尋常的巨大成就。此成果是如此卓越，以至於後來的帝王年表名錄中，左塞爾的名字甚至用紅色書寫，以示突顯。一千四百年之後，這座建築出現了愛慕讚賞的塗鴉，譽它為「左塞爾的金字塔豐碑，為石頭發明了新生命」。伊姆霍特普同樣值得如此的盛讚。這座傑出的建築體，讓他得以分享帝王的不朽聲威，他自己的名望和頭銜藉此得以確立。其實，比起左塞爾國王，他的英名甚至將會流傳得更久遠，因為伊姆霍特普最終被奉為神靈：孟斐斯的創造者是神靈普塔，而他被譽為普塔的兒子。這位「埃及的達文西」終其一生不僅是出色的建築師和總理大臣，還身兼赫里奧波利斯的最高大祭司。左塞爾則在此修建了一座石灰岩聖殿，敬獻給太陽神。

那座新廟牆上的壁畫，描繪了左塞爾登基加冕的場景，一同出席的有他的妻子赫特普希爾涅蒂，女兒因特凱斯（Intkaes），還有母親尼瑪哈普。她們一一出現在他腳下的位置，身形尺寸都小得多。赫特普希爾涅蒂身穿硬質的亞麻料袍服，左右肩部形成兩個明顯的山峰狀突起，頭就像處在「山坳」間，頭髮盤成圓形的髮型，最初可能是明亮的金黃色。這套打扮可因此推測為：將王后塑造成太陽升起的形象。而在一座敬奉太陽神的廟宇中，這無疑是很恰當的手法，母親、妻子和女兒各自都代表太陽神的女性保護者，分別是「金色之神」、哈索爾和塞克美特，她們都是國王的守衛者，而國王安然端坐在她們後面，如神與巨石般凜然不動。

埃及現存最古老的真人大小左塞爾雕像也是相同姿態。雕像最初位於金字塔的北邊，安置於一個單獨的色爾達布（serdab，小石室或石頭龕位）。可在此奉養貢品敬獻給他的亡靈。石室的牆壁朝著上方傾斜十三度，面對北方的天空，看似隨時就要向外發射飛升。這是為了讓左塞爾透過雕像曾經鑲嵌的水晶眼睛，直接看到北方的明星，那是永不沉落且「不知有死」的永生之星，其升天的靈魂將與星辰融合。

不過，複製左塞爾泥磚王宮的建築群中（但這次使用石材），這間色爾達布只是其中一小部分。與活人的王宮不同，此處稱為「睡美人的宮殿，所有東西都已死去，一切都是為死人準備」。此處每樣東西都只為了供養維持所謂的永恆生命。宮殿包括禮服更衣室和沐浴間，同時還有埃及史上第一座多柱式大廳。石柱特色鮮明，雕刻成類似蘆葦捆紮的樣子。牆面也有雕刻，狀似木質籬笆。屋頂的石板和門框，則模仿原木外觀。在在強調生前居住的房屋以容易朽壞腐爛的材料修建而成，而「永生之屋」的建造目標就是持久存在。

牆壁頂端重複出現眼鏡蛇女神瓦吉特，昂起的石雕頭像正是提供安全護衛。左塞爾對整個王國的承諾和責任也由兩套建築著重強調，其中一套保佑北方，另一套護佑南方。即使是一百四十公尺長的儀式跑道（「世上最古老的體育設施」），也被特意築成兩端為標竿的南北向。舉辦儀式時，國王必須繞著兩端來回奔跑，而金字塔地下墓室的浮雕場當然也記錄了此事。

同樣是模仿王宮的內飾，墓葬的牆上覆蓋了三萬六千塊綠松石磚片，營造出蘆葦叢集的意境。其中部分擺設成捲起的百葉窗樣式，構成一連串的「假門」，左塞爾的靈魂得以經由這些假門自由進出。在每扇門的畫面上，他都正完成儀式性的奔跑動作。建築群南邊的區域，地下還有一座「傀儡」副墓，同樣的奔跑場景也在附屬墓室中出現，為的是強調王國的兩半國土都在左塞爾的掌控之下。第二座墓葬的墓穴尺寸小得多，僅有一．六平方公尺，暗示「南墓」包含的只是帝王屍骨的一部分，例如保存下來的胎盤，或者更有可能是內臟（製作木乃伊時為防止屍骨腐爛，內臟會取出）。如此推測，是因為另外又發現了兩張小型雪花石臺，其尺寸正好「適合內臟」塗抹防腐香膏。

左塞爾木乃伊其餘部分都安放於金字塔下方二十八公尺處，一間紅色花崗岩穹頂墓室。此處發現的人體部位，包括完美保存的一隻左腳。經碳定年，這隻腳的年代比墓室晚了許多，如此可知當時已經會在如此莊嚴的墓葬中，嘗試「利用」過往輝煌朝代的力量。另外，在幾個大約三十公尺深的豎井中，也存有人體遺留物，包括一具長方形棺材中的男孩屍骨，與一名女性的部分遺骨。經碳定年後，發現該女子生活於西元前二七〇〇至前二六〇〇年，可能是左塞爾的女兒之一。

早期考古學家針對另外四百間地下儲藏室，曾如此報告現場成果：一腳踩進「淹到腳踝高度」的小麥和大麥、無花果及葡萄之中，還有四萬件石頭器皿，其中很多刻著先王們的名字，最早的物品可回溯至德耶爾的年代，目的是讓左塞爾的英靈吸收融匯先王們累積起來的偉大力量。

左塞爾統治十九年，無疑強烈啟發了繼任的塞赫姆赫特（Sekhemkhet，在位約西元前二六四八至前二六四〇年）。左塞爾的御用建築師伊姆霍特普，繼續為新王服務。甫登基，塞赫姆赫特未浪費一絲時間，立即計畫開建自身的陵寢，雖然是照搬先王的樣式，但他規畫的金字塔是七層，高七十公尺，比父親的多了兩層，約高了將近十公尺。

塞赫姆赫特的統治只延續了九年。去世時金字塔尚未完工。他的長方形雪花石石棺保持最初的模樣，原地未動，其中卻是空空如也。石棺頂部嚴重腐爛的「葬禮花環」，被發現原來是一根木質撬棍的殘留物，很久以前，古代的盜墓賊正是用這根棍子撬開墓葬，將內部洗劫一空。

未完工的墓葬也是留給之後兩位繼承人的遺產。兩位繼承者保持了貿易的繁榮和稅收的持續收繳，並且牢牢控制了西奈半島的綠松石和孔雀石礦源，以及努比亞的金礦。

第三王朝最後一位君主，叫作胡尼（Huni，約西元前二六三七至前二六一三年在位）。他把王室新墓園定在孟斐斯以南的梅杜姆（Meidum），但此處的金字塔工程未能推進更多。不過，他在埃及全境則建好了七座小規模的金字塔。

這些金字塔只有十二公尺高，而且沒有內部墓室，發揮的功用與先王的墓葬建築大為迥異。這些迷你型地標如同石頭形式的聲明，就像是印章，將國王的權威標注在每個行政區（省分）中，宣告都是他的領地。其中一座小金字塔稱為「胡尼的王冠」，為三層梯級的花崗岩結構，矗立在巨象島上。塔旁的房屋住的是書記官，負責記錄繳納的穀物。所以，這些金字塔看來是王室財政庫的徵收點，本質上來說就是稅收辦公室。

作為一種恆久的提示信號，它們沿河駛過，向每個人昭告國王的無上權威。這類金字塔順河而下且沿途分布，在艾德夫、希拉孔波利斯附近的庫拉（el-Kula）、涅迦達附近的圖克（Tukh）、阿拜多斯、明亞（Minya）附近的扎維耶特—梅廷（Zawiyet el-Meitin）、三角洲一帶的塞依拉（Seila）和艾斯利比斯（Athribis）等地重複出現，每一座都處於當地行政管理範圍之內，與公務官員的體系網絡匹配。

這些官員通常都將官銜傳給他們的兒子，不過也有人傳給女兒，還有母親將官銜傳給兒子，或是母親傳給女兒。從宮殿獲得的財物，也是由父母雙方傳給孩子。關於這一點，梅特恩（Metjen）的傳略首次有了陳述。他一級級晉升，從倉庫的抄寫員一直榮升到深受王室信任的宮中要員。他曾表示：「父親的財產移交給了他」，而且「母親妮布森（Nebsent）將五十阿羅拉（aroura，共約十四公頃）的地產贈予他。母親為子女們立下遺囑，經國王手書確認後，遺囑交由他們保存」。

至於國王自身後繼者，胡尼的王后德耶法內布蒂（Djefatnebti）生了一名女兒，赫特菲爾絲

〔8〕

太陽的兒女

約西元前二一六一三〜前二一四九四年

埃及進入第一個「金色時代」，或「黃金時代」。在此期間，太陽作為「偉大的雌雄一體」，毫無疑問地被奉為至高神祇。

赫特菲爾絲是「神的女兒」，是太陽神的女兒哈索爾和塞克美特在人間的世俗化身。她的丈夫斯奈夫魯（在位約西元前二六一三至前二五八九年）則敬奉太陽神的另一個女兒瑪阿特，採用的帝王名「奈布瑪阿特」（Nebmat），意即「真理之王」。他是第一個將兩個名字——出生名與帝王名，同時刻在橢圓形圖框中的君王，而不是刻在以往長方形塞雷克。

斯奈夫魯是埃及最偉大的金字塔建造者，組織運輸了九百萬噸的石頭新建三座金字塔。他本身擁有高於現實的傳奇人物形象，並在後來的民間故事長期受到稱頌。這些傳說聲稱他組建了一支女子划船隊，女槳手「都擁有最優美的身材、乳房和髮辮」，穿的是「漁網狀亞麻」長裙。「當看著她們揮槳一上一下划動船隻時，大王的心情就會十分愉悅。」雖然可視為一位淫穢的老國王尋求某種可疑的娛樂，但其實也微妙地暗示國王相當於太陽，他被推動著跨過天穹，而划船女則代表著哈索爾；她眾所周知的最大特徵就是精心打理的髮型、引人矚目的飽滿雙峰和令人生畏的強大保護力量。

在赫里奧波利斯，左塞爾已將自己描繪成神一般的存在，身邊環繞著女性親眷。斯奈夫魯，作為敬拜哈索爾及其本我另一化身塞克美特的虔信者，則被呈現在埃及史上流傳下來最美的一幅圖像中。這幅最美圖像是殘損的浮雕壁畫，畫中的斯奈夫魯被母獅一般的女神擁抱著，女神的唇吻觸碰著他的鼻子，將生命的活力氣息注入他的軀體。

從那爾邁執政之時起，帝王與女神之間的關係就日益根深蒂固。哈索爾的名字，字面意思就是「荷魯斯的居所或子宮」。斯奈夫魯建了座神廟獻給哈索爾，在其中加入了自己的黃金雕像，身分是女神的兒子，新生的太陽神——「從黃金中誕生的荷魯斯」。

哈索爾被描述成「住在世界盡頭小樹林中的女士」，而她的神聖梧桐樹，也種在神廟之中。塞克美特的神殿則是種植金合歡，赫特菲爾絲王后的頭銜之一也曾突顯了這種植物：「金合歡之屋的屠殺領袖」。赫里奧波利斯則是向塞克美特敬獻肉類祭品的地方，同時也將舞蹈表演敬獻哈索爾。而同樣的儀式化音樂和歌舞，與小型動物犧牲祭獻結合，一直以來都是埃及民間宗教儀式的鮮明特色，並一直持續到西元二十世紀。

部分哈索爾的女祭司每天黎明會用歌聲迎候太陽到來，有的女祭司則「專責管理女神的土地和田產」。在達蘇爾的斯奈夫魯的來生宮殿壁畫上，具象呈現了代表王室領地的人物，也就是一組全系列的女性形象。關於國王的絕對權益，以往是借助繫在陪葬品的象牙小標示，現在則以壁畫傳達。很少有其他文化會把「徵收稅賦當成宗教神聖的藝術主題」，但此時的古埃及人卻以擬人與女性化的手法呈現行政區，每個行政區都伴有生動鮮活的名字，例如「斯奈夫魯的豐美牧場」、「為斯奈夫魯獻舞」、「斯奈夫魯的養育者」。圖像中每個女性都帶來豐富的物產，以維持供養君王的靈魂。

斯奈夫魯的王國中，財富當然十分充足，可謂應有盡有。光是三角洲和中埃及的牛牧場就達一百多座。斯奈夫魯駕馭金字塔的建造技術自如，以此修建了世上最古老的堤壩，旨在提高農業生產效益和產量。該堤壩位於赫旺附近的加拉維谷地（Wadi el-Garawi），耗費了六萬噸石塊，寬度達三百二十英尺，建造的意圖是為了控制珍貴又危險的雨季驟發洪水。諷刺的是，接近完工之際，一場特別猛烈的洪水便將堤壩沖毀。不過，這依舊代表這些宏大的建築可能有一定的實用目的。也正因如此，埃及人才會繼續試著改造地理環境，以期得到最大的回報。

斯奈夫魯還啟動了一個浩大的造船計畫。王室船塢能造出長達五十公尺的木船，國王曾派遣四十艘木船到黎巴嫩運雪松樹原木，以及前往西奈半島的馬加拉谷地（Wadi Maghara）載運綠松石。由近期的挖掘，甚至在紅海海岸向西僅五十公里的賈夫谷地（Wadi Jarf），確定了當年港口的位置，此處的雪松木船隻存放於長長的石砌倉房，入口以石頭吊閘門封住。

斯奈夫魯也向西拓展了埃及勢力，他派出武裝遠征軍打擊利比亞人（Libyans），抓獲一萬一千名俘虜，戰利品則是一萬三千一百頭牛。而在南方，為了「刻意彰顯法老的統治政策，於是便去摧毀和震懾下努比亞原有的定居點」，他的軍隊抓獲了七千名戰俘，擄走二十萬頭牲口。武力向南一直滲透到現今努比亞的布恆（Buhen），他在當地建立一塊埃及殖民地，作為開展貿易和生產銅製品的中心，同時也是遠征行動的中繼補給站。此外，斯奈夫魯順勢奪得了努比亞的黃金礦藏，並在阿布辛貝（Abu Simbel）附近開設閃長岩採石場。

隨後，埃及全境的王室建築中，這些材料都奢華無度地廣泛運用。在屬於赫特菲爾絲的精美家具中，就包括幾個黃金寶座和一張金床。床的四周環繞著質地最優良的亞麻垂簾，從黃金的華蓋頂棚掛下。這些應是丈夫送給她的禮物，完整配套的還有相應的金質儲物盒。整套物件構成了「一間容易攜帶的閨房」，而且能在「十五分鐘左右拆下來，再次組裝完成也只需差不多的時間」。赫特菲爾絲陪同斯奈夫魯巡遊全國、探訪民情，全套裝備一直伴隨著她。優質的亞麻簾幕，時刻保護她免受陽光曝晒、蚊叮蟲咬，也擋住平民們好奇目光。或許，就是在這私密親昵的空間內，王后與君王興致盎然地實施了造人行動，讓小赫特菲爾絲（國王「鍾愛的至親骨肉大女兒」）與她圓嘟嘟的弟弟克奴姆胡夫（Khnumkhufu）先後來到人間。

妃嬪們為大王生下更多的王室後裔。這些孩子成人之後的肖像是留傳至今最美妙的人像。安赫夫（Ankhaf）王子的肖像之一極為栩栩如生，某位博物館館長更因此為肖像的複製品穿上他自己的西服，打上領帶，還戴了一頂卷邊霍姆堡氈帽，「為了滿足一份強烈的好奇心，如果一位古埃及貴族生活在今天，看上去會是什麼樣子……？儘管鼻子破損、耳朵缺失，卻無關緊要，人物臉上的現代感依舊令人驚嘆，任何一天都可能在街頭碰到這樣的臉龐」，與此同時，「帽子和外套（其主人身高一百八十公分，體重約七十三公斤）對古埃及人來說簡直如量身定做，毫無違和感」。

不過，激起現代人最大興趣的依舊是斯奈夫魯的兒子拉霍特普（Rahotep）和其妻子諾芙蕾特（Nofret）原始樸拙的彩繪雕像。這對夫妻是「開羅博物館最多人參訪的雙人組」。拉霍特普的黑髮被剪短，留著細長的小鬍子，當側邊的光線照進來時，那蹙眉凝思的臉部線條傳遞了強烈的專注感。諾芙蕾特嘟嘴且鬱鬱不樂的表情，則會變成「愉悅又寧靜閒適」的模樣；端視人們是在什麼時段入館參觀這對夫妻。雖說以栩栩如生形容是陳詞濫調，但一八七一年，第一個進入他們墓室的人，卻大為驚駭、掉頭奔逃，甚至還一口咬定他們顯然是未死去的墓穴居民「正瞪眼盯著他」，因為內嵌石英的水晶眼睛閃閃發光。這些模仿人物原型的雕像是充當靈魂的居所：萬一木乃伊的屍體損毀了，雕像就是收容所。這類藝術作品從未打算讓活人目睹，而是與死人埋葬——這樣的設想真是不同尋常且匪夷所思，而埃及人對於永生的痴迷執念，則又一次無意間為人類歷史提供了最精采的禮物。

在梅杜姆，斯奈夫魯為另一個兒子奈弗瑪阿特（Nefermat）王子及其妻子伊泰特（Itet）準備了金字塔墓葬，此處也體現出同樣的高度藝術水準。墓室牆上繪製的壁畫品質如此之高，讓現在部分學者甚至斷言壁畫是十九世紀的偽作贗品，其中最為出眾的就是著名的「梅杜姆大雁」。該壁畫獨特的色彩和畫面比例，無疑具有高度原創性。墓室其他牆壁內嵌的彩色灰泥，具有同等程度的創意。這是奈弗瑪阿特王子設計的作品，意在宣告這些圖案是「為了他的神祇繪製，猶如天條律令，嚴禁破壞」，不允許任何人有企圖侵占他最終安息之地的想法。

然而，梅杜姆的馬斯塔巴全被洗劫一空。不過，其中一座葬墓殘存了最初擁有者——王族親戚拉內弗爾（Ranefer）。根據一八九〇年進入墓室的考古學者描述，他的屍體是「豎掛靠在西邊牆上……，頭被盜墓者打掉，但在下方放了一塊石頭支撐，仔細地讓頭部恢復原位」。此考古學者還說，拉內弗爾木乃伊的製作處理非常繁瑣，裡外包括好幾層，所以屍體看起來「圓滾滾且很肥大」。去世時，他被直挺挺地平放，以便去除內臟，內臟乾燥脫水之後也被包裹起來，與他一起下葬。身體其餘主要部分，同樣經過乾燥處理，塗抹好香膏，再用亞麻布包好。亞麻布還塗繪了黑色的頭髮和紅色的嘴唇，眼睛和眉毛則是用青綠色。

拉內弗爾木乃伊的狀態如此完好，再加上又是最早期的木乃伊之一，這具珍貴的遺體送到了倫敦的皇家外科醫師學會（Royal College of Surgeons），一位解剖學專家曾經將頭顱帶到講座現場，「對著聽眾當面搖晃，聽眾因此能聽到乾燥萎縮的腦組織在頭骨中發出咔嗒之聲。代表挖取內臟的過程中，腦組織並非必須處理的，因此並未移除」。遺體歷經種種遭遇依舊倖存實屬萬幸，然而，顯得更不幸的是，德國一九四一年的閃電戰空襲直接命中了學會大樓，拉內弗爾的遺體便從此煙消雲散。

拉內弗爾、奈弗瑪阿特和伊泰特、拉霍特普和諾芙蕾特等等，都被埋在緊靠胡尼建造金字塔之處。當然，完成工程的是斯奈夫魯，他在梯級狀的外立牆面之間填入了較小的石塊，構成四面都是斜坡狀的第一座「真正」金字塔。之後數代古埃及人為此大力讚賞吹捧，當時的塗鴉聲稱「斯奈夫魯英明，三重美譽不為過」。這種褒獎至少持續到了這座金字塔風蝕垮塌，演化成為現今令人驚奇的梯狀體，如同倒扣的果凍。

面對自己的墓葬安排時，斯奈夫魯想要一處全新的安息地，於是把目光移到了孟斐斯以南約十公里處的達蘇爾（Dahshur）。他在此處從無到有，開始修建第一座四面外表平滑的金字塔。此建築設計傳達一種二元概念：兩個獨立進出口、兩套內部墓室、兩個傾斜角度（下方角度最初為六十度，在總高度一百零五公尺的中間，轉換為四十三度），由此產生了現在所稱的「折彎金字塔」。無可否認，與後來其他金字塔的直線相比，此座金字塔的彎折線看似古怪，但部分埃及學家認為此形狀是為了特意模仿創世之初的陸地土丘，兩個明顯不同的傾角分別代表上下埃及。

不管規畫多麼宏偉，這座金字塔終究僅能建在泥板岩的基底上。外部隨後出現裂痕，內部也有了沉降，再也無法光靠灰泥填補支撐。不論說法再如何精巧，國王都很難滿意。於是，他命令建築師回到繪製板重新規畫，接著，在折彎金字塔北邊約四公里處，開始了可謂有史以來最勞民傷財且艱苦卓絕的重建工程。

在大約一百五十萬的總人口中，所有可供徵用的勞動力都收到調集，工程持續長達十七年，兩百萬噸的石頭堆壘砌築完畢。施工者有「綠幫」、「西部幫」與各路民工聯合軍團，辛勞付出的最終回報是一座完美的金字塔。這座「北金字塔」，從下到上是連貫的四十三度傾角，高度為一百零四公尺，可說是所有後繼同類建築的範本，至今仍然主宰達蘇爾的天際線，實實在在地見證了斯奈夫魯的眼界和創想，以及建築師們的堅韌不拔。這座金字塔，不只是向天高聳的簡單梯級，而是以建築為形態的一種具象模擬，演繹斯奈夫魯的靈魂再生的方式：塔尖頂端有一塊鍍金蓋石，預先設計好可以抓住清晨太陽最初的光芒，復活新生的太陽力量被直接向下傳遞，注入國王的遺體。

大約西元前二五八九年，斯奈夫魯告別人間。負責塗抹防腐膏脂的入殮師將他的屍體做成木乃伊，他們高度專業的工作極為神秘，當時有關葬儀人員的文獻皆有類似宣誓的紀錄，「卑職效力於歐西里斯，我乃保守秘密之人」。斯奈夫魯的遺體正是在這座北金字塔中被發現。有跡象顯示，屍體也是先取出內臟，再以已經沿用了幾乎兩千年的閃亮金色膏脂做成木乃伊。這種膏脂在保存他的遺體的同時，強調並證明了他的太陽世系血統——靈魂朝太陽向上飛升。

為了分享父親浸潤在太陽福佑的死後生活，斯奈夫魯許多孩子也埋在附近，如同王后赫特菲爾絲。不過，她並未隨丈夫享受永生，她的兒子和繼承人有了其他規畫。

克奴姆胡夫借用了羊頭創世神之名，意為「克奴姆保護我」，但在歷史上為人熟知的名字就是胡夫（Khufu，約西元前二五八九至前二五六六年在位）。這位新國王將其父親遺留的壯觀事業進一步發揚光大，完成了埃及史上最宏大且最受美譽的著名地標：吉薩大金字塔（Great Pyramid of Giza）。

胡夫在位時，此地還只是一片空蕩蕩的高原。「高地東邊將要出現的第一座建築，就在大金字塔東邊」，這是王太后赫特菲爾絲的陵寢。選位可能受到了南邊約兩公里處那座威嚴的馬斯塔巴影響，那是為第一王朝國王吉特的母親所修建的。

赫特菲爾絲墓葬的地基向下挖掘了二十七公尺之深，直接鑿進了岩床。墓室放滿她的財物，既有丈夫贈送的旅行臥室套房，也有兒子孝敬的黃金與烏木滑竿轎椅（滑竿的設計是為了讓母親乘坐觀光）。從最早期開始，埃及王族女性出行和神靈雕像的運送，都是用這類方式，高高在上地坐著，雖然難免有點危險，但一定十分心曠神怡。轎廂鍍金的外表會映照跨越天穹的太陽，強調了「神的女兒」之身分，赫特菲爾絲是「至尚金色女神」哈索爾在凡間的象徵，因此她們足以擔負與神靈相同的出行待遇。

胡夫宣稱自己是哈索爾的兒子，為了靈魂再生，便需要此位女神在場。既然他的母親是女神的肉體化身，或許就可以解釋胡夫的巨型金字塔為何直接安頓在赫特菲爾絲墓葬的後方，而此墓地離東方的日出之地和尼羅河更近，位於胡夫「王室墓地中最重要的位置節點」。

赫特菲爾絲死後，屍體製成了木乃伊，內臟器官則單獨保存在一個雪花石箱櫃的碳酸鈉鹽溶液中。一九二五年，她在吉薩的墓葬被發現，完好無損，石頭櫃子依舊密封。不過，其雪花石石棺裡面卻空無一物。帶隊的考古學家不得不向熱切等待的眾人表示：「我很遺憾，赫特菲爾絲王后不能接見各位了。」接著，他推論：王后在達蘇爾下葬後沒多久，她的木乃伊就被盜賊毀壞了，胡夫下令將母親重新安葬在緊鄰其金字塔時，沒人敢告訴他真相，於是，空石棺就被移葬入土。

不過，近來的研究暗示，胡夫可能直接修改了他的計畫。他把母親的遺體從達蘇爾移出來，重新葬在一座小金字塔中，那是他在母親位於吉薩暨井墓穴旁後來加建的建築。他還為母親準備了吉薩最早的陪葬船，專門用於向太陽航行。

此船安置在岩床挖鑿出的巨大橢圓形坑中。木船擁有精準的長圓形輪廓，再加上嘴唇一般的邊緣，高度暗示這是通向天空女神產道的開口，正是經由此處，太陽每天黎明得以再生。其實，金字塔的整片地面，很快便到處點綴上形態鮮明的凹坑，數量之眾，讓此處如同一個奧秘難解、規模龐大的產科專區。「生產與木船意象」之間強烈的關聯，在葬儀文獻中也被重點提及。描述太陽神在女神體內移動的途程，使用了人體解剖學的概念術語，生產中的女神宣稱，「當狂烈躁動達到極限時，金光四射的聖物就分娩而出」。太陽「出生」，伴隨著一片血紅色，而吉薩的木船最初也是封上了一層灰泥，其中摻進了氧化鐵粉，營造出一種「玫瑰粉」的色調。

母親的陵寢和葬儀都精心安排妥當後，胡夫開始籌建自己的陵墓，也就是人類歷史最出名的一座陵墓。吉薩大金字塔是當今世人所知的名稱，然而，當初的命名是「阿赫特—胡夫」（Akhet-Khufu），意即「胡夫的地平線」。

胡夫的建築師是侄兒赫繆努（Hemiunu）。他的金字塔追隨了父親斯奈夫魯的先例，採用外立牆面平滑的設計，但高度增加了四十二公尺。

赫繆努也是學識之神托特（Thoth）的祭司。後來的傳說故事講到，國王與一位巫師討論過他陵寢的平面布局，而巫師「知道托特聖祠密室的尺寸比例」。「胡夫曾花時間搜尋托特聖祠的密室，因為他想為自己的金字塔建造一個類似的密室」。如此看來，赫里奧波利斯的太陽神廟中，顯然有一個秘匣保存了這座金字塔神聖的尺寸資料。

勘測過地表之後，利用拱極星做參照，赫繆努調整校正胡夫金字塔的落地位置，確定了基點方位。在一年的不同時段，整個陵寢建築綜合體，哪些部分會處於金字塔巨大的陰影中都經過了反覆計算。

金字塔具體是如何修建？這的確是一個長期爭論不休的話題，尤其是因為每座金字塔的規畫設計、用料和建造方法都各不相同，更何況還有關於塔本身的尺寸和地理位置等疑問。以大金字塔來說，它是用二百三十萬塊石頭建成，每塊石頭平均重達兩噸半。

胡夫執政二十三年，意味著工人們在每天十小時的工作中，必須運送處理三百四十塊石頭，或者每天每小時三十四塊，大約相當於每兩分鐘一塊石頭。儘管建造大金字塔主要使用的是鄰近採石場的石灰岩，但它原初白色的外層用材，卻是產自圖拉（Tura）質地最細膩的石灰岩，這必須從尼羅河東岸運過來。最近一項研究指出，金字塔內層部分填充物其實是砂。

這座金字塔高度為一百四十六公尺，直到西元一三〇〇年英格蘭的林肯大教堂完工，才取代了世界最高建築的地位。這確實是一個令人難以置信的工程奇蹟，「為安葬其中的遺體提供了最強的保護」。

雖然最初有入口，但很隱蔽，被巨石掩蓋住。通向墓室的唯一途徑，則要經過一個下行通道的頂部，此處由三塊花崗岩巨石封住。巨石的另一邊開始上行，通往內部淨高達八公尺的大走廊（Grand Galery），大走廊再向上爬升四十七公尺，然後又被三塊花崗岩石板組成的吊閘門封死。

大走廊的頂部位於金字塔最中心，是堪稱極簡主義風格的墓室。這裡的氛圍極不尋常。紅色花崗岩壘砌的牆壁森嚴肅穆，令人生畏，每個輕微聲響都會因回音而放大。這可是貨真價實的銀行金庫，建造出來正是為了保存埃及最偉大的寶物——國王的木乃伊。存放木乃伊的紅色花崗岩石棺，比入口通道寬了二．五公分，所以明顯是金字塔建造之時就已安放到位。

墓室的兩個排氣井，還有遠在下方第二墓室的另兩個排氣井，設計為分別成對朝向獵戶座和北極星，以及北極星與天狼星。這幾個星座是胡夫靈魂在夜晚飛升的去向，與此並行不悖的是他的靈魂也飛向太陽，搭乘四十三公尺長的「太陽船」，那些船被安置在金字塔外的坑洞中。

其中兩艘船倖存下來。它們都是用黎巴嫩雪松原木製作，用防水的樹脂填縫。它們最後一次橫渡尼羅河，很可能就是用來將胡夫的屍體運送到金字塔陵寢。其中保存最為完好的一艘船，甲板上一華蓋頂棚，與赫特菲爾絲王后的黃金華蓋十分相似，所以應能確信出自同一個匠人之手。如此一來，應能讓胡夫投胎孕育或降生的地方，與協助他再生的複製陪葬品以及整座陵寢建築產生關聯。

胡夫需要與神聖非凡的母親緊密相處，這也反映在集合了巴斯泰特與塞克美特為一體的兩座大型雕像上，胡夫被呈現為孩童——一個在女神像腳下的小不點。宮廷文獻紀錄宣稱，曾有兩座宏偉高大的國王雕像以黃金和銅鑄成。但目前通常得到確認的共識是，埃及最宏大的金字塔建造者唯一已知的造像是一個象牙小雕像，而且只有拇指大小。儘管如此，還是有大型石頭雕像已被認為是胡夫，識別依據就是其圓胖的臉型，這些雕像豎立起的年代，正是在他的陵寢工程的建設週期。

這些浩大的建築群從尼羅河開始，那裡建起了國王的河谷神廟。從那裡為起點，一條長堤通道「打磨拋光後，又雕上動物圖案加以點綴的石塊建成」，最初延伸了八百二十五公尺，與胡夫母親赫特菲爾絲葬墓後面所建的葬祭殿相連。此處黑色玄武岩的地板曾立起紅色花崗岩的柱子，四周內牆是用匹配的花崗岩鋪設。一八七六年，埃及政府將此襯牆的一塊石板贈送給一位英國外交官，這塊石板後來被嵌入外交官在英格蘭的故居達勒姆（Durham）附近的當地教堂牆面，至今仍是宗教建築的一部分。

胡夫葬祭殿的白色石灰岩牆上刻出了用於盛放祭拜物品的龕位。牆面也突出了音樂女神梅瑞特（Meret）的形象，她的歌聲飛揚上升，穿過大殿的屋頂平臺，後來曾有古文獻如此描述和斷言：「讓胡夫化身為一個變形的精靈。」因此，以下情形就不是什麼偶然巧合了：金字塔修建完成，主持建造計畫的建築師赫繆努又被任命為「統管南北的音樂主事官」；這是古代的一種跨界奇才，如同英國十七世紀的建築大師克里斯托弗·雷恩（Christopher Wren）與作曲家韓德爾（George Frideric Handel）的合體。

埃及史上最大的金字塔，連同附屬的樂音聲學體系都得以順利完成，赫繆努因此得到回報，被允許用御賜資源為自己在吉薩王室墓園建造一座精美墓葬。那裡錯落分布的馬斯塔巴就像縱橫交叉的街道，為死者們創造出一座王室的安息社區。胡夫的兒子霍爾耶德夫（Hordjedef）也收到神靈和臣僚們的建議：「美化你在大型墓場的居所，死人的屋舍也應是為了生命的延續」，王室家族認真對待此建議。

貴胄死後也有幕僚和僕從的陪伴，例如宮廷珠寶官維爾卡（Werka）是「負責王室飾品的金屬加工工匠」，以及「每天逗國王開心的侏儒小丑佩里恩胡（Periankhu）」。侏儒在王室占有特殊地位，例如侏儒希涅布（Seneb）不僅掌管王室的禮服倉庫，還監管胡夫的葬祭儀式；希涅布的妻子希內蒂特絲（Senetites），發育完全，身材正常，身為哈索爾的八十一位女祭司之一，她也被安葬在吉薩的王室墓地。

埋在此地之人看似完全與世隔絕，安然獨處，飄浮在王室特權的世界中，無須現實的支撐且與人類的日常生活毫不相干。這些金字塔曾被設想成是由奴隸軍團建成，浩浩蕩蕩的奴隸人群以大車拉到工地；就像導演塞西爾德米勒（Cecil B. DeMille）的電影風格，為殘暴無情的法老暴君們艱辛勞作，然後為了保守陵寢寶物的秘密而滅口。一九八八年，「胡夫的工程處」（Gerget Khufu）終於被發現，這才揭開了此傳奇遺址背後的真人真事。

一道巨大的「烏鴉牆」（十公尺高、十二公尺厚的屏障），將活人世界與死亡國度陰陽兩隔，也將外面的「工程處」與王室墓葬地隔開。這個為特定用途而建成的簡易居住區，主要是管理人員的獨立住屋，以及工人棲身的營房式工棚。他們在公社般的集體大食堂中用餐，食物從現場的倉庫取料加工，肉類和魚、啤酒、麵包來自規模類似於現代產業經營的巨大牲畜飼養場、釀酒作坊和麵包房。麵包製作得很扎實，提供充足的碳水化合物和熱量，以小麥和大麥粉混合，加入酵母，做成大塊的麵包坯，在粗大厚重的陶鍋或爐子中烤製完成。

前王朝時代的死人墓葬是了解當時人類生活的最佳途徑，而那六百座吉薩勞工的小墳墓，同樣保存了它們原初主人的一些真實訊息。其中包括紡織工涅弗赫特佩絲（Neferhetpes），她曾是十一個孩子的母親，其碑刻銘文記載她要求十四種麵包和蛋糕當作祭奠之物，這顯然是她應得的。這類銘文也寫出死者的官方頭銜，例如「石匠監管員」、「製圖工主任」、「女祭司」、「紡織工」、「麵包師」、「製陶工」、「木匠」，以及像佩特狄（Peteti）等藝術家；為了保護他的小墳墓免受打擾，他寫下了頗有想像力的詛咒之語：「所有人，聽著！誰膽敢進入此墓或進行任何破壞，哈索爾的祭司將懲罰你兩次，打死你。誰膽敢對我的墓做出任何壞事，他就會被鱷魚、河馬與獅子吃掉！」

部分墓穴的死者還依舊存在。他們殘留的骷髏毫無意外地透露出勞累過度引發的健康問題。每一具經過檢驗的遺骨，幾乎全都顯示出關節炎以及脊椎受擠壓和扭曲的跡象。一位研究人體的人類學家「驚訝地看到婦女身上出現這樣的關節炎」，並加以補充說明，「她們的骨骼受到更多損傷，比日常家務能導致的病況遠遠更為嚴重」。

吉薩的女性勞工至少有一人是侏儒，身高不超過一公尺，在分娩一名身型正常的胎兒時難產而死。不過，這些骨骼也顯示出勞工有骨折經治療痊癒及成功截肢的病例，暗示古代世界的最大建築工地曾配備醫療設施。

總計達到四千人的核心勞力被分成不同的「幫派」承擔大部分的工作。每年夏天，他們的人數會大大增加，因為會有農夫參與協助。七月至九月，河谷洪水氾濫，農夫們無法耕種，以船從全國各地運過來，重新臨時部署。他們集體推進胡夫的永生偉業——國王的幸福來生，而或許他們覺得自己也能分得些許好處。

大約在西元前二五六六年，胡夫去世。他的屍體製成木乃伊，製作工序之精良，技巧之高超，絲毫不遜於建造宏大陵寢所耗費的心血，因為他的乾屍才是整個金字塔建築群的焦點和重心。

香膏塗覆完畢，屍體放入棺材，然後抬起，沿著長堤通道前往他的葬祭神廟。棺材筆直豎立在神廟的黑色地板上，香火點起，煙霧繚繞，氤氳不絕，祭司們操辦「張嘴」儀式，觸摸死者的嘴、眼睛、鼻子與耳朵，以恢復這些器官的功能，同時意味著把胡夫的靈魂「轉移復位」到木乃伊身上。

然後，主持葬禮的人進入金字塔，向上走到花崗岩襯牆的墓室，將棺材放入花崗岩的石棺，封上厚重的蓋子。離開時打開吊閘門機關，將墓室永久封閉。

因為胡夫象徵地上人間的太陽神，他的兒子兼繼位者德耶德弗拉（Djedefra，在位約西元前二五六六至前二五五八年）便採用了一個新頭銜：「太陽之子」，作為帝王稱謂的一部分。家族對太陽的敬奉一如既往，德耶德弗拉也開始籌劃自己的金字塔，但是，這次不在吉薩。他的選址向北挪動了八公里，建立於阿布拉瓦希的沙漠高地，以便正對東邊位於赫里奧波利斯的太陽神主神廟。

新金字塔的地基高度在尼羅河谷之上一百五十公尺。塔身核心部分幾乎有一半是利用一個石灰岩天然隆起的構造修建。如此一來，修造長二百腕尺的側面所需的勞動量大幅減少，而由於地基本身較高，因此一百二十五腕尺的高度目視上也比實際壯觀。

德耶德弗拉甚至命人為自己與家人刻了一百多座雕像，安置在他的金字塔建築群中。紅色石英石的雕像擁有「神聖的崇高之感，令人望而生畏」，而赫特菲爾絲二世（他的伴侶兼同父異母的姐姐）的雕像，也能匹配國王的凜然神威。

赫特菲爾絲二世之前嫁給了胡夫的大兒子卡瓦布（Kawab）。卡瓦布死後，改嫁給小叔兼弟弟德耶德弗拉。如同她的同名祖母，她也敬奉塞克美特，同樣號稱是「金合歡之屋的屠殺領袖」。赫特菲爾絲二世當然也是哈索爾與塞克美特合而為一的代言人，她的雕像身後附上了類似獅子的部分，由此產生了埃及意象最具識別度的符號之一，斯芬克斯（sphinx）。

斯芬克斯衍生自「活著的形象」（shesep-ankh）的概念。赫特菲爾絲二世的頭與一隻趴伏的母獅身體結合，這座像便成為埃及已知的第一個斯芬克斯，且是德耶德弗拉在阿布拉瓦希陵寢的完美守護者。

結束了大概八到十一年的執政期，德耶德弗拉下葬在阿布拉瓦希。他的葬禮祭儀由其女兒兼女祭司內弗霍特普絲（Neferhotpes）和他的弟弟哈夫拉（Khafra）辦理。兄終弟及，哈夫拉當上了新國王。

哈夫拉回吉薩建了自己的金字塔墓葬，就在他們父親的陵寢旁邊。儘管如此，他還是從哥哥德耶德弗拉學到了很多東西。他為自己的金字塔取名為「哈夫拉是偉大者」，並選了一塊地勢相對更高的地方。因此，雖然比胡夫的金字塔可能矮了兩公尺，但他的金字塔看似更高，此方式可謂「充滿創意，兼顧自尊自大與（對兄長的）順從尊重」。

哈夫拉還靈活利用了周圍的地貌，將金字塔前露出地表的大型體積岩層改造成一座巨大的雕塑，此雕塑高二十公尺，長七十公尺，是一頭守護金字塔的獅子造型，但長著人頭。可能是受到赫特菲爾絲二世女性原型意象的引導，這個大型斯芬克斯一直被認為是女性。此看法已持續了約兩千年：當年一名希臘客人來訪時，注意到碩大人臉上存留的紅色，便將此石像稱作「粉紅臉頰」（Rhodopis）。

但是，這是哈夫拉的斯芬克斯，因而有著哈夫拉的臉。旁邊緊鄰的是斯芬克斯神廟，坐落方向對齊三月和九月的晝夜平分點。每次日出，這座石像的目光越過神廟的屋頂，凝望東方。神廟的建築結構對應著日升和日落，東西兩頭的聖壇各有一根石柱，代表天空女神努特的雙臂。與此毗鄰的是哈夫拉的河谷神廟，寬五十公尺的外立面上，女性神靈也得到突顯。河谷神廟兩扇門的北入口代表下埃及的巴斯泰特—塞克美特，南邊入口代表上埃及的牛頭女神哈索爾。她們每個人都指定哈夫拉是各自的「最愛」。

這座紅色花崗岩的神廟拒絕裝飾，古樸威嚴，當中安置二十四座真人大小的雕像，表現哈夫拉加冕的盛況。雕像們展示出發育良好、肌肉發達的軀幹，就像「重量級運動員」。帝王的包頭布前面是瓦吉特的神蛇標記，從後面兩旁拱衛著的是荷魯斯護佑的雙翅。荷魯斯從哈夫拉的頭上向前望去，意味著小心提防，確保國王安全。荷魯斯看似要從哈夫拉的身上升起，創造出「天下無雙的形象，一個理想的人類典範，作為神之肉體化身的完美之人」。

哈夫拉的妻妾中，三名是同父異母的妹妹，但最位高權重的女性依舊是淪為遺孀的老王后赫特菲爾絲二世。她的女兒梅瑞珊三世（Meresankh III）隨後又嫁給了哈夫拉。叔叔和侄女的婚姻在古代並不鮮見。

儘管梅瑞珊和哈夫拉生了五個孩子，但她最重要的親緣關係貌似是與母親的關係。她的墓葬也是依照母親的指令建造。在梅瑞珊的墓中，壁畫顯示這對母女於尼羅河上泛舟，還拔取河邊的蘆葦，這是一種奧義非凡的神秘儀式，叫作「搖動紙莎草」，據說能更新和強化她們的生育能力。梅瑞珊穿著網狀衣著，上面裝飾了藍色珠子，這種持久不衰的服裝款式在現今埃及的觀光市集依舊可見。在不同牆面的場景中，衣飾款型也隨之變化。赫特菲爾絲二世出場的著裝與前輩宮廷貴婦一樣誇張且奪人眼目：硬挺的白色亞麻長袍，肩部高聳如山峰。這種山尖般的雙肩凸起是如此鮮明，現代女裝設計師鮑爾曼（Balmain）甚至從中找到了靈感。赫特菲爾絲二世的頭髮被假髮擋著，但還保留原初的金黃色，以強調她的太陽家族屬性。而與母親同樣時髦的梅瑞珊，她的黑頭髮則是剪短，穿著豹皮長袍，正如葬儀典禮祭司的經典裝扮。擁有祭司頭銜之人必須能識字和讀寫，這點在此壁畫中也有強調：一名侍從高舉著一份文件等她批覆。此外，梅瑞珊同時是學識之神托特的女祭司，此頭銜同樣屬於她的母親。

梅瑞珊於五十五歲亡故，而當時的平均壽命只有三十五歲左右。她的屍體被做成木乃伊放入石棺，棺材的銘文是「此棺獻給我的愛女」。當然，滿懷哀傷地辦理喪事的母親正是赫特菲爾絲二世。她活到七十多歲，先後送別了至少四任國王，其中包括死於大約西元前二五三二年的哈夫拉。

經過木乃伊化的防腐處理，哈夫拉的遺體安置於金字塔的墓室之中，當然也伴隨了傳統的葬祭儀式，而領銜葬禮的是他的兒子與女兒，即門卡烏拉（Menkaura，在位約西元前二五三二至前二五〇三年）和哈美瑞爾涅布蒂（Khamerernebty）這對新國王伉儷。

一系列非常出色的雕塑表現出這對夫妻的形象。其中的一座，哈美瑞爾涅布蒂將兄長兼丈夫摟著，姿態親昵又帶有保護意味，甚至連門卡烏拉的監護人都可以缺席（他的前額顯然沒有神蛇的標記）。哈美瑞爾涅布蒂的儀態「也許象徵著她身為王室女繼承人的角色和『王權背後的權勢』」。這座雕塑在國王夫婦的朝臣僕從中具有極大的影響力，所以他們的雕像也開始如此模仿，一一突顯妻子以護佑的姿態擁抱著丈夫；當今埃及正式的夫妻合照中，仍然可以在部分照片看到這種姿勢。

關於門卡烏拉十八年的執政，一直「沒有留下任何重要的歷史紀錄」。儘管如此，他的朝臣卻有更明晰的文獻資料。高層官員普塔謝普西斯（Ptahshepses）聲言他生於門卡烏拉政權期間，「與王室孩子一起接受教育，於國王的宮殿、外人禁止入內的王室宅邸，以及宮廷女眷活動的區域就學。在國王面前，我受到的榮光褒獎勝過其他任何孩童」。

同樣受寵愛的還有「王宮的大管家」德本（Debhen）。門卡烏拉的金字塔也是選址在吉薩，是他的第三座金字塔。修建期間，門卡烏拉前去視察，下令同時為德本建一座墓葬，「國王上路調查金字塔的施工進度，並命令清除一處地方的石頭碎屑，來建造我的墳墓」。

宮廷另一個重要角色是阿布提烏（Abutiyu，意為「尖耳朵」）。它位於吉薩墳墓中，銘文介紹其為

「守護大王之犬，阿布提烏乃此犬之名。大王命令為其厚葬，王室為其置辦棺槨，並調撥若干精細亞麻布作為陪葬，入殮時焚香祭奠。另外，大王恩賜其香膏，並派石工為其修造墓穴。大王如此厚待阿布提烏，只為讓其在神靈前有望蒙受榮光與恩寵」。

成群結夥的勞工在吉薩高地來回奔忙，其中包括稱作「門卡烏拉的醉漢」的團隊。門卡烏拉的金字塔很快成形，此為兩種色調的建築，上方是白色石灰岩，與最下方十六層的紅色花崗岩構成對比，金字塔內部通道同樣也用了紅色花崗岩。至於塔內最初安放木乃伊的石棺，現在仍然沉睡於法國西岸的比斯開灣（Bay of Biscay）海底，一八三八年，協助大英博物館運送石棺的船隻在此沉沒。

門卡烏拉墓葬建築群的諸多痕跡依舊留存。他的河谷神廟曾安置了一系列的雕像，「數量和品質都相當可觀」。每座雕像都突顯一種人類形象，分別代表埃及的四十二個地區。他們陪伴著國王和哈索爾，而在每個場景中，哈索爾都親昵地觸碰著國王，抓著他的手或伸長胳膊摟著他。其中一幕則是國王的權杖安放在女神輝煌王座的一旁「充電」，充足女神的法力。

對女性形態的強調，在哈美瑞爾涅布蒂二世的雕像也能看到，其中包括埃及史上已知最早的人形巨像，雖然此人物可以是男性或女性。該巨像最初佇立於這位王后在吉薩的陵墓，墓葬銘文則透露出是王后本人出資完成。

不過，吉薩規模最宏大的女性墓葬是為門卡烏拉的女兒肯塔維絲一世（Khentkawes I）所修建。該陵寢曾經極為壯觀，現在通常指稱為「吉薩的第四大金字塔」。這座帶有拱頂結構的巨大馬斯塔巴，矗立在露出地表的一處岩床上。肯塔維絲一世的陵寢建築群，與之前男性國王的金字塔同樣繁複且精良：

其中包括葬祭神廟、長堤通道、放置太陽船的地坑、勞工生活區（其中竟然配備了公用廁所）。另外，「頗為獨樹一幟的是，此處還有一座河谷神廟和一座水池（或港口），暗示她在第四王朝末期是以法老的身分統治國家」；發掘此遺址的考古學家目前的觀點正是如此。

肯塔維絲一世墓葬的花崗岩入口處也有加冕登基場景的圖像：前額戴著王室神蛇的標誌，還有象徵國王身分的假鬍鬚。旁邊的銘文是「上下埃及之王，上下埃及之王的母后」，最早在此遺址研究的考古學家提供了上述的銘文翻譯。後來，「語言學意義更為可信的翻譯版本」將肯塔維絲一世降格為「國王之母」，而不是國王本身。儘管如此，現在許多考古學家卻相信，肯塔維絲一世「是一位真正的統治者」。事實上，她執掌王權的兩千年之後，古希臘羅馬時代的作家仍然認定，吉薩金字塔之一確實是由一位女性主持建造：「此金字塔由交際花羅德匹絲（Rhodopis）修建」、「有人說這最後一座金字塔是名妓羅德匹絲的墳墓」、「最小但最受喜愛的那座金字塔是羅德匹絲負責修建」。

作為吉薩高地的最後一座重要石墓，肯塔維絲一世墓葬的入口，正對著谷地開口，而這座谷地成為金字塔建築材料運輸的主要管道。所以，「這個誕生了吉薩王室墓場的產道，同時也變成了通路，抵達王后兼母親的墓室。新的王朝也許又從她的身上誕生，同時將墓場轉移到薩卡拉和阿布希爾」。

儘管缺乏詳細資料證實，但肯塔維絲一世應嫁給了謝普塞卡夫（Shepseskaf），其或許是門卡烏拉的兒子。正是透過王室婚姻，謝普塞卡夫的統治資格才變得名正言順。謝普塞卡夫的陵寢固然複製了妻子的墓葬風格，但長眠之地是在薩卡拉南邊。他以第四王朝末代國王的身分，於西元前二四九八年左右在此入土。

〔9〕

太陽神的統治

約西元前二四九四～前二三七五年

第五王朝一開局是三個國王的登場。他們很有可能都是肯塔維絲一世與謝普塞卡夫所生的兒子。關於他們的身世來源，按照長期流傳的民間故事，是一個名叫茹德迪特（Ruddedet）的女人所生，而部分埃及學家認為她就是肯塔維絲一世。

故事本身倒是頗受歡迎，因為它在隱私的世界投下了一道透著內情的光線。故事陳述：女人生產困難，激起了太陽神的關心。太陽神召集了伊西絲、納芙希斯、梅斯赫奈特（Meskhenet，接生女神）和生殖女神赫柯特等諸位女神，告訴她們「快讓她肚裡的三個孩子誕生。將來有一天，他們可是要當整個國度的君王」。

女神們隨即動身，假扮成四處巡迴表演的舞女，相當類似埃及的「格瓦濟」（ghawaze，吉卜賽舞孃）；這些舞孃直到不久之前，還常常出現在嬰兒出生和歡慶活動中。她們來到茹德迪特丈夫拉沃瑟爾（Rawoser）面前，拉沃瑟爾心慌意亂，連裹腰布都上下穿反了。他對她們說，「喔，女士們，看看她是如此痛苦！難產，太難了！」女神們回應，「讓我們看看她，我們都相當熟知生孩子之事。」她們把丈夫推到一邊，圍在茹德迪特身旁。伊西絲在她面前，納芙希斯在她身後，同行的另兩位不斷鼓勵安慰產婦。第一位王族嬰兒隨後由伊西絲抱在了臂彎裡，他「筋骨結實」而且一出生「手臂與腿上都裹著黃金，頭上則有天青石頭飾」。她們為他剪去臍帶，洗淨後再將他放到軟墊上，在此期間，茹德迪特生出了另外兩位長相一樣的男嬰。每個孩子都被交到母親懷裡。依照傳統做法，母親將為他們命名。女神們把好消息告訴在外面焦急等待的丈夫。他非常高興，送給她們一袋大麥，說道，「請將這個當作報酬的啤酒。」

在傳說中暗示男孩們父親拉沃瑟爾的名字意思為「拉（太陽神）是偉大的」，其實代表的就是太陽神本人。他以凡人模樣與他的女祭司生下這些孩子。不論歷史事實如何，第五王朝進一步強化對太陽原本已然根深蒂固的崇拜。第五王朝的第一任國王烏塞卡夫（Userkaf，約西元前二四九四至前二四八七年在位）本人也是太陽神的高級祭司。哈索爾與太陽神同為烏塞卡夫慷慨祭獻的主要對象。她的神職僕役多達一百零九人，八十三名女性與二十六名男性，甚至遠遠超過了伺候太陽神的專任祭司團隊（只有四十一人）。烏塞卡夫的王室管家尼卡—安赫（Nika-ankh），同時也是中埃及泰納（Tehneh）哈索爾神廟的祭司。他後來將侍奉女神的角色傳給妻子荷狄特—赫努（Hedet-Hekmu），同時也給了他的十三個子女。他的遺囑聲明，妻子兒女每個人每年都必須擔任哈索爾的祭司一個月。由於家中成員人數眾多，意味著部分月份是由兩人為女神服務。神廟土地的收益同樣由這些人平分。父親如此公正，令其中一位女兒及兒子非常感激，兩人合作為亡父立了一座雕像。

烏塞卡夫國王對父親謝普塞卡夫也敬重有加。他自己的陵墓在薩卡拉開建，就在父親石墓的正對面。這座陵寢靠近左塞爾的老金字塔，採用的也是金字塔的形態。烏塞卡夫為王后內弗霍特普絲所建的陵墓，基本上是模仿複製自己的陵墓，只是規模較小。他倆的陵墓周圍環繞著屬下的馬斯塔巴，例如財務監督大臣阿赫特霍特普（Akhethotep）、孟斐斯的高級祭司拉內弗爾和卡—阿佩爾（Ka-Aper）。卡—阿佩爾真人大小的木質雕像，有著內嵌眼珠，看起來栩栩如生；一八六〇年，發現木雕的當地人將其叫作「謝赫—貝萊德」（Sheikh el-Beled，即「村落的族長」），因為這座木雕的樣貌與他們的村長非常相似。

所有官員都想葬在盡可能靠近國王陵寢的地方。而那裡現在只是「一堆碎石，徒有金字塔的虛名」，然而烏塞卡夫的陵墓曾經高高聳立，高達四十九公尺。葬祭廟建在金字塔南邊，以「確保太陽的光芒能終年直接照射其中」。在陽光滿溢的室內，挺立著烏塞卡夫的紅色花崗岩雕像，雕像的鼻頭似乎相當豐滿，身材是真人大小的三倍。四周壁上是國王在河邊打獵的場景，其中有蝴蝶、翠鳥、蒼鷺和戴勝鳥在莎草叢上盤旋飛翔。壁畫還呈現了水手在王室船艇的場面，他們收到命令：「以此方式好好航行，速度加快！」每一個槳手都描繪成奮力划槳，但手持木槳的角度略微不同，以此暗示一種連續動態。甚至連王室軍隊都顯得正快速行進。這毫無疑問是受到了旁邊老國王左塞爾的啟發和影響，畫面中的左塞爾正在奔跑、完成儀式表演，而這些士兵則列隊迅速跑動。

同樣是烏塞卡夫的這支軍隊，據說也進行過一場征伐努比亞的戰役。國王手下的大臣則將對外貿易的邊界大大擴展了——刻有烏塞卡夫名字的一只石頭器皿最終抵達希臘的塞西拉島（Cythera）。

由於烏塞卡夫去世，其七年的統治也隨之結束。他被葬入薩卡拉的金字塔，但那只是他永生計畫的一部分。薩卡拉向北不遠，在阿布希爾俯瞰尼羅河的沙漠高地上，他還修建了「拉的大本營」。那是一座巨大的太陽神廟，位於高地的最南端，從那裡可以看到赫里奧波利斯輝煌的太陽神主神廟頂部包金的寬大方尖碑，此石碑代表創世之初的陸地土丘。

與赫里奧波利斯的神廟一樣，烏塞卡夫所修的太陽神廟也建有露天祭壇，供日常祭獻牛和雁鵝之類。這些犧牲被太陽最初的光線照過後已經蒙福，並灌注了太陽的偉力，然後從水路送往烏塞卡夫在薩卡拉的金字塔，以供奉國王的不死靈魂。最終，在「祭品復歸本物」中，祭司們吃掉那些搬運多時的肉，毫無疑問地已經沾滿了蒼蠅卵。

烏塞卡夫的阿布希爾太陽神廟周邊相當壯闊，於是，他的繼任者不僅在此處修建自己的太陽神廟，還在當地建造陵寢。阿布希爾最初的三座金字塔，與吉薩三座金字塔的布局安排完全如出一轍：兩地金字塔連成的斜線都指向赫里奧波利斯，並匯聚於那裡的方尖碑上，而此處被認為是地球上太陽能量最強大的來源。

阿布希爾的金字塔建築群中，目前保存最好的是烏塞卡夫的弟弟薩胡拉（Sahura，約西元前二四八七至前二四七五年在位）的金字塔。其統治期間，曾發起採石遠征，深入努比亞腹地採挖閃長岩，還曾與利比亞和西奈半島的部落出現武裝衝突，在西奈發現的石刻岩畫場景中，吹捧薩胡拉是「痛擊各國亞細亞人的宏偉神祇」。他的書記官赫特普（Hetep）和翻譯官尼卡—安赫甚至沿著哈馬馬谷地（Wadi Hamama）留下了塗鴉。相比於較知名的哈馬馬特谷地，行經這條谷地的人類當然少得多，但此處是另一條通往紅海的通道。王室年鑑表示，薩胡拉的遠征行程順著紅海南下，一直到了龐特（Punt，即現今的索馬利亞〔Somalia〕）。他們滿載而歸，帶回珍奇的異國特產，包括猴子、獵狗和「數約八萬計量的沒藥（myrrh）」；這種芳香樹脂膠體可用於香脂香料製作、木乃伊加工，也可當作焚香，供奉給太陽神。

王室財富陡升，薩胡拉大王慷慨大方的程度也因此超越所有的先王。他每天敬獻禿鷲女神奈荷貝特的麵包和啤酒增為原先的八倍，而北方女神瓦吉特位於布托的敬拜中心，每天也收到推積如山的類似供品，數量達四千八百份，她與太陽神一起得到敬奉，反映了薩胡拉與妻子內弗哈—涅布迪（Neferkha-

Nebty）各自扮演的角色；「涅布迪」一詞意為「兩位女士」，同時祈求瓦吉特和奈荷貝特的神啟和護佑。

不過，阿布希爾才是薩胡拉真正注重的焦點。當地建有其太陽神廟和高達四十七公尺的金字塔。金字塔位於一整片鋪張的建築群中心，此處原有長達一萬平方公尺的牆面雕刻，但不幸的是，十九世紀此處歷經嚴重的盜採，多數投入了石灰窯，如今應僅剩約百分之二。

薩胡拉的河谷神廟就在阿布希爾這座由尼羅河孕育的湖岸修建。紅色花崗岩的柱子為建築支撐，柱頭雕刻成布托當地聖樹椰棗樹的棕櫚複葉形。「石樹」彷彿從神廟黑色玄武岩地板所象徵的肥沃「大河淤泥」長出來。

此處連結著長長的加頂堤道，一旁刻有令人印象深刻的圖像：薩胡拉以斯芬克斯的模樣，勢不可當地踩踏著腳下的敵人，諸神的隊列牽著一列用繩子拴起的俘虜。另外尚有更多壁畫場景，但近幾年發現壁畫描繪的是居住於沙漠深處的貝都因人忍受饑荒折磨，這想必是一種政治宣傳，以不幸的貝都因人，對比於尼羅河畔薩胡拉治下幸福的子民們。

長堤頂部圍住金字塔的石牆是一處綿長的入口門廳，開向一個天井庭院。臺階從此地一路通向金字塔前的平頂。占星術士在這裡計算各種典禮儀式的正確日期，從每月的月亮節慶到每年太陽神和哈索爾的節日。平頂的中心部分朝著天空打開，讓月光和日光都能投進，照亮牆壁。壁上描繪各路神明，例如塞莎特正記錄繳獲的財物，以及在整個建築群中形象一直最受尊崇的巴斯泰特—塞克美特；持續了至少一千年，未來此處將有早期基督徒修建起的一座小教堂。

在那些光輝圖景中，薩胡拉不僅與偉大的母獅（斯芬克斯）關係密切，還被妻子內弗哈—涅布迪親密擁抱。身為一位全能行動派英雄，他還痛擊利比亞人和努比亞人，射箭、捕殺野生動物。這樣一個充滿陽光能量、戰無不勝的君主平定了天下的亂勢，讓一切恢復秩序。

他當然極為富有，接受的貢品包括遠至敘利亞由海路運來的貨品。異國風情的物品如棕熊，以及標注為「翻譯員」的外國人，部分運載朝貢的船隻被叫作「綠色大傢伙」（意為地中海）；有別於埃及當地船隻。

這般的富足也表現在奉養薩胡拉靈魂的儀式上：每天兩次的供奉祭品，讓他的靈魂從金字塔墓室的假門出來時可以盡情享用。祭奠的酒水倒入內壁嵌了銅箔的石盆，石盆的銅質下水管道長達三百八十公尺，穿過整座葬祭墓地。祭祀儀式化的排水體系在高處也如法炮製，偶爾「雨水落到屋頂上，突出屋簷之外的獅子頭造型的滴水嘴排出雨水，落到下方走道鑿刻出的露天排水槽之中」。

薩胡拉宮殿中的貓科動物神靈保護當然也少不了，提供此服務的是醫師尼奈赫—塞克美特（Nenekh-Sekhmet）；其名字的後半部分借用了獅頭女神的大名。司征戰的這頭母獅被認為會放出疾病的惡魔，於是須由祭司管控，這些祭司同時也是醫生。尼奈赫—塞克美特醫生深受待見，國王告訴他，「因為眾神愛我，我呼吸順暢，身體康泰，等將來你老邁了，希望備受尊敬的你離開人間時能安息在王室墓園。」這位醫師的同僚伊倫納赫提（Irenakhty）也是王室醫生，精通胃腸病和眼部疾患，還是直腸病專家：依古文獻字面意思為「肛門的牧人」。另外，佩謝莎特女士（Lady Peseshat）的諸多頭銜中，也包括有「婦女部醫生主管」，比英國法律明文規定女子可以從醫早了四千年之多。

不過，儘管當時已經具備分類如此專業的醫療服務，薩胡拉執政十二年後仍然一命嗚呼。他下葬在阿布希爾的金字塔，隨後繼位的是他最小的弟弟內弗瑞爾卡拉（Neferirkara，約西元前二四七五至前二四五五年在位）。

如同所有埃及國王，內弗瑞爾卡拉也戴上了五頂標準的尊稱：「上下埃及之王」內弗瑞爾卡拉、「太陽神之子」卡伊卡伊（Kaikai）、「在世的荷魯斯」烏塞爾哈烏（Userkhau）、「兩位女神厚寵之王」卡伊姆內布狄（Khaiemnebty），還有「金色荷魯斯」塞赫姆內布（Sekhemunebu）。

也與所有國王相同，侍奉他的僕從成群，從個人品性來看，內弗瑞爾卡拉似乎極為人道，善待為他服務和效力的手下，寬厚仁德甚至到了驚人的程度。祭司拉威爾（Rawer）曾意外碰到了王室權杖，在未經事先允許的情形下，這種禮式的冒犯常常會招來殺身之禍，但國王卻頗為大度地化解此危機。這位祭司的傳記銘文曾如此解釋：「拉威爾跟隨著國王的腳步，國王手中的權杖此際打到了拉威爾的腳上。國王說，『沒事的』，又說，『祭司安然無恙，這是王的意願，因為我原本就沒要打他。在王面前，他比任何人都更可貴』。」

威斯普塔（Weshptah）是內弗瑞爾卡拉的宰相。曾經歷一場相當嚴重的中風，雖然王室醫師全力治療，也有祭司作法求神，但還是不幸亡故，「國王非常悲痛，哀傷到無法形容……。他回到自己的密室，向太陽神祈禱」，然後他下令，製作宰相木乃伊禮式的屍體塗油時，他要親臨觀看。最後，宰相厚葬於國王御賜的一座陵墓。

至於他自己的來生生活，內弗瑞爾卡拉在阿布希爾籌劃了一座七十公尺高、六層階梯狀排列的金字塔。儘管他死於金字塔完工之前，他的葬祭儀式還是由一位高位神職祭司如期完成，此祭司侍奉太陽神、哈索爾和「完美之神」內弗瑞爾卡拉本人。依照王室律令，從事神職之人皆可豁免修建王室工程的強制勞役，而我們僅能透過一份無價的行政文獻珍品，了解這位祭司的工作，其以速寫的象形文字書寫，稱為「僧侶體」。

其中包括有，祭司們原初的工作計畫、值勤表、當班記錄和日常輪值及作業清單，乃至於儀式必備物品的補貨備註。其中一條記錄甚至寫道，用於淨化的泡鹼鹽已經只剩下最後一丸。還有王室的公告，以及個人的書信資料。例如，一位滿腹牢騷的祭司抱怨道，「我提供了食物，卻從未得到什麼補償」，並在正式官方投訴表示請「太陽神、哈索爾和所有眾神」主持公道。

內弗瑞爾卡拉的葬祭神廟中，關於健康與安全的檢驗程序也有記錄。部分完成的壁畫場景中，描繪了逝去的國王與他的妻子肯塔維絲二世（Khentkawes II）。她被稱為「內弗瑞爾卡拉的心愛之人」，也是「上下埃及之王之母，（並同時掌有實權的）上下埃及之王」；正如肯塔維絲一世曾擁有的地位。

肯塔維絲二世儘管最初曾讓考古學家們頗感困惑，但現在部分專家已經相信，肯塔維絲二世為相繼兩任國王的母親；即拉內弗瑞夫（Raneferef）和尼烏色拉（Niuserra），也許她自己都曾身為法老，統治此國家。因為她很明顯地出現在阿布希爾金字塔綜合體的石柱上，描繪她的圖像中，其額上都有神蛇符號，眼鏡蛇標示在當時都是「統治者與神靈所獨有」。

阿布希爾的肯塔維絲二世金字塔綜合體中發現的文獻，第五王朝宮廷充斥著部分原始人物的復現，這些人名與角色都確有其人；例如圖書館主管卡卡伊安赫（Kakaiankh）與王室外科醫生尼謝普塞斯奈蘇特（Nyshepsesnesut），還有「宮廷用油主管」普塔霍特普（Ptahhotep）。其中一份文獻甚至具體記載了宮中各色人等每天的肉食配給，像是王室美髮師烏塞卡法恩（Userkafankh）有權得到動物前腿，或是專管運河的大臣內弗爾霍特普（Neferhotep）應該享有動物的內臟。

至於肯塔維絲二世的兩個兒子，第一個當上國王的是拉內弗瑞夫（約西元前二四四八至前二四四五年在位）。其雕像的荷魯斯獵鷹元素奪人眼目，張開雙翅呵護著國王的頭部；顯然是對先王哈夫拉雕像的回應和致敬。對於更近期王朝家族史的致意，拉內弗瑞夫娶了一位名字別具講究的女性，她在阿布希爾的墓葬於二〇一五年才出土，其中的文物透露出她也稱作肯塔維絲，不過加了「三世」，以避免與之前同名且更出名（或許模糊和無法詳知的程度倒是相同）的肯塔維絲先輩混淆。

拉內弗瑞夫二十歲出頭就去世了。如此的早夭代表其金字塔剛完成第一階段便告終止，但以泥磚修築的葬祭神廟卻很快得以完工。修築工程由他的弟弟兼繼任者尼烏色拉（約西元前二四四五至前二四二一年在位）接手。廟宇至今仍存，某些部分依然完整，高度一如往初。

尼烏色拉維持了埃及在西奈半島和腓尼基比布魯斯一帶的勢力，努比亞的採石場也能正常運作。他向巨象島的薩蒂特（Satis，也就是Satet）女神祭獻，企望每年一度的洪水氾濫能維持正常。而底比斯的卡納克（Karnak）敬奉當地戰神蒙圖（Montu）的聖祠中，這位國王的雕像也矗立其間，這是卡納克遺址所發現已知最早的物件。

不過，王室權貴關注的主要焦點依舊是阿布希爾。尼烏色拉是盡職的兄弟，先是為哥哥將陵墓修築完工，同時為自家兩個姐妹修建了較小的金字塔建築群，他還為父母內弗瑞爾卡拉和肯塔維絲二世的金字塔陵墓完成最後的收尾潤飾工程。

然後，總算可以開始籌劃他自身的喪葬，尼烏色拉在父親的陵墓旁邊為自己建了一座五十二公尺高的金字塔。他的葬祭廟與妻子芮皮特努布（Repytnub）共用，其中安置著夫妻倆的雕像。他們的靈魂能在死後享用祭獻供品，如麵包、牛肉和啤酒，甚至還有甜食。甜食由葬祭廟的「甜品糖果主管」謝杜（Shedu）定期供奉。

這座廟的設計經過周詳考量，為L形的布局，以此避開當時存在的馬斯塔巴陵墓的干擾。那些馬斯塔巴也不斷地延伸擴張，因為尼烏色拉的總理大臣兼女婿普塔謝普希斯（Ptahshepses）的陵墓就新建於此。此人升任權勢職位，速度猶如火箭，被描述成是「一位宮廷髮型師的升遷之快，令人眼花繚亂」，他最初是在「晨屋」工作，尼烏色拉每天在那兒沐浴、剃鬚、著裝打扮，準備妥當之後便處理朝廷大事。他顯然很欣賞普塔霍特普，甚至將自己的女兒哈美瑞爾涅布蒂公主（Khamerernebty）許配給此人，還賞賜這對幸福的夫妻一座宏大氣派的陵墓，內部設有雙人的墓室，以及相襯的石棺。

如同所有第五王朝的歷任法老，尼烏色拉也在阿布希爾修建了一座單獨的太陽神廟，並稱之為「拉神的快樂」。此廟的形態模擬赫里奧波利斯的宏大太陽神廟，而國王親自主理奠基儀式，「拉開測量的繩帶，準備磚石，鑿挖地面，將沙子填入基坑，讓『拉神的快樂』工程正式展開」。

尼烏色拉的河谷神廟刻意設計成部分下沉的樣式。一條長堤通道向上通往一個圍閉的升高平臺，此平臺支撐一座截斷的金字塔基座，上方是一根比例顯得粗短的三十六公尺高方尖碑。整片建築群圍繞著一座巨大的雪花石祭壇。祭壇用於供奉祭品，酒和水被傾倒出來，順著鑿在鋪設石灰岩地面的坑道流淌，隨後流入雪花石砌成的巨大圓盆，在乾燥的沙漠環境製造出一種非常清新怡人的濕潤感受。

太陽神廟的南邊有一艘引人注目的太陽船，船長三十公尺，以泥磚砌成，其間「嵌有綠色石頭」，配上「松柏針葉木的槳櫓，共一百根」，表示太陽神廟是「一個象徵的港口，通往眾神的世界」。

尼烏色拉的這座太陽神廟，外表已可稱為十足壯觀，其內部景象可謂精采非凡：在「季節之屋」中，浮雕壁畫描繪了太陽神恩澤光輝之下，大自然的四季變化。當尼羅河藍色的洪水氾濫覆蓋了土地，小雞在巢中破殼而出，鴨子在草叢間拍打翅膀，還有各種各樣的野生動物興旺繁殖，從黑豹到瞪羚，從烏龜到刺蝟，應有盡有。其中甚至還有世上最早關於養蜂業的場景描繪：一名養蜂人將煙霧吹進一處蜂巢，或許也是「在模仿蜂后（蜂王）的嗡鳴之聲，正如今日埃及的養蜂人所為」。

神廟一旁是執政週年慶所用的小型禮堂。此處壁畫描繪著「國王的孩子們」坐在滑竿轎椅上，而他們的父親尼烏色拉則在進行慶典的跑步表演；跑完後的收尾會將清涼的水傾倒在法老不可觸犯的御足。

凡是允許觸碰國王身體的人，當然都是最親近的僕從，其中包括御用的手腳指甲護理師，此人深受一位菁英權貴的青睞。這位大人的指甲當然十分潔淨，甚至會與正在勞作的勞動者手指比較，勞動者「用手抓麵包吃，各種髒東西都混在食物上，儘管他已經洗過手，但指甲裡還是髒」；這是對當時社會現實的一個諷刺。同樣是宮廷美甲師，尼安赫克努姆（Niankhkhnum）與克努姆霍特普（Khnumhotep）死後厚葬於薩卡拉，共享一座馬斯塔巴。這座石頭墓室點綴著小型的裝飾壁畫，呈現他們在世時的工作場景：一位主管正接受指甲護理，一名書記在做腳部護理，還有其他人前來修剪頭髮、刮下巴的鬍子、剃除大腿根的毛髮。兩人的同事美甲師芮德耶（Redjy）與理髮師紀耶烏（Giyu）也到這裡，趁著閒暇時玩耍棍術對打；這種名叫納布特（nabbut）的鐵頭木棍至今仍有使用。正如其他類似壁畫所描繪，這種打鬥運動氣氛的生動激昂與暴力，伴隨著呼喝聲：「怎麼樣？你被打倒了！」、「砸他後腰！」與「給他開瓢！」（換言之就是「打爆他的頭」）。在較平靜溫和的場景中，兩名婦人正在烤麵包，同時照看著孩子。不過，另一位無名婦人的形象中，我們能看見身兼多職的辛勞母親的獎賞：薩卡拉的另一座墓葬刻繪有她的形象，一邊操作著一艘小貨船的航向，一邊為懷裡的孩子哺乳。一名少年為她帶來午飯，她告訴他，「別把飯菜擋在我面前，船正要靠岸呢！」

薩卡拉最宏大的官員陵墓，終究是泰耶（Ty）所建。此人別稱「太有錢」，是另一位尼烏色拉最寵愛的髮型師，最終提拔為「薩胡拉、內弗瑞爾卡拉、拉內弗瑞夫和尼烏色拉四位法老太陽神廟的主管者」。他與司職女祭司的妻子內弗霍特普絲（Neferhotpes）一起下葬在薩卡拉。他們為朝廷效勞的獎賞便是這座陵墓。此陵墓再現了他們在孟斐斯排場招搖的別墅豪宅，別墅有著奪人眼目的高大柱廊與雙庭院，牆壁點綴著裝飾浮雕，描繪他們奢華的生活。泰耶和內芙霍特普絲安坐於一棟避暑夏屋，看著他人勞動：幾名農夫正費勁地把一大袋糧食裝到一頭驢子背上，只是那傢伙很不配合；另有兩名面相狡詐的男人，正從一頭拴住的母牛偷牛奶：「奶呀，快點擠呀，快快快，趁著主人還沒回來！」墓葬的主人顯然頗具幽默感，因為墓園的這些壁畫場景在他們生前已然認可，其中尤其還有一幅這樣的有趣畫面：兩名農夫領著一群牛渡過一道淺水灘，負責殿後趕牛的農夫意識到有潛伏的鱷魚，於是朝著前面不知情的仁兄大喊：「你這個吃屎的！趕快往前呀，快把牛趕上岸！」

薩卡拉的墓場曾經滿是陵墓，前述陵墓只是其中區區幾座。遺憾的是許多陵墓早已被破壞，石頭搬至當地的石灰窯燒成了石灰，或搬運去用於修建其他建築，又或是完全拆毀。一九〇八年，一位文物考察專員在筆記中寫道：「我搜尋了狀況良好的馬斯塔巴，想找到一座適合販賣的美國某家博物館。我們僱請的當地老工人之一帶我去看了一座陵墓。設計和施工的精雅和緻密程度，就表現在這些建築的特點——品質優異的巨大石塊，可謂是薩卡拉墓場中最講究的陵墓之一。」但是，這位考察員的搜尋工作一直持續到一九一三年，才發現了一座合適的陵墓。埃及政府同意出售此陵墓，同時也包括其中所有古董。陵墓原先的主人是第五王朝的宮廷總管佩爾奈布（Chamberlain Perneb）。於是，他與他的「永生之屋」一起從薩卡拉墓場，搬遷到了紐約第五大道大都會藝術博物館（Metropolitan Museum of Art）。

尼烏色拉的朝臣和僕從大部分都葬在薩卡拉，王室的來世生活仍以阿布希爾為中心。儘管如此，到了德耶德卡拉（Djedkara，約西元前二四一四至前二三七五年在位），情況有了鮮明的轉變。雖然，德耶德卡拉名字的意思是「太陽神的靈魂永存不朽」，但也不再是在阿布希爾永存不朽了。那裡不再修建太陽神廟，之所以如此，可能因為宗教與政治核心已經逐漸從太陽神轉移，也遠離了原本權勢強大的祭司們。

德耶德卡拉將他的陵墓安排在了南薩卡拉的一處高地上。他的金字塔雖然只有五十二公尺高，但依選址地點而言，大小比例卻恰到好處、十分完美，因為這裡最優先考慮的是遠景透視效果：金字塔離尼羅河谷越近便建造得越小，如此一來，當從赫里奧波利斯某一位置眺望過來時，所有金字塔便宛如同一高度。

德耶德卡拉重整了執政管理體制，他把阿拜多斯定為南方的行政首都，與北方的孟斐斯構成對應平衡。他還命前往各省治理的官員長期駐留當地，而並非如同先王們執政時僅差遣官員偶爾到各地巡察，其餘時間依舊安居於孟斐斯。

於是，當軍人出身的印狄（Inti）被任命為德希興的地方長官後，他與妻子梅瑞敏（Meretmin）便搬遷至當地，並在那裡修造兩人的墓園。墓地的壁畫除了有家庭生活的日常景象（如當時夫妻的日常留影），還有充滿活力激情的舞蹈場景、與牛角力的場面，以及印狄早年當兵時在巴勒斯坦的行伍生涯；他和手下的士兵在那裡曾圍困了「薩迪（Sati）人的城鎮」，當地的武裝女性居民在壁畫中描繪成「抗擊來自埃及的入侵者和幫凶貝達維（Bedawi）偽軍」，某些場景還能把印狄戰士翻倒在地，「抓住他手臂腋窩，一舉翻倒」。

德耶德卡拉的改革措施由最高層的官員執行，例如他的首相。這位國王持續多年的統治，執掌關鍵職位的要員包括塞涅德耶米（Senedjemib），他同時兼任國王的建築工程總管。在他位於吉薩的墓葬中，刻有法老親筆的信件文字。塞涅德耶米引以為榮，聲稱「尊榮的法老親自手書表達對我的讚揚」，而他對於建造一處大型水面景觀的計畫，自然得到恩准。德耶德卡拉告訴他，「我的宏偉王權，允許你於王宮那塊地建造水池。你全然了解如何展示何謂王上最喜好之物，我甚是喜歡你的深知我心。」

不過，德耶德卡拉任內最知名的首相（總理大臣、宰相），依舊是普塔霍特普（Ptahhotep，與前述尼烏色拉的女婿同名不同人）。史上留存的第一本書，正是其所撰寫的《普塔霍特普良言錄》（*The Sayings of Ptahhotep*）。此書敬獻於女神瑪阿特，是一本關於道德哲學的自律手冊，對幾乎所有事務都提出指引和建議，從恰當的餐飲禮儀到婚姻關係，可謂無所不談。書中奉勸讀者們「切勿與孌童性交」，而是「以真摯的熱情愛你的妻子，讓她穿著良衣。只要你還活著，就要為她購買香脂香料，讓她的皮膚得到滋潤，讓她開心快樂」。再例如，儘管「生動的言辭與有益良言皆難以尋覓，比寶石藏得更隱蔽，但在推磨女僕的閒談中，卻可能有所發現」。

在賢士高人的輔佐之下，德耶德卡拉派遣遠征軍前往比布魯斯，還命大將奈內赫—肯提赫特（Nenekh-Khentikhet）至西奈。大將軍在當地豎起銘文碑碣，聲稱自家君王是「橫掃萬國之雄主」。他甚至用由來已久並廣受尊崇的誇張方式，以石刻描繪他的大王如何威猛地痛擊一名當地原住民。但根據德耶德卡拉的遺骨研究，其實此人「身材纖弱」，而且肌肉「在某種程度上發育不良」。奈內赫—肯提赫特留下的另一處銘文顯示，老國王斯奈夫魯時期的某一古代石刻將他們直接帶到了正確的地方，隨即便採挖到孔雀石。而與此同時，德耶德卡拉的尋礦團隊在蘇伊士灣的艾恩・蘇赫納（Ain Sukhna）港口附近忙碌。此處是遠征西奈的中繼站和待命區，同時也是一個起點，從這裡向南探尋傳說中的龐特。負責掌管德耶德卡拉印章的掌璽大臣維爾德耶迪德（Werdjeded）的出訪目的地就是那裡；他滿載而歸，帶回了許多異國風情的玩意兒，甚至還包括「一名矮人」（應是一名侏儒）。成果如此豐碩，讓他得到了王上的厚賞重獎。

在執政大約四十年期間，德耶德卡拉舉辦了至少一次三十週年大慶。他於西元前二三七五年前後駕崩，年紀約為五十多歲。他的遺體做成木乃伊，很可能就是在位於南薩卡拉的金字塔建築群中處理。如今，此地看似一個巨大的廢舊物回收堆場，但建築內朝東的牆體外立面，當年做成了類似塔門的大門通道形式，形如一個框，在黎明時可將旭日輪廓框在其中。祭司們舉行儀式，借助曙光復活德耶德卡拉木乃伊體內的王室靈魂，接下來便將屍體安葬在金字塔石棺。一九四五年，他的遺骨在此被發掘出土。

德耶德卡拉並非單獨葬於此地，因為其金字塔東北邊很快有了第二座金字塔。「國王金字塔的標準元素基本俱全，只是很多規模更小」，其中包括同樣的壁畫場景，多條的廊柱和用於存放供品的儲藏室。德耶德卡拉的王后梅瑞珊四世（Meresankh IV），在薩卡拉有自己的陵寢，因此這不是為王后而建，而是屬於國王的另一位配偶，她與德耶德卡拉的婚姻似乎「讓其王位合法化」。部分埃及學家甚至認為，德耶德卡拉死後，這位王后曾「獨立掌管朝政，治理國家」。

不過，這位神秘的統治者一直都匿名無聞，被歷史所遺忘。其部分陵寢被一位並非她兒子的後繼者改造再利用，連她的名字一併被抹除，人像也遭毀壞。一九五二年，陵寢出土，但該考古成果從未公開發表。於是，她的墓葬依舊是「無名王后的金字塔」，她的身世命運與身分，依舊神秘難解。

〖10〗

掠過太陽的陰雲

約西元前一三七五～前一二八一年

至第五王朝的末代國王烏納斯（Unas）即位，統治者的名稱已不再強調太陽神拉的元素。國王與祭司團體派系之間出現了權力的爭鬥，「拉的宗教地位衰退，影響力遭削弱」。新國王推舉普塔，這位神祇是王室首都孟斐斯的保護神。在所謂「孟斐斯神學」體系中，創世的功勞置於普塔名下，而不再是太陽神拉的偉業。由此推斷，很可能是烏納斯協助了這個新神學體系的創立和傳播。

關於他的來世生活，烏納斯的計畫即便不能說是激進的徹底改變，也同樣具有創新特色。他將四十三公尺高的金字塔建在薩卡拉，就在左塞爾的階梯金字塔一旁。外部最初的石灰岩包覆層隨歲月而消失，留下的僅相當於一座碎石丘塚，然而，其內部卻大為迥異、不同以往。與先王森嚴凜然的花崗岩墓穴形成鮮明對照的是，烏納斯是自左塞爾以來第一位裝飾墓室內部的國王。墓室潔白的雪花石牆壁上，刻有亮藍色的象形文字，由此創造了世上最古老的宗教書寫文本。

如今，這些文字稱為「金字塔銘文」（Pyramid Texts），作為禮拜儀式或公禱文被永久刻入石中，取代不太可靠的神職行禮程序，因為執行敬拜活動的祭司已對神越來越不虔誠。沿用了數世紀的七百多條咒語、祈禱詞、頌歌和念誦經文，此時已彙編合併。這些銘文的法力被認為極其奇詭可怕，任何象形文字，只要形式是蛇、獅子或任何類似的潛在危險之物，被刻上岩石時，皆須分成兩半刻畫；如此一來，萬一它們在另一個亡靈世界復活再生，其危害也會被這種書寫方式消解，最終成為安全之物。與此同時，星體和太陽等概念的表達符號中，都突顯了一系列神祇，彷彿為了抗擊死神，烏納斯把手中所有王牌與利器，一口氣擊出。

這些文字是以給天空女神努特的一篇致辭為開端，在烏納斯的墓室中，出現了努特的孩子伊西絲和歐西里斯，而且被標注具體的名字，這是最早的一例。歐西里斯那注滿水的冥界暗黑王國，也是伊西絲發揮法力的地方，她將讓人間的國王還魂再生。烏納斯的靈魂被要求配合完成各式各樣的儀式，例如「踢動神牛阿比斯神聖草地上的球」；此遊戲包含一系列儀式化的運球路線，用意在於幫他進入來生世界。儘管對太陽神的指涉依舊廣泛存在，但國王現在被描述為神的秘書或書記員，且看，「烏納斯打開神的文件匣，烏納斯啟封神的文件，烏納斯密封神的快信，由信使送出……。」國王現在已經知曉和參與太陽神的所有機密，據此推測，他也掌握了神的威權和法力。

這種力量，非常形象具體地表現在烏納斯的宗教實踐。已然相當古老的「食人禮讚」儀式重新啟用，同時復興的還有犧牲僕從的原始祭獻方式：「烏納斯吃人，也向諸神吸取養分，他割斷人們的喉嚨，吃他們的內臟……烏納斯吃進他們的魔力，吞下他們的靈魂……他還吞進每個神靈的知識和智慧，諸神的力量就到了他體內。」隨著「空中落雨，星辰暗淡失色，天穹顫抖，大地顫慄，眾星球靜靜兀立，敬畏地目睹烏納斯升上威力的頂峰——他是神，先祖、父神和母神們都是滋養他力量的血肉」。無庸置疑，這些說辭給了祭司一個微妙警告，讓他們別錯誤地以為國王會敬奉他們的神——事實恰恰相反，神反倒是要侍奉大王。

烏納斯當然會死。他的靈魂飛升與太陽匯合。「金字塔銘文」將他的飛升描述為一種多方合作的團體努力：「努特，你抓住他的手！舒，你把他往上抬呀！」這種要把烏納斯送上天的意志願望，反映在兩艘龐大的太陽船上。船被埋在葬祭儀式所用的長堤道高處頂部，而蜿蜒迴曲的長堤向下方的尼羅河延伸了七百五十公尺。在那裡，最初的河谷神廟和河港碼頭留下的全部遺存物，就只剩現代道路彎處寂寞矗立的三兩根柱子。

這種古老的長堤如同今天的大公路，沿途如有任何建築體，路就從中間穿插而過，或是修築在結構物上方。長堤最初有相當長的一段在上部建有頂棚，有頂棚之處都曾有精細繁複的雕刻和彩繪，描繪的畫面包括烏納斯的農夫們採摘無花果和取蜜，他的金銀匠正製作閃亮的器皿和飾物，他的石匠們雕製棕櫚複葉狀柱頭的石柱，從阿斯旺一路運往北邊；此場景一旁配有文字說明：「我為大王烏納斯效力，七天就把花崗岩石柱從巨象島運至於此，聖上為此表彰了我！」

還有部分場景依慣例所必備。無往不利的烏納斯大英雄，獵捕獅子和長頸鹿，追殺敵人；既有近東長著大鬍子的「亞洲人」，也有住在沙漠的貝都因人。還有畫面呼應了薩胡拉陵寢長堤上更早期的場景，其中的男女老幼描繪成營養不良的可憐模樣，肋骨痛苦地凸出裸露著，肚子浮腫脹大。這些恐怖悲慘圖像具體地記錄和表現了埃及邊境外日益嚴重的饑荒苦難。這是有意而為之，與埃及人頭頂著給烏納斯的供奉品的情形構成了強烈對比。供養國王靈魂的獻禮者，在似乎永無休止的隊列中前行，絡繹不絕。

烏納斯的金字塔逐漸成形，而他的兩名配偶涅貝特（Nebet）和克努特（Khenut）則得到御賜，各建了一座馬斯塔巴。長得有點像蓄著小鬍子的克拉克·蓋博（Clark Gable）的「御膳專任屠夫」伊魯卡普塔（Irukaptah），也受到厚葬禮遇，躋身於下葬在薩卡拉烏納斯王室墓場的五位屠夫之列，這暗示了在宮廷菜單上的常備選項可能就有牛肉。烏納斯的農莊主人名為米瑟錫（Methethy），同樣受賜一座石造大墓，還有一系列的木頭雕像；除了普通的白色裹腰包布，他的雕像上還有全套飾物，如珠片鑲嵌的頸飾、腰帶和長項鏈。

首相普塔霍特普在薩卡拉的陵墓，也表現出對細節同等程度的講究和重視。他就是那本「良言錄」著名作者的孫子，與爺爺同名。在他的墓園壁畫場景中，他在傭人的協助下穿衣打扮，從專用的盒子中拿出假髮時，這位大人還不忘從另一個容器中深深吸上幾口，容器上有刻字：「最優雅的香氛，節慶活動必備」。負責出品這些美妙畫面的藝術家尼安赫普塔（Niankhptah），甚至很難得地一露真容，讓後人得以一見。一幅自畫像顯示他正一邊觀看船伕之間的角力比賽，一邊吃著無花果，旁邊有人替他斟滿杯中的啤酒。

烏納斯大王死於西元前二三四五年前後。他的「金字塔銘文」約略提及了屍體木乃伊化的處理步驟。首先是去掉內臟，以免腐敗爛臭，「我的內臟由阿奴比斯（Anubis，註：導引亡靈的墓穴神，豺頭人身）清洗」，然後交由荷魯斯與他的孩子「伊姆塞狄（Imsety）、哈比（Hapy）、杜阿姆特夫（Duamutef）和克布瑟努伊夫（Qebsenuef）」照管。帝王之神的這幾個孩子，各自負責照管一個器官：伊姆塞狄保護肝臟，哈比保護肺，杜阿姆特夫照料胃，克布瑟努伊夫掌管腸子。

接著，烏納斯的屍體被包裹在精細的亞麻布中，隨即昇華神化：「哦，大王，汝之尊貴肉身屬於神祇，不會發黴，不會遭到損壞，不會腐爛……願龍體肉身再生，願大王生命比群星更持久，星辰不隕，大王長存」。彷彿在天上的更衣室裡換了一身新禮服後又現身一般，已做成木乃伊的國王有這些恭維的讚詞：「大君，你看上去何等美好，多麼安詳自足、煥然一新、活力飽滿。」讓法老的靈魂復生的儀式，包含以下作法：用綠色和黑色顏料塗覆描畫眼睛，用「頂級的香柏油脂」和「頂級的利比亞樹脂油」塗抹遺體。與此同時，在令人頭腦昏沉的燃香煙霧中，豐盛的祭品也陳列到位。一切的設計安排，都是為了營造天子薨歿的莊嚴王室氛圍。

然後，眾人昂然感奮地齊聲合誦，「烏納斯吾王！您離去卻並未亡故；您離去猶如再生復活」，以及「您的魂靈，升上天空！屍體，歸於土地！」，伴隨著這些呼喝，烏納斯的木乃伊放入刻滿文字的金字塔墓室巨大石棺中。一八八一年，大王的部分骨骼在此被發現。

不過，烏納斯卻沒有兒子作為繼承人，於是王位傳給他的女兒伊普特（Iput）公主。她與非王室血統的泰狄（Teti）結婚，讓他名正言順地有了登基稱帝的資格。泰狄（約西元前二三四五至前二三二三年在位）成為第六王朝的首任君主，而伊普特則成了王朝親緣體系實現具體關聯的另一位王室女性。

再次，泰狄的名字未指涉太陽神，但他畢竟依舊是「拉的一個兒子」，並將位於赫里奧波利斯的太陽神廟修飾了一番，增補一對三公尺高的石英岩方尖碑。開羅機場在此古蹟選址開建，幸好方尖碑之一得以倖存。泰狄還重建了布巴斯提斯的巴斯泰特神廟，而他獻給孟斐斯諸神的禮物包括一個雪花石材質的叉鈴樂器，上面刻著「泰狄，哈索爾之寵兒」，叉鈴曾裝配銅絲，銅絲穿著小金屬片，搖動就會叮噹作響。「搖動紙莎草」的玄奧做法，據說可以促進生育能力，而這個叉鈴就是變通模仿了那種動作。在敬拜哈索爾的儀式中，神聖的載歌載舞慣例必不可少，而叉鈴則是歌舞的關鍵道具之一。在這種儀式表演中，國王本人就是明星，「搖鈴的便是大王自己，吟誦的也是大王自己」，受到「母親」哈索爾的召喚，「大王開始舞蹈，一邊開始歌唱」。

泰狄其實是塞希塞莎特（Seshseshat）的兒子，她為後人最為熟知的就是發明了生髮配方，配方以驢蹄和椰棗核為原料做成，世代流傳。她的部分女性後裔也沿用了塞希塞莎特之名，因為泰狄遵循常規（儘管也是令人混淆的傳統做法），為他的孩子命名為父母或祖父母的名字，其中六個女兒全都用了奶奶的名字，好在她們各自都還有區分彼此的附加名。

泰狄的宮中衣香鬢影滿是女人。除了王太后和六位公主，還有兩位王后，烏納斯的女兒伊普特與第二位王后卡維特（Kawit）。泰狄置身於這群女人中，呼應了太陽神那幫隨行扈從的成員特點，亦即同樣均由女性親眷組成。之所以宮中看似全是粉黛紅妝，是因為所有其他王室男性基本上都被有意地置於暗影之中，只單獨突出國王光輝閃耀的存在。

泰狄選了北薩卡拉的一處建造自己的金字塔，以及王后們的陵寢。六位塞希塞莎特公主中的四位，下葬於緊鄰父母的地方。她們皆與泰狄的幾個權貴要員結婚，但在王室安葬地周邊「墳塚構成的街道」中，她們及其配偶的陵墓還是以家庭成員關係為樞紐，緊密地組合在一起。因為「跟大部分其他國王相比，泰狄明顯有更熱切的願望，想在死後有人數相對較少的一小群親屬和心腹臣僚密切相伴，不離左右」。

長女公主塞希塞莎特「水罐子」（Watet-khethor）嫁給了名叫梅內如卡（Mereruka）的人。王室女婿的身分讓他青雲直上，被提拔為首席大法官兼總理大臣。這對夫妻被御賜一座排場闊綽的陵墓，三十二個房間的布局復現了他們生前的豪宅。其中梅內如卡真人大小的雕像是抬腿向前的姿態，迎接向他進獻供品之人，而如今的訪客帶來的只是他們的好奇心；位於薩卡拉的這座陵墓僅次於梯級金字塔（左塞爾金字塔），是埃及排名第二的必看景點。

這處陵墓如此熱門，也並非浪得虛名。這裡生動的浮雕場景似乎正散發一種完全屬於它本身的活力：少年高跳到空中，玩「跳起抓雁鵝」（khazza lawizza）的遊戲，而女人們則以充滿生命力、類似康康舞的舞蹈讚頌敬拜哈索爾。這些跳舞女郎身體後仰幾乎成直角，同時高高地抬起一條腿，露出她們的性器官，此姿勢與女神哈索爾撩起衣裙向太陽神展現私處是同樣的模式。女神春光乍現，為了刺激消沉衰弱的太陽，激發其力量，讓他歡笑，讓他一旦恢復生機就能在各個方面「挺立」。伴隨女郎們的還有「鏡舞」表演，此舞蹈透過高度反光的拋光金屬鏡面，調節太陽光線反射的方向，如今埃及的墓葬依舊採用此技術，以照亮墓中具特殊意義的區域。

梅內如卡大人的生活在這些石刻壁畫也可見一斑。場景之一就是審訊幾個被控偷逃稅賦的農民，對他們的懲罰是打一百大棍。然後是一幅幅放鬆氛圍平和的畫面，梅內如卡坐在畫架前，揮筆繪製一幅當季風情即景，或是在夫人的起居室中，坐在長女公主身邊，聽她唱唱歌、彈彈豎琴。豎琴（benet）是被借來呈現委婉含蓄的畫面，以文字遊戲的方式代稱「生孩子」（benben），取代其他更荒淫的舉動。

這對夫妻優雅的肖像，不論多麼完美和理想化，兩人的屍骨殘骸卻顯示此處埋葬的是「一位高大女人，過世時僅中年」，此女的丈夫梅內如卡也至中年，有著「短粗寬闊的額頭和突出的下巴」。夫妻倆亡故，親友眾人哀悼，傷心欲絕，有人暈倒、情緒失控等等。這些誇張的場面都生動鮮活地呈現在陵墓的牆壁石刻。

正如在世生活時一樣，梅內如卡與長女公主塞希塞莎特的地下鄰居仍是卡吉米尼（Kagemni）與其王室出身的妻子——第二位塞希塞莎特公主，她的朋友們稱其為「涅布迪努布赫特」（Nebtynubkhet）。這場婚姻也讓她的丈夫扶搖直上，大權在握，成為泰狄另一位女婿兼總理大臣。卡吉米尼擁有大約五十個職務頭銜，其中之一是「太陽神的高級祭司」。精明的老國王泰狄委任自己的女婿掌管此宗教儀式的最高職位，想必是為了安置一名眼線監控赫里奧波利斯祭司們的一舉一動。

泰狄的第三個總理大臣是安赫馬霍爾（Ankhmahor）。他的陵墓與梅內如卡和卡吉米尼位於同一塊地界。活力四射的「康康舞」女郎再次在這裡的壁畫中表演。與此同時，在題名為「令它歡樂」的幾個場景中，還有其他僕役正為大臣做手部與腳步的指甲護理，以及進行腳底和身體按摩。關於護理和物理治療的主題繼續出現，牆上更有一幅宮廷醫師的肖像。此人名叫安赫（Ankh），字面意為「活著！」另外，還有一個男性割包皮手術的場景，在這罕見題材的畫面中，一名病人因包皮感染，正接受外科切除手術，他雙手捂在臉上，而醫生則在叮囑助手「控制住他，抓緊了，別讓他暈過去」。

對於生理解剖的重視，也延伸到牲畜宰殺。宰殺的安赫馬霍爾的牛，既是為了食用，也是為了祭獻儀式。屠夫們吵吵嚷嚷，「抓緊囉！」、「救救我呀，這他娘的太有力了！」大呼小叫之間，他們切割下一頭活牛的前腿，作為葬禮儀式中「開口」程序的部分，仍在抽搐的血淋淋牛腿在此過程被高高舉起獻給死者，好讓「動物收縮抽搐的肌肉纖維能量轉移注入死者的身體」。生物醫學研究表示，牛的前肢或後腿被割下來，甚至在兩個小時的刺激過後，肌肉收縮抽搐動作仍然會發生，由此營造出奇幻視覺感受，在這類儀式效果非凡，讓目擊者驚駭信服。

安赫馬霍爾依舊繼續與活人交流。他的陵墓外牆有其石刻人像，對著路人或訪客致意：「後人們，祝願你們幸福安康！」然後，他捧起出自他效力的國王陵寢裡的「金字塔銘文」中的「墳墓保護咒語」，在問好之後，玩起了恐嚇警告：「我是出色的祭司，博學多能，任何真正的魔力都在我法眼之中。進入我陵墓的人，倘若未依規矩先淨化自身，我將擰斷他們的脖子，就像擰死一隻小鳥。」

同樣的詛咒，赫爾梅魯（Hermeru）也採用。此人是「禁衛軍統領」。不過，禁衛軍衛士並不僅限於男性擔任。衛士拉拉姆（Raramu）就把自己的職位傳給女兒希塞特（Theset），而國王泰狄熟識的梅芮涅布蒂（Merinebti）女士也被稱為「衛士」，此稱謂或許並非僅是表示敬意或賞識，因為其身高一百五十公分的屍骸左側胸腔肋骨下方，就有一道「骨頭上的傷疤」，由「刀刺砍殺」造成，而且是在她五十幾歲，即「去世之前的很多年，此損傷已然發生」。暗示她早年曾被一名右手持刀的人襲擊砍傷。可以想像，那時她大概正承擔著某種形式的護駕任務。

這是因為泰狄宮中的情況堪憂。後來的文獻紀錄聲稱，泰狄是「被他的保鏢謀殺」。由於盜墓賊光顧，泰狄的遺骨只有右手臂殘存，故而無法據此論斷其死因，但泰狄的人生命運，還是有可能由一場曠日持久的權力爭奪決定。這場爭奪發生在王室統治者與太陽神的祭司勢力之間。之後，王位傳給了烏瑟卡拉（Userkara，約西元前二三二三至前二三二一年在位），儘管執政時間短暫，但烏瑟卡拉的名字再次植入了太陽神的元素。

很快地，烏瑟卡拉由泰狄的兒子佩皮（Pepi，約西元前二三二一至前二二八七年在位）取代，或說至少是由這個幼年國王的母親伊普特取代。她成為攝政王，完成了公主、王后，以及最重要的國王母親的帽子戲法。於是，伊普特的馬斯塔巴墓塚擴大規模，建成金字塔，這種形式的安息禮遇自此成為所有王太后的標準。在葬祭地的壁上石刻場景中，繪有伊普特的形象，正在接受哈索爾授予她的高高權杖。一對塞克美特的雕像，揮動著權杖，前任老國王胡夫的幾座迷你小雕像都在伊普特腳邊（如今已經修繕），其中有個小人形被重新命名為佩皮，而如此變動不可能僅僅只是巧合。看起來，伊普特的實際權力巨大。

考古發掘顯示，在她位於薩卡拉的陵墓附近，那些可能參與篡權並讓她丈夫死於非命，隨後又繼續為烏瑟卡拉效力的官員，其陵墓的銘文石刻和浮雕圖像此時都被塗抹損毀。凡有指涉先王烏瑟卡拉的地方也被鑿除。

等到佩皮一世登基稱王，有鑒於父親的遭遇，他親手挑選出部分官員，並只允許這些人環繞於他的身邊，其中包括聞尼（Weni），擔任宮廷衛隊隊長。當另一起奪權陰謀被發現時，此未曾公開的「秘密指控」安放到了佩皮一位妃子頭上，而負責處理此事的當然便是聞尼。正如他自己所陳述：「宮裡隱秘不宣，但針對王妃維瑞特—亞姆蒂絲（Weret-Yamtes）的法辦手續已經斟酌確定。國王召我進宮，命我私下一人聽審此案。沒有大法官，也根本沒有總理大臣在場，更沒有任何王子或親王，只有我一人，因為我很傑出，因為聖上鍾愛我。全依我一人將此事書寫成文，判罪定案，另外僅有一名小法官。從未有過像我這樣的人能聽聞宮廷秘密。大王讓我來親耳聽證此事，因為在其心中，我比他的任何臣僚都更為出色，最宜經手此案。」

佩皮一世特立獨行，將王室規章扔到一邊，於是，埃及有史以來第一次出現國王與平民女子結婚。此女成為王后之後名字也改了，叫作安赫尼絲佩皮（Ankhnespepi），意思是「佩皮為她而活」。她是來自阿拜多斯當地一個頗有勢力的家庭。她的母親，涅貝特（Nebet）被女婿委任為南方總理大臣。

在這片土地上，總理大臣是僅次於國王的最高行政官職。佩皮一世選擇讓丈母娘擔任此要職，或許是受到自己的母親伊普特治國理政的啟發。任職總理大臣後，涅貝特重新安居，往南搬家到阿拜多斯，在此掌管上埃及的事務。她和丈夫胡伊（Khui）本已在薩卡拉開建陵墓，但很快就停工，轉而在阿拜多斯附近選址修建新墓園。

這位出類拔萃的涅貝特是八個孩子的母親。六名兒子中的德耶阿烏（Djau）與伊狄（Idi）繼承了她的總理大臣地位，而她的第二名女兒也嫁給了法老，同樣名為安赫尼絲佩皮；為了與同侍一夫的姐姐有所區分，現代的簡便區分方式就是加上「二世」。幸運的是，此家人複雜的關係結構在一塊所謂的「兩位王后石碑」上交代清楚。石碑是由德耶阿烏在阿拜多斯豎立，「以表示對此土地的熱愛，我在此出生，生我者乃涅貝特，國王鍾愛之臣；家父為胡伊，蒙受大神恩賜之榮光」。

法老佩皮一世自己的金字塔複合體，則同期在薩卡拉的高地沙漠上逐漸成形。現在那裡只是一座十二公尺高的砂石丘塚，「毫不起眼的一堆廢墟」，但原初的金字塔莊嚴氣派，高度達五十二公尺。此處被命名為「佩皮的美好基地」（Men-nefer Pepi）。這個指稱最初只涵蓋了駐守在金字塔周圍的祭司住房，但最終用來表示整個薩卡拉和鄰近城市，這裡就是今日以希臘語所稱的知名「孟斐斯」。

執政三十年之際，佩皮一世舉辦了他的第一個統治週期慶典。他賜給臣子和僕從的禮物上面都刻有祝願詞：「願如此慶典未來仍有多次。」刻有佩皮一世名字的香脂罐在多處被發現，北至敘利亞的埃卜拉（Ebla），南至巨象島。之所以特地前往此地，可能是為了安撫和敬拜掌控尼羅河的神祇，因為在西元前二三〇〇年前後，儘管每年一度的洪水依舊來臨，但水位變得很低，令人憂心。努比亞的閃長岩採石場工人取水的水井，已無法正常出水，也許這就是為何第六王朝的國王們轉而前往更近地區採挖雪花石，以刻製其雕像。

三十週年慶典的目的是讓國王的能量得到補充和再生，正是此能量為這片國土帶來豐饒收穫。慶典儀式場所不只有在首都孟斐斯，佩皮巡訪所到之處都舉行了歡慶活動。他先在三角洲各地考察，然後到了太陽神的敬拜中心赫里奧波利斯，「即使太陽神已經有些過時」。大王的巡察之旅繼續向南，直到阿拜多斯、鄧德拉，再到柯普托斯，他拜謁了柯普托斯的敏神神廟並收買人心，藉機免除侍奉敏神的祭司屬地稅收，因為佩皮一世是「柯普托斯主神寵愛的君王」，在陽具高挺的敏神雕像前也舉辦了執政大慶的儀式。

更南邊的希拉孔波利斯，荷魯斯也一樣收到尊崇大禮：一座精美的獵鷹雕像，頭部由黃金打造，黑曜石鑲嵌做成的眼睛洞察一切、目光犀利。除了將此雕像安置在古老的荷魯斯神廟，佩皮一世還在廟裡放置一座自己的真人大小銅像。這是迄今發現的最古老金屬材質人類雕像，其中還包含一個秘密，雕像內部就像俄羅斯套娃一般，還有一個更小的銅像——他的兒子和繼任者，梅倫拉（Merenra）。

希拉孔波利斯是「荷魯斯之城」，是古代帝王的家園與基地，因此這座銅像無疑是佩皮一世與安赫尼絲佩皮一世別有用意的舉措，表示決定讓他們的兒子梅倫拉成為下一任君王。

當佩皮一世變為「歐西里斯」（暗指被謀殺與肢解），在他的金字塔墓葬安息時（那裡最終僅有一隻手和打包完好並仔細處置過的內臟），梅倫拉（約西元前二二八七至前二二七八年在位）繼承了父親的王位，同時繼承的還有父親的第二位妻子安赫尼絲佩皮二世，也就是他的姨母。他的核心官員包括了那位值得信任的聞尼。

聞尼被新王任命為「南方監察大臣」，常駐阿拜多斯。他的墓葬近幾年才被發現，由此確認了他的自傳銘文中各式各樣其所聲稱的國王御賜禮物；這些佩飾和家居物件都成了他的陪葬品。

聞尼也負責蒐羅採辦王室墓葬計畫所需的各種石料，從新王的石棺和墓室中的假門，到「王后金字塔成本高昂、氣派堂皇的方塔尖頂」，都需要他備辦材料。一支支小船隊將這些石頭向北運送到薩卡拉。在阿斯旺，突兀嶙峋的花崗岩形成小瀑布，聞尼下令在其間開鑿一連串的航道，讓尼羅河上的水路交通效率更高，也讓運送岩石更便捷。他被派駐南方，以利監管埃及與努比亞的邊境地區。想必是在聞尼的建議下，梅倫拉親赴阿斯旺進行了一趟國事訪問，為的是與瓦瓦特（Wawat，指下努比亞）、亞姆（Yam，蘇丹）和梅德雅伊（Medjai，努比亞紅海沿岸附近）的領袖舉行一次峰會。

這次會議之後，梅倫拉派遣他的軍事統帥哈爾胡夫（Harkhuf）向南遠行出訪，直到亞姆。其分別遠行了三次，帶回異國朝貢，同時還有日益令人擔憂的報告：當地的動盪騷亂漸增，因為努比亞的領袖們先是內訌殺伐，接著又組成了一個聯盟，期望擺脫埃及的控制。

在此需要強硬統帥治理的危急關頭，梅倫拉卻逝世了，葬在南薩卡拉沙漠深處的金字塔陵寢中。

他用於葬祭儀式的建築群幾乎一點都沒完成，現場只有聞尼採辦來的花崗岩裝飾擺件。金字塔內部的牆上刻有「金字塔銘文」的片段，依據其中敘述，梅倫拉已化身為歐西里斯，同時也是哈索爾，「有著她的兩張臉」。銘文描述梅倫拉登上太陽神的航船，變身為一顆星星，向上飛升，保護他的是伊西絲與納芙希斯姐妹，她們感嘆：「多美呀，看著梅倫拉飛向天空是多麼令人欣慰呀，他在群星之間上升，在不滅的星辰之間。他的魔力就在他腳下，他要前往天上的母親那裡，到努特那裡。」

梅倫拉的石棺刻有「進入努特子宮的符咒」。在此符咒的幫助下，女神的任務進行極為完美——一八八一年，當梅倫拉包紮完好、處理細緻的木乃伊屍體被發現時，仍舊安然無恙地躺在石棺中，原封未動。

王位傳給了佩皮二世。此人曾經被認為是梅倫拉同父異母的弟弟，但現在普遍相信是他的兒子。文獻紀錄還聲稱，佩皮二世「六歲時就登堂執政，一直持續到一百歲」，相當於執政九十四年（約西元前二二七八至前二一八四年在位），成為有史以來統治期最長的帝王。

但由於登基時僅六歲，所以剛開始實際治理國家的是安赫尼絲佩皮二世，也就是前兩任君王的妻子，此時已成為「所有神祇都鍾愛的」攝政王。一座雪花石小雕像便呈現她坐上王位當政的場面，她戴著君主專享的眼鏡蛇神蛇頭飾，幼小的佩皮二世坐在她大腿間，也戴著蛇形頭飾。其後背雕製十分平直，為了緊貼神廟牆壁安置雕像，她懷中幼小的佩皮則側坐在她腿上，因此，面對觀看者的雕像主體是攝政的太后，而不是年幼的國王。

神廟中也有尺寸更大的巨型裝飾物增光添彩。阿斯旺省長塞布尼（Sebni）接受委任，修造了兩座大型方尖碑。石碑直接從當地花崗岩採石場的巨石鑿出，順河而下，運到赫里奧波利斯再行豎立，以示對太陽神的崇敬。這項工程相當出色，塞布尼也引以為豪，他驕傲地宣稱計畫順利完成，「連一隻拖鞋都沒損失」。

遠征隊伍被派往西奈半島開發綠松石礦藏。執政的母子兩人的名字因此進入了馬加拉谷地的歷任統治者名錄，那裡同時伴隨出現她女王般的莊重形象。北上到比布魯斯，南下到龐特，也經常派遣貿易代表團。多年效力朝廷且長期辛苦賣命的哈爾胡夫，在新王當政後的某一年，再次受命出訪蘇丹的亞姆部族，這是他的第四次出訪，也是最後一次擔當此使命。他派手下將報告送回孟斐斯的王宮，描述他已經獲得所有新奇異國貨品，清單中包括一名「會跳舞的矮人」（推測為一名非洲侏儒）。八歲的國王不禁龍心大悅，立刻寫信回應，正式道賀並感謝老臣的付出。信中難掩強烈的興奮和期待：

「你在信中提到遠從地平線之外的蠻荒邊民中獲得一名矮人，會跳不可思議的神之舞蹈。那麼，趕快向北回來吧，立刻前往宮裡！帶著這名矮人，好讓上下埃及之君的佩皮娛樂一番，讓萬壽無疆的本王高興一番。他與你上船歸來時，務必指定能幹之人監護他，在船左右兩側看好他，免得他出意外落水。晚上睡覺時，也務必安排能幹之人，與他同睡帳篷（每夜檢查十次，要保證他的安全）。我最想看到的就是這名小矮人，勝過西奈和龐特運回來的任何禮物。國王御璽親印封緘。」

哈爾胡夫在家鄉阿斯旺的岩石間挖鑿建造了他的陵墓，這封來自國王的公函被刻在陵墓外牆上。他是幸運兒，能終老故里，至愛親朋對前往異域他鄉的遠行客往往說的是「要勇敢，管住你的心，你會歸來，擁抱你的孩子，親吻你的妻子，又看到你的家」，但並非所有人都能擁有如此好運。下一次深入努比亞的遠征，由阿斯旺省長梅胡（Mehu）率領，不幸以災難結局，他被當地部落殺害，他兒子發起營救行動，卻只取回屍體。更早的一支遠行團隊造了一艘船駛往龐特，幾乎全隊遭屠滅。收回他們屍體的是佩皮納赫特（Pepinakht），阿斯旺建有他的陵墓，這座壯觀的墓園成為一處朝聖之地，日後遠征努比亞之人都會來此拜謁祈福。佩皮納赫特最終被神化，而這又是一個「人類社會階層流動的極限就是被當成神」的例子。

攝政的安赫尼絲佩皮二世亡故，下葬於薩卡拉的金字塔。此遺址直到一九九八年才被發掘，這也是擁有「金字塔銘文」的最古老王后金字塔。佩皮二世於是開始了獨自的長長執政生涯。

某種程度上，他是一名生動鮮活、多姿多彩的角色，「熱愛戲劇」。曾有一則秘辛表示他與將軍薩奈特（Sasanet）有斷袖之情，據說這位將軍「沒有妻室」。國王「夜裡獨自一人出去，身邊誰也不帶」，他會扔一塊泥磚砸到將軍家的房子上，然後就會有一架梯子放下來讓他爬上去停留四個鐘頭，直到「大王完成想與大將軍進行之事，才返回王宮」。

佩皮二世在他超長的生命歷程中，有過三位主要的妻子，都是他的姐妹：奈斯（Neith）、伊普特二世（Iput II）與維德耶布特恩（Wedjebten），她們每人「排場奢華的陵墓」都刻有「金字塔銘文」。佩皮二世活得比她們更久，也比他眾多的妃妾和大多數孩子活得更久。子女大多數都在他們看似簡直要永生的父親離世前就先離世了，隨著繼承人一個個告別人間，差點帶來王位後繼無人的危機。

他當政期間，官員當然也經過多輪更替。越來越多的高官重新在駐地安家。不僅是家庭，連陵墓也安置到遠離宮廷的南方駐地，例如卡布和阿斯旺。這些人也得到越來越尊貴的官銜，從前的宮廷侍從們血脈中的王室血統和基因越來越少，現在卻開始高調，自命為親王和地方領主，而國王被迫向他們做出前所未有的妥協讓步，只為將割據勢力籠絡在他的王權之下，以免公開分裂。

神廟祭司群體的這個階層中也出現同樣的狀態。負責門卡烏拉禮拜活動的祭司們，佩皮二世免除了他們的稅賦。他現在聚焦關注的是他在吉薩的河谷神廟，派駐神廟的祭司帶著家人親眷搬到了當地定居，緊靠在廟裡最裡面的神殿砌起泥磚屋舍，以便將每日工作的往返縮減至最低限度。「地標建築村莊化」，同一種現象也發生在斯奈夫魯位於達蘇爾的河谷神廟中，行使日常敬拜職能的祭司，其中有十五人攜家帶眷搬到那裡生活。在敏神的崇拜中心柯普托斯，佩皮二世委派欽差大臣艾狄（Idy）前去主持神廟的稅賦豁免事宜，減免的清單被呈示在神廟大門入口，並說明是王上欽命，以此警示稅收官不要多管閒事。

不過，政府體系的部分環節卻已經沒那麼有效率了，在薩卡拉的行政辦公室發現的官方文獻便透露出類似訊息。及至此時，辦公室已搬遷至左塞爾金字塔建築群的石砌房舍中。一位「勞工團隊指揮者」寫了一封信抱怨，他說道：

「有人轉交一份總理大臣您的公函，要我把由熟練工人組成的小分隊從圖拉的採石場帶到金字塔封閉圍場，穿戴整齊見大人。現在，我要向您提出投訴，您就要乘坐駁船來圖拉考察，我卻須帶領手下到那麼偏遠的地方。鄙人，您忠實的僕從，已與團隊在孟斐斯停留了六天，卻沒能得到任何的衣物。您忠實的僕從所負責的工作就此被中斷，只剩下一天時間讓小分隊的工人們領取穿戴衣物了。在下向您通報，祈望您能知情。」

這位無名的指揮官，顯然很憂心自己沒能按時完成指令，更不必說還要操心手下工人，讓他們能有適當的衣服可穿，而衣物也是政府支付勞動薪酬的一部分。

日漸惡化的效率和日益消沉的士氣鬥志，當然不會因為君王本人已經越來越缺乏生機活力而有所提振。執政三十週年的慶典，此時已成為常規事項，其中依舊包括儀式化的折返奔跑，但國王卻越來越有心無力，無法準確完成任務。隨著佩皮二世日漸老邁，折返奔跑想必只能以更緩慢、更蹣跚的步伐進行，至於與之伴隨的捕獵河馬的環節，就更別提了。

逐年衰老的國王，顯然無法擔當神的化身。過去一千年來歷任君王都聲稱擁有超凡偉力，此概念在佩皮二世身上開始動搖毀壞。佩皮須勉力擔任將豐饒收穫帶給這片土地的角色，同樣顯得可笑的是，每年度尼羅河洪水的水位已持續多年不斷下降，造成範圍廣大的乾旱。經過氾濫而能耕種的土地面積逐年縮減，農作物產量也隨之大幅降低，不僅是饑荒逐年嚴重，可上繳王室的歲入進品也急遽減少，導致經濟全面癱瘓崩潰。

除了美好的祝福以及常規的執政週年慶典發放的香脂罐小禮品，國王無力再給朝臣們賞賜和分配更多東西，因此，曾對王室金字塔周邊的陵墓地垂涎的臣僚，如今不僅紛紛丟棄他們與國王關聯的各種頭銜，而且爭先恐後地搬離日益暗淡和左支右絀的宮廷。人人皆明瞭，即便尼羅河的低水位僅僅出現一年，也意味著「糧食收成將一年無望」。富人們憂心忡忡，每個人都攜起武器，好友不再彼此招待，隨著物質貧乏到來的，則是謊言欺騙」。

約西元前二一八四年，期頤之年的國王終於撒手人寰，這片土地瀰漫的無疑是濃重的惶然。佩皮二世執政九十四年，原有相當充足的時間為自己修建一座有史以來最龐大的金字塔，但他在薩卡拉的陵墓，高度只達五十二公尺，想必是因為國庫空虛，王室財政日益緊張。他的遺體被做成木乃伊葬進了石棺。一八八一年，當旅行服務業的先驅「托馬斯．庫克父子旅行社」（Thomas Cook & Son）出資展開考古發掘時，這座金字塔內部得到第一次的研究。四周壁上刻寫的「金字塔銘文」，經解讀可知意為佩皮二世最終登上了太陽神之船，航向天堂飛升之際同時「攜著不滅星辰的手」。

不過，仍活在凡間的人，一生從未歷經其他任何國王統治，此變化想必是萬分動盪且戲劇化的局面。繼任國王為奈姆耶姆薩夫（Nemtyemsaf，約西元前二一八四年在位），是佩皮二世極少數還活著的兒子之一，生母應當是其父親的姐妹兼妻子奈斯。奈姆耶姆薩夫也已垂垂老矣，難以進行能重新激起人們對王室信心的作為。他執政僅僅一年後便離世，接位的君主統治了四年（約西元前二一八四至前二一八一年在位）。這位君王之所以頗具名氣，主要是原因在過去兩千五百年間，人們一直認為這是一位女王。

這位女王就是奈提克雷蒂（Neitikrety），更為人們所熟知的是希臘語名字，尼托克里絲（Nitocris）。早在西元前十五世紀，底比斯的祭司們就已聲稱尼托克里絲是他們僅有的一位女性統治者。兩個世紀之後，埃及的歷史學者宣稱，尼托克里絲是「當時最高貴和最可愛的一位女性，擁有美麗優雅的面容，是第三座金字塔的建造者」。關於她的浪漫故事得到進一步的潤飾，具有傳奇色彩的尼托克里絲變成了「女人中的女人，成為最完美的尤物，肌膚細膩白皙，比當時所有男人都更勇敢」。

顯然，關於她的傳奇與對肯塔維絲一世的種種指涉（說法同樣混亂），兩者混雜合併，因為在金字塔時代，後者看來確曾以女王的身分統治過埃及。一位學者曾爭辯說肯塔維絲一世未曾當過國王，但此名學者卻對身世神秘、難以考證的尼托克里絲做出如此定論，「她在歷史上的真實存在應該是無可置疑」，如此的前後差異實在令人不禁覺得非常滑稽諷刺。此學者推理判斷的依據，是他付出艱苦卓絕的努力，翻譯了埃及廣受認同的帝王名錄。倖存下來的清單是一份古代紙莎草文獻，破損嚴重，以拼湊拼圖的方式接成。不過，組成奈提克雷蒂名字的那塊碎片，近幾年的顯微分析和研究表示，這塊碎片應屬於其他地方。重新拼接後，第六王朝統治者的數量與其他既存的國王名錄便恰好一致，最後一片紙莎草殘片終於完全拼接起來了。這個殘片寫的名字是「普塔之子」（sa Ptah），代表這位聲名赫赫的奈提克雷蒂女法老，其實是一位不為人知的男性君主，全名為「普塔之子奈提克雷迪」（Neitikrety Sa-Ptah），也是其他名冊註明的奈姆耶姆薩夫繼任者。

曾有人認為第六王朝（或廣義而言，就是埃及整個「古王國」舊時代）急遽覆滅，是因為末代王位由女子擔任。如今，此論點已然動搖和推翻。事實上，第六王朝的終結是一個逐漸衰亡的過程。日漸加劇的氣候變遷和日益老邁的君王促使了形勢的惡化。而為君主治理國家的官員卻無法得到充分或恰當的回報。

充任徒有虛名的國王，如船頭象徵性的破浪雕像一般，本已可有可無，更何況國王根本沒有任何神威法力。於是，官員們先後離開宮廷，回到各自家鄉定居和謀求利益。隨著埃及開始分崩離析，那跨越千年的君主制政體也煙消雲散，就彷彿從未存在過。

〔11〕

兩方土地的無政府混亂期

約西元前二一八一～前一九八五年

到了西元前二一八一年，孟斐斯已經完全陷入混亂，以至於後世的文獻僅為第七王朝的七十位國王分配了七十天的歷史空間。

很有效率地暗示幾乎每一天會換一位新國王，不過對於習慣以每位君主的即位年分記載歷史的文化而言，這段歷史相當令人抓狂，如此混亂頻繁的君王更替，讓任何使用文獻記錄或年曆記事的想法都無法實現。

第八王朝也好不到哪裡去，至少有十七位國王曾在孟斐斯主政；第七與八王朝一起占據的歷史時段，也僅是西元前二一八一年至前二一二五年左右，標示了所謂「中間時期」（Intermediate Period）的開端。

對於第八王朝的統治者，我們幾乎都一無所知，但其中一位身分同樣朦朧的國王，名叫內弗爾卡烏霍（Neferkauhor），倒是曾努力試圖將南方籠絡在治下。他的辦法就是和親，把女兒涅貝特（Nebet）公主嫁給南部的首席大臣柯普托斯的錫麥伊（Shemai）。這位國王多次去信這對夫妻，談論他滿腹心思和煩惱。

已知的第八王朝統治者中，只有一位名為艾比（Ibi）的國王修建了金字塔，也是刻有「金字塔銘文」的最後一座金字塔。傳統的葬祭儀式走到了末路，與比布魯斯的貿易同樣如此，於是產生了一個問題：「該怎麼準備製作木乃伊的松木松脂？」因為用於屍體防腐的松柏樹脂存貨太多，已經開始日漸乾涸。

位於法尤姆（Fayum）綠洲、尼羅河水注入而成的六十五公尺深的卡倫湖一樣幹涸了。尼羅河洪水年復一年持續維持低水位，饑荒困擾不斷。西元前二一五〇年左右，大氣環流的一項劇烈轉變甚至使此情況更為惡化。大氣轉變引發了「一次突然的短期寒冷氣候」，導致衣索比亞高地的降雨減少，而此處又正是青尼羅河（Blue Nile）的源頭。相應的後果就是「地表水量大減，帶來災難性的影響」，而埃及境內情況更嚴重。

神廟中的供品不再有人定期補給，敬拜儀式不再舉行，人去樓空，一片荒寂，似乎連神祇也已消失無蹤。在艾德夫，「荷魯斯廟堂被原屬於此處的祂給遺棄了」，而在梅杜姆，斯奈夫魯金字塔原被奉為神聖的殿堂，此時成為牧人的安身之所；他們放養的牲口，當然也包括各種人畜垃圾，都在那裡「濟濟一堂」。

隨著氣候繼續惡化，甚至連首都孟斐斯也逐漸「淪陷」，被漫漫黃沙吞沒。「黑土地」上的人民無能為力地看著代表一切混亂和狂暴蠻力的「紅土地」逼近，侵入他們的生存空間，掌控了他們的生殺予奪。

女神瑪阿特所確立的法則和秩序，顯然已經崩潰，所謂的「悲觀文獻」便對此有精準的描述，其中表達最為生動的章節之一，廣為人知的標題叫作〈伊普衛陳辭〉（*The Admonitions of Ipuwer*）。這些詩章或許只是「一名頑固貴族扭曲的視角與偏見」，因為其中斷言稱，「珍稀寶石的項鏈，如今戴在了女僕的頸上，而食不果腹的王族女子卻衣衫襤褸，四處流浪」。不過，當作品中「貴婦們過著女傭般的艱辛日子……。她們不再知道自己能乘坐滑竿轎椅，僕役無影無蹤，也不再有男管家」等詞句就很難讓人同情了。

對階層等級意識明確的埃及人而言，逐漸成形的革命讓他們驚駭恐懼。隨著無政府的動亂狀態確實取代了曾有的井然秩序，而故去的帝王們淪為被攻擊的對象，拉內弗瑞夫在阿布希爾的葬祭廟便遭到洗劫，這僅是遭劫王室陵寢之一例。正如伊普衛所悲嘆的，「墓中的先人，被扔到了高地之上，入殮師與防腐香膏的機密被棄置一旁，昨日在此的一切已消逝……窮困盲流搶劫了國王……金字塔所藏寶物，如今已無影無蹤，唯剩空寂」。第五和第六王朝中，更小且建造更簡單的金字塔，因而更容易進入，所以許多都遭遇了相似的盜墓洗劫。

薩卡拉和阿布希爾的王室陵園，自然為盜墓賊提供了豐富多彩的贓物，而孟斐斯的王宮和王室政府建築同樣如此。正如伊普衛繼續陳述的，「王子和親王的子女們被趕出來，流落街頭……屬於王宮的財物都遭搶奪……土地登記簿冊被毀壞，宮室的法典條令被扔出來，散落在街道，人們踐踏走過，乞丐在小巷扯爛這些文書……埃及國王們的機密暴露無遺，昭然若揭」。

官方公文資料遭到大肆破壞，當然也就解釋了為什麼這是「古埃及歷史上，今日了解最有限且史料最貧乏的時期之一」。孟斐斯不再是中央集權政府的核心，沒有能力對地方省區實行有效管控，搬遷到各自故鄉定居的官員，有意無意地發現自己成為各地獨立小型王國的統治者，就像一千年前國家未統一時的狀態。既然沒有中央權威機構資助或規範藝術的生產和製作，為當地首領創作的雕像、石碑、牌匾和墓葬石刻場景等，也就不再遵循固有的規矩。

此時期的藝術作品相當「具有個性」，或說是質樸粗獷；位於鄧德拉的一座陵墓之擁有者為塞尼德耶蘇伊（Sennedjsui），被稱為「平民的兄弟」。他墓中的壁畫場景當然就是鄉野風格，但成本不菲，支付工匠的酬勞包括「麵包、啤酒、糧食、銅、衣物、油和蜂蜜」。

於是，大部分人選擇製作費用更低廉的小型石碑。阿拜多斯的「伯爵」印狄（Indi）與身為女祭司的妻子穆特姆蒂（Mutmuti），就請人刻了兩座石匾肖像，風格生硬樸拙；也可說是充滿原始的野性活力。匾上的石刻文字並未提及任何一位國王的名字，僅聚焦於印狄本人，描述他是「一位武功出色、擅長搏擊的民間高手」。

強調身手的部分，也反映了當時動盪不安的社會局勢。地方強人都須組建私人民團，不僅是為了維持與周圍相鄰勢力的固有邊界，更是為了保護自己不受外來武裝的侵擾，因為政府已無力提供必要的庇護。

伊普衛聲稱，「異國人對於如何在三角洲地區謀生駕輕就熟」，而來自巴勒斯坦的「亞洲人」此時在阿姆（Aamu，即阿瓦利斯〔Avaris〕）一帶安居，逐漸滲透進入埃及的東北部邊界。利比亞人和貝都因人（Bedouin）則對西部造成威脅，南方還有努比亞正試圖擺脫埃及人的控制。而在埃及本土內部，「一切都已淪為廢墟，四處淌血，死神隨處飄蕩……法外狂徒搗毀了王室禁地，沙漠地區的蠻荒部落搖身一變，自稱為埃及人……無論尊卑貴賤，人們都說『生不如死』，孩童說著『我真不該出生』」。

莫瓦拉（Moalla）一處墓葬中的銘文甚至寫著：「因為饑荒，上埃及人人都快餓死了，每個人都吃自己的孩子。」此說法固然極端，但相同場景在西元一二〇〇年卻再次出現。中世紀的開羅發生嚴重饑荒，當時便有相似的目擊紀錄：「大家都開始吃自己的孩子。」

不過，西元前二一六〇年，尼羅河曾逐漸開始恢復氾濫的水位，在緊鄰法尤姆綠洲的赫尼恩—奈蘇特（Henen-Nesut）出現了一個新的權力中心。此處的希臘語地名更為人熟知，稱作赫拉克勒奧波利斯（Herakleopolis），意為大力神英雄「赫拉克勒斯的城市」。對當地逞凶鬥狠的居民而言，此城市名倒也是再合適不過了。當地的新統治者後來被定義為第九與十王朝（約西元前二一六〇至前二〇二五年）的歷任國王，同時與第八王朝末期有所重疊。孟斐斯歷經天災人禍的殘存城區，就是第八王朝賴以維持的基地。

後世歷史學家們斷言，第一個在赫拉克勒奧波利斯稱王的梟雄名為赫狄（Khety）。此人「行徑比以前的統治者更為殘忍，帶給全埃及人民災難和悲苦」。其中一項事實無疑是堅定的證明：為「赫狄之家」效力的臣子，幾乎沒有任何人在墓葬銘文提及他們君王的名字，只刻寫了自己的名字和職務頭銜，甚至還篡奪只屬於王室的特權，在墓中使用「金字塔銘文」；此銘文曾是帝王獨有，此時卻刻在官員的棺槨，不過，他們換了一個名稱，叫作「石棺銘文」（Coffin Texts），這些銘文內容現今大致會描述為「死後的民主化」或「膨脹的幻覺」。

儘管名聲不佳，被指冷酷殘暴，赫狄大王還是能賞識才俊，並樂於培植他們。只要官員的子女聰明有才，就能進宮學習。一名擔任艾斯尤特（Asyut）省長的人回憶道，國王「讓我與王室孩子一起接受游泳培訓」。對學習的重視得以回歸，繼任的統治者赫狄二世被認為曾為兒子兼王位繼承人梅睿卡拉（Merikara）編寫了一本學習和教導手冊。他在書中教育兒子「模仿追隨你的祖輩和先人，他們的良言忠告在書中長存。打開這些書！認真閱讀！掌握他們的知識。受教育者將會得到智慧和技能」。他解釋，「舌頭是君王的利劍，言辭比所有搏殺打鬥更有力」，他強調國王的社會責任，也做出道德的勸誠，告訴兒子「不能作惡，因為仁慈行善是美德，要想美名持久，就要讓民眾愛戴你，以此記住你。人生在世，轉瞬即逝，若能被後世銘記才是欣慰快樂」。北方的新君主開始著手恢復埃及的財富與繁榮，鞏固和加強邊境防務，抵禦來自巴勒斯坦外族的進一步滲透；重啟與近東地區貿易的同時，他們再度啟動了大規模的工程計畫。梅睿卡拉在薩卡拉規畫了一系列新的金字塔建築群，並主持開挖了八十八公里長的運河，將赫拉克勒奧波利斯與舊都孟斐斯連接起來。孟斐斯賦閒的工匠，此時再度結隊組團接受僱用。

這些新君王在政治上顯然相當精明機靈，與貝爾興（el-Bersheh）、貝尼哈桑（Beni Hasan）、莫瓦拉、阿克米姆（Akhmim）以及艾斯尤特等南方地區的諸侯都結為盟友。這些地方統領也額手稱慶，自豪地宣稱已將他們的領地帶回了繁榮興旺的盛世。「在下為這座城市建造了一條運河……我讓大河水氾濫到貧瘠荒蕪的土地。女神對我青睞有加……我精通拉弓射箭，雙臂強勁有力，接近和了解我的人，都對我非常敬畏。」一位也叫做赫狄的艾斯尤特省長，如此列舉自己的功績。他的官職頭銜從母親絲特拉（Sitra）繼承而來，而絲特拉「得益於『她父親可貴的家族血統』，因此有資格統治艾斯尤特。只要是她所說的話，居民都信服滿意。她作為首領管轄當地城鄉，直到兒子羽翼豐滿能獨當一面」。女性也可以擁有財產，所以基伯連的武士基德斯（Kedes）所宣告的便應當是實情：「我弄了一艘三十腕尺長的大船和一艘小船，讓無船之人搭乘渡河……船其實是我母親伊貝布（Ibeb）準備交給我使用的。」他還補充說，他是「整支隊伍最勇往直前的」，在那樣的時代，如此身手矯健、動作迅猛的武士，在尼羅河谷的任何地區都可謂是大有用武之地。

艾斯尤特無疑是得到最好防衛的地區之一。隨後一位主政者麥錫何迪（Meseheti）手下的軍隊，更是強化壯大了此處的軍事實力。一八九四年，麥錫何迪的墓葬出土發現的八十座木質小雕像（即使死後，這些小雕像也是他永遠的衛士），便代表了他稱霸一方時的武裝力量。雕像有一半是努比亞人構成的附屬軍力，被僱來擔任「埃及軍隊中衝鋒突擊的主力、弓箭手和投石兵」，而他們的埃及戰友則是長矛手，裝備的黑白雙色牛皮大盾牌能提供出色的保護作用，可抵禦當時既有的所有常規武器。

艾斯尤特不斷增長的財富，並非只有當權的顯貴才能享受。一位女性安葬於馬特馬爾一座豎井構造的石墓中，也擁有黃金驅邪符造型的幾條項鏈和一枚黃金印章。在巴達爾和卡烏（Qau）發現的二百二十九枚印章中，有二百一十八枚是從女性墓葬蒐集而得。赫狄夫人（Lady Khety）是「南方女伯爵」，貝尼哈桑為其權勢的大本營，她委任的一位掌璽大臣也是女性，名為雅特（Tjat）。

印章用於標記個人的財物，也用作信函印鑑。我們或許能透過這些信件探索當時人們的對話交流，儘管不免有點是單向的「一面之詞」，因為都是「寫給死者的信」，是遭受喪親之痛的活人寫給逝去的親友。例如，一位叫作梅里爾迪斐（Meriritifi）的男士向亡故的妻子涅比特芙（Nebitef）送去問候：「你還好嗎？在西天有沒有得到像樣的照料？請變成一個靈魂出現在我眼前，我就可以在夢裡見到你，然後，一旦太陽升起，我就帶上獻祭到墓前供奉。」其他部分書信刻寫在碗盤上，讓死者享用碗中祭品的同時可以閱讀。來自卡烏開比（Qau el-Kebir）的孝子謝普西（Shepsi）就在一支碗上寫給亡母艾伊（Iy）一封短信，交代母親曾提過她想吃七隻鵪鶉，他遵命帶了過來。一位女子梅爾蒂（Merti）用同樣的媒介告訴她早夭的兒子莫里爾（Merer），麵包和啤酒已送來，他可在哈索爾的陪同下盡情享用。

在更南方的瓦塞特（Waset）也發現類似的習俗。瓦塞特的地名之意是「一頭驢城鎮」，但更為人熟知的是希臘語名稱「底比斯」，即現代的路克索。就像眾多其他的城鎮，此處被尼羅河分割為兩半，而大河就標誌著生與死的分界線。

河的西岸是埋葬死者的地方，被視為「西方群山女神」哈索爾的神聖領地，聳立著一座形似金字塔的天然山峰，高約四百六十公尺。與之相對的東岸伏臥著底比斯城，這裡是當地戰神蒙圖的敬拜中心，同時敬奉一位類似敏神的創世神，名為阿蒙（Amen），意即「隱身不見的神靈」。不過，這裡真正掌控權勢的是當地統治者蒙圖霍特普（Montuhotep），還有他的妻子內芙露（Nefru）以及兩人的兒子因特夫（Intef）。這個家庭擁有自家武裝力量；既然「幾乎每個底比斯人」都至少有一張弓，這就不足為奇了。蒙圖霍特普家族與北邊鄧德拉的諸侯結盟，但兩處地方霸主仍僅是口頭臣服於赫拉克勒奧波利斯。

不過，衝擊正在醞釀。當因特夫（約西元前二一二五至前二一一二年在位）宣告自己為「上埃及的領主」，是獨立王國底比斯的最高領袖時，國家統一的表象就被徹底打破了。分裂自立的君主政權，後來被認定為第十一王朝，與北方的第十王朝並列共存，大約在西元前二一二五年至前二〇二五年期間，分庭而治，各自控制著埃及的一半。

北方的君主希望瓦解底比斯與鄧德拉之間的聯盟，於是安排心腹擔任柯普托斯的行政首長，而柯普托斯正位於聯盟雙方的中間地帶。為了控制連接東部和西部沙漠的關鍵重要路線，北方歷屆君主甚至修建了一條沙漠通道，橫穿基納一帶尼羅河大轉彎的地方，試圖以此包抄底比斯人。但因特夫反倒掌控了這條陸地線路，在道路開始之處修建起他的石窟墓葬，可供挖鑿石窟的地點叫作德拉阿布─納迦

（Dra'Abu el-Naga），位於底比斯的西岸，不僅位置優越，得天獨厚，還能俯瞰尼羅河。這裡是哈索爾的神聖之地，也是因特夫的「先祖」（父親蒙圖霍特普）的神聖領地。

因特夫甫去世，兒子因特夫二世（約西元前二一一二至前二〇六三年在位）便繼任為王，並接過父親野心勃勃的事業，將領土向北推進，擴張到阿拜多斯的邊境區域（譯註：史料一般認為因特夫二世是因特夫一世之弟）。底比斯人甚至奪取了這座聖城，但當北方軍隊反攻報復時，發生了無法想像之事：第一王朝帝王們的王室陵墓，甚至包括那爾邁的墓葬，竟然遭到洗劫，並被付之一炬。到了現代，當這些墓葬首次出土時，其中內容物被燒焦的痕跡顯而易見。

埃及最早的帝王木乃伊被認為是容納了歷代王室英靈累積的靈魂，而木乃伊遭損毀，當然就是駭人聽聞的巨大災難。似乎是天都塌下來了，「星辰顛倒凌亂，頭臉向下，紛紛砸落到地上，無法再自己爬起身來」。當時的北方國王赫狄二世懊悔如此褻瀆神聖的行徑，向兒子坦白說道：「埃及打仗都打到墓園裡，軍隊以報復性的破壞手段摧毀陵墓。事實就是如此，我就是這樣做了，所作所為如同偏離神之正道的迷途者。」

因特夫二世發布討伐檄文，斥責對手未能妥當保護這最為神聖的場址。他同時表達自己的虔敬，在家鄉底比斯的卡納克建造了一座砂岩神堂，敬獻給太陽神拉和當地神祇阿蒙。

然後，在河對岸的家族安葬地，即哈索爾禮拜之地的德拉阿布—納迦，為自己修建一座石窟墓葬。石牆上的銘文如此宣言：「哈索爾蒞臨，萬眾歡騰，目睹其芳華如日升空，愛戴不已！我定要讓她知曉，我必在她身旁告白，得以一見，榮幸之至。我伸出雙手呼喚，『請垂顧在下，垂顧並護佑我』；我的身體說出話語，我的唇舌在重複：為哈索爾奏響聖樂，奏響千萬次，因女神您喜愛音樂，聖樂，請奏響千萬次！」因特夫二世的女兒之一伊娥（Ioh）擔任哈索爾的女祭司，隨之便唱出歌詞召喚哈索爾。這些歌詞被後世一代代人抄錄下來。他們稱之為「因特夫大王墓塚裡的歌，就在有豎琴伴奏唱歌的歌手畫面前」；這樣說只是為了幫助訪客更容易找到墓中銘文的位置。這些唱詞給整個喪葬歌曲帶來了創作靈感，特別是其中振奮昂揚的主題句：「喔，墳塚！你是為喜慶而建！建起大墓，幸福安息！」

因特夫二世長達五十年的統治可謂高度成功。任期內他曾野心勃勃地號稱是「上下埃及之王」。他去世之際，官方宣告：「太陽神拉之子因特夫，內芙露所生，現已遠去天邊安息，但他就如拉一般永生。其子接替王位。」

這個兒子就是因特夫三世（約西元前二〇六三至前二〇五五年在位）。他甚至將領土進一步向北擴張，粉碎了北方國王在艾斯尤特的聯盟勢力。他與他的姐妹兼妻子伊娥生了個兒子，名叫蒙圖霍特普，意為「讓戰神蒙圖滿意」。年輕的蒙圖霍特普（約西元前二〇五五至前二〇〇四年在位）繼承王位成為南方的下一任國君，隨後遵循和維持埃及王朝的傳統，娶了妹妹（又是名叫內芙露）為妻。

他仍繼續與北方作戰，最終在西元前二〇二五年左右攻占了赫拉克勒奧波利斯。「赫狄之家」的勢力被擊潰，有賴於因特夫手下大約六十名身經百戰的老將鼎力相助。這些人的遺體在一九二三年才出土。他們安息在底比斯的陣亡將士集體墳墓中，發現時的狀態是「相當新鮮潤澤，令人不適」。

著名考古學家將這些遺體描述為「蒙圖霍特普的陣亡士兵」，其中大部分的年齡介於三十到四十歲之間。其中一名仍然戴著他的弓箭手護腕，就在手腕部位，另一名則披散著人工接長的頭髮；當時頭盔尚未引進，濃密頭髮是士兵們唯一的保命屏障。其中一位武士「灌木叢般」的頭髮，還殘留著一根烏木箭頭的箭桿。十名因箭傷殞命的士兵，包括烏木箭頭仍插在陣亡者的眼眶。另有十四名捐軀者死於頭部創傷，很可能是中了投石器的石彈或其他石塊的重擊。另外一些勇士看似被「拳頭的狂風暴雨」擊中，這些拳擊傷痕是由慣用右手的人打在受害者頭部左側而形成。死者的屍體遺留在戰場，任由禿鷲啄食，然後才被自己一方收集，用王室的亞麻布匹包裹，再帶回南方的底比斯。

不過，他們沒有白白犧牲。終結的勝利讓蒙圖霍特普二世成為「聯合兩方土地的統一者」，古埃及再次成為單一政治實體，在這位單一君主統治之下，後世將其稱頌為「恢復秩序者」。既然，穩定均衡的單一政治能促進與眾神的完全溝通交流，蒙圖霍特普二世於是頻繁地出現在神靈伴隨的場景之中，由此恢復從前的概念：人間君王由上天選中，蒙受神啟，是「太陽神之子」，也是「哈索爾之子」。

部分畫面中，戰俘們被驅趕圍攏在一起，國王正忙於處決這些北方埃及人，伴隨的一條銘文則宣告，大王已經「收復了下埃及、大河兩岸與九張弓，實施有效管理」。「九張弓」是指埃及的九個傳統敵對勢力，包括努比亞人、利比亞人和西亞人。蒙圖霍特普二世被稱為「活著的神」，他威猛凶悍的攻勢將敵人都趕出了埃及。石刻壁畫呈現他「揮舞大棒討伐東部地域，擊潰山地諸侯，將沙漠部族踩在腳下，讓努比亞人、利比亞人和西亞人臣服，乖乖接受勞役」。

接著，他著手鞏固勝利成果，修建了一連串的關隘要塞，從希拉孔波利斯一路向南延伸到巨象島，並侵入下努比亞（古稱瓦瓦特），擊敗了該地統領，而此人膽大妄為，竟然以埃及風格的帝王頭銜自封。於是，努比亞的金礦資源落入蒙圖霍特普二世的手中。他又派遣大管家赫內努（Henenu）前往阿斯旺採辦花崗岩，並到敘利亞採辦木材；此人職責是「什麼都管，可行與不可行都管」，大約等於管理部部長。宮裡派專員巡視哈特努布（Hatnub）和哈馬馬特谷地的採石場。國王的兒子，即王儲因特夫，親自出訪南方，回程時順著薩特—里蓋爾（Shat el-Riga）的沙漠通道前往紅海，而他的父親則出發南下與他會合。父子相會之處的岩石留下了一份引人入勝的壁畫記錄，刻繪著王室出行的隊列。畫中有國王、王后的母親伊娥，還有宮廷大部分的王族貴戚，每人都是由陪同的御用雕塑匠人製作畫像；如同現代社會的官方攝影師。

既然各種資源增加和豐富起來，國王便可以重新僱用接受過孟斐斯經典傳統訓練的匠人。其中包括印赫雷特納赫特（Inheretnakht），他曾在赫拉克勒奧波利斯為北方王室效力，現在被召到底比斯擔任蒙圖霍特普宮中的「雕像師、手工藝人與金屬鑄造總監」，他手下掌管著無數同僚，而其中名叫艾里狄森（Iritisen）的人相當自負。此人表示，「我是精通自己行業的工藝大師」，而且「我擅長製作驅邪符，沒有人能把這行做得很出色，除了我自己還有我的大兒子，天神選中了他，而他注定在這行出人頭地」，這是不折不扣的廣告，宣傳「艾里狄森父子工坊，王室認證，品質保障」。

隨著建築計畫重啟，蒙圖霍特普開始著手修復因前期內戰而遭到野蠻破壞的阿拜多斯城。整個南方到處都是工程，但最精美的建築依舊是在基伯連、鄧德拉和底比斯為哈索爾所建的神廟。

規模最宏大的則是蒙圖霍特普自己的陵寢建築群，位於底比斯西岸的迪爾—巴哈里（Deir el-Bahari）。這裡被統稱為「蒙圖霍特普谷地」，也是哈索爾的家園。此處地形如同一座天然的圓形劇場，邊緣的峭壁與沙漠相連，國王的靈魂將被哈索爾接納安頓。依照埃及神話再生循環的模式，哈索爾被認為既是蒙圖霍特普的母親，也是他的妻子與女兒。讓他的靈魂安歇，沒有比這處墓葬更好的地方了，因為這裡「也是一個子宮，位於眾母之母——聖母哈索爾——的體內」。蒙圖霍特普拒絕一切僥倖念頭，只求萬全之策。為了確保女神母親的永久安全，從專門伺候哈索爾的女祭司中，他選擇娶了其中至少五個為妻，分別是赫恩赫涅特（Henhenet）、卡維特（Kawit）、凱姆希特（Kemsit）、薩德赫（Sadeh）與艾莎耶特（Ashayet），她們最終都被安葬在這位大王的身邊。

一八五九年，蒙圖霍特普的家族墓園首次被發掘。發掘者是一位英國貴族，其在愛爾蘭的祖傳莊園中仍然展示著從葬祭廟拆下來的大塊浮雕，那是「神廟入口牆上的石雕，嵌在灰泥中」。從那時起的後繼考古發掘顯示，蒙圖霍特普的陵寢十分獨特，結合了底比斯石窟墓葬和北方金字塔建築群的部分特色，但也有一些超越和創新。首先是一條四十六公尺寬且高出地面的堤道，延伸進入一座前場庭院，庭院裡主要是花壇和園林綠化，包括檉柳和梧桐樹（sycamore），作為屬於哈索爾的聖樹。這裡是世上最乾旱的地方之一，最高氣溫能達到攝氏四十八度，此地卻栽種著樹木花草，無疑表示國王真摯地為他的女神創造一座蔭涼舒適的世外桃源——「哈索爾，樹下的尊神，我踩著星星，爬上太陽的光芒，只為充當她的扈從」。

為了讓他攀爬上去，女神園林的中心建起一條向上的坡道，通往重重階梯的大露臺，露臺的立柱裝飾著碩大的砂岩雕像，此人像便是蒙圖霍特普。更遠處是一座多柱式神廟大廳，立有八十根柱子，其中裝飾的石雕場景包括國王獵殺河馬，以及他化身為斯芬克斯，將敵人踩在腳下。東岸卡納克神廟是當地神靈阿蒙的供奉之處，其中的三桅帆船原為阿蒙所有，如今也由大王下令駛過尼羅河來到西岸，為新創造的「谷地歡慶」典禮助興；想必此慶典在當時已經成為每年一度的盛典節目。當眾神擁抱歡迎蒙圖霍特普時，哈索爾告訴他：「我已經為你統一了兩方土地，這是古代英靈的要求。」意為所有先王的亡靈都支持統一大業。

在葬祭神廟最深處，也就是後方，上部建有神堂的豎井式墓葬，屬於王妃赫恩赫涅特、卡維特、凱姆希特、薩德赫與艾莎耶特。她們入殮時身著珠寶，她們的墓葬形成一道儀式性的保護界線。在畫面中，國王擁抱她們，她們也擁抱他，國王對她們每一個人「都如丈夫」，而且「甚至不是場景最突出的人物」。她們是最有資格照顧國王的人，確保他的靈魂復活，得到護佑並持續永存。

其中兩座墳塚如今甚至完好無損。一座包含了「王室大妃」艾莎耶特的木乃伊。遺骨可知她是一名身材嬌小的年輕女人，頭髮整齊地編成辮子，用一滴滴樹脂固定劑定型；手指甲用「海娜」色料染過，只是略為損壞；顯然她還有啃咬拇指指甲的壞習慣。她寄身於闊大的石灰岩外棺槨室中，安葬的姿勢為左側身，以便讓靈魂透過刻畫在內層木棺上的眼睛往外看。木棺蓋上有繪圖，主要內容是天文計算，還有「石棺銘文」的摘抄，這些文字旨在召喚涼風，「北風呀，是讓人活命的風，藉由北風，我才能活過來」；由於墓葬所在地令人窒息的熱浪不斷，這段文字摘錄可為相當聰明。緊靠著艾莎耶特的墓葬，是國王的女兒瑪耶特（Mayet），這位公主在六歲時夭折，其暱稱為「小貓咪」，在包覆細緻的小小木乃伊遺體上，仍然戴著金銀材質、鑲嵌珠寶的幾條項鏈，躺在兩層木質棺材中，而外層則是一座大石棺。

六座女性墓葬的後方是一條地下通道，在石灰岩岩層間斜著向下延伸了一百五十公尺。通道盡頭是由花崗岩砌造的穹窿拱頂國王墓室，其中放著他巨大的雪花石石棺。石棺內只有他的頭骨殘片和一根脛骨，製作木乃伊的過程中，他屍體的內臟當然也被清除了，存放其內臟的「柯諾皮克」（Canopic）罐子被發現放在部分墓室。「石棺銘文」中，這些內臟被描述為「哈索爾的項鏈」，而用於包裹木乃伊的殘存亞麻布則是哈索爾的「衣裙」。

國王同時是南方與北方的統治者。為了對應體現或保持這種二元性，蒙圖霍特普的墓葬在神廟前場庭院的下方也複製了一座，此處被稱為「巴布—霍桑」（Bab el-Hosan），意為「馬之門」；此名稱源於一九〇〇年，由一位考古學家的馬無意中踢到此遺址，此處才終於被發現。這裡也有一條長度達一百五十公尺的坑道，通向一處位於另一座神廟正下方的墓室，墓中安放著一座國王的雕像，雕像的膚色黝黑。復活之神歐西里斯的膚色除了為黑色，就是綠色，象徵著尼羅河肥沃的淤泥，以及由黑泥孕育的農作物。這座雕像用亞麻布包裹，想必是國王木乃伊的替代物，安葬在這第二座「假墓」中。

墓園內還有女祭司阿蒙涅特（Amenet）的墳塚。她的木乃伊遺體有特色鮮明的點狀紋身，這是一種女性專用的紋身，相當於永久保護免受生育的危險。另外兩位安葬在近處的女性也擁有類似的紋身標記。不過，她們的安葬處並未用文字形式寫出任何頭銜名稱，考古學家不禁認為這兩位女子的紋身應意味著較為低賤的身分地位，於是輕慢地稱呼她們為宮裡的「舞孃」。然而，她們墓葬的位置卻暗示她們也是王室的重要成員。

這些女性顯然比男性官員安葬得離國王更近。不過，像是國王頻繁任命出差的大管家赫內努、內閣大臣阿赫托伊（Akhtoy）、大將軍因特夫，以及六十位王室精銳勇士的葬墓位置都令人印象深刻，位於葬祭廟的北邊。

神廟前場庭院中，安放著蒙圖霍特普的手足兼妻子，即王后內芙露的墓葬。在蒙圖霍特普執政年代早期，王后就已薨殂，並葬在一處種著金合歡的樹叢下。金合歡是塞克美特的聖樹，王后（包括塞克美特）就成為「用她的芬芳讓前院充滿芳香甜美氣息的人」。墓室中的壁畫表示內芙露的靈魂前往歐西里斯位於阿拜多斯的禮拜中心朝覲，隨從的男性僕役長為女主人奉上啤酒，一起服侍她的還有御用美髮師伊努（Inu）與赫努特（Henut）；她們用髮簪和自己靈巧的雙手為王后接上長假髮。與王后隨葬的配飾用品，目前遺存的包括亞麻百褶長袍的殘片，以及一條以紫水晶和紅瑪瑙穿成的項鏈，幾乎長達一碼。這些東西在古代盜墓賊倉皇扔下的「贓物包」中發現。此外，還有已知最早的「夏布替」（shabti）小人偶，即僕役小雕像。在來世生活中，尊貴王后所需的任何雜務差使都由這些人偶承擔。儘管是前任國王的女兒，又是繼任國王的妻子，但內芙露從未當過「國王之母」，因為此榮耀只能屬於蒙圖霍特普二世的另一位妻子，特美特（Temet）。她的兒子閃赫卡拉（Sankhkara）當上了國王，因其第一順位繼承人印尤特夫（Inyotef）意外早夭，而隨後在西元前二〇〇四年左右，不可一世的強人蒙圖霍特普二世終於被帶向了哈索爾的懷抱。

閃赫卡拉（約西元前二〇〇四至前一九九二年在位）承接了父親的幕僚，幾位辦事得力的高官繼續輔佐和服務，包括赫內努。他聰明地沿用了父親設置的堡壘要塞，以強化三角洲東北部防務。閃赫卡拉還在底比斯山的山頂重建第一王朝的荷魯斯神廟，因為舊神廟在之前一次地震中倒塌。原有的神廟依據一千年前索提斯（天狼星）每年出現和升起的角度定位。閃赫卡拉把新廟的中軸線改動了兩度十七分，這與當時每年七月十一日黎明時，索提斯這顆星在遠處地平線出現的方位對應。重建此廟的一部分採用了石灰岩。這是一個野心勃勃的計畫，因為施工位置的海拔已然相當高，步行須花費三個鐘頭左右。不過，這僅是更宏大的工程計畫的一部分，因為閃赫卡拉在此處小型山丘的山腳下，開始了臺地狀的葬祭建築群工程。工地就在迪爾—巴哈里南邊，所需石料是從哈馬馬特谷地採挖運送而來。擔當此任務的勞工為三千多人，負責協調統領的則是赫內努。

這座王室新陵墓的地址就在財務大臣梅克特雷（Meketre）石窟墓葬位置的正對面。這位大臣的墓葬雖曾在古代遭盜竊，但好在並未洗劫一空，其中一間秘密墓室仍然藏著「四千年前的一座小世界」。這裡就像一間被長期遺忘的玩具店，累積著超厚的灰塵，堆滿了木雕的人偶與模型供養他的亡靈，其中有身穿釘珠漁網長裙的女郎，頭頂供品敬奉；他在世的豪宅，砌牆圍閉的花園長著綠樹，一旁有金屬拋光做成的荷花池；兩年一度的稅收評估期間，有人在清點他的牛群數量；他的作坊中有女性正在織布，有男性正在做木工；男女釀酒師傅、點心師傅以及男性屠夫；還有可組成一支船隊的各種船隻，從氣派堂皇、裝有亞麻布風帆和全套索具的公務船，到用來釣魚娛樂的私人船（配有真正的漁網，網裡還有木雕的小魚），無不齊備！

附近另一座墓葬屬於總理大臣伊皮（Ipi）。此墓裡任何顯而易見的財寶在很久以前便被盜劫一空，但他被製成木乃伊的木桌倒是還在，還有亞麻布、油膏和碳酸鈉泡鹼等進行加工的遺留物。可以想像，當時大聲念誦出的「石棺銘文」咒語，無疑為此過程額外增添了一絲熱鬧又滑稽邪魅的氛圍。其中包括如此詞句，「把他的綠頭蒼蠅打到地上」，並一邊告訴死者，「不要腐臭呀！不要全是蛆蟲，不要腐爛，別被喚作『蛆蟲』！不要腐爛呀，不要往下滴出滲液」。

不過，伊皮墓中留下來最有意思的文字，其實很可能出於偶然。那是一些信件，屬於赫坎納赫特（Hekanakhte），此人兼任伊皮的墓葬祭司，負責為其亡靈進奉供品。但是，赫坎納赫特的正業是農夫，他經常因為營生須離開底比斯。他的大兒子梅里蘇（Merisu）於是替父親供奉伊皮，並負責大部分的農活。外出的父親經常寫信回家囑咐兒子工作，喋喋不休地吩咐：「我的每一塊地，都要鋤過一遍，糧食種子一定要篩了再篩，謹慎挑選優質的。彎下腰好好翻地，全心全意地認真工作。給我聽好了，如果你夠勤勞，就會得到感謝，我心中有數，不會讓你的日子難過。」除了不停教導兒子如何農作之外，赫坎納赫特還牢騷滿腹地哀嘆：「你叫你弟弟帶給我乾巴巴的陳年北方大麥，而不是送來幾袋今年新收的好貨，你這是什麼意思？你喜歡就好！你就自己享受那些新收的好大麥吧！只要你能開心，而我就在這裡將就！」

赫坎納赫特顯然脾氣糟糕，他經常囉唆重述，開口就愛帶上口頭禪：「你給我聽好了！」他對大兒子竭力發號施令，對小兒子斯奈夫魯（Snefru）的態度卻有極大反差：「不管他要什麼都滿足他，要什麼就給什麼。」赫坎納赫特還命令梅里蘇，「經常問候我的媽媽，也就是你的奶奶艾比（Ipi），千遍萬遍都不多。」對他新娶的老婆，兒子也有義務好好照顧這位不太受其他家庭成員歡迎的新太太，赫坎納赫特甚至在信中叮囑：「她身邊的人，不論她的梳妝或婢女，你們決不可隨意差遣，免得她沒人伺候！」

不出所料，這些紙莎草書信被發現時，部分已被揉成一團，還有一封從未打開看過；可憐的梅里蘇想必早已受夠他父親的嘮叨。但是，作為「一扇看向永恆世界的小窗」，這些信件如此生動，也讓阿嘉莎・克莉絲蒂（Agatha Christie，這位偵探小說家嫁給了一位考古學家）極大的靈感，啟發她寫出推理小說《死亡終局》（*Death Comes as the End*），並於一九四五年首次出版。

當閃赫卡拉自己的終局到來時，其葬祭建築群距離全面完工還相當遙遠。負責祭祀亡靈的祭司留下了塗鴉記錄，聲稱隨後的兩百年間，他們都以這位先王的名義舉辦宗教儀式，但其實一直都沒有像樣的場所執行必要的典禮。

閃赫卡拉的繼任者是蒙圖霍特普四世（Montuhotep IV，約西元前一九九二至前一九八五年在位）。此人壽命短暫，默默無聞，未留下什麼歷史記錄。哈馬馬特谷地的石刻銘文曾出現過他的名字，他派了一萬人前往此谷地採挖石料，為他修墓（想必他的石棺應當頗為龐大）。

這支宏大的遠征隊伍由首席大臣阿蒙內姆哈特（Amenemhat）率領。一路上目擊的各種所謂徵兆，他都逐一記錄下來。最後，似乎是一隻懷孕的瞪羚把他們帶到了製作石棺蓋所需的石料礦藏地點，還在那塊岩石上生下小羊。然後，「隨著大雨突至，奇蹟再次出現。高地變成一座湖泊，水流向石礦的外緣」，這場罕見又戲劇化的暴風雨，被描述為另一個更奇妙的徵兆。

對於接著展開的戲劇化事件來說，這些徵兆顯然只是序曲和伏筆。因為，一萬多人的遠征大軍回到底比斯後不久，就出現了一位新國王，新國王的名字就叫做阿蒙內姆哈特，這絕非巧合，因為便是這位首席大臣發動政變，奪取了王座。

〚12〛

古典王國，中王國

約西元前一九八五～前一八五五年

阿蒙內姆哈特成功奪權，以首相或總理大臣之位登上王座，自命為阿蒙內姆哈特一世（約西元前一九八五至前一九五五年在位）。他新開創的第十二王朝為後世所稱的「中王國」時期的肇始。

這也是埃及文化成就的「經典」時代，或古典繁榮時期。其中包括極為精心編撰的文學作品，它們為政治輿論服務（因為部分文字顯然意在造勢），其中一則預言：「一位國王將從南方產生，尊號叫作阿蒙內……那是來自塔—塞迪（Ta-Sety）一位婦女的兒子，是上埃及的孩子，他將奪取白色王冠，也會戴上紅色王冠，他將統一南北兩方割據勢力。」

塔—塞迪是埃及最南邊的地區，代表「國王的母親很可能擁有努比亞血統」，結合了底比斯宮廷的基因。太后名叫諾芙蕾特（Nofret），丈夫是祭司塞索斯特里斯（Sesostris），兩位的名字在接下來的近兩百年間——就是他們兒子創立的王朝期間，將會反覆使用。

國王的名字阿蒙內姆哈特，意為「阿蒙在前」，即其故鄉底比斯的當地神靈。此外，他有了帝王名，威赫姆—美蘇特（Wehem-mesut），意為「新生的重複者」或「復興者」，以此強調他的新政權。他稱王的另一個標誌就是向北遷移。儘管阿蒙內姆哈特在底比斯長大，但行政基地的選址如果更有戰略價值，無疑能幫助保持國家的統一，維護北方邊界的穩定。

不過，阿蒙內姆哈特一世並未選擇搬回舊都城孟斐斯。他希望與那座老城的歷史包袱，以及定都孟斐斯帶來的忠與不忠的矛盾都保持距離，於是在梅杜姆和達蘇爾之間創建了一座新城市，此處位於法尤姆綠洲，以尼羅河氾濫形成的卡倫湖為中心，當地土地濕潤且肥沃。

他把新城命名為伊特耶—塔維（Itj-Tawy），意思是「兩方土地的獲取者」，暗指自己成功發起的政變。他的新王宮簡單地稱作「住所」，但裝修陳設都相當豪華考究，「隨處都有金子和金箔鑲嵌，天花板由天青石製成，牆壁為銀製，地板鋪的是金合歡木板，門是黃銅門，門閂由青銅打造」。可想而知，室內裝滿了各式奢侈之物：一個洗浴間、數面鏡子、王室特有亞麻布服飾，以及沒藥和國王喜歡的精選香脂與香料，每個房間都有裝配。

同住之人包括他的妹妹兼妻子德迪特（Dedyt）和他們的幾個女兒，還有另一位妻子內芙爾—塔特內恩（Nefer-tatener）。偏房王后所生的兒子塞索斯特里斯（Sesostris）成為法老的繼承人。後來，塞索斯特里斯被稱頌為「裹著尿片時」便注定統治國家。因此，他成為宮中極少數在父親仍在位時，就明確提及的幾位王子之一，此時「他們顯然還沒有任何具體的職務頭銜」，也並未在「祭儀慶典中有任何的角色，很少露面」。國王身邊圍繞的王室女性無數，與此構成鮮明對比的是王子與男性大臣的存在感很低，因為宮中只容得下一位活人神靈。

在策畫死後或來生的住所時，阿蒙內姆哈特決定在利希特（Lisht）開闢一處新的王室墓場。當地的高地下水位，被認為是歐西里斯和伊西絲冥府地下王國近在眼前的實證。計畫中的陵墓再度回歸了金字塔的形式。工程開建時，國王有意恢復先帝的榮光，而辦法就是從達蘇爾、吉薩和薩卡拉的舊金字塔建築群中，拆解全區的建材運到利希特使用。

過去的兩百年間，舊址的老建築大多遭受了嚴重破壞，所以這種循環利用的舉措大概是受到虔敬之情的啟迪，同時也被一種欲望驅使——想讓金字塔時代的往日輝煌在他名下得以復現或新生。

達蘇爾和吉薩的金字塔，比起稍後的同類建築更成功地經受了時間的考驗。阿蒙內姆哈特的建築師們詳盡研究這些範本，然後為大王建起一座五十八公尺高的金字塔。塔的外層曾包覆石灰岩，但在一八三七年為了建橋便拆除了。這座金字塔的形態巧妙地結合了創造生命的兩個基本元素——太陽和水。其外在的三角狀結構，表達出向上升起與太陽神會合的持續願望，而內部墓室則深深下沉，從而離地下水水面非常近。那裡是歐西里斯的王國，其中滿溢著伊西絲的羊水，此信念得到再次強調：「墳墓被認為相當於一個子宮，復活再生的神秘過程就在裡面進行。」到了現代，隨著阿斯旺大壩修建，地下水位當然進一步抬升，所以墓室如今已徹底淹沒在水中，至今未曾有考察或發掘。

浸沒在水中的河谷神廟也是如此。河谷神廟由一條長堤通道向上與金字塔的基座連結。那裡的葬祭廟也是循環利用了取自達蘇爾、吉薩和薩卡拉的大塊石材。其他部分材料則是從國王的南方出生地運送過來，與蒙圖霍特普二世相關。但這位先王「就與阿蒙內姆哈特一世一樣，來自南方當地家族，與古王國在孟斐斯的帝王世系絕對沒有任何的直接關聯」。所以，阿蒙內姆哈特一世就從蒙圖霍特普二世的先例找到啟發，自封為「哈索爾的至愛」。他妻子與女兒們的安葬地，以及他的姐妹與母親的陵寢選址，都安排在他的金字塔西側，並以多座豎井式的墓葬順次排列。

稱王執政三十年，阿蒙內姆哈特一世讓埃及經濟恢復到全盛狀態，軍隊也重新開始徵募士兵。三角洲東北部的對外作戰緩衝區，有一系列的堡壘和要塞，構成「統治者的防禦牆」，其中第一座堡壘就是由他啟動修建。他派遣遠征軍攻入巴勒斯坦，他「征服了獅子，捕獲了鱷魚，讓亞洲人乖乖幫他遛狗」，也就是讓對方恭順投誠。這些外族「對大王心懷畏懼，就像對塞克美特的敬畏，瀰漫於他們土地的每個角落」。與此同時，他在努比亞「挫敗了瓦瓦特人，俘獲了梅德雅伊人」，因此掌控了開採努比亞金礦的權益。

埃及的邊境得到穩固之後，阿蒙內姆哈特一世任命他的支持者擔任地方首長，以此重組他的行政治理體系。不過，他最重大的政治行為是讓兒子塞索斯特里斯成為他的副手，共同執政。在過去千百年來，理念上一直認定當世活著的君王是荷魯斯，而父親，也就是死去的先王是歐西里斯，先帝亡故後新王才能上位，應如此永恆承續。阿蒙內姆哈特一世的做法與此理念矛盾，或許是出自他篡位的背景，他因此對必定的權力交接有了反思。於是，這對父子共同管理朝政，直到西元前一九五五年左右，阿蒙內姆哈特一世在任的第一個三十週年大慶。

但他沒有機會慶祝此盛事。就在他戴上王冠三十年三個月又七天時，阿蒙內姆哈特一世被他的近身保鏢刺殺身亡。

當時的官方文獻宣稱，國王的靈魂離開他的身體，「向天堂飛升，與太陽之盤阿吞（aten）融合，他神聖的肉體與創造他的神靈合併」。在地上，王宮「住所肅靜無聲，人們滿懷哀悼，朝臣僕役皆悲傷拱伏，頭垂於膝上」，信使派往西部通知塞索斯特里斯一世，其時，他正出征利比亞。

甚至還有「目擊者」表示被刺死的國王的靈魂回來，提醒兒子戒備背叛者。儘管是明顯的政治宣傳手法，但這些文字卻有打動人心的力量：

仔細聆聽我對你說的話！無名小卒也須警惕，他們的陰謀深藏不露。誰都不要信任，哪怕是兄弟或好友。不要有心腹至交，不值一試。此事發生在晚餐之後，夜晚到來，我安寧地休息了一個鐘頭，躺在床上，感到疲倦，只想進入深眠。但原本保護我的武器卻轉頭衝向我。

我醒來搏鬥反擊，才發現是保鏢在襲擊我。如果我清醒得夠快，就能拿到一旁的武器，將這幾個渾蛋打退。但無人能在漆黑的夜晚如此勇猛，也無人能獨身爭鬥獲勝。一切發生在你不在我身旁的時候，我沒來得及向你細細訴說我的計畫。因為我對此毫無預備，未料橫禍突至，未曾預見僕役會背叛。是女人為士兵帶路進來的嗎？這場叛亂的源頭是在宮裡醞釀而成嗎？兒子呀，塞索斯特里斯！我必須離開你了，離你遠去。然而，你會永遠在我心中，我的雙眼會一直看著你，我的孩子，你也曾陪我度過一段歡樂時光！

塞索斯特里斯一世（約西元前一九六五至前一九二一年在位）至少還有一位值得信賴的紅顏知己，他的妹妹兼妻子內芙露四世（Neferu IV）。他曾寫信給一位大臣：「王后身體安康，王后安康便是國運昌泰，她頭冠閃耀的是這片國土的王權尊嚴與榮光。」王后生下了王位繼承人，名為阿蒙內姆哈特。另外五位公主則與母親一樣身為祭司，搖動叉鈴，一邊撥動串珠的護身符項鏈，發出響聲，如同舞臺道具，幫助她們以真身活人的形式表現女神哈索爾。

塞索斯特里斯一世坐在黃金華蓋下，面對宮中百官或民眾，接受敬謁，身邊陪伴的是這些掛滿珠寶裝飾的王室女眷，她們閃耀，是哈索爾女神在人間的代表。正是在這樣的場合下，國王告訴朝臣：在赫里奧波利斯，「我將建造一座大殿，給我的父親」——太陽神。他的建築師領命制定建造計畫。然後，「國王出場，眾人尾隨在後。主導唱誦的祭司和王室書記官拉開了測量的繩帶」，在現場畫出神廟的地基。塞索斯特里斯一世的石灰岩太陽神廟最終完成，它的標誌是兩座都高達二十公尺的紅色花崗岩方尖碑，挺立在廟前。其中一座方尖碑如今仍矗立在開羅機場的停車場，而曾經宏偉的神廟已然消失，取而代之的正是停車場。

距離赫里奧波利斯遙遠的其他地方，塞索斯特里斯一世的建築成果也相當豐富。在法尤姆省城謝迪特（Shedet，法尤姆城），國王在其父王的神廟中立起自己的雕像。此廟敬獻該地區的鱷魚神索貝克（Sobek），以這位依水而生、力大無窮的神靈，象徵王室的威猛活力，讓謝迪特後來在希臘語被稱為「鱷魚城」（Krokodilopolis）。

在阿拜多斯，歐西里斯的舊神殿被拆毀，取而代之的是一座新神殿。柯普托斯也是如此，在敬奉敏神的一座新神廟中，圖像刻畫了執政三十週年儀式上的跑步場景，國王手中拿著一個駕船操舵的設備，標題是「開船飛速奔向敏神，他城中的神靈」。此圖像最終被博物館收藏，對早年的參觀者而言，敏神碩大的生殖器如此令人震驚，以至於館方不得不將解說板充當遮羞布，特意擋住冒犯視線的器官。

再稍南一點，在底比斯的卡納克，阿蒙的崇拜中心進一步地擴張，增加了一系列的石刻聖祠。塞索斯特里斯在這些石刻上，被描述為與拉、荷魯斯、阿蒙及普塔諸神面對面緊鄰的狀態。聖祠之一是精美的「白教堂」（White Chapel），內外刻滿了浮雕，場景如此精細，紅色王冠有如籃子編織圖案的質地都一一呈現。

在埃及南方邊境，塞索斯特里斯用石灰岩重建了薩蒂特女神在巨象島的神殿。她在此處負責開閘放水，為埃及分送賦予生命的尼羅河水，並在努比亞接壤且局勢常常不穩定的邊境區練習箭術。不過，此時國王已經派軍遠征至邊境之外，討伐蠻夷。

大王的軍隊包括了貝尼哈桑的省長。此人名為阿蒙尼（Ameny），他描述征途一路向南直至「到達天地的盡頭」，穿過整個下努比亞（下努比亞此時已是埃及的一個省）。塞索斯特里斯一世繼續父親的戰略，在邊境修建堡壘要塞，讓埃及官兵和招募輔助軍力的梅德雅伊人駐紮其中。在布恆，他下令修建最初一批大型的泥磚城堡。光是城堡內部的堡壘，占地規模就達一百五十公尺長、一百三十八公尺寬，十一公尺高的大牆是雉堞結構，從雉堞矮牆間的窄縫可以向外射箭。同時，甕城大門、護城河和吊橋系統可使城堡固若金湯，有效攔截敵方攻擊。而這一切，都隨著一九六〇年代阿斯旺大壩的修建，永遠淹沒在納瑟爾湖（Lake Nasser）水底。

塞索斯特里斯一世還派了三千七百名官兵駐紮紅海之濱的薩瓦港（Saww），此處鄰近迦瓦西斯谷地（Wadi Gawasis），是出海遠航前往龐特的起點，所用的船則是在柯普托斯建造完工。船隻首先被拆解，沿著哈馬馬特谷地通道運到海邊再重新組裝。船隻最初的部分木料、櫓槳、索具和錨鉤被發掘，讓考古學家在近幾年得以據此修造出一艘原尺寸的木船，並試著在海上航行。

國王有著「亞洲的割喉手」這個令人膽寒的名聲。當對巴勒斯坦南部的貝都因人展開遠征討伐時，此名聲早已遠揚。塞索斯特里斯的父親被刺殺後，大將希努赫（Sinuhe）自我流放，前往之地就是巴勒斯坦。《希努赫的故事》（*The Story of Sinuhe*）就是世界文學史上最早的單挑決鬥，描寫希努赫陸續用他的弓箭、匕首、投槍和戰斧，最終制服了一名巴勒斯坦的敵手，大獲全勝。儘管戰無不勝，諸事順遂，希努赫心中仍清楚明白，「慣於使用弓箭的人，與三角洲的居民不可能結下兄弟情誼——誰能在山巔種活一株紙莎草？」他的思鄉之苦如同一條離開了尼羅河水的魚，直到塞索斯特里斯一世最終邀請他返鄉回埃及才得以解脫。國王所給的條件是他無法拒絕的，「想一想下葬那一天，升入神界，受到崇敬愛戴。」——這是每個埃及人臨終時都孜孜以求的傳統葬儀。然後，國王的信中描述了將來這位勇士可享有的盛大奢華送別儀式，還強調會有天青石質材的棺材、鍍金的葬祭雕像，以及王室墓場設計名師主持修建的陵墓。國王告訴他：「你不該客死異鄉，任由亞洲人將你埋葬；你不應被隨便用羊皮包裹充當棺材！你在世上已漂泊得太遠、太久，想想你的屍首，回家來吧！」

塞索斯特里斯一世也想過自己的來世生活，在父親位於利希特的金字塔南邊兩公里處，他本人的金字塔建築群已經開始動工。他還在附近修建了幾座馬斯塔巴，分配給他的總理大臣與赫里奧波利斯的高級祭司等人。

對於沒那麼富貴的人而言，利希特是他們的墓園。此處所發現的部分銘文石刻，提到了為官員家庭服務的僕從名字，但這些官員在很多情形下早已被遺忘。僕從們則包括擔任「飯廳主管」的一位女性、一名女僕，甚至還有一名清潔女工。這裡也出土了一些日常家用什物，例如一件砂岩材質的頂針套箍（用於縫紉）、一個餵孩子的「奶瓶」（上面裝飾著孩童保護神的圖案），還有一名女子的小浮雕像，她敞著胸口為孩子餵奶，一邊還有人為她做著髮型。

所有物品都是在利希特王室墓場周圍發現，環繞著塞索斯特里斯一世的六十公尺高金字塔，儘管如今只剩下一座低矮的墳丘。內部花崗岩砌造的墓室，如今最多只能探訪至地下水位所在的深度；因為他與父親一樣，塞索斯特里斯也想盡量直接進入歐西里斯的地下王國。自從金字塔修建以來，地下水位反倒是離人間更近了。

金字塔綜合體到處妝點著石刻場景，描繪埃及人與亞洲的巴勒斯坦人之間的戰役，而在戰場上，國王不僅痛擊敵人，也擁抱女神。此處的哈索爾女神石刻「寓居的塞索斯特里斯金字塔神廟」得到了附屬金字塔的保障，那些金字塔屬於王后內芙露四世和八位公主，她們去世時分別埋到了這裡，在亡靈世界陪伴國王，正如她們生前。

約西元前一九二一年，塞索斯特里斯一世亡故。他長達四十五年的統治獲得了高度成功，在此期間，他的兒子阿蒙內姆哈特二世（約西元前一九二二至前一八七八年在位）與他有過一段短暫共同執政期。新王登基即位，與他的姐妹兼妻子內芙露五世一起接管王室，兩人生下眾多子女。

阿蒙內姆哈特二世的政績自然也是成果斐然。這段時期相對和平安逸，世相繁華，國家盛極一時。〈捕魚和獵禽之樂〉（The Pleasures of Fishing and Fowling）這幅畫，可謂是保存了王室生活的一張快照。畫面中，一名隨行朝臣叫喊著：「真希望我一直都能住在鄉下！一大早，隨便弄點東西吃，然後跑得遠遠，順著河邊往下，走到我喜歡的地方。」那般心花怒放的熱烈讚歎，讓王室家庭也深受感染，於是出城前往他們位於法尤姆富麗堂皇的渡假村。向當地的鱷魚神索貝克祭拜祈禱之後，他們便出發到處用矛叉捕魚，甩出投槍棍棒擊落野禽。當然，這一切都在狩獵女神塞赫特（Sekhet）的護佑之下。

每年的洪水水位都很理想，因此農產富足。向尼羅河表達感謝的讚美詩透露著「在住所那邊，人們在草坪盡情享受大地的禮贈，草坪裝飾著蓮花，為的是讓鼻息愉悅，屋子裡隨處都是精良物品」。從外族異邦獲取的財物寶貝持續到來，包括努比亞的黃金，以及作為外國朝貢的克里特島銀器和天青石飾品。這些東西極有可能是轉道由比布魯斯而來，它們完好無損、原封未動，宛如聖誕禮物，現今發現時還存放在最初的「保險盒」中，盒子上裝飾著浮雕，是阿蒙內姆哈特二世的長圓形帝王盾徽圖案。他將這些寶物敬獻給位於底比斯附近陶德（Tod）的戰神蒙圖神廟。

同樣是這座神廟，還出土了王室的「逐日帳本」；每次來自國王的賞賜和捐贈，都記錄在案。另一個類似的記事本則是在薩卡拉發現，記載「軍隊派往黎巴嫩海岸」，歸來時帶回了「一千六百六十五錠白銀、四千八百八十二錠黃金、一萬五千九百六十一錠紅銅」，還有珍奇寶石和鍍金的武器——簡言之，就是巨量的財寶流入了此時的埃及，附帶的戰利品還包括一千五百五十四名亞洲俘虜。

不過，埃及和近東之間的接觸並非總是在對抗。三角洲地區與巴勒斯坦一帶的密切聯繫可以回溯到前王朝時代，而「在第十二和十三王朝交替之際，大規模的人口流入埃及，其中大概不僅有士兵，也有水手和造船的木匠，他們遷移至此替埃及政權工作」。同時流入的還有女人；埃及大王有寵溺妻子的傳統，也喜好妻妾成群，這些女人就是為了成為國王的妃嬪。

與之相應的是埃及的官員，他們被派駐到巴勒斯坦和敘利亞的各處行政地點，最遠甚至到了安納托利亞高原中部及克里特島。阿蒙內姆哈特二世女兒們的聲名同樣傳到近東的各地，因為發現她們雕像的地方，最北可到地中海東岸的烏加里特（Ugarit）。例如，「國王鍾愛的女兒」伊塔（Ita）公主之名，就在卡特納（Qatna）一座斯芬克斯身上發現，而一座深色綠泥石的斯芬克斯（如此材質不免令人驚嘆），據信曾經位於赫里奧波利斯，但這座雕像所代表的可能也是伊塔，儘管上面刻寫著：「幾乎如光般輕盈，活潑又歡笑。」另一座巨大的紅色花崗岩斯芬克斯，可能是由斯奈夫魯下令雕塑，上面被重新刻石銘文，刻上了阿蒙內姆哈特二世的名字，反映出他對金字塔時代龐然大物的欣賞羡慕之情：他轉頭選定了達蘇爾，開始修建自己的金字塔，就在七百年前斯奈夫魯所建的兩座金字塔附近。

但阿蒙內姆哈特二世並未打算完全照樣複製如此巨大的宏偉陵寢。他的墓葬現在被通稱為「白金字塔」。曾經構成外層包覆面的石灰岩條石現已斷裂風化，只剩下白色的數堆碎石，其中包含的只有國王的空石棺。不過，一八九四年發掘中所發現的地下墓穴，其中至少有一間屬於他的王后之一柯瑪努布（Kemanub），另外則屬於公主們，分別是薩莎索爾梅里特（Sathathormeryt）、伊塔維爾里特（Itaweret）、克努梅特（Khnumet）和伊塔。她們墓葬中部分原封不動的物品，透露出在眾多層面都令人驚嘆的訊息。

例如，伊塔製成木乃伊的遺體上，裝飾佩戴著嵌有珠寶的領圈、手鐲和臂環，甚至還有一條腰帶，帶子掛著一把頗為驚人的大型短劍，把手圓頭上是天青石做成的彎月造型，「很可能是埃及加工完成的最大單件天青石工藝品」，短劍刀柄質材為黃金，鑲嵌了青金石和瑪瑙，刀刃劍鋒則以青銅鍛造，插在一個皮革刀鞘內。她的姐妹伊塔維爾里特同樣佩戴珠寶，而其公主王冠、鏡子和化妝盒則安置於緊鄰的墓室中，其中還有她的石頭權杖、弓箭和鍍金的匕首、刀劍。

彷彿是為了讓公主們溫馨相伴，她們的另一位姐妹克努梅特，被安葬在旁邊的一間墓室。她依舊配備了權杖、短劍、各類棍棒（用於表明權威，或用於實戰），其中尚有一只珠寶盒，其中裝有兩只冠冕，一只是黃金的公主冠，上方突出的雕像是飛翔的禿鷲女神奈荷貝特；另一只是拔絲焦糖狀的精細黃金金線做成，穿插交織著珠寶鑲嵌而成的小花朵。一套黃金小鳥曾點綴在克努梅特的長髮間，與在愛琴島（Aigina）上發現的米諾斯文明（Minoan）的文物非常相似。她黃金頸飾的圖案元素是花朵與星星，其間點綴了小小的金球，而這種加工技術稱為「顆粒珠」，最初是在美索不達米亞得到運用和改良，然後在愛琴海各地普及。所以，克努梅特的首飾，若非在克里特島一帶製成，就是由在埃及宮廷服務的克里特手工匠製作。

此前的兩千年間，來自巴勒斯坦和黎凡特等異國貿易商與移民，當然也持續進入埃及。他們定期出現的驢子馱隊，現在由「東部沙漠主管」克努姆霍特普（Khnumhotep）監控。克努姆霍特普也是貝尼哈桑的省長，他在此地的墓葬裝飾著生動的浮雕場景，描繪「沙漠之主」阿布沙（Absha）與隨從多達三十六人以上的阿姆商隊。根據商隊中商人顏色鮮亮的衣服，以及形如襪子且五顏六色的靴子，可辨認出並非埃及人。在阿布沙這座行動商場中，驢子帶來的貨品包括黑鉛和方鉛礦石，它們多在紅海沿岸的澤特山丘（Gebel Zeit）採挖而得，埃及人用這些製作眼影等化妝品。商隊馱來的還有風箱，而這是工匠加工金屬製品的必需品。一起帶來的甚至還有行商的孩子，家庭族群中的各類代表，男人、女人和兒童都作為經濟移民，從巴勒斯坦地區遷徙而來，並且越來越多。

埃及人無疑意識到他們與這些外族之間的文化差異。關於個人修飾打扮，他們自然認為本族的美學體系才正統，僅次於神界。因此，在與西奈「靠沙子討生活的人」共度數年之後，當希努赫回到埃及，他立刻進行了一次美容。首先是好好洗澡，他自己描述：「多年的時光從我身上洗掉了。我剃鬍子、修剪頭髮、梳理整齊，身上的汙垢回到異鄉土地，我的舊衣服也歸還了靠沙子討生活的人。我穿上精細的亞麻衣物，身上塗了香脂，終於又睡在床上，而不是地上。我把沙子還給了在沙地生活的人，把樹油還給了用樹油抹身的人。」

菁英階層的陵墓石刻場景描畫出勤勉的理髮師、洗衣工、僕役和私人生活助理，保證主人們永遠看起來體面整潔。對克努姆霍特普和他在貝尼哈桑的高官同僚們來說，當然也是這樣，畫面顯示出在閒暇時刻，他們找樂子，觀看各種表演，既有雜技藝人從牛背上跳躍而過，也有摔角比賽；摔角手的較量在呼喝聲中更顯生機勃勃：「啊，我抓住你的腿啦！」、「我要讓你的心痛哭流淚，填滿恐懼！」

不過，除了屬於當地權貴的三十九座石窟大墓，貝尼哈桑墓地還包含了更多墓葬。多達八百座較小墓塚的主人，包括武士烏塞爾赫特（Userhet）、有大把金銀首飾陪葬的年輕姑娘塞涅布（Seneb），甚至還有一隻名為赫布（Heb）的公狗，簡單的棺材之外，還有裝飼料的盆盆罐罐，供牠永生享用。

但赫布、烏塞爾赫特和塞涅布是特殊例外，因為與埃及漫長歷史中其他地方的情況一樣，葬在貝尼哈桑的絕大多數人及動物都無名無姓。他們微賤的小墳墓和少之又少的陪葬品，與位高權重的朝臣構成了鮮明的對照，而朝臣們仍然尋求能下葬於王室墓場，希望盡量靠近阿蒙內姆哈特二世和他成群的女兒們。

在阿蒙內姆哈特二世的兒子中，接替王位的是塞索斯特里斯二世（約西元前一八八〇至前一八七四年在位）。他與老父曾經短暫協同執政，父親駕崩後他成為獨立君王，完成權力的無縫交接。

他娶了自己的妹妹，「南北兩方土地之女士」的諾芙蕾特二世（Nofret II），隨後又有了第二位王后維瑞特（Weret）。後者生了一名兒子，即王位繼承人塞索斯特里斯三世。隨著王室家庭擴大，新王把同樣的豐饒多產延展到宮廷之外；他下令將法尤姆一帶的沼澤地排水變為良田，以此增加農作物出產。

此作為不僅有益於國庫增收，也降低瘧疾發生的機率。瘧疾的危險曾在當時的文學作品中間接提及，〈行業諷喻詩〉（*Satire of the Trades*）作品中就說到一名不幸的割蘆葦之人「被蚊子擊潰」。

第二位塞索斯特里斯帶來了更充足的農業收成。他充分利用「豐足使者」的公眾形象，將自己的陵墓建築群選址在距離法尤姆更近之處，這個新地點叫作拉罕（Lahun），意思是「運河的河口」，因為此處可以俯瞰連接法尤姆綠洲和尼羅河的河道。塞索斯特里斯二世的金字塔建築群坐落於此，四周環繞的是小樹林。墓場中矗立著王室家庭成員的眾多雕像，而負責祭拜服務的神職專員被描述為「塞索斯特里斯葬祭廟的漂亮少女」。

建築群包含了王后諾芙蕾特二世較小的金字塔，以及王室女兒們的八座豎井式墓葬。儘管這些墓葬在古代已遭嚴重偷盜劫掠，但去世時已算年長的公主希莎索爾尤內特（Sithathoryunet）的墓室中，有一個隱秘的凹龕倖免於難。早期考古學家在其中發現了五只木盒，裡面藏有公主的珠寶首飾、化妝品和假髮。在法尤姆潮濕的地理環境中，假髮與木盒都已腐壞，但大量的金子與幾乎鑲滿寶石的王室御用物品卻保留了下來，包括黃金和黑曜石做成的罐子，用以盛放香脂香水和化妝品，以及一面銀鏡，還有一只小巧的銀質粉盒裝盛她的胭脂腮紅礦粉。如此精巧細緻的工藝水準和奢華考究的財寶僅僅是單座陵墓的一部分，類似陵墓最初共有十座；這一切簡直難以置信。

在拉罕挖掘的文物和遺蹟，不僅限於王室珍寶。那裡曾建起帶有圍牆的整座城鎮，以容納塞索斯特里斯的行宮，並作為存身和居住場所，提供給為他建築金字塔的三千名工匠及日後負責祭拜供奉的專職祭司們。最初發現這座「城鎮」的考古學家，將此地稱為「卡罕」（Kahun），此處街道布局整齊簡潔，縱橫交織，呈網格狀，大部分屋子都是占地十公尺見方，但環繞城中內部場院所建的是貨真價實的大宅，與外圍的小屋構成鮮明對比。中心範圍廣大且高於地面的岩層，想必正是行宮坐落的地址。

此處有時被稱作「古埃及的神奇瑪麗號」（Marie Celeste，譯註：出自柯南．道爾早年匿名出版的一部小說，是一艘遭遺棄在海上漂流的神秘大帆船）。這座城鎮仍保留房屋最初的固定設備、家居設施，以及居住者的各式物品；各式各樣的工具，包括泥灰匠的鏝刀、接生婆的面具、遠自克里特島而來的陶器、帶有滑蓋的木盒、籃子、紡織品和紡織器械、金屬器皿，以及把手為哈索爾女神形狀的鏡子，另外還有棋盤之類的遊戲板、球和陀螺。此外，還有法尤姆地方特色食物的殘留遺痕，不僅有大麥、蘿蔔、豆子、豌豆和椰棗，而且還有黃瓜、西瓜、葡萄、無花果、杜松果和孜然。另外，還有入藥、染色或製作化妝品的番紅花和莎草根，以及用來織造布匹的亞麻植物。

其中最珍貴的便是紙莎草文獻，記載了許多行政治理相關的資料，因為卡罕也有一間總理大臣的辦公行署，供他離開伊特耶—塔維南下至此時使用。還有出自金字塔建築群的事務文件，包括神廟的例行事項日誌、輪值表和人員名單（包括埃及人與來自阿姆的「亞洲人」）以及帳目清單；透露出女性得到的報酬與男性平等。醫藥彙編文獻則包括了「卡罕獸醫紙莎典籍」，收錄內容是如何處理動物疾病，其中一部分是「牛受風寒感冒後的對應處方」。另有「卡罕婦科紙莎典籍」，診治處理的是子宮的秘密；據信「遊走錯位」的子宮是婦科疾病的根源。這部古書卷包含各種指導，例如如何預防孕婦晨吐（孕初期不適），如何測試判定生育能力、是否懷孕以及胎兒的性別，還提供了避孕的常用「秘方」；鱷魚糞與變質的酸牛奶，再加上少許的泡鹼。

在私人短箋與來往書信中，寫著自己即將造訪掌璽大臣內尼（Neni）的家，這位官員的宅子想必十分混亂，因為訪客提醒他：「請讓我屆時能看到府上內務狀況完好有序，也許等到家裡收拾整齊了，再通知我也不遲。」還有首席紡織工和兼職女祭司艾瑞爾（Irer）所寫的一份公函，而收件人正是國王本人：

致信予大王，願您賜予生命、繁榮和健康，您一切都好、安然無恙吧？女紡織工們現在被遺棄、無人過問了。她們認為自己不會再得到食物供給，因為至今也沒聽到任何新消息。大王如能關注此事，當然非常之好。同時向您通報，部分這裡的奴隸婦女不能織布做衣。她們希望您到場解決問題，才願繼續布匹經線的紡織工作，按照指示工作……大王，生命、繁榮和健康的化身，也許該花上一點時間到此，因為我的精力和注意力被引向了神廟，導致此處未紡織完成任何衣物。

顯然，艾瑞爾對外族勞工頗為不滿，當她在神廟忙碌時，此處紡織工的生產效率就無法掌控了。王室庫房無法按時給付工人的酬勞和定額配給的情形，更讓她感到雪上加霜，於是她繞過龐雜的官僚體系，直接上書到了最頂層。不過，並沒有回覆留存下來，因此無法估測國王或宮裡對此作何反應。

卡罕的日常生活也表現在人們隨身帶去來生世界的物品上。儘管當時部分早夭的嬰幼兒依舊按照始於前王朝時代的習俗，埋入住屋內的地面之下，但成年人死後多是下葬於附近哈拉傑的幾處墓園。那裡普遍是簡陋樸素的陪葬品，不時會摻雜更貴重的高品質物品。出自富裕家庭的一名十歲小姑娘的隨葬品包括綠松石、青金石、紅玉髓和黃金的串珠墜飾，以及一條嵌有瑪瑙貝殼的銀飾帶，還有五隻黃金小魚的護身符。

在更偏南方的梅爾（Meir），這類裝飾品同樣十分流行。當地地方長官名叫烏赫霍特普四世（Ukhhotep IV），擁有至少十二位妻子；除了國王，當時擁有如此多妻子的男人極不尋常。烏赫霍特普的雕像展示出他左擁右抱的歡樂人生，陪侍兩邊的有「他鍾愛的老婆」努布卡烏（Nubkau），還有克努姆霍特普（Khnumhotep），此女不僅是「他鍾愛的妻子」還是「他最心愛的人」。她們還出現在丈夫的陵墓石刻中，石刻的全部場景除了男人自己，其餘人物都是女性。畫面裡，這位偎紅倚翠的「大茶壺」沿河打獵，一名妻子伸手指向一隻特別漂亮的野禽，告訴他「我要這個，把這鳥抓來」，他回答：「我這就幫你抓到。」此鳥的命運無疑與梅爾另一處陵墓壁畫中呈現的一樣，一名廚子坐在火堆前，帶著某種惱恨抱怨的情緒囔囔著：「從開天闢地以來，我就在烤這隻雁鵝了！」

這些師出有名、配備齊全的陵墓，最初都有大量財寶；整個中王國時期的陪葬品，至今發現數量最多的出自德耶胡提—納赫特（Djehuti-Nakht）的陵墓，此人曾擔任貝爾興的地方長官。儘管最佳寶物已被盜賊擄走（他們還讓德耶胡提—納赫特身首異處，身體不見蹤影），但至少留下了他被割下的頭顱，研究顯示，他的部分大腦消失了；從鼻子下方切口取出，此方式是當時木乃伊製作程序的慣例。

不過，德耶胡提—納赫特大人剩下之物依舊比他的國君多。短短幾年的執政後，塞索斯特里斯二世駕崩，由拉罕的「阿奴比斯的入殮師」塗油膏製成木乃伊，葬入他的金字塔安息，但在一八八七年此墓初次發掘時，其中存留的只有他的腿骨，以及鑲有珠寶且曾經插在王冠上的神蛇頭飾。

為他送葬的是他的兒子，也是同名的繼承人塞索斯特里斯三世（約西元前一八七四至前一八五五年在位）。新王雕像冷峻嚴厲的面容特徵，推測是代表王室政策的一項改革，而大耳朵則暗示他可以聽到任何反對他的陰謀詭計；又或許，他的耳朵本來就特別大。在部分人眼中，他當然就不受歡迎了，「大概有四十座塞索斯特里斯三世的雕像，在他死後全遭有意損毀破壞，彷彿是後來者對他的凶暴專政進行復仇」。無論真相為何，第三位塞索斯特里斯無疑採取了政治動作，埃及國內和境外的局面都發生了一點震盪。

地方世襲領主（省長）的權勢被大大削弱，而他們原本就和日漸集權化的中央政府難以相容。塞索斯特里斯三世轉而依賴龐大的官僚機構，也就是政府出資供養的書記員，其中包括埃及人與來自巴勒斯坦的亞洲人。這個群體是由三位總理大臣構成的一個新行政組合監管，大臣們分別常駐埃及北方和南方，還有努比亞北部地區（因努比亞人正逐漸奪回當地的控制權）。

塞索斯特里斯三世決心阻止此事態，他下令修建一條配有要塞的軍備道路通往努比亞。然後，將位於阿斯旺附近在第一瀑布間的運河水道拓寬，使尼羅河從第二瀑布開始，一路向北到一千多公里之外的地中海，都可以通航。

如此一來，在他「蜿蜒延伸的帝國」中，軍隊便能快速機動。於是，塞索斯特里斯三世發起了一連串殘酷野蠻的戰役，入侵他總是稱為「邪惡的庫什」（Kush）的上努比亞。他一路向南推進，遠至塞姆納（Semna），並在當地的尼羅河河段築起堤壩，迫使船隻在塞姆納和庫馬（Kumma）之間只能以縱隊單次通過。從塞姆納北上到布恆，他還沿途新修建了八座堡壘，堡壘每天二十四小時不間斷地監視水上和陸上的全部交通狀況，彷彿古代版的監視系統。每日的報告被稱為「塞姆納快訊」，精確地記錄和掌握努比亞商人與梅德雅伊人的一舉一動；梅德雅伊人來自努比亞紅海沿岸，部分被徵收為埃及的僱傭兵。不過，隨著其他當地部落退守，多為「被打發到他們的沙漠中去了」，以至絕大多數的情報快訊沒有實際意義，大多是「大王之領土，太平無事，萬物有序」，因為幾乎無人敢挑戰部署身邊的軍事武裝。

塞索斯特里斯三世也發起了一場政治宣傳攻勢，他被描述為神勇超人，「射箭能力與塞克美特一樣」，「這位塞克美特戰神絕不放過膽敢踏過邊境的任何敵人」。在努比亞，他在沿著尼羅河的幾個地點豎立起巨大石碑，兩旁列陣的則是他的雕像，「虎視眈眈地越過邊境」看著努比亞人，清楚警告對方不要再向前。這種手段在巴勒斯坦被如法炮製，他的石碑在當地矗立，直至一千四百年後。

利用軍事作為穩定邊境之後，君王甚至以魔法鞏固成果，以某些咒語杜絕潛在的禍害，並控制所有「可能造反的人、可能陰謀叛亂的人、可能起義的人，以及在領土全境任何可能考慮起義造反之人」。塞索斯特里斯三世的打擊和鎮壓名單包括阿什克倫（Ashkelon）、耶路撒冷、比布魯斯、努比亞的梅德雅伊和庫什。施行魔法儀式的過程中，這些地名被大聲念出，同時將當地部族的陶土或蠟製小雕像逐一砸碎、燒毀或上下顛倒埋入土中。試圖以此贏得優勢，壓制仍與埃及貿易往來的地區，不僅如此，大王還希望能實際掌控這些地方。

隨著帝國疆域的擴張，國王隨後在各地布置自己的雕像，材料是阿斯旺花崗岩，還有剛重新奪回的努比亞採石場之閃長岩。當面孔嚴肅陰沉的斯芬克斯和站立人像就位時，祭司們唱誦歌功頌德的讚美詩：「向您歡呼，萬歲，我們的荷魯斯，託身御體的聖神！領土的守護者，他開拓疆域，以王冠痛擊敵國，以雙臂擁抱兩方土地，維護了統一。」

戰神蒙圖尤其受到尊重。蒙圖的崇拜中心梅達穆得（Medamud）增加了王室的雕像。在底比斯，統一上下埃及的先帝蒙圖霍特普二世之葬祭神廟中，塞索斯特里斯三世也豎起自己鬱鬱不樂、一臉正經的雕像，至少有七座之多。這些雕像安排在先帝雕像旁邊，意在「借光」，從而得到先王榮耀的助力。塞索斯特里斯三世積極挖掘利用先人的影響力，手段是利用一塊刻著「塞索斯特里斯大王為他的父輩前任蒙圖霍特普特製此碑」的花崗岩石板。在將靈魂附體於木乃伊和雕像的招魂儀式中，這種類型的片裝石板是常見的標準道具，但此處的石板則是更為切實的證據，表明在世的國王們以何種方式連繫以及汲取王室祖輩的政治信用與力量。

阿拜多斯是地下冥界之王歐西里斯的敬拜中心。前述的先人崇拜在此處有了最明顯的表達——塞索斯特里斯三世不僅添置了更多自己的花崗岩雕像，而且授權委託司庫主管伊赫特諾夫里特（Ikhetnofret）裝飾歐西里斯的雕像，採用「先王之神保佑大王從努比亞凱旋時帶回的優質黃金」。國王還下令修建了一座新的船形神廟，裡面安放著歐西里斯雕像，每年一度的「歐西里斯秘密慶典」節日期間，這座雕像可以在夜晚從神廟請出，運送到沙漠深處。

歐西里斯被認為是埃及最初的統治者之一，他的後繼者，即埃及最早期歷史提及的那些國王，都被埋在阿拜多斯墓場中最古舊的區域，以至於德耶爾大王的陵墓被當成是歐西里斯本人的安葬之所。在第一中間期（First Intermediate Period）褻瀆神聖的破壞後，這座陵墓得到了修復，還增加一條階梯通道，讓舊陵墓成為每年「歐西里斯秘密慶典」行進隊列的焦點中心——這位神靈的生、死與復活的種種場景由儀式參與者表演，後續虔誠供奉歐西里斯之人更將此傳統一直延續到西元五世紀。

歐西里斯被尊為所有瀕死與新亡故之人的拯救者，能在阿拜多斯下葬同時被信奉為是一條快捷路徑；即死者無論是何種社會地位和身分，都可儘早抵達來生或永生世界。於是，很多人在活著時就前往朝聖兼考察，為自己在當地留下小雕像、石牌或「夏布替」小人偶，「以此方式確保他們能永遠參與城鎮舉行的神聖宗教儀式」。這些留念物中，最令人動情的就是死者家人和親友的協助。其中一塊小石牌可謂最為動人，此石牌屬於一位樂天敦實的歌手，石牌刻畫出他的模樣，身體前傾，手伸向一張備有豐足供品的桌子。石牌上的文字說明他叫做「內弗爾霍特普，已魂歸西天，其母赫努（Henu）是平民良家女子。此石牌乃內弗爾霍特普之友人，搬磚工涅布蘇美努（Nebsumenu）供奉，略表敬意」；這代表內布蘇美努用自己搬磚賺取的金錢，為好友向「繪圖師雷恩桑布（Rensonb）的兒子桑巴烏夫（Sonbauf）」訂製了這塊石牌。這是早在大約西元前一八五〇年，三名勞工階層男人之間友誼的不朽紀念，「這個小小的提示，告訴後人，古埃及並非到處都是金字塔和輝煌的神廟，更多的是平凡人物，與我們同樣感受此生的歡愉和傷痛，還有對來世的期盼或心願」。

其中最想在神聖墓場得到一塊葬墓之地的人，無疑就是塞索斯特里斯三世。他巨大的衣冠塚建築群位於歐西里斯神廟的東南方，其中最主要的就是建在峭壁下長度達兩百七十公尺的地下「假」墓葬。一條一．五公里長的道路從墓塚向下延伸，直到以石灰岩所建的附屬葬祭廟。負責維持供奉禮拜王室亡靈的神職人員，甚至是當地市長等地方官員都住在附近一處占地約六公頃的居民生活區。

阿拜多斯壯觀的衣冠塚只為了容納塞索斯特里斯三世的靈魂，讓他更靠近神界，而他真正的陵墓是他的金字塔，位於北方的達蘇爾，他的祖父和古代的前任先王斯奈夫魯都葬於此。這座金字塔高度為七十八公尺，地面以上的泥磚構造外層曾覆蓋著石灰岩條石，而地下墓室則比在阿拜多斯的衣冠塚稍小，不過同樣是用石灰岩石板做為內襯。他的墓室本身則以花崗岩砌成，但發現時已空空如也，只有一把青銅短劍、一些陶器和一個積滿灰塵的石棺。

不過，這位老戰士遵循了另一個傳統：他位於達蘇爾的金字塔四周環繞著十四位女性親眷的墓葬。她們的小金字塔和豎井結構的墓穴構成了「一片龐大的地下墓窟網絡」，一條條通道將她們的墓室一一連通。

法老胡夫死後，還要母親赫特菲爾絲陪伴在近旁，塞索斯特里斯三世其實也相差不遠，他的母親維瑞特（Weret）葬在緊鄰之處。哈索爾女神的現實化身，到了下一代，就由塞索斯特里斯三世的兩位妻子內芙爾赫努特（Neferhenut）和維瑞特二世（Weret II），還有他的妹妹伊塔卡耶特二世（Itakayet II）以及他的四位女兒擔任。達蘇爾的氣候環境極為潮濕，因此她們的木乃伊遺體已消失殆盡，僅剩下一些經過「防腐樹脂處理過的骨頭」，而且她們的墓葬在古代就已遭受洗劫，但部分精美的陪葬品依舊再次幸運地逃過了盜賊敏銳歹毒的目光。

早在一八九四年，考古人員發現了國王女兒梅里瑞特（Mereret）與莎哈索爾（SatHathor）奢華的珠寶首飾。這些珍寶在鍍金的木質首飾盒裡，原封未動地藏在墓室地板下的秘密坑洞中。一個世紀之後的一九九五年，考古學家發現了王后維瑞特二世的金字塔遺址。此金字塔的地下通道位於塞索斯特里斯三世金字塔的下方，想必暗示了「她是國王的主要伴侶」。

古代盜墓賊的破壞，再加上達蘇爾高達百分之九十五的濕度，讓王后的木乃伊只剩下幾塊骨頭。不過，依舊能從這些遺骨看出她是一位身材嬌小的女性，直立身高大約是一百五十公分，而「尖尖的鼻骨，代表死者屬於高加索人種」。她是左撇子，一生幾乎沒有做過體力勞作或運動，由於最後牙齒所剩無幾，因此可能還患有骨質疏鬆症，代表她很可能活到七十多歲才去世。下葬時，其生前戴過的全部華麗珠寶都一起入土，其中一部分得以倖存，因為被小心地藏在墓中一個封閉的隱秘龕位裡。

根據約定俗成的習慣做法，王室家族的陵墓建築群周邊圍繞著官員們的馬斯塔巴。附近離卡倫湖不遠的里卡（Riqqeh）也發現類似的陵墓群，從其中一座墓塚出土的內容物倒是有點特殊，甚至可以說十分有趣。這座陵墓的頂部在古代已坍塌，覆蓋了下方的棺材和男性死者的木乃伊，在這具木乃伊一旁令考古學家意外的另一具遺體，「處於站姿，或至少是弓腰站立的姿態，突然的崩塌將他徹底壓在原地」，由於那具木乃伊被發現時，外層裹紮已遭到部分破壞，暴露出顯眼的一組珠寶首飾，代表一名盜墓賊曾在劫掠時因墓室頂部突然坍陷，一命嗚呼——兌現了最極端的墓葬咒語！

西元前一八五五年左右，塞索斯特里斯三世駕崩，他二十歲的兒子阿蒙內姆哈特三世即位，並繼續維持繁榮且穩定的局面，他執政多年，國家富足平和。陪伴在這位新王身邊的是陣容越發壯大的後宮妻妾與眾多公主，而宮廷的駐地就位於王國豐美多產的心臟地域，即水草繁茂、土壤肥沃的法尤姆綠洲。

〘13〙

激增與分解

約西元前一八五五～前一六五〇年

西元前一八五五年新年第一天，阿蒙內姆哈特三世（約西元前一八五五至前一八〇八年在位）加冕為新國王，他「將法尤姆置於行政決策的核心」，並在此修建了新神廟敬獻給當地的鱷魚神索貝克（王室神勇威力的象徵），以及與索貝克對應的女性神靈——無處不在的哈索爾。法尤姆省城謝迪特（鱷魚城）的神廟牆上，便刻有新王加冕儀式的場景。神廟安置了他的花崗岩雕像，將他描述為「最高大祭司」的模樣；身穿標誌祭司身分的豹皮，戴著哈索爾樣式的串珠護身符項鏈，頭髮編成厚實的小辮子，就像現代雷鬼頭的造型。

就在謝迪特北邊的卡倫湖岸邊，他命人豎起一對高達十一公尺的巨大坐姿雕像，此雕像正是他自己，材料為石英岩，由於基座本身已達六．五公尺，因此雕像顯得更加宏偉。每年尼羅河洪水氾濫之後，湖中的水位會達到最高，阿蒙內姆哈特三世的兩座雕像便被水包圍，看似懸浮在湖面——此情此景，在後來的兩千年內便是許多玄幻奇想的源泉。

兩座雕像本身被奉若神明，受到敬拜，它們強調了阿蒙內姆哈特三世作為「豐足使者」的形象，就像其他類似雕像往往將國王呈現為雌雄同體的尼羅河神哈皮（Hapi）。由於阿蒙內姆哈特三世執政時期的大部分年度洪水都能達到高水位，因此有人奉承斷言「國王讓土地生機無限，甚至比偉大的哈皮更靈驗」。

馬阿迪城（Medinet Maadi），即納姆迪斯（Narmouthis），新建的神廟也是敬獻給索貝克與哈索爾。壁畫場景中，阿蒙內姆哈特三世與王后赫特普提（Hetepti），以及兩人的女兒內菲露普塔（Neferuptah）被一起描繪出來。國王正敬拜無所不在的牛頭女神，珠寶掛滿身的內菲露普塔則手持沉重的叉鈴搖著，身旁還有銘文：「內菲露普塔在此祭獻上神，祝願她能如同太陽神拉得到永生。」內菲露普塔的地位顯然比其他公主的地位更高，因為她是名字被刻寫在橢圓形帝王盾徽中的第一位女性，而在當時，這仍舊是執政君王才能享有的特權。

這位公主伴隨她父親的大型雕像出現在埃及各地，一直遠至南方的巨象島，其中包括將她呈現為花崗岩斯芬克斯的雕塑。阿蒙內姆哈特三世自己的斯芬克斯雕像矗立在北方，在位於布巴斯提斯的巴斯泰特女神舊神廟之間，反映出他的身分：「巴斯泰特守護著兩方土地與塞克美特，對抗任何違逆之人」。

很明顯，布巴斯提斯是意義重大的地點，國王在此處修建了一座規模宏大的宮殿，執政三十週年的慶典便在此舉辦，由於位於三角洲地區，意味著可與地中海有緊密關聯和頻繁接觸。隨著與比布魯斯的貿易持續進行、加速擴展，更多國王的斯芬克斯石像在四處矗立，向北直達到能與對岸賽普勒斯（Cyprus）相望的敘利亞海岸烏加里特。在紅海之濱的薩瓦港，國王的人馬十分忙碌，大臣涅布蘇（Nebsu）與阿蒙霍特普（Amenhotep）從此處出發，帶領船隊兩次遠征龐特。近幾年發現了船上的部分貨物，它們被裝在二十只木板箱，其中一只木箱的標籤還在，寫著「龐特的絕妙好貨」。

位於圖拉、哈馬馬特谷地、阿斯旺和努比亞，由埃及人控制的採石場，此時進入了最繁忙的狀態。西奈半島也是如此，阿蒙內姆哈特三世時的埃及和巴勒斯坦官員在當地採掘巨量的綠松石和孔雀石。他們長期駐紮在西奈，建立了「半永久的基地」，並在卡迪姆的塞拉比特（Serabit el-Khadim）建起一座神廟，敬獻「綠松石女神」兼礦工的保護神哈索爾。

在西奈，人們仍然對法老斯奈夫魯敬畏如神，中王國的君主對斯奈夫魯也恭敬有加。阿蒙內姆哈特三世仿效其父，將自己的來生安排選在斯奈夫魯雙金字塔之處，即達蘇爾。他執政期的前十五年，建設工程都持續進行。完成的金字塔最上方是壯觀的花崗岩尖頂上蓋，還刻有他的雙眼，為了欣賞拉神的完美風采：「願大王的雙目能開啟，看到天邊的荷魯斯，他是地平線的王者，跨行天空與四野。願他讓大王閃耀，光輝如神，堅不可摧」。

在金字塔綜合體中，王室女性再一次得到特別關照。除了她們的陵墓，還有臣僕和官員的墓塚，但與當時權貴沒有直接關係的人，則在當地各自墓地安葬。孟斐斯的居民依舊埋在薩卡拉。為中王國早期統治者位於利希特一帶的金字塔提供祭拜服務的神職人員，就下葬在工作場所附近；這些人包括了大祭司塞瑟涅布涅夫（Sesenebnef），一同隨葬的還有他的身分徽章與法杖。

利希特的另一座墓塚安葬著五十歲的塞涅布蒂希（Senebtisi）。她的頭銜很簡單，即「房屋的主人」，一位家庭婦女，不過她相當富貴。此地區濕度很高，但耗資不菲的木乃伊工藝抵擋了環境的侵蝕，包裹其遺體的樹脂足夠濃厚，凝固硬化後保存了身體的輪廓外形，把她固定在原位，彷彿密封於琥珀中的蒼蠅，而且她的木乃伊安放在內外共三層的棺材中。

她脖子上掛著項鏈，四肢佩戴著手鐲和腳環，嘴唇和下巴圍著一塊複雜精細且嵌有珠子的「掩口布」，布上附有一條珠鏈，像尾巴般掛在脖子後方。國王們常常佩戴類似的飾物代表他們蠻牛般的巨大力量，部分女性也穿戴此物，想以此召喚塞克美特面向之一的希斯美泰特（Shesmetet），此名衍生自代表串珠長條絲帶的希斯美特（shesmet）。

關於這位身高頂多一百五十公分的非王族「房屋的主人」，最有趣的一點是她的陪葬品。其中包括石頭權杖、兩張弓和對應的箭，還有插在鍍金刀鞘中的青銅短劍，以及至少十根法杖，一一布置在她的棺材裡。棺材一旁另有一個長盒子，裡面又是一套權杖之類的棍棒。在此之前已有很多女性墓葬中既有武器，也有珠寶首飾；這種陪葬物品組合可回溯到前王朝時期，雖然這座「主婦墓」只是其一，但依舊強而有力地展示古埃及對女性角色的認知，對女人抱有的概念既是代表護佑和關愛的哈索爾，同時還有某位女神富於攻擊的面向，即無情殺戮的塞克美特。

不過，就日復一日的日常生活而言，大部分埃及主婦似乎還是忙於應對家務。例如，一位名叫德狄（Dedi）的女子嫁給了名為因特夫（Intef）的祭司。即使丈夫亡故，也阻止不了德狄的嘮叨，德狄寫信給亡夫：「我們的女僕伊米烏（Imiu），她這次病情嚴重。不管加害他的人是男或女，你為何不快作法除掉他？你要日夜作法，除掉壞蛋！如果你不出手相助，我們家也要完蛋了！」

至於阿蒙內姆哈特三世的身後事，倒是安排得有條不紊。幾位先他而去的妻妾和女兒繼續下葬在他的金字塔周邊。但是，達蘇爾的這塊高地再次證明無法承受規模龐大的建築工程，漸漸出現地層下陷和斷裂的跡象——儘管是巧合，也形成了另一條阿蒙內姆哈特三世與斯奈夫魯之間的連結（斯奈夫魯的金字塔也曾另尋新址）。

於是，大王的建築師再度回到畫板前，設計了新的陵寢建築方案，用石頭與木頭做出模型，得到王室審核同意後才著手動工修建。

不過，新建築將在國王鍾愛的法尤姆綠洲東部邊緣起建，此作法或許是一種策略，想藉由王室陵寢的出現來改變風水，扭轉尼羅河突然降低的洪水水位；阿蒙內姆哈特三世執政的第三十到四十年間，水位急遽變化，從五公尺驟降至半公尺。埃及經濟不僅因此產生災難性的破壞，努比亞也出現極大的生存困難；有消息彙報「由於飢餓，沙漠正在死去」，對一位自命「豐足使者」的國君來說，這是顏面盡失的嚴峻問題。

因此，王室墓場便遷址到法尤姆的哈瓦拉（Hawara），古代名稱是「偉大神廟」（Hut-Weret），代表阿蒙內姆哈特三世的宏大金字塔與葬祭廟的綜合體。該金字塔迷宮般的構造成為古代世界名副其實的建築奇蹟。

國王、哈索爾和索貝克的大量雕像，用白色石灰岩、紅色花崗岩或黃色砂岩塑成後，安置在一層又一層繁複重疊的場院、神堂和地穴中，以營造效果。正如一位古代的參觀者所說：「這是一座龐大無比的宮殿，由很多更小的宮殿組合而成，就像國家從前是由眾多行政區構成。」另一個人則聲稱：「宮殿」總共有三千個房間，「一半在地下，一半直接在那些房間上方」，所有房間都以「蜿蜒曲折的通道」相互聯通，創造出複雜的結構，最終有了「迷宮」之稱。

此建築綜合體後來不幸淪為一座便利的採石場，但至少到一八五三年時，還有文獻紀錄：「數量多得驚人的各類廳室仍舊留存，緊貼簇擁，而中心是一座曾是宮廷樓臺的大廣場，現在只剩下花崗岩巨石立柱的遺留物與其他立柱的碎塊，柱子以白色石灰岩硬石雕成，閃閃發亮就像是白色大理石……。稍稍探察一番，就可以看到此處空間構造多麼複雜，地面之上或地下都有，這是真正的迷宮。」

然而，不過僅僅四十年，這些建築遺蹟的材料便被運走再利用。傳說般的迷宮幾乎完全消失，剩下的僅是零落分散的幾塊小型廢墟，分布在金字塔裸露在外的內部泥磚構造周圍。

不過，地面之下仍有東西得以留存。一八九二年，地下墓室的位置終於被確定。墓室原本是由一道獨具匠心的頂蓋吊閘門封閉。國王的建築師在最初的模型增加了此裝置（好萊塢電影從此開始複製這種閘門），其精巧之處就在於閘門利用「沙降法」（sand-lowering，譯註：閘室槽位先填沙，用側立支撐的石板讓頂蓋與下方墓室保持一定空間，國王的棺材與木乃伊放入石棺後，再從下方外側移除沙子，讓頂蓋與側立的石板一起下沉入位）。此墓室是「技術奇蹟，徹頭徹尾的創新」，因為頂蓋是一整塊石英石巨大石板，重達一百多噸。

墓室裡有兩具石棺，分別屬於阿蒙內姆哈特三世和他的女兒內菲露普塔，「石棺銘文」有道咒語表示，這是「為了在死亡王國召集一家人，他下行水中尋找家人，尋找他心愛的親人。我將會在水中，永遠永遠存活。一百萬次應驗的咒語！」

阿蒙內姆哈特三世執政四十六年後離世，塗油製成木乃伊，放進石棺。他的遺體倒是一直保存了下來，儘管已處於腐蝕分解的狀態。出土時，考古學家記錄到「少量的骨頭殘片」沉在水中。安葬之際，金字塔複雜的鎖閉機關被啟動，完全密封了整座墓室。下葬的最後送別儀式由他的孩子們主持操辦，即新王阿蒙內姆哈特四世，還有公主內菲露普塔。

既然內菲露普塔還活著，便無法陪同父親安葬在已然封閉的墓室。於是，王室做出了替代安排。一九五六年，她的金字塔終於在哈瓦拉南方僅兩公里的地方發掘，金字塔整體幾乎原封未動。但是，正如她父親墓室的情況，遺留下的遺體只有浸潤了防腐樹脂的亞麻布小碎塊上所黏附的極少量皮膚殘片，因為歐西里斯的水王國已經往上拓展，也把公主「帶走」了。她的屍體、骨頭和一切都在浸滿水的巨大花崗岩石棺內部被分解了。

發現內菲露普塔墓葬的考古學家注意到此現象，即使是在古代，「河水氾濫的幾個月中，此處的水位也會上升到蓋板的高度，從而滲入石棺」。完全浸沒墓室想必不是有意為之。不過，所謂的「成為大河之咒語」確實是「我是大河之神，我到來，滿懷歡心，我最親愛的人們，我是大河之神，我永不會疲倦」，另外還有一道「可以在水中呼吸空氣」的實用咒語。

內菲露普塔的弟弟阿蒙內姆哈特四世（約西元前一八〇八至前一七九九年在位）戴上王冠時，肯定已經是一把年紀，因為他父親的統治時期相當漫長。他稱王執政的時間被極為精確地記錄下來，前後一共「九年三個月又二十七天」。

儘管其他細節幾乎無從得知，但在其當政的早期，他可能與姐姐內菲露普塔之間有分權而治的安排，而新的執政團隊又是直接沿用父親的統治策略。「雖然沒有證據顯示新國王曾取得什麼引人矚目的成就，但此統治時期也沒有顯露任何埃及社會繁榮和國家威望有嚴重衰退的跡象」，因為政府官員依舊繼續派往西奈半島、哈馬馬特谷地和胡迪谷地（Wadi el-Hudi）負責開採綠松石、板岩和紫水晶。

與黎凡特地區的貿易也持續。阿蒙內姆哈特四世向比布魯斯當地親埃及派的王公賜予禮物以表示賞識，這些人也開始修建埃及風格的墓葬，隨葬品就包括收到的禮物，另外還有模仿埃及的珠寶首飾，以及一種本地特色的彎月形半長刀赫沛什（khopesh），刀柄鑲嵌有黃金和黑色的烏銀，這種鑲嵌工藝正是西元前一八〇〇年左右在比布魯斯發明的。

在埃及境內，阿蒙內姆哈特四世的朝臣享有的財富豐裕程度也相當可觀。宮中的大管家柯穆尼

（Kemuny）擁有一只精美的化妝兼首飾櫃，擁有可前後拉動的抽屜，內部還分成諸多格子，此櫃成為他的隨葬品之一，陪他埋在了底比斯，而阿蒙內姆哈特四世似乎在那裡也逗留過一段時期。不過，大約西元前一七九九年，國王過世之後依舊安葬在北方，很可能是在達蘇爾南邊的瑪茲古納（Mazghuna），應是當地兩座金字塔中較北部的那一座。

接替王位的是一位女性，他的一位妹妹，名為索貝克內芙露（Sobeknefru，約西元前一七九九至前一七九五年在位）。身為第一位正式女性國王，她的名分地位無可爭議，也無法被故意貶低、輕慢或忽視。現代學界有人提出索貝克內芙露是「篡位奪權者」，但缺乏事實依據的論斷，無論如何，當時帝王名錄以及相距一千五百年之後編纂的名錄中，她都是名正言順的合法國王。她是「兩方土地的女主人」，並擁有標準的王室至尊頭銜：「上下埃及之王」索貝克卡拉（Sobekkara，譯註：「索貝克美人」之意）；「拉神之女」索貝克內芙露；受拉神鍾愛的「荷魯斯」；「兩位女神護佑的女王」，威力無邊的女兒；「金色荷魯斯」，持久長存的榮光風采。

索貝克是王室威力的象徵。這位新女王是以鱷魚神命名的第一位埃及統治者，不僅出生便名為索貝克內芙露，即位掌權採用的帝王尊號亦是索貝克卡拉，都用到了「索貝克」。鱷魚神的中心是法尤姆綠洲的謝迪特（鱷魚城），此處便理所當然成為女王建立王國的地點。

與金字塔時代的肯塔維絲一世一樣，索貝克內芙露的肖像結合了男性和女性雙方的氣質，她戴著雄性陽剛條紋的君王頭飾、身穿繫腰帶的男式短裙，如此裝扮可以掩蓋她原先女性化的衣著。其他某些雕像中，她被塑造成穿著披風罩袍，如此的衣裝自然會與加冕登基聯想。

奇特的是，她的統治時段與尼羅河洪水水位的上漲期恰好重合。她執政的第三年，在努比亞庫馬的邊塞堡壘有一條水文刻痕，紀錄中的水位高度達一．八三公尺。她下令在赫拉克勒奧波利斯和達巴丘（Tell Dab'a，即古時的阿瓦利斯）修建新神廟，那兒立有其真人尺寸的雕像，玄武岩石材，以及至少一座斯芬克斯造型雕像，其他更多雕像則是安置在法尤姆。

在法尤姆，她的名字與阿蒙內姆哈特三世刻在一起，表現她的統治似乎是與父親的聯合執政，但此舉動「比較是傳達懷念和尊敬，而不是陳述事實」。父女各自的盾徽圖案頂部的荷魯斯獵鷹，設計成面對面的樣式。老國王的獵鷹代表生命的「安赫」（ankh，上部為環狀的十字形）符號傳遞給另一隻荷魯斯獵鷹，代表他是已獲君王身分的女兒。為了進一步強調父女關係，索貝克內芙露將父親在哈瓦拉迷宮般的金字塔建築群建設完工。她與父親的名字都被考古人員在當地殘留的石塊發現。

不過，關於索貝克內芙露對自己陵墓的規畫，後世知之甚少。雖然，處於瑪茲古納的兩座金字塔中，較大的那座建有獨立的吊閘門封閉機關，很可能就是她的安葬之所，但工程僅進行至一半。由於至今未曾發現其墓葬的任何蛛絲馬跡，因此她去世的確切時間與原因一直未知；不過，幾乎每一位埃及統治者的情況都是如此。

在正統和標準的歷史典籍中即使有所提及，索貝克內芙露也只是被鄙夷地一筆帶過，認為她當時是迫不得已的君王人選，而她的執政「標誌著該王朝的終結，以及中王國的衰敗」，因為「局面如此反常，本身就包含了災難的種子」。

這些奇異的論點毫無事實根據，因為王位實際上平穩地延續下去。一連串的男性繼任者構成了第十三王朝（約西元前一七九五至前一六五〇年）。他們很可能是「阿蒙內姆哈特三世及其前任與各自小妾的後裔」，而小妾包含有埃及人與異邦人，數量可謂眾多。第十三王朝國君的執政時間分配成兩部分，分別為北方和南方理政，為了維持對上下埃及的控制。拉罕和底比斯都有文獻存留，揭示當年君王前後交接和政府管理的連續脈絡，而主政者除了埃及人，也有越來越多的巴勒斯坦人。

當時已經產生了海量的公文，「關於政權組織和政事管理的大量文件得以倖存」，而「相比之下，官員各自效力的國王，我們能了解或可發掘的訊息，卻少得可憐」。

國王們頻繁更替，人事變動的總量當然相當大。第十三王朝一百四十五年的時期，竟有六十位以上的君主名被列出，幾乎不可能劃分出各自執政的確切年月。但是，這並不必然意味著王國政治的沒落，因為王冠實際上似乎是「循環接續」流程的元素之一，在幾個權貴家族之間相互傳遞，而他們分享權力的輪流安排顯得井然有序。

這些大王繼續派出遠征隊伍，到紅海之濱的澤特山丘，與努比亞腹地的塞姆納。他們繼續在傳統的王室墓葬地修建自己的陵寢。

他們還遵循了索貝克內芙露開創的先例，以鱷魚神為自己命名。至少有八位名叫索貝克霍特普（Sobekhotep），其中的第一位選擇安葬在古老的王室墓葬地阿拜多斯。這位索貝克霍特普一世在當地的墓穴直到二〇一三年才被發現，墓穴是用從圖拉運至南方的石灰岩修築而成，在紅色石英岩砌造的墓室中，安頓著國王重達六十噸的石英岩石棺。

社會各階層，從君王諸侯到「洗衣工赫佩特（Hepet）」之類的小人物依舊把阿拜多斯當成朝聖之地，大王們於是慷慨地投入人力物力，繼續給所謂的「歐西里斯之墓」增添構築。那兒原是第一王朝德耶爾大王的安息地。第一中間期的內戰歲月中，德耶爾的木乃伊不知所蹤。現在，取代遺體的是一個真人尺寸的黑色玄武岩雕像，呈現為木乃伊狀態的歐西里斯樣貌安放在他的葬祭床上。他的生殖器勃起挺立著，但被隱藏起來，其實應視為被保護起來，而保護之物來自伊西絲張開的翅膀；形狀如同風箏。伊西絲便是如此神奇地受孕，懷上兩人的兒子荷魯斯。此創作主題雖然有點離奇，但還是以精妙完美的藝術技巧完成了。下令啟動此計畫的是第十三王朝國王赫恩德耶爾（Khendjer），他的名字包含了先王德耶爾的元素，但或許也暗示某種巴勒斯坦或敘利亞的祖輩血統，他因此成為埃及的第一位「閃米特族裔國王」（Semitic king）。

巴勒斯坦人也出現在王國的家僕群體中，而且人數日益增多。阿拜多斯的祭司阿蒙尼索恩布（Amenysonb）就僱用了一個混合族群的員工團隊，包括「亞洲人」釀酒師艾爾西（Irsi），以及此人的同鄉索貝克艾瑞（Sobekiry）和塞涅布涅比迪（Senebnebit），後兩人用了埃及人的名字，部分是因為他們在文化層面受到同化。至於阿蒙尼索恩布本人，赫恩德耶爾大王委任他修整阿拜多斯。在首席大臣安胡（Ankhu）的協助之下，他「從裡到外」徹底「淨化」了歐西里斯墓附近的神廟，然後安排畫工改善此處的環境裝飾。在這裡，對王室先祖的紀念與尊奉是信仰崇拜的核心，而現在，此場所是歐西里斯的天下，一切以他為中心運轉。

關於自己的葬祭安排，赫恩德耶爾命人完成一座三十七公尺高的金字塔。該建築位於佩皮二世在薩卡拉靠南邊與塞索斯特里斯三世在達蘇爾北邊所建金字塔的中間位置，因此，他能實實在在地永久安歇在先祖中間。與他同為第十三王朝君主的阿蒙尼—基馬瓦（Ameny-Qemau），這位亞洲人法老也是如此，葬在達蘇爾一座規模大小相似的金字塔中。

這種回望往昔、緬懷先人的強烈傾向，在底比斯同樣能看到。在卡納克的「先祖廟堂」中，索貝克霍特普二世安置了一座自己的雕像。眼下，大王與政府停駐在底比斯的時間越來越長久且頻繁，王室帳本也就列出了大量的機構，從「南方駐場行政事務部」到「看護保育專職工作組」，可謂是功能齊全，這個龐大團隊的人員每天得到或消耗的食物，包括有兩千條麵包和三百陶罐的啤酒作為工資。

索貝克霍特普三世的隨從人員規模之大與前任差不多，其中最主要的是他的兩位王后與眾位王室公主。一位公主的綽號為芬迪（Fendy），意思是「鼻子」，或更可能是指愛管閒事」，這位公主的外號與其父王的名字刻寫在同一個盾徽圖案中。索貝克霍特普三世還為他「親愛的媽媽」伊烏赫特布（Iuhetebu）及其丈夫造像立於殿堂門口，從該男人的頭銜可看出並非帝王。國王母后的第二任丈夫沒有任何頭銜，很可能出身於中等或下等階層家庭，這些人可能是因富而貴，而這也是第十三王朝權力「循環接續」的一部分。

此時，王族與朝臣之間的界限已經不再那麼明晰，因為兩個群體常常相互通婚，就像古王國末期的情況。例如，第十三王朝的公主雷妮森涅布（Reniseneb）就嫁給了阿拜多斯的市長。這對幸福的夫婦住在丈夫位於阿拜多斯南邊的豪闊府邸，當中有一樣特別的物品透露出日常生活非常私密的一面；那是一塊獨特的「生育磚」，上面畫著一位母親懷抱她的新生兒，陪伴她的是哈索爾及女神的幾位神界「同事」。此磚僅是諸多類似磚塊之一，孕婦臨盆時就蹲坐在壘砌的磚塊上生產。磚塊「以立體的形式，具體復現了太陽神的誕生之地」，而生育行為在伴隨唱誦儀式的文本提及：「請為我敞開。我是建造者，為哈索爾建起跨坐的塔門，她撩起衣裙，如此就可以生產了」。

另一件獨特的文物則表現出順利生育的成果。這是一座青銅小雕像，顯示第十三王朝公主索貝克納赫特（Sobeknakht）跪坐著為孩子餵奶。這位公主的圖像也出現在矗立於艾德夫的一座石匾，因為當時的王室顯然正在持續修飾重要的宗教崇拜中心，而公主無疑是頗為恰當的圖像主體。

神靈和王族的雕像都在宮廷的雕刻工坊製作。霍雷姆哈烏夫（Horemkhauf）原是希拉孔波利斯「荷魯斯祭司工作組的督導主任」，其職業生涯的亮點就是接到王室詔令，北上到位於伊特耶—塔維（利希特墓場即在此城附近）的宮殿，「恭請希拉孔波利斯的荷魯斯與其母親伊西絲」，此時兩位的新雕像已經完工，「在國王現場的見證下，督導主任在利希特的『物資辦公室』將雕像捧入懷中」，隨後帶回他的城市，安頓在當地的荷魯斯神廟。

索貝克霍特普三世的繼任者是內弗爾霍特普一世（Neferhotep I），其執政期間持續建造高品質的各類雕像。在阿拜多斯，歐西里斯及同受敬拜的其他神靈新雕像安裝時，他親自指導和監督。這位新王依舊能收到進貢，來自比布魯斯及該地歸順埃及的統治者延廷（Yantin），暱稱為「喬納森」（Jonathan）。

內弗爾霍特普一世的名字也在布恆出現，儘管此時，努比亞連同豐富的礦產資源已經處於當地聯盟政權的控制之下。聯盟的君王將上努比亞（庫什）作為勢力範圍，把宮廷建於克爾瑪（Kerma），此處是「在埃及之外非洲最早和最大的城市」。克爾瑪從境外進口陶器，最遠來自地中海區域；當地有自產的「克爾瑪器皿」，以及用銀子和象牙製成的各類物品，「主要是埃及風格，但也經過很多改良，加入大量的非洲元素」。克爾瑪君王們巨大的墓塚內，不僅有殉葬的家僕，還埋入了不時突襲埃及時擄回的戰利品，包括漂亮的森努維（Sennuwy）與其丈夫赫普德耶法（Hepdjefa）的花崗岩雕像。赫普德耶法是塞索斯特里斯一世政權中大權在握的艾斯尤特省長，去世三百年後，這對夫妻的墓葬遭到努比亞人洗劫。他們的雕像被長途運送至努比亞，在敵方一位君王的墓葬占據顯眼的位置，彷彿成了永恆的人質與俘虜。

內弗爾霍特普一世的權力中心是底比斯。他與王后瑟涅布森（Senebsen）熱衷於強調他們在底比斯的存在和淵源，在卡納克豎起了夫妻的雕像。他的弟弟兼繼任者索貝克霍特普四世也是如此，驕傲地宣告自己是在底比斯出生。同時，第十三王朝拜謁卡納克的次數越來越頻繁——帝王們紛紛前往該處尋求神的幫助和眷顧。

儘管尼羅河災難性的枯水週期加速了古王國的覆滅，但自從西元前一七七〇年代起，具有同等危害性的高水位洪水就是一個持續的問題。到了索貝克霍特普八世的執政期，洪水已經蔓延覆蓋了眾多卡納克地區，並不斷造成破壞，於是「大王前往他的神廟殿堂時，人們便看到偉大的哈皮（尼羅河神，這裡指洪水）向大王和他的神廟殿堂衝來。大王與工人一起在水中艱難跋涉」。當年的這些現場報導可以在人們腦海中喚起一幅幅生動的畫面，在在說明內弗爾霍特普一世已然不再莊嚴凜然、不可一世了。

中王國「一步步衰退，從強大政府治下的繁榮興盛局面，淪為窮困和混亂無序」。中央權威衰減最明顯的跡象之一：埃及再次分解為兩方土地的傳統格局，上埃及與下埃及各自為政。

根據後世修撰的帝王名錄，及至大約西元前一七五〇年，另一個王室在努比亞人內赫希（Nehesy）

的統領下，在北方三角洲地區的索伊斯（Xois），又稱薩哈（Sakha），建立了他們的權力中心。第十四與十三王朝共存，而第十三王朝此時已經完全以底比斯為統治中心。儘管沒有證據顯示雙方曾有軍事衝突，但這般政治分裂不可避免地削弱了埃及的實力。

不久後，埃及史上第一個外族王朝便充分利用了當時南北分治的政局，趁機興起。

〖14〗

分裂與征服

約西元前一六五〇～前一五五〇年

表面而言，統治埃及的第十三王朝中，至少三位君王擁有巴勒斯坦的血統背景。埃及政權內部的巴勒斯坦「阿姆人」，或稱「亞洲人」，已逐漸掌控政府，並最終接管國家的北半部分，代表了第二中間期的開端，也標誌著此時沒有唯一和統一的中央權威。

埃及慢慢分化裂解成最初的政局——兩方土地。第十三王朝此時以南方的底比斯為大本營，而同期共存的第十四王朝則在北方，以索伊斯為中心。此局面自然有利於巴勒斯坦人逐漸壯大實力，讓奪權之路變得更為容易。

不過，當代的考古成果顯示，南北兩方之間還出現了第三股勢力，活動中心為阿拜多斯。近年發現他們首領烏色里卜拉・塞涅布凱（Useribra Senebkay）的墓葬，這是「最初的首批實體物證，表示曾有一個被遺忘的阿拜多斯王朝存在，約於西元前一六五〇至前一六〇〇年」，學界在此之前對這段歷史一無所知。

同時，生活在三角洲東部的埃及化巴勒斯坦人，透過政權內部轉移，和平地接管了此區域。他們的大王名為薩利狄斯（Salitis），自封為「來自高地的統治者」，但埃及人稱他們為「來自異邦的統治者」（heka-hasut）。在後來的帝王名錄中，他們被命名為喜克索斯（Hyksos）君主，政權列為第十五與十六王朝，同一份文獻還表示「這些無名種族的侵入者來自東方，他們帶著勝利的信心長驅直入，進軍我們的土地」，「借助凶悍的主力部隊，他們輕易奪取了地盤和權力，連一次攻擊都無須發起」。這段歷史記載還補充：他們縱火焚燒埃及的城市，毀壞神廟，屠殺或奴役埃及的民眾，接著擁立了自己的最高統治者。

早期古埃及學者把此具體明晰的敘述當作歷史事實。他們認為約在西元前一六五〇年，喜克索斯族巴勒斯坦人突然發動了侵略，駕馭著新奇的先進戰車席捲而來，快速攻占埃及。

但真相實則遠遠沒有這般戲劇化，儘管破壞程度並不因此減弱半分，或者說，有時候血腥程度並不減少分毫。

喜克索斯王朝歷史的修正，是由於二十世紀發現了他們的城市遺址。這座城市為阿瓦利斯，位於現今埃及三角洲地區東北部的達巴丘，這裡最初是埃及和巴勒斯坦邊界的一部分，曾建有軍事化堡壘。阿蒙內姆哈特二世時期，一千五百五十四名亞洲人戰俘被安置於此，與水手、造船木工、礦工和士兵，以及為埃及政府效力的巴勒斯坦人一起在此定居。此地區隨之發展，成為一個興旺的貿易中心，來自巴勒斯坦的驢子馱隊會定期到此處，而尼羅河支流貝魯西亞（Pelusiac）的水上交通，則運來了克里特和賽普勒斯的葡萄酒、橄欖油及工匠。

阿蒙內姆哈特三世執政期間，阿瓦利斯已經存在大量不同種族的居民，並很快成為地中海東部沿岸最大且最國際化的城市之一。約西元前一六五〇年，王室首府伊特耶—塔維（即利希特）被棄用，阿瓦利斯取而代之，成為第十五王朝喜克索斯君主的大本營。

阿瓦利斯的城區面積最終擴展到四平方公里，九公尺厚的堡壘城牆環繞著大片巴勒斯坦風格的屋宇。喜克索斯人保留了本族的喪葬傳統，傳統之一便是把死者埋在自家屋舍近處，此做法從史前時代便是埃及北方的典型風俗。有些人甚至為房屋修建附加的延伸部分，專門用於安置死者，屍體埋時蜷縮如胎兒，並伴有特色鮮明的陪葬品。以喜克索斯王朝的阿姆副司庫為例，他的陪葬品包括鑿子狀的戰斧和短刀、生前使用的陶器，而他在長途遠行貿易時騎過的驢子，也被當作犧牲宰殺，跟著他殉葬。

其他有些人則更喜歡埃及風格的墓葬，例如一位無名氏貴族的墳塚便是如此，這位無名氏有人認為是「聖經般的約瑟」（譯註：據《舊約．創世紀》，雅各晚年得子，名約瑟，寵愛有加，為其增添漂亮衣裳，引起其他兒子的嫉妒。兄長設計將約瑟賣給埃及為奴。約瑟憑藉品德與解夢天賦，最終晉升為埃及的執政官，略等於古代中國的宰相）。他的雕像身穿五彩花長袍，與衣服相得益彰的是一頭紅髮，梳成了布丁盆的樣式。另一座受埃及文化影響的陵墓為索貝克姆哈特（Sobekemhat）修建。索貝克姆哈特是「外邦土地的主管和貿易商隊領袖」，其陪葬品有敘利亞短刀和紫水晶聖甲蟲護身符，以及喜克索斯特色的兵器、埃及風格的珠寶與克里特樣式的金器等等文化大雜燴。此地其他墓葬也頻繁挖掘出克里特金器，雖然考古學家已對此習以為常。

既然阿瓦利斯繼續與克里特、比布魯斯、烏加里特和阿勒波（Aleppo，即敘利亞）貿易往來，埃及喜克索斯王朝國王的名字當然就廣為傳播，一路遠至克諾索斯（Knossos）。在西臺帝國（Hittite）的首府哈圖沙（Hattusha，現今土耳其的博阿茲卡萊〔Bŏgazkale〕）和巴格達都為人所知，喜克索斯公主塔娃（Tawa）的芳名甚至向西傳到了西班牙。

在埃及，喜克索斯統治者的權勢擴展到孟斐斯，並最終向南延伸至赫莫波利斯（Hermopolis）。在更南方約四十公里的梅爾，統治者對邊境實施管控，並對在尼羅河往返的所有貨物強行徵稅。他們對北方埃及的控管，在南方得到了呼應和平衡，也就是與在克爾瑪盤踞的努比亞統治者結為盟友，因此能順利獲取努比亞的金礦資源，同時對整個埃及南方有更穩固的控制。此時，第十三王朝的舊勢力還據守在底比斯，「力求埃及人獨立政權的餘燼不會死滅」。

不過，底比斯此時處境類似夾心三明治，被喜克索斯王朝和他們的努比亞盟友從南北兩方圍困。這當然是一種岌岌可危的狀態，況且努比亞的部落武裝還不時向北呼嘯而至，搶劫一番。索貝克納赫特（Sobeknakht）在卡布領導的地方政權與底比斯是同盟，他向政府彙報軍情，「庫什人來了，他們已經侵襲瓦瓦特的各個部族，以及龐特和梅德雅伊的土地」；他聲言在當地女神奈荷貝特的保護和幫助下，他和手下才勉強得以擊退敵人，而奈荷貝特「意志堅定，一心反對努比亞人」，所以「匪幫領袖在女神噴發的火焰中翻落倒地」。

在南方，埃及的文物遺產被努比亞的遊牧武裝搶劫運走，同樣的洗劫和破壞行為也在北方進行。喜克索斯人看上了諸多古代的地標性建物，便設法遷移它們、運過三角洲和孟斐斯，重新安置到阿瓦利斯。阿蒙內姆哈特三世的巨大斯芬克斯石像至少有四座被移至喜克索斯都城，並刻上該王朝君主阿波菲斯（Apophis）的名字。

從此以後，埃及人一直咒罵喜克索斯人，貶斥其野蠻愚昧。但無論如何，這些沒教養的蠻族卻採用了傳統的埃及稱謂，其中包括僭號自命為「拉神之子」，並在自己的大型建築和雕塑刻寫了傳統的象形文字。阿波菲斯大王甚至僱請埃及人書吏抄錄古文獻，例如《蘭德數學紙草》（*Rhind Mathematical Papyrus*，以古文物收藏家Rhind命名）。此書卷最初名為「研究萬物所需之精確計算，世間奧秘、難解之事及萬物知識」。書中是一系列的數學分析，最主要的內容有方程式、分數和代數，用於解決各種問題，從計算金字塔的坡度，到對比圈養與自由放養雁鵝所需的糧食消耗量，可謂應有盡有。阿波菲斯本人甚至能閱讀這些文獻，因為他聲稱自己是「拉神的抄書吏，由學識之神托特親手教導」，因此擁有所需學養，可以「忠實準確地讀懂書卷所有艱深複雜的章節」。

之所以提到托特，是因為喜克索斯王朝同樣標舉對埃及諸神的崇拜，其中的塞斯是他們尤其恭敬尊奉的。從第十四王朝的統治者內赫希自命為「塞斯的寵兒，阿瓦利斯的主宰者」開始，塞斯在阿瓦利斯就一直受到敬拜，而阿波菲斯乾脆「把塞斯指認為他個人的至上天神」，並為其新建一座神廟。喜克索斯人將塞斯等同於自己的風暴之神巴力（Bal），而這位主神的搭檔或伴侶「比布魯斯神女」阿絲塔特（Astarte），則相當於哈索爾的另一變體。在埃及具有高度靈活度的宗教信仰體系下，兩位異教神靈毫不費力地得到了接納，融入其中。

不過，喜克索斯人對埃及文明最大的影響是他們的技術能力。他們引入了金屬加工的先進工藝，造型圖案方面綜合了敘利亞、克里特和埃及本土的元素，並生產出埃及人根本從未有過的軍事金屬工具：複合材料長弓、青銅護身鎧甲、頭盔、更小且輕便的盾牌，還有刀刃彎月形的半長刀，即赫沛什彎刀。

不過，所有新事物中最突出的還是戰車，而拉動戰車的馬匹也是差不多在同一時期被喜克索斯人首次引入埃及。埃及在此之前主要的交通運輸方式是船隻、驢子和滑竿轎椅，戰車可謂是具有革命意義的工具，不僅改變了整個古代世界的戰爭形態，而且作為高貴地位或特殊身分的象徵，它促成了新的菁英群體的誕生——駕乘戰車的武士喚作「馬利阿努」（maryannu），即「青年英豪」之意。

這些軍備創新技術一旦引入埃及，遲早被底比斯人模仿。隨後導致的局面，就彷彿是一場古代世界的軍備競賽。

底比斯的第十三王朝被迫與喜克索斯人分享他們的國家，在口頭上尊奉後者的強權。透過反思歷史，他們將政權「重新命名」為第十七王朝。他們開始在卡納克神廟壁上描繪自己的形象，伴隨出現的是當地神祇阿蒙、蒙圖和瓦塞特。瓦塞特是底比斯城的擬人化表現，現在配上了新式武裝：複合材料長弓與喜克索斯風格的赫沛什彎刀。底比斯人正等待東山再起的時機。

他們當然認為自己才是本土傳統的捍衛者，是正統的傳人。底比斯人保存古代文本的同時，也構思制訂新文本，將經典的「金字塔銘文」與「石棺銘文」組合併寫在莎草紙上，創作出《重見天日之書》（*The Book of Coming Forth by Day*），即後來所稱的《死者之書》（*Book of the Dead*）。任何人都可以得到一本，付出的代價約是六個月的工資，換言之就相當於三頭驢。

已知最早的《死者之書》，是西元前一六五〇年左右底比斯當地領袖德耶胡狄（Djehuty）的妻子蒙圖霍特普（Montuhotep）所製作。該書在其位於底比斯西岸的墓葬中被發現。人們選擇在那裡安葬的傳統已經延續了幾個世紀，大部分是埋在開闊的平地之中，而地方顯貴則葬在平民上方，位於德拉阿布—納迦高聳岩壁間鑿挖出的石窟墓穴裡。後來的底比斯國王索貝克姆沙夫（Sobekemsaf）及其王后努布哈絲（Nubkhas）約在西元前一五七〇年安息在此。入葬時，兩人盛裝威儀，佩戴正式王冠與裝飾冠冕。若將「胸前掛件飾品和黃金首飾」合成金錠，總重量甚至高達一百四十四公斤；至少在約四百五十年後，盜挖該墓葬時所透露的訊息是如此。

索貝克姆沙夫與努布哈絲的繼承者是兩人的兒子因特夫六世，他明確意識到與治下領地神廟維持良好關係具有重要的政治價值。於是，當柯普托斯的神職人員警示某名祭司偷了一件「神聖的遺物」時，他便啟動了正式調查。查證過程中，那位被控有罪的祭司被驅逐出神廟，名字也從神廟紀錄和帳冊中徹底抹去。

因特夫六世重視底比斯、古城阿拜多斯及當地最早王室大墓場的關聯，不僅為當地歐西里斯神廟添加新物品，還為此神新修一座石灰岩材質廟宇，位於沙漠間底比斯通往阿拜多斯的大路旁，但離底比斯相對更近，就在國王谷上方山嶺中，直到一九九二年才被發現。作為「可明確歸屬於第十七王朝的唯一大型建築」，因特夫六世的歐西里斯新神廟證明了，底比斯人傳統的西岸大墓場「被認為是阿比迪恩（Abydene，可能短暫存在的阿拜多斯本地王朝）墓園的延伸」，而從兩處墓場的位置來看，此推論確實相當明白易懂；只要把它們與尼羅河在基納顯著的大拐彎做出連結即可。

透過這些方式，因特夫六世宣告自己和他的第十七王朝才是埃及早期帝王真正的繼承人。一八二七年，他在德拉阿布─納迦的墓葬被發現，這是第一座近代發現的埃及王室墓葬。此墓上方原本覆蓋著一座十三公尺高的金字塔，幾乎原封未動的石窟墓穴中仍舊保存著黃金包覆的棺材，圖案造型十分搶眼，應是國王專用的條紋包頭布。不過，雖然陪葬的弓和箭還在棺材內，但他的木乃伊遺體卻慘遭破壞，因為曾有盜賊潛入尋寶所致。

德拉阿布─納迦發現的另一座墓葬，其中的鍍金棺材上也有國王專用的條紋包頭巾圖案，裡面存放的是一位女性遺體，一起安葬的還有一名小女孩，想必是其女兒。兩人都佩戴著珠寶首飾，年長的女性盛裝打扮，戴有已知最早的「金質榮譽勛章」（gold of honour），那是由數排黃金串珠組成的項鏈。依照傳統，項鏈由國王頒發，而這位「被授予之人代表社會地位的提升」。此女子儘管如今的身分未可知，但在有生之年，顯然相當有權勢，其木乃伊遺體的分析透露她當年的塗油防腐，用的是一種很不尋常的新方式和新材料。

由於喜克索斯人控制了與黎巴嫩的貿易通路，底比斯的松柏樹脂供應日益縮減。這具木乃伊能使用的樹脂也微乎其微，百分之九十九的塗油防腐材料是由純化後的綿羊油製成。象徵底比斯神靈阿蒙的神聖動物是一頭公羊，這種獨特的新型防腐綿羊油膏，顯然因為與阿蒙的關聯而受到青睞，這樣的木乃伊處理方式構成了一種隱形但很確定的樞紐，將死去的女人與當地神祇做聯繫。

近年依靠現代科學才解密的這種聯繫，顯示出底比斯的菁英階層正探索和運用越來越複雜的塗油防腐技術，精心選擇原料成分是對政治意圖做出強而有力（也更微妙）的表述。他們透過回首過往來尋找靈感啟發，重新在一種溶液中利用天然泡鹼，上一次使用這種方式，已是金字塔時代的事了。作為防腐處理過程的一道工序，這不僅營造出最為栩栩如生的膚色效果，而且遺體從泡鹼液體取出時，具象生動地重演了亡魂再生進入來生世界的場面——在底比斯新帝王的統領下，埃及不久後也相當於再次重生。

這種木乃伊製作方式如此成功，以至當時底比斯這個傑出的王室家族中，很多成員的遺體得以保存。儘管因特夫六世的木乃伊消失無蹤，一如他的繼任者塔奧（Tao）的遺體，但塔奧威儀凜然的妻子特狄希瑞（Tetisheri）的遺體得以倖存。

王后的父親是「法官」特耶納（Tjenna），其母內芙露（Neferu）則只是家庭婦女。雖然不是王族血統，特狄希瑞依舊被一代代後人尊為王室世系的源頭和創始者。

後繼的帝王夫婦塞肯拉（Seqenra）與安霍特普（Ahhotep）兄妹便是特狄希瑞的子女。死後多年，

「偉大的女先祖」特狄希瑞仍然受到敬拜，被奉為「必不可少、存亡攸關的生命力卡（ka）的化身與傳遞者」。生命力卡（ka）是底比斯人的靈魂所繫，被認為儲存於特狄希瑞的木乃伊遺體中；遺體於一八八一年被發現。

遺體曾得到技藝精湛的處理，在泡鹼溶液細緻地浸泡（此時的防腐程序已標準化，須耗費七十天），這也是天上最亮的星星索提斯（天狼星）每年從夜空消失的時間。不過，在亞麻布的重重裹紮之下，這位「偉大的女先祖」辭世時其實就是一位瘦小的老婦人。她稀疏的花白頭髮曾做過接髮，還有很明顯的上頜前凸。這個鮮明的家族遺傳特徵在王族世系中將繼續出現，直至未來的幾百年。

在統治底比斯王國期間，塞肯拉與安霍特普兄妹生了至少五個孩子，一男四女全使用同一個名字——阿赫摩斯（Ahmose），不過四個女兒分別加上了區分彼此的第二個名號。家族不斷壯大，擴張疆土的雄心也在增長，於是塞肯拉與安霍特普修建了一座新王宮，位於底比斯北方四十公里處的德爾—巴拉斯（Deirel-Ballas）。這個建築群防衛森嚴，外圍有士兵駐守的前沿堡壘，還有一座八公尺高的瞭望臺。

當底比斯與阿瓦利斯之間不時發生衝突時，這樣的防禦工事當然很有必要。埃及古文學中便有一則這樣的故事，《阿波菲斯與塞肯拉的爭執》敘述著說喜克索斯的「大統領」派信使見「南方城市的親王」塞肯拉，他提出底比斯的河馬池塘應該讓他控制，因為裡面的「畜生」發出的吵鬧聲太大，讓他無法好好睡覺。

由於底比斯與阿瓦利斯相距達六百五十公里，這則奇異的故事不免有了很多解讀方式，但最有可能的是，這代表了一個委婉的暗示，指向底比斯王族女性，把她們的權勢力量等同於好戰的河馬女神塔維里特（Taweret）。塔維里特通常被描繪成暴怒起立的樣子，僅靠兩條後腿站立，雙臂揮舞刀劍，保護她的子孫後代。她的形象也刻繪在儀式用途的戰斧斧頭。塞肯拉的妹妹兼妻子安霍特普不僅擁有不少戰斧，而且還是卡納克最高級女祭司，被稱為「阿蒙神之妻」。她的角色要求她在神廟的聖湖沐浴，故事裡所謂的「河馬池塘」可能說的就是此聖湖。該湖最初所在的卡納克，與塔維里特、塞克美特及她們的同類女神姆特（Mut）都有關聯。安霍特普在宗教儀式的標準動作包括拉弓射箭，射向代表埃及的敵人，還有將敵人的蠟製小雕像在青銅火盆焚燒。阿波菲斯大王對此感到不快，就沒什麼好奇怪的了！

喜克索斯王朝與底比斯之間的口水戰持續升級，乃至發生了公開的武力衝突。塞肯拉被殺死的情形相當暴力和慘烈，正如他的木乃伊屍身的狀態：雙手、雙臂仍處於死時的痙攣抽搐狀；嘴角依舊是向後方扯動的樣子，彷彿正在做鬼臉；頭髮仍然纏結著，光澤暗沉（因頭部傷口流出的血沾染了頭髮）。他的手臂和身體軀幹沒有其他傷痕，暗示他死時未能反擊，而頭部傷口則表示他可能是在睡夢中遭到刺殺，或是在戰場上未意識到突襲奪命，又或是「在某場底比斯人落敗的戰役之後，為了示眾而進行的儀式行刑，被敵方指揮官處決」。

法醫研究顯示，致命的頭部傷口由喜克索斯樣式的利器造成，具體來說是前額遭到一把鑿子形狀的戰斧猛擊，留下的創痕為「當年的巴勒斯坦戰斧斧頭典型的尺寸大小」。戰斧砍傷的另一處地方是他的左臉頰，導致他的下巴斷裂。此外，一把短劍從他耳後刺入，還有狼牙棒從上方砸碎了他的顴骨。

當塞肯拉的部隊把殘損的屍體運回時，遺體已經開始腐敗了。一九六〇年代，這具木乃伊被出土研究時，仍然散發出一種「惡臭、油膩的氣味」，而這正是肉體腐爛分解的典型氣味，即使已經經過數千年，遺體中的脂肪仍正在分解。

不過，塞肯拉並非唯一遭遇此慘烈命運的人。近年來，在阿瓦利斯的喜克索斯王宮覲見大殿下方，考古學家發現了十六隻被砍下的人類右手，「尺寸之大和強壯有力的程度頗為異常」，這很可能代表塞肯拉的部分底比斯將士的結局：戰敗之後，手被對方砍下當成了戰利品，此舉很快變成埃及人用以統計敵軍死亡人數的方式。

塞肯拉死亡之際，他的孩子們還十分年幼，無法掌管國家，於是他們的母親安霍特普擔任攝政王的角色。在卡納克神廟刻寫的銘文中曾如此描述她的權力：

讚頌陸地國土之女主，讚頌北方島嶼（即愛琴海）海岸之女主；她的英名在每個外邦土地得到歡呼頌揚；她是八方萬眾的統領者，是帝王之妻，是帝王之姐妹，是帝王之女，是雍容的帝王之母，是打理照料埃及的智者；她看護軍隊並予以憐憫保護，她體恤關懷國土上的流亡者，將沙漠游民團結在一起；她平息撫慰了南方，膽敢冒犯者，她必趕盡殺絕。

簡而言之，安霍特普整頓潰敗離散的亂局而繼續戰鬥。為旌表其成就，她獲頒兩套埃及最高級別的軍功勛章「勇氣金蒼蠅」。這是用來嘉獎戰場上的勇猛將士，通常做成小蒼蠅的樣式，因為這種昆蟲象徵著堅韌頑強。不過，安霍特普的蒼蠅勛章尺寸放大了許多，變成九公分長的巨型黃金蒼蠅穿在掛鏈。

她生前可能長期佩戴這些項鏈，而死後仍然掛在頸上。

這只是豐富陪葬品的一部分。一八五九年，當地人在德拉阿布—納迦發現她的墓葬時，這些東西依舊完好無損。巨大的鍍金棺材裡仍然保存著她的木乃伊遺體，但不幸的是，屍體佩掛的沉重金飾被盜搶時，木乃伊遭到胡亂棄置。

與金蒼蠅相伴的是大大的黃金鐲子，也是因「英勇軍功」而頒授的物品，它們通常成對授予，不過安霍特普擁有四對。其餘更多的金手鐲上面刻有兒子阿赫摩斯的名字，手鐲鑲嵌了珍稀寶石和埃及已知最早的玻璃，而一條明顯受到愛琴海風格影響的寬領圈，則反映了安霍特普「北方島嶼海岸之女主」的頭銜名號。除了鍍金的鏡子和扇子等，與安霍特普一起埋到地下的還有一座兵器庫。成套的武器「既有儀式使用，也有實戰使用」，包括弓箭手的護腕、權杖、棍棒、戰斧與短劍，應有盡有。其中一把短劍，尾部帶一環形，便於繫在衣服上，「在形式和技術而言都是愛琴海特色」；劍柄還有邁錫尼文明（Mycenaean）風格的黑金鑲嵌畫像，描繪了獵捕獅子的場景。

這些武器固然支撐了底比斯王后悍勇善戰的名聲，此處女性墳墓伴有武器陪葬品的現象已延續兩千年，所以這絕非什麼新鮮事。不過，安霍特普的軍事成就還是遭到部分人士的否認或貶低，他們聲稱這些武器和勛章都是屬於王后的男性親屬所有。

王族男性之一，「勇士」卡摩西（Kamose，約西元前一五五五至前一五五〇年在位），或許是安霍特普的另一個兒子，他對喜克索斯王朝及其努比亞盟友都展開了攻勢。後來在卡納克豎起的雙石碑上，有詳細的銘文透露當時的政治局面；他的執政顧問顯然對現狀感到滿足，但卡摩西的意見截然相反：

「我想知道，既然阿瓦利斯有一名領袖，庫什也有另一名，我如何能說自己有權威力量？我在此受制於一個亞洲人和努比亞人，他們各自占據埃及的一部分，雄霸一方，與我分治這片土地。亞洲人的重稅如同搶劫，沒有人能安居樂業。所以，我要與他一決高下。我要切開他的肚子！我決心拯救埃及，痛擊亞洲人！」

於是他開始行動，從攻打努比亞開始，他奪取了布恆的舊軍事要塞，然後安排自己的親信入駐，擔任努比亞庫什地區的總督，號稱「庫什的國王之子」，以此抗擊和遏制更南方的強大克爾瑪的部族統治者。接著，卡摩西率領艦隊向北征伐，對喜克索斯王朝領土的最南端發起攻擊，並抓獲一名趕往南方庫什的信使，此人帶著喜克索斯君王阿波菲斯的一封密信，通知努比亞盟友北上聯手擊潰卡摩西。

卡摩西無所畏懼，乘勝進軍，攻向阿瓦利斯，來到阿波菲斯號稱銅牆鐵壁、刀槍不入的堡壘城牆前。卡摩西與敵手的距離如此之近，足以「望見對方屋頂平臺上的妻妾，她們也從窗子後面朝外窺視港口，如困在洞中的小動物，低頭搜尋逃亡通道，女人們說著『他動作真快！』」。

面對一群囚徒般的觀眾，卡摩西獲得了完美的舞臺，他趾高氣揚、耀武揚威地發表一場演說。他對著阿波菲斯大吼：「看著我！我在這裡，成功了，勝利了！即使我離開之後，也絕不聽任或允許你再踏上我的土地！你這邪惡骯髒的亞洲人，承認失敗吧，看著！我在暢飲你葡萄園的美酒，我俘虜的亞洲人為我將葡萄壓榨製成美酒。我已經破壞你的行宮，我砍倒了你的樹木，讓你的女人走進我的艦船。我已經奪走你的馬匹；你千百艘雪松木船隻裝滿了無以數計的金子、天青石、銀子、綠松石、青銅戰斧，現在都已屬於我，一塊船板都不會給你留下。我全部沒收了！一樣東西也不會留在阿瓦利斯！」

儘管卡摩西最終並未能攻取阿瓦利斯，他仍然占領和收復北方的大部分地區，並帶著勝利返回底比斯，在卡納克下船登岸。在這裡，「阿蒙將彎月短刀授予了阿蒙之子卡摩西」，喜克索斯人的彎月刀此時被他牢牢抓在手裡，同時還有對方的駿馬。戰利品讓卡摩西得以擴充強化他的軍隊，準備發起終極攻勢，奪回整個埃及。

他下令「將大王在戰爭完成的每一件壯舉都銘刻在一座石碑，永遠豎立在卡納克」。於是，那座所謂的卡摩西石碑便成為這位國王一生業績最確實的證物。他短暫但戲劇化的統治期，隨著他在西元前一五五〇年左右離世而宣告終結，與此同時，第十七王朝拉上了帷幕。

〔15〕

黃金時代的黎明

約西元前一五五〇～前一四二五年

埃及第十八王朝的開始標誌著新王國時期的序幕，也標誌著一個真正的黃金時代的開始。

該王朝最初的統治者是阿赫摩斯一世（約西元前一五五〇至前一五二五年在位），號稱「兩方土地的君主」和「拉神之子」，還有他的妹妹兼妻子阿赫摩斯—內芙塔里（Ahmose-Nefertari），號稱「兩方土地的女主人」和「拉神之女」。「她與丈夫都是她父親塞肯拉地位的繼承人」，所以她也參與國家大事決策。

其中包括修建一座衣冠塚的計畫，以此紀念和敬奉兩人共同的祖母特狄希瑞。阿赫摩斯吐露：「想為她修建一座金字塔和祭祀地，就在神聖的土地上。」神聖的土地便是阿拜多斯，這些建築將是埃及修建的最後一個王室金字塔綜合體計畫的一部分。

在沙漠石壁挖鑿建成的一座階梯臺地狀神廟，是此工程計畫的亮點。廟宇經由一條長達一千公尺的長堤通道與特狄希瑞的金字塔連通。此建築的終點就是新君主夫妻的衣冠塚金字塔。此金字塔高度為五十公尺，周圍的附屬建築群呈現了帝王豐功偉業的各種浮雕與壁畫場景，例如緊密列陣的大量弓箭手、馬匹、戰車以及跌落墜地的亞洲人；戰敗者的形象有的註明了喜克索斯君王阿波菲斯的名字，有的則寫成阿瓦利斯城市的名字。

這些場景記錄了「獨立戰爭」最後階段和圍攻阿瓦利斯的情況。其中主宰畫面的是實際身高一百五十公分的國王，他被美化成「超人英雄阿赫摩斯」的圖像。他大獲全勝，奪回了北方的紅色王冠，並戴著此王冠勝利返回底比斯，在卡納克向阿蒙表示感謝。阿波菲斯的繼任人哈穆狄（Khamudi）主政後的第十一年，喜克索斯王朝被阿赫摩斯一世成功摧毀。

阿赫摩斯的一名軍官名叫「伊巴拉之子阿赫摩斯」（Ahmose son of Ebana，帶上母親伊巴拉的名字，以便與國王區分），其位於卡布的墓葬發現了一份他的目擊記述。這位軍官跟隨國王進軍阿瓦利斯，與國王並肩作戰，與敵人正面相對，近身搏殺。在殺死喜克索斯士兵之後，他割下他們的手計數，看自己斬獲多少條性命。戰爭到了晚期，埃及人已經明顯占有技術優勢，因為他們擁有的青銅合金武器更為銳利，而喜克索斯人卻只有非合金的銅質兵器可用；製作合金的錫必須進口，而供應鏈已被埃及人切斷。

埃及人全面獲勝之後，便允許喜克索斯人自行離開埃及。在阿瓦利斯考古發掘的證物也支持了「集體大逃亡」的合理，後世部分歷史學家也提到「遊牧部族大批離去，從埃及逃往耶路撒冷」的現象。不過，這並非一刀兩斷。阿赫摩斯的埃及軍力繼續向北推進，在一段長久的圍攻之後，他拿下了喜克索斯人在巴勒斯坦的基地沙魯亨（Sharuhen）。到了大約西元前一五二七年，王朝的勢力已經延伸至敘利亞的納哈林（Naharin），也稱米坦尼（Mitanni），並將幼發拉底河定為埃及的邊境。阿赫摩斯對東部地中海沿岸地區的征服，促成了埃及與其長期貿易夥伴克里特結成盟友關係，而後者是當時最先進且強大的海上力量。

解決喜克索斯人，只是阿赫摩斯任務的一部分。於是，「當大王擊潰亞洲遊牧部族後，又向南揚帆遠航，摧毀努比亞的弓箭手，格殺勿論、伏屍百萬」。與母親安霍特普和王后阿赫摩斯—內芙塔里一起，他造訪了布恆，拜謁當地為荷魯斯新建的神廟。他甚至將南方邊境拓展到遠至賽伊島（Sai Island）要塞，他的雕像在此地矗立，永遠警醒地看護著國土。

埃及的國土不僅得以擴張，國家也變得穩固安定。阿赫摩斯終於能將精力聚焦到國家內部，在孟斐斯與赫里奧波利斯的重建計畫，便是其宏圖的起始。阿瓦利斯已被夷為平地，此時再度重建，重新成為埃及領土的一部分，並擁有了新名字：佩魯內弗爾（Perunefer）。當地建有防禦城牆和巨大糧倉，可以有效維持相當數量的人口，其中包括埃及士兵、來自努比亞和愛琴海地區的傭兵、敘利亞和克里特的造船工匠，另外還有充足的物資和補給儲備，以應對可能的戰略需要。

一場嚴重的風暴讓卡納克損傷嚴重，因此底比斯必須展開修復工程。阿赫摩斯於是獻上琳瑯滿目的寶物，既有繼承了五百年的祖傳金銀器皿，也有為神廟雕像配置的全新黃金冠飾和項鏈。

王族女性也佩戴象徵身分的飾物，尤其是君王的母親，即太后安霍特普。當時她已年近八旬，她的女兒阿赫摩斯—內芙塔里承襲了母親轉交的角色，擔任「阿蒙神之妻」。王后還任命為「阿蒙的第二位先知代言人」——最高大祭司副職。這些頭銜都意味著巨大的財富、威望和特權。

在卡納克執行角色使命時，如同所有神職人員，阿赫摩斯—內芙塔里必須在神廟的聖湖沐浴，穿上純亞麻的袍服。然後，她帶領聖潔的女祭司隊列，在最高大祭司（國王或其指派的副手）的陪同下進入廟中最深處的聖堂，為神靈奉上每日供品。神之妻的角色職責也包括其他儀式，例如焚燒代表敵人的小雕像或類似圖像；在儀式上向設定的目標射箭；充當「神之手」，以特定手法撩撥刺激阿蒙神（譯註：根據埃及信仰，阿蒙神不經由性行為繁殖），誘使神靈讓自己受孕。因為阿蒙經常展現敏神的狀態，具有同樣的超強生殖力。阿蒙神像挺立的陽具須定期以「香甜油膏」塗抹保養，而以蜂蜜為基本原料的油膏正是敏神的最愛。

阿赫摩斯—內芙塔里自己的生殖力相當可觀。她生了三個女兒和至少兩個兒子，其中一名兒子為阿蒙霍特普（Amenhotep），後來確立為王位繼承人，將母親提升至「國王之母」的地位，「國王之女」、「國王之妹」和「國王之妻」等身分疊加，無疑為阿赫摩斯—內芙塔里的名字注入了極大權威。她的橢圓形盾徽刻畫在兄長兼丈夫阿赫摩斯的盾徽兩邊，彷彿守衛與保護丈夫，部分壁畫場景也雷同，王后以護衛的姿態擁抱國王，而在她的鏡像中則懷抱著兒子。

西元前一五二五年左右，身經百戰而動作僵硬（也許當時已患有輕微關節炎）的阿赫摩斯國王過世，終年三十五歲。王后主持了他的喪事，下葬於德拉阿布—納迦的一座石窟陵寢。塗抹在阿赫摩斯屍體「厚厚一層」的松柏樹脂，同樣厚實地塗覆在他捲曲的鬈髮上。同時期的一份醫學文檔甚至記錄那是來自「比布魯斯的傘形金松」。如此充裕地使用這種奢華的防腐樹脂，相當於發出了一份永久聲明，表示埃及再次控制了生產此物的外邦地區，因為國王的遺體幾乎是浸泡在他掌控的土地精華特產之中。

父親去世時，阿蒙霍特普（約西元前一五二五至前一五〇四年在位）還是少年，於是阿赫摩斯—內芙塔里成為攝政，甚至在兒子正式稱王，並按照家族傳統娶了妹妹之後，她依舊擔任共同執政者，而且在兒子任期內一直持續。

在底比斯東岸的卡納克，她的權威早已長期確立；在西岸她的個人領地上，她則建立了一座女祭司學院。這位母親與兒子一起被尊奉為附近德爾—梅迪納（Deir el-Medina）村莊的共同創建者，村莊住著的都是修建國王谷王室陵墓的勞工。埃及君主在此處比阿蒙神更受歡迎，他們的小雕像是人們在屋中私下敬拜的對象，村裡神廟的日常禮拜同樣如此，工人把雕像當作獲知神諭的來源，每天求告諮詢「我們能拿到口糧和報酬嗎？」、「我該不該燒了這東西？」、「她能找到安生之處嗎？會不會死了？」等等。村民甚至創立一年一度的節日來向他們親愛的村莊創建者表達敬意，其中一個重頭戲就是「痛飲四天」。

村民的官方任務就是修建王室陵墓。傳統上，在國王執政的早期階段此工程就會開工，為的是有充分的時間完成計畫。「王后阿赫摩斯—內芙塔里宮中」的書記員阿尼（Ani），建議王族要員在年輕時就開始修造陵墓：「在沙漠選定你的地方，把那裡做成身體隱藏和安息的地方，將此視為一件重大的事進行，你會感到快樂和欣慰」。阿蒙霍特普即位時還是個孩子，所以更有可能是他的母親下令開始為年幼國王的陵墓修建工程。

不過，與之前不同的是，此墓或許並未修築於家族陸續入葬的德拉阿布—納迦，而很可能建在國王谷；離原先家族墓塲稍遠。太后下令修建的陵墓極有可能就是現在國王谷編號為第三九號陵墓。這無疑是谷地中最高的陵墓，緊靠著金字塔形狀的庫爾恩（el-Qurn）山巔。這座山是梅里特塞吉爾（Meretseger）的大本營，這位「喜愛寂靜的女士」是眼鏡蛇女神，象徵或代表的實物是生活在此地的蛇，至今活動仍相當頻繁。

這座墓葬最終在二十世紀晚期出土，主導發掘的考古學家聲稱「是國王谷建造的第一座陵寢」。宮廷建築師「伊內尼（Ineni）可能被應召監理阿蒙霍特普一世此墓的工程，此墓並未能完全確定就是國王谷第三九號陵墓，但極有可能是」。因為裡面的墓室，按照當時王室墓葬的風格布置，顯得簡單樸素，這裡有兩間墓室，大概是給阿蒙霍特普一世與其母親，或者是給其他家庭成員。

與以前的王室墓葬有所不同，國王谷第三九號陵墓的入口費盡心機地藏了起來，試圖保持隱秘狀態。畢竟，此前很多墓葬都被偷盜劫掠了。墓葬旁沒有附加的神堂或供祭獻的建築空間，不會吸引盜墓賊的注意力。太后與國王母子是最早將葬祭廟與墓葬隔開一定距離的王族，並非只是巧合，兩人的葬祭廟建在陵墓下方相當遠的迪爾─巴哈里河灣盆地，此處建築所用的磚頭印有阿赫摩─內芙塔里的名字。

深得信任的伊內尼受命設計卡納克的神廟石刻畫面，描繪太后與兒子一起向阿蒙以及第十一王朝的底比斯先祖獻上供品，先祖也曾讓分裂的國土恢復統一。正如先帝熱衷於展示軍事實力，阿蒙霍特普一世發動了一場打進努比亞的戰役，強化鞏固了賽伊島的埃及邊界堡壘，並仿效他的父親，在父親的雕像旁安置了自己的石像，然後滿載黃金與當地的稅貢回國。

不過，阿蒙霍特普一世在二十多歲暴斃，死因不明。官方只簡單宣布國王「度過了幸福的一生與和平安寧的歲月，前往天國與阿吞會合」。從古王國時期起，「阿吞」就用來指圓環與盤狀物，此時已慣常用來描述太陽。

阿赫摩斯─內芙塔里的兒子似乎沒留下任何子嗣，下一任國王是她的女婿圖特摩西斯（Tuthmosis，西元前一五〇四至前一四九二年在位）。儘管新王娶了老王后的女兒，即另一位阿赫摩斯公主，但他的帝王盾徽依然只能與似乎永存人間的阿赫摩斯─內芙塔里的盾徽並列共存，她依舊是埃及權勢最大的女人。

當她年近七旬最終辭世時，官方通報說「神之妻已飛去，上了天國」。她的屍體被放入泡鹼溶液，做成木乃伊。亞麻布包裹的遺體長度只有一百五十公分，但安葬於一具超過四公尺長的棺材中，強調她的優越地位和特殊身分。她很可能與兒子一起被葬在國王谷第三九號陵墓，就在其中的第二間墓室。王室家族還有其他的婦女葬於其中，儘管屍骨已殘損破壞，但都有與太后一樣特徵鮮明的齙牙。

阿赫摩斯—內芙塔里死後還獲得了幾個謚號，例如「天空夫人」和「西方女主」。作為「復興與復活女神」，她被描繪有著黑色或藍色肌膚，這兩種顏色「都是象徵復活的色彩」。她在卡納克神廟牆上的形象，與諸神接受敬拜的雕像具有同等的法力。這些形象以朦朧模糊的方式呈現，彷彿以面紗遮蔽，如同數位化的像素借助輪廓周邊的楔狀小孔點陣顯示圖像。身為「底比斯王室大墓地的守護女神」，她是第一位在墓葬建築官方報告被指名列為神靈的王族女性，後來在五十多座底比斯墓葬的壁畫場景中都將她作為描繪的重點。

第十八王朝繼續擴張壯大，圖特摩西斯一世至少有五個孩子，生母分別為其妃嬪和王后阿赫摩斯。王后懷著大女兒的孕期形象被頗為獨特地呈現。父親為大女兒取名為哈特謝普特（Hatsheput），意為「最為高貴的」。圖特摩西斯一世還公開指認她是「荷魯斯的女繼承人」，在百官面前宣告「她是王座的繼承人選」，並警告說「凡效忠尊敬她的，可活；凡褻瀆她的，斬立決！」

作為「埃及最偉大的武士君王」，在長達十一年的執政期中，圖特摩西斯一世大部分時間都在外征伐，征伐地包括敘利亞和努比亞，意在鞏固他所繼承的龐大帝國。

在其執政早期，努比亞發生了叛亂。大王隨即揚帆南行，鎮壓克爾瑪附近的庫什首領。他走上戰場，「勇猛凶悍如豹」，頃刻之間就擊殺了敵方統領，「他射出的第一支箭刺穿了對手的胸口，此人倒下後，箭仍插在屍體上」。他們洗劫了克爾瑪，並將該城鎮付之一炬。新的南方邊境就此確立在克爾瑪北邊不遠處的湯波斯（Tombos）。圖特摩西斯在此處銘文紀念他的大獲全勝，誇耀說「敵軍將士無一倖存，努比亞的弓箭手被揮劍砍倒，滿口鮮血，噴湧如注；他們屍橫遍野，被砍成碎塊，連吃腐肉的動物都已饜足；敵人的內臟填滿了山谷」。

遵照埃及的本土文化，為了來世永生，他們自己的內臟無一例外要乾淨俐落地收拾整齊，妥善包裹並掩埋，因此此次南征的描述代表他們對敵人處置的態度是如此殘忍駭人。王室船隊揚帆向北歸航時，此態度再現：「倒楣的努比亞弓箭手（死於我們大王的第一箭），頭下腳上，被倒掛在大王的船頭。」戰事記述中的象形文字還細心描述了圖特摩西斯那支箭仍插在敵方首領的胸上，而倒掛且爬滿蒼蠅的屍體，更是所有目睹血腥暴虐、游河示眾場面之人所真切感受到的恫嚇警示。

第二年，圖特摩西斯一世再次對努比亞發起征討。他設計了一趟連續無障礙的沿河航程，隨船扈從陣勢龐大，有士兵、書吏和祭司。於是，他責令手下的努比亞總督疏濬第一瀑布的舊運河河道，「大王發現那裡有碎石淤積堵塞了河床，沒有航船能通過，下令將此運河挖深」。

圖特摩西斯是第一位向南航行越過湯波斯的埃及國王，接著又越過巴卡爾山丘（Gebel Barkal），地名意為「純淨之山」，是一處突出地表的壯觀砂岩岩層，幾乎高達一百公尺，隨行的祭司將此認定為「創世的陸地土丘」，也是底比斯大神阿蒙洪荒之初的家園。他們繼續航行，直至柯爾古斯（Kurgus），往前不遠處的第五瀑布有一塊叫哈格爾—梅瓦（Hagrel-Merwa）的巨石，「對當地人可能有重大的精神或性靈意義」，大王命人將他的名字刻在原住民已刻繪圖案的巨石上。石刻描述國王這趟史詩般的行程有王后阿赫摩斯陪伴，還有兩人的女兒哈特謝普蘇特（Hatshepsut，譯註：許多古埃及人名拼寫並不統一，略有差異）公主同行。身邊的兩位女性就如哈索爾—塞克美特，將她們保護的力量帶到了動盪不安的地區。

另一趟遠程航行，圖特摩西斯一世向北到達比布魯斯，並在更北之處發動了一場戰役。此戰不僅鞏固了埃及之前擴張的成果，更進一步拓展，直至埃及軍隊跨過幼發拉底河。此河由北向南的流向與尼羅河是如此不同，埃及人因此描述此河是「水從下游逆流向上游」。

在幼發拉底河北部卡爾凱美什（Carchemish）的偏遠河岸，圖特摩西斯立起了一塊石碑，標示埃及政權當時擴張觸及的最遠範圍。而且，此石碑立在當時國際貿易商路的十字路口並非巧合，這是要讓所有途經之人都能看到。為慶祝遠征勝利，埃及人在尼雅（Niy，位於海岸城鎮烏加里特的東部內陸）濕地舉辦了一場獵象活動。國王犒賞了他的手下，例如「伊巴拉之子阿赫摩斯」，雖已老邁但精力仍充沛，在戰場俘獲了一臺戰車以及駕車的敵方士兵，第七次榮獲金質英勇勛章。這位老軍官與將士一起凱旋之後，終於覺得「我已經老了，也算高齡了。一如往常，我受到神的恩寵和喜愛，我將在墓中安歇」。

圖特摩西斯一世所獲不僅是從幼發拉底河向南延伸直到蘇丹的廣袤帝國疆土，還有伴隨擴張而來的財富。於是，他修建與其財力相襯的宏大建築，以感謝神保佑其戰無不勝。他也到了赫里奧波利斯和孟斐斯等北方城市考察巡視。在吉薩，當時已有遊客享受「愉快的徒步觀光」，參觀那些著名的金字塔墓葬。國王在當地將注意力放在了大斯芬克斯雕像，這座雕像以哈夫拉法老的容貌為原型，現在重新命名為霍雷馬赫特（Horemakhet），意為「地平線上的荷魯斯」；這座雕像是為了確認和支持圖特摩西斯自己的聲明——他是「從阿吞太陽圓盤到來」，此時阿吞已正式認可為擁有完整意義的獨立神靈。

位於佩魯內弗爾（之前的阿瓦利斯）的王室宮殿被擴建，或許是為了安頓和款待一位公主。這位公主被當作克里特與埃及持續盟友關係的代表，許配給圖特摩西斯一世。因此，負責裝飾宮殿的是克里特的工匠，克諾索斯宮和西拉島（Thera）的淺浮雕技術也一同引進，呈現流動感很強的圖像造型，包括螺旋紋理、「飛翔奔跑」的豹與狗，還有長頭髮的雜技表演者正玩著克諾索斯壁畫最出名的一種遊戲運動——在公牛身上跳躍翻騰而過；儘管在此之前，埃及貝尼哈桑的墓室牆壁石刻已有類似畫面。

不過，圖特摩西斯一世的王室工程大部分還是聚焦於家族的核心之地底比斯。國王在那裡的卡納克神廟旁邊建起一座新宮殿，受命負責主持修建新神廟的是資深御用建築師伊內尼。神廟有兩座巨大的塔門門樓，兩旁矗立著雪松木的旗杆，上面飄動著神祇們的三角旗標，旗標依據「神」的象形字元模擬製作。國王下令在廟中安置他自己和阿赫摩斯—內芙塔里的雕像，還興建了一間以雪松木為柱的多柱式大廳堂，另外又豎立兩座高達二十公尺的花崗岩方尖碑。方尖碑重量為一百四十噸，伊內尼以專為搬運此碑所建造的船隻，將方尖碑從阿斯旺的採石場運來。

忙碌的伊內尼還受命在西岸的國王谷為國王修建「崖壁石墓」（目前認為是國王谷第二〇號陵墓）。伊內尼可能之前就已在石窟墓的選址處監理過阿蒙霍特普一世和阿赫摩斯—內芙塔里墓葬的建造工程。現在，新的石墓完工了，而且是悄悄完工，「沒人看見，沒人聽見」，王室墓葬地的安全保密依舊是頭等大事。

但是墓地很快就被啟用，圖特摩西斯一世在西元前一四九二年左右亡故。官方紀錄中，伊內尼通報：「大王拋開生活瑣事安歇了，前往天國，結束了他的年歲，心中無限喜樂」。

兩個大兒子死於國王之前，所以王位傳給了仍在世的另一個兒子圖特摩西斯二世（約西元前一四九二至前一四七九年在位），還有這位先王早就指定的繼承人——他的大女兒哈特謝普蘇特。新國王生母是一位妃嬪，而哈特謝普蘇特則是「偉大的女先祖」特狄希瑞及外婆阿赫摩斯—內芙塔里的直系後裔，並繼承外婆「神之妻」的頭銜。

依照傳統，圖特摩西斯二世與哈特謝普蘇特結成夫妻，二人有了個女兒，名為內芙魯拉（Neferura）。不過，正如其父親，國王也與一位妃子生有一個兒子。他與父親的戰略頗為一致，對努比亞人採取了軍事行動。一旦聽聞當地發生動亂，便派遣軍隊向南遠征，要把「邪惡庫什」的所有男性居民都變成刀下之鬼，除了當地的一位王子，此人被帶回埃及，成為第一位目前明確已知的王族人質。

王室家族也開始規畫在底比斯的墓葬。在迪爾—巴哈里以南一處僻遠谷地的岩壁上，兩座石窟墓葬就此動工，供哈特謝普蘇特與內芙魯拉日後安眠。

不過，「病弱的」圖特摩西斯二世在短暫的執政期後亡故，工程就此打斷。國王的兒子圖特摩西斯三世（西元前一四七九至前一四二五年在位）尚且年幼，於是哈特謝普蘇特攝政治國。儘管她不是「國王之母」，而只是庶母（但正室出身）或養母，但她毫無疑問同時是先王的女兒、姐妹和妻子，而且與阿赫摩斯—內芙塔里一樣是女祭司，是「神之妻」。她想必也完全清晰地意識到她的外婆還擁有「拉神之女」和「兩方土地的女主人」這兩個名號。

哈特謝普蘇特肯定還知道，在吉薩的大理石上，曾有肯塔維絲一世刻寫的「上下埃及之王」稱號，正如肯塔維絲二世在阿布希爾也曾得到過類似的頭銜。官方的帝王名錄還透露索貝克內芙露也擁有過全套的王室君王稱謂，例如「荷魯斯」、「兩方土地的女主人」、「上下埃及之王」和「拉神之女」。哈特謝普蘇特無疑受到了索貝克內芙露及其父親阿蒙內姆哈特三世的啟示，兩位先人於法尤姆已存在三百多年的石刻銘文，成為哈特謝普蘇特逐字抄寫官方名銜的部分範本。

抄錄之人很可能是哈特謝普蘇特的檔案專員內弗爾赫維特（Neferkhewet），或是她來自阿曼特的總管事務長森穆特（Semmut of Armant），他對哈特謝普蘇特的頭銜精心研究，甚至設計了如同密碼的新書寫方式。他如此描述自己的發明：「這些符號圖像是經過我辛勞設計完成，祖輩和先帝的書面材料從未有過這樣的符號。」

同樣是先祖的文獻，早在第二王朝就「明確了女人也可以執掌朝政，居帝王之位」，於是，在攝政七年之後，哈特謝普蘇特登臨王位（約西元前一四七三至前一四五八年在位）。她仿效女性君主的先例，在新年第一天舉行加冕禮，戴上了上埃及和下埃及的兩重王冠，接受權杖，在脖子後面掛起牛尾巴，甚至還戴上假鬍子，就像一千年前肯塔維絲一世所經歷的。

不過，埃及的歷史記述通常會將女性君主故意遺漏，哈特謝普蘇特則經常被當作是證明這個潛規則的特例。根據一位歷史學家的見解，這是「一個全新的開端，讓女性扮演和打扮成男人的樣子……炫示王室頭銜的權威」。而與之相反，另一位專家則斷言，「王室的正統慣例遭扭曲，就為了適應一個女人對國家的統治」。實際上，對哈特謝普蘇特的敵意描述可謂應有盡有，從「虛榮、野心勃勃和寡廉鮮恥的女人」，到一個「邪惡的」和「令人憎惡的妖女」，不一而足。

到了更近期，她得到某種程度上的平反昭雪，被說成是「一個堅毅果斷、善於自控的女人」，是名副其實的「聖女貞德式的女英雄」。但如果有人問「哈特謝普蘇特會變成一個女權主義的偶像嗎？」等問題，此疑問無疑太落伍了。婦女參政倡導者早已高度認可這位女王的成就。尤其是十九世紀晚期「婦女參政聯盟」的一位副會長，她讚賞「這位非凡女性的天才和精神活力」，並追隨這位遙遠的前輩，創立了世上兩個頂尖的埃及學研究機構：「埃及探索協會」（即後來的「埃及探索社團」），以及在倫敦大學學院設立英國第一個埃及學講席教授職位。

儘管輿論對這位奇女子的評價褒貶不一，但「普遍承認的是，到了圖特摩西斯三世即位的第七年，哈特謝普蘇特已經形成和採用了她對公眾呈現的最終外在形象。從此以後，她都裝扮成一位男性帝王：王冠和服飾都是男性法老的典型衣著，也執行他們依照義務須完成的所有宗教儀式。不過，在圖像伴隨的說明文字中，仍一貫以陰性代詞稱呼」；對一位仍然完全承認其男性共同執政者的女性帝王來說，這些倒也恰到好處。

哈特謝普蘇特擁有了全套的王室頭銜：「上下埃及之王」瑪阿特卡雷（Matkare，意為「瑪阿特是拉神的靈魂」）；「拉神之女」赫內美特阿蒙（Khnemet-Amen，意即「與阿蒙神結合」）；「荷魯斯」維塞雷卡烏（Weseretkau，意即「靈魂強大者」）；「兩方土地之女主」瓦吉爾恩普特（Wadjrenput，意即「永保清新，經年不改」）；「金色荷魯斯」內耶爾伊特卡烏（Netjeretkhau，意即「具有神聖儀容」）。每個頭銜後面附加陰性化的結尾就能把「兒子」轉換成「女兒」，把「主人」轉換成「女主人」，連「大王」也可轉成陰性稱呼。她的資政顧問還編造出了另一個很有用的頭銜，「宮中出來的人」或「至尊權力所在」，最初表音的拼寫在字面上可寫為「per-a」，現在則發音為「法老」（pharaoh）。一旦戴上法老的冠冕，她就一直被尊為法老，甚至在圖特摩西斯三世成年可獨立當政之後，她仍與其共同治國。

協同執政期間，圖特摩西斯三世發動了兩次征伐，橫掃巴勒斯坦。他被描述成武藝超群的猛士，「對著一個銅標靶射箭時，（固定銅標靶的）木頭全部都震成了碎片，脆弱如紙莎草莖稈」，而且即使是「三倍厚度的銅標靶依舊能穿透，透出之箭柄有三個手掌寬度」。

哈特謝普蘇特則下令發動了「至少一次軍事遠征，攻入敘利亞和巴勒斯坦一帶」。女王明顯曾隨同父親一路南行直到柯爾古斯。或許是受到父親的啟迪，她再次向南到了努比亞。儘管有斷言說在她的統治下，「完全喪失軍事的雄心壯舉，只除了一次對努比亞的襲擊，但那也微不足道」，實際上，這樣的征伐多達四次。官方宣稱，女王曾率領她的軍隊衝鋒陷陣，「帶來大屠殺般的傷亡」，「用她強有力的手臂奪取了每一寸領土」，由此她得到了「征服必勝之女王，以火焰將敵人燃為灰燼」的名號。

身為法老，哈特謝普蘇特不能再承擔「神之妻」女祭司的職責，因為此角色必須是女性扮演才合理，於是，祖傳的位子轉交給她的女兒內芙魯拉。森穆特成為公主內芙魯拉的「父親導師」，他聲稱「我培育了國王的女兒，我被選中教育她，是因為我實際代表了國王本人」。森穆特的雕像幾乎有一半都有年幼的內芙魯拉坐在他腿上。最終，作為公主的事務大總管，他陪護公主到達西奈的哈索爾神廟敬拜，因為女王派遣隊伍到此開拓統治邊界。

哈特謝普蘇特繼續與比布魯斯貿易，用埃及的莎草紙換他們的雪松木。埃及與克里特的盟友關係則將克里特的朝貢之物帶進了尼羅河谷地。留著長髮且衣著鮮豔短裙的克里特人將這些禮物帶來。這類場景最初呈現在森穆特的陵墓石刻上，此石刻位於他家鄉阿曼特的神廟，收有克里特的香脂和香水罐子，罐子的裝飾為「海洋風格」，上面的圖案有貝殼、海藻和章魚。

隨著西拉島上一次大規模的劇烈火山噴發，克里特的繁榮突然遭到毀滅性打擊。隨後發生的海嘯破壞了克里特的港口，並席捲敘利亞、巴勒斯坦和埃及的地中海東岸地區。埃及三角洲第十八王朝時期的沉積層發現了「很多浮石」，分析顯示它們來自西拉島。火山爆發產生的黑色火山灰覆蓋了古代世界諸多地域，埃及的歷史文獻後來甚至明確記載「整整九天，人們都望不見同伴的臉」。

域外貨品的另一個來源地是「神之地」龐特，位於紅海一路向南的末端，通常被認為是今日索馬利亞。不過，二〇〇五年發現了埃及第十八王朝一艘載有龐特貨物的貿易船，鑑定後認為沉船載有的陶器來自狹窄的曼德布海峽（Straits of Mandeb），意味貨物產地除了當代的索馬利亞，也包括葉門西部。葉門與索馬利亞當地的一種灌木植物可提取防腐樹脂，而葉門列柱廊道式的神廟、象形文字壓花浮雕的印章和本土的木乃伊製作文化，無疑都受到埃及的影響。因此，古埃及人的龐特也許是涵蓋了紅海兩岸的廣袤區域。

哈特謝普蘇特的遠行商隊，用「每一件宮庭精品」作為交易物，在龐特換取沒藥，不僅換取現成的沒藥樹脂，還包括含有這種樹脂的灌木，因為哈特謝普蘇特宣稱，阿蒙「要求我在他的底比斯神廟旁邊栽種神之地的樹木」。於是，這些灌木被大費周章地移植裝入大罈子並搬到埃及的船上。士兵和工人在搬運時相互警示，「注意腳呀，別被壓到！這東西相當沉重！」

某種程度而言，他們的辛苦付諸東流了，因為移植到罈子的灌木顯然都沒有樹根。這或許是龐特人的計謀，想保護和維持有利的對外貿易，因為埃及人對沒藥的需求量相當大。哈特謝普蘇特非常喜歡沒藥樹油脂，以至於龐特人對她也倍加吹捧，稱其為「女性之太陽，如阿吞那般光芒閃耀」，出現時都塗有「最好的沒藥，塗滿四肢，她的肌膚如鍍金般閃閃發亮，就像星辰在整個國土閃爍照耀」。儘管沒藥的使用被視為宗教儀式化的保護和防腐方式，但的確有護膚功效，能殺滅金黃葡萄球菌和枯草芽孢桿菌，在當時埃及的莎草紙醫藥文獻被奉為有效的「藥物治療」。

不過，絕大部分的沒藥還是在正午時分的儀式期間當作焚香燒掉了。這些儀式強調與諸神的關聯，而其中最主要的就是阿蒙神——此時已被奉為哈特謝普蘇特的神聖「天父」。

阿蒙神原本只是八個創世神之一，且僅是配角。經過漫長的時間演進，成為此時的至尊地位。他是底比斯的保護神，而這座城市權力地位的上升，順帶提攜了阿蒙及他在卡納克的神廟地位。對外征伐所帶來的財富日益增多，且大都捐贈到了神廟，廟裡的神職人員因此獲得了更大的政治權益，而他們全力支持的女王也就更加根基穩固、權勢日增。

北方的祭司群體所尊奉的依舊是拉神。為了得到他們的支持，可行的方式就是將南北兩位神祇結合，創造出一個超級大神，即阿蒙兼拉太陽神（Amen-Ra）。這個組合神受到了所有人愛戴，工匠內布拉（Nebra）甚至宣稱：「當我在痛苦中向您呼告，您到來並拯救了我。您就是阿蒙拉神，底比斯的主宰，聽到窮苦人的求告就會到來。」

哈特謝普蘇特對這位神恭敬崇拜，她的帝王名便有「與阿蒙神結合」之意的赫內美特阿蒙，而她在卡納克的宮室則被命名為「我離他（阿蒙）不遠」。實際上，她對卡納克的美化修飾有著繁多的計畫，而且不遺餘力，全身心投入；她聲稱「因為阿蒙的神廟，我廢寢忘食」。作為「神之妻」，她此前就在那裡侍奉阿蒙。

她同時是阿蒙的孩子；官方施展了政治宣傳的小手段，宣稱是阿蒙拉神讓女王的母親阿赫摩斯王后懷孕。故事是這樣：「王后在美輪美奐的宮殿臥房睡覺，被神看到。神的芬芳氣息讓她醒來，同時向她走去，對她滿懷渴慕。神將自己的心給了她，神的愛慾傳遞到了她的全身。王后驚呼：『見到您是多麼美妙，您將神的恩寵與我合為一體，您的雨露流進了我的軀體，我的四肢！』神便與她進行了床笫之事。」

在相應的神廟石刻壁畫中，神與王后的手指相觸，標誌著受孕的時刻。哈特謝普蘇特九個月之後出生，為阿蒙拉神的女兒，「千真萬確」。在古代世界，希臘語代指「阿蒙的女兒」或「阿蒙降世」的「Amensis」，在一千兩百年後仍被人們當作哈特謝普蘇特的名字。

既然哈特謝普蘇特是阿蒙的女兒，意味阿蒙拉神的神界伴侶姆特便是女王的母親，所以女王下令在卡納克「為她的神母姆特建造一座宏大聖堂，並為她把一處專供暢飲的柱式遊廊修葺一新」，因為縱酒沉醉是與神界溝通交流的傳統方式之一。哈特謝普蘇特的「工程大總管」森穆特，受命建造一道塔門廊道，將姆特女神的建築群與阿蒙的建築綜合體連接起來，而拱衛在廊道兩側的則是女王巨大的坐像。

「坐在宮中，想著我的創造者」阿蒙拉神，哈特謝普蘇特又得到靈感啟發，下令鑿刻兩座方尖碑。碑高三十公尺，頂部包覆黃金，從尼羅河兩岸都能看到，就像太陽之神「阿吞那般照亮兩方土地」。另一座卡納克的建築「紅神堂」也經過她細緻的考慮。在紅色石英岩的牆體石刻場景中，描繪了君王拜神的典禮儀式。她居於畫面中心，伴隨她的是少年國王圖特摩西斯三世和公主內芙魯拉，公主現在扮演「神之妻」，在眾神雕像前完成她的職責義務。這座神堂的本質就像是一座神聖的「大車庫」，存放船隻。遊行出巡時，阿蒙、姆特和一眾神祇的雕像就被裝上船。

哈特謝普蘇特設計的遊行場面非常盛大，安置於王座上的眾神雕像，在每年一度的儀式便沿著遊行路線到處巡展，而卡納克則處於典禮的核心位置。這種「諸多王座的聚集」（Ta-ipetsut），希臘語的發音就是底比斯（Thebes）。

遊行路線把卡納克與路克索的一座新聖堂連接起來。聖堂是每年舉辦奧沛特節（Opet）的場地，此節慶是為了喚起神靈和王室家族的新活力。後來，在路克索西岸的梅迪內—哈布（Medinet-Habu）建起了一座相似的聖祠與東岸的神堂呼應。每年的另一個巡遊慶典「谷地美麗節」期間，諸神的雕像便從卡納克上船運過河。與雕像伴隨的是底比斯人，他們在過世親人的墓地旁露營，舉辦熱鬧的派對。據說當亡靈聽到地面傳來嬉鬧活動的歡快聲音，就會「回到這個世界，觀看西岸舉辦的慶典，結束之後再優遊返回冥國」。

這種巡遊節慶，不僅用於獻給阿蒙拉神，也用於獻給哈索爾。東岸主要屬於男神的領地，而西岸則屬於女神。女神「神聖之地最神聖的地方」叫作「德耶塞—德耶塞魯」（Djeser-djeseru），現在通稱為迪爾—巴哈里，正是哈特謝普蘇特葬祭廟的地址所在，恰如她在執政期建造的所有其他建築，這座葬祭廟也是森穆特主持建造。

此地與卡納克成一線排列的位置，是哈特謝普蘇特的外婆阿赫摩斯—內芙塔里葬祭廟的所在地。英雄大王蒙圖霍特普二世的陵寢綜合體，以及他姐妹兼妻子內芙露王后的地下墓葬也都在這裡。當時，此地已經成為相當熱門的遊客觀光地，於是森穆特設計了一個秘密隧道，作為正在建設的新葬祭廟的一部分。不過，最重要的則是在岩壁陡崖另一邊的國王谷中，坐落著哈特謝普蘇特的父親圖特摩西斯一世的墓葬（國王谷第二〇號陵墓），而女王也想安葬於此，所以她放棄了現成的王后墓，反而大規模擴建父親的陵寢，好讓自己日後也能合葬安息。

工匠在陡崖兩邊勤快地工作。女王的葬祭廟之大，很快就讓旁邊蒙圖霍特普二世規模較小的陵寢綜合體相形見絀。

通往廟堂的是一條巡禮大道，兩邊排列著多座斯芬克斯像。她的廟堂正面是幾排廊柱，從低到高，如疊層瀑布，人們原以為這種多利克柱式（Doric）由西元前七世紀的希臘人發明，但此風格實則在埃及早已出現。立柱正面巨大的人物造型都是哈特謝普蘇特，但呈現為歐西里斯的形象。

柱廊向內深處是一座露天祭壇，用以獻給太陽神，而太陽元素的存在也反映在金色和銀白的地板上。但廟堂最上方最重要的聖祠則是挖鑿在崖壁裡，與前述空間構成反差，顯得陰暗朦朧。阿蒙拉神的巡遊船，每年一度從卡納克於此處暫留一個夜晚，環繞左右的是燭火和花束。第二天，花束會被分發給虔敬忠誠的民眾，讓他們獻給各自作古的親友先人。

對於哈特謝普蘇特廟堂的牆壁，她決定用自己執政期間的重大事件場景做裝飾，從父親圖特摩西斯一世宣告她作為繼承人，到父女被描繪為斯芬克斯、將敵人踩在腳下等等。畫面當然也包括了她的加冕禮、龐特遠征、被孕育和降生的神聖奇蹟（其中幼小的哈特謝普蘇特坐在她至尊無上的父親阿蒙拉神的掌中）。

不過，這裡最有趣的圖像恐怕還是神廟建造者森穆特的圖像。此圖像悄悄隱藏在廟中小神堂的壁龕位裡面，幾乎就只相當於一個作者簽名。伊內尼與森穆特同為宮廷朝臣，伊內尼曾自詡「女王誇讚我，讓我的屋子裡裝滿金銀財寶與宮裡每一樣好東西」；而森穆特得到的豐厚犒賞甚至更奢華：兩座墓葬，一座位於神廟上方高處的山丘，其中發現了森穆特的石棺，另一座想必是後來才建，在神廟宏闊大殿廳堂的地板下方開工。

森穆特一輩子未婚，又有大把錢財可花，於是慷慨孝敬多年寡居的母親哈特內菲爾（Hatnefer）。這位寡婦的木乃伊被發現裝在黃金裹覆的棺材中。從遺體來看，這位老婦人被伺候得無微不至。她整齊的頭髮因為數百條的編接才顯得蓬鬆厚實；手上戴著數個戒指，指甲用「海娜」色料染成紅色。此流行仿效自女王，女王的指甲染成了紅黑的搶眼雙色，象徵把埃及的兩半「紅土地與黑土地」放在她的指尖。

不過，哈特內菲爾老太太在墓中並不孤獨。她的亡夫拉摩西（Ramose）、兩個女兒，還有女兒們的孩子，在森穆特爬上權勢高位之前就去世的親人，現在都從地下挖出重新包裹，與哈特內菲爾葬在一起，緊靠著森穆特的第一座墓葬。森穆特的馬也葬在他身邊，馬在當時絕對是身分地位的實力象徵，與如今的跑車不相上下。

森穆特當然配得起這些犒勞，因為他設計和主持建造的神廟近乎完美絕倫。外圍有讓哈索爾開心享受的荷花池和紙莎草池塘，邊緣還環繞油梨樹林。殘留下的樹根至今仍然可見。另有一座單獨的小禮拜堂也為這位女神而建。其中的石刻場景包括哈特謝普蘇特的童年時光、其士兵的陣容（行軍與舞蹈皆有）。還有一種儀式活動的描繪，是已知最早的這類圖像，圖像中的儀式活動遊戲叫作「為了哈索爾擊球」，共同執政的小國王圖特摩西斯三世拿著一塊板子擊打小球，此球或許以黏土做成，大概相當於詛咒敵人時燒掉的蠟製小人，設計用意就是拿來擊打和摧毀，此活動可謂「泥鴿」飛碟射擊的最早版本。

哈特謝普蘇特獻給哈索爾的這座小禮拜堂，強調女神的形象不僅代表著保護神，而且也象徵了無窮盡的生殖源泉。人們來到這裡，希望盡量靠近女神，祈禱自己能懷孕生產。敬拜者留下各種供品，包括木雕的陽具、嬰兒衣服與耳朵模型；幫助神靈「傾聽敬仰和依賴哈索爾的每一位姑娘」。牆上刻有一條銘文，為「富貴與窮苦的女人，以及任何時候來到這裡的所有女人」發聲，後面附帶一個保證，保證哈索爾將幫助她們獲得「幸福，得到一個孩子和一位好丈夫」。

不過，哈特謝普蘇特的目光可不會僅僅聚焦和局限於底比斯。在尼羅河谷上下，她都有所活動，並正式啟動了若干的建築計畫。在賽伊島上，她在先王們矗立的雕像中加入了自己；在布恆，她在一位歸化埃及的努比亞官員阿蒙內姆哈特（Amenemhat）的協助之下，重建了荷魯斯的神廟。在她執政期間，「瓦瓦特的庫什菁英的埃及化過程十分迅速」，當地領袖「取了埃及人的名字，與代表國王的地區總督行政當局合作，死後埋入埃及風格的墓葬」。

從這裡一路向北，哈特謝普蘇特整修裝飾了法拉斯（Faras）、伊布里姆堡（Qasr Ibrim）和庫班（Quban）、巨象島、康姆翁波（Kom Ombo）、卡布、希拉孔波利斯和阿曼特等地既存的建築。她下令從哈特努布的採石場挖取雪花石，在孟斐斯雕鑿更多斯芬克斯。她還在梅爾和赫莫波利斯分別為哈索爾與托特重建神廟。她命令司庫主管德耶胡狄（Djehuty）在貝尼哈桑的崖壁間，即「刀子谷地」（Valley of the Knife）的上方，開鑿出一座石窟神廟，此區屬於大貓女神帕赫特（Pakhet）的神聖領地。這位「利爪者」在沙漠悠閒遊盪，尋找獵物，但平和安詳時會變成母親們的保護神。於是，哈特謝普蘇特與內芙魯拉一起向帕赫特表達敬意，奉上了一座形如岩洞的神廟（speos）。這座神廟因希臘語的「阿爾特彌斯的洞穴」（Speos Artemidos，譯註：意為月亮兼狩獵女神阿爾特彌斯的洞穴）而為世人所知。神廟正面牆上的銘文描述了哈特謝普蘇特修繕和復建神廟的宏大業績，這些神廟曾在大約八十年前的喜克索斯王朝期間淪為廢墟：

「庫塞（Cusae，即梅爾）女主人哈索爾的神廟已經傾圮成為廢墟。大地已經完全吞沒了莊嚴的聖堂，孩童在上面戲耍嬉鬧，任何節慶巡禮皆告闕如。因此，在下重建和裝修了神廟，為哈索爾的聖像包覆黃金，以求她能保護城市。在下也為帕赫特神新建了神廟，廟門為金合歡之木打造，嵌以青銅」，此外，還有一長串已修繕完畢的神廟名錄。

然後，哈特謝普蘇特直接發出呼籲：「眾人聽到。這一切都是出於我心中的計畫……我修復被摧毀的，重塑被破壞的——這些都是亞洲人在北方土地盤踞阿瓦利斯時造成的，一切已創造的都被他們推翻。」

她這些宣言被一個學者嗤之以鼻，說是「誇大其詞，對其前任的成就和功績不願給予最起碼的承認」。這位學者還補充到，哈特謝普蘇特的共同執政者圖特摩西斯三世的說法「值得一聽，有相當高的可信度」。如此質疑哈特謝普蘇特已早有預見。在銘文中，她同樣致辭給「未來年月見到我的建築的所有人，萬一你們想說『真不理解這一切是怎麼做到的』，請先考慮清楚；我也不願聽到質疑的人說，這一切只是吹噓；我希望你們能公正評價『這才像是她的所作所為，這樣的繼承人才對得起她的父親』」。

近年的研究證實了哈特謝普蘇特所言不虛，因為「文獻記錄表明，哈特謝普蘇特之前的第十八王朝國王，都未能在中埃及完成任何建築工程」，而女王的大型地標計畫反映了她「對重建埃及宏大計畫的專注與執念」。

固然有種種革新之舉，女王也借鏡過往歷史，尤其是阿蒙內姆哈特三世及其權傾一時的女兒內菲露普塔的成就；那位先王曾計畫與女兒葬在同一座陵寢中。因此，這也就不僅僅是巧合了：內菲露普塔的石棺銘文被複製到哈特謝普蘇特的石棺上，而石棺安置於其父親圖特摩西斯一世的墓葬中（國王谷第二〇號陵墓），為的是「永垂不朽，就像不滅的星辰」；這是她生前所言，頗有詩意。

當了二十多年的法老之後，哈特謝普蘇特在西元前一四五八年左右（在執政的第二十二年六個月又十天），撒手人寰。依照生前的心願，製成木乃伊之後，她被下葬與父親一起長眠。主持葬禮的是十六歲的侄兒、養子兼協同執政者圖特摩西斯三世。

他完成了女王眾多建築計畫，並保留了許多原先的匠人，這代表其個人雕像也出自同樣的雕刻師，有著突出的高鼻子，很難與哈特謝普蘇特的塑像區分開來。

不過，他終於還是成為獨掌大權的法老。他的首席大臣雷赫麥爾（Rekhmire）宣稱：「大王稱帝，我看到了他的真容是拉神，是天空之主人；他顯露了自己，是阿吞神。」國王有兩位「王室正宮」，第一位叫梅耶特爾—哈特謝普蘇特（Meryetre-Hatshepsut），本身並非王室直系血統，但生下了王位繼承人阿蒙霍特普（Amenhotep）；第二位則名為薩蒂婭（Satiah），是一位王室保姆的女兒。隨著國王娶了更多妻子，又有了更多的兒女，而他們都必須有符合王室成員身分的居所，於是法尤姆綠洲的米維爾（Miwer），即古爾若（Gurob），修建了一座新宮殿，而法尤姆被王室用作鄉村行宮選址的歷史十分久遠。

終於能走出前任持久光輝的陰影，圖特摩西斯三世不僅繼承了阿赫摩斯家族的齙牙，也繼承了先輩矮小的身材。不過，「這位拿破崙式的小個子男人」在大約二十年間發動了至少十七次征伐行動，持續鞏固了埃及在敘利亞與巴勒斯坦一帶的控制力。

一切的開始是由於消息指出，敘利亞卡疊石（Kadesh）的統治者正舉辦一次峰會，與會者是黎凡特地方首領，其中包括先前的喜克索斯大本營沙魯亨的領袖。圖特摩西斯三世知道，「自從喜克索斯人野蠻搶劫以來，儘管已事隔多年，但駐留在沙魯亨的肯定是以往的軍隊勢力。從雅拉德亞（Yaradja）直到天邊盡頭，他們已經開始對抗大王的權威了」。於是在西元前一四五八年春季，他發動了「第一次軍事戰役」。攻占加薩（Gaza）之後，繼續行軍三週到達米吉多（Megiddo），這個聖經傳說的末日決戰之地，敵方的聯合陣營正等著他。法老駕駛金色戰車衝向戰場，「像暴怒的雄獅」直擊對手，敵營的首領很快就「如沙地上的魚躺倒」。剩餘的敵軍都潰敗撤進城中，慌忙關上城門，把自家首領留在城外，然後慌亂地「抓著衣服把他們拖上了城牆」。接下來，儘管米吉多承受了長達七個月的圍困，最終還是被法老攻陷了。財寶全蒐羅一空，城中的首領也被迫解散反埃及聯盟，返回各自主政的老地方，並定期向法老繳納朝貢。

書記官提恩努尼（Tjennuny）負責記錄國王的每日大事。他聲言：「我記載大王在每片土地贏得的勝利，依據事實將它們寫成文字。」、「大王征討敵人的事蹟，一天天地記在一卷皮革紙上，皮革紙收藏在阿蒙神廟直至今日。」因此，圖特摩西斯三世的戰利品也留有清晰的記錄，僅僅從米吉多一地就收穫豐盛，清單列舉如下：

獲取兩千五百人口，包括部落首領三名、三名戰車駕駛者、各色婦女、孩童八十七名，以及一千七百九十六名男女僕人；戰俘三百四十名；寶石、黃金、大量原銀；飾品有黃金、白銀、烏木與天青石用料之雕像若干；大量布料；飲酒器具與大釜鍋兩只；象牙、黃金和木頭材質的床與椅子，另加腳凳；戰車九百二十四輛，其中包括兩臺為黃金打造；鎧甲二百套，另外有米吉多與卡疊石首領所穿之青銅鎧甲兩套；弓五百零二張；卡疊石首領營帳所用之木頭與銀質柱桿七根；人頭雕像的權杖及狼牙棒；母馬兩千零四十一匹、馬駒一百九十一匹、種馬六匹；牛一千九百二十九頭；山羊兩千隻，綿羊兩萬零五百隻。

從被征服的敵人擄來的財寶，也包括他們最珍愛之物：孩童。這些孩童被帶到埃及，送進軍隊或宗教機構接受教育。如果被認為「適合撐遮陽扇」，可給王族搧風並送到宮裡教育。歸化埃及之後，很多孩子後來送回其家鄉，充當代理行政官，受埃及的委派管理當地事務。

被押到埃及沒有身分優勢的俘虜，被重新部署和成為「僱傭兵、家僕、採石工、手工匠和建築工」。他們經常改換埃及化的名字，並有了埃及人伴侶。王室御用理髮師薩巴斯泰特（Sabastet），一路跟在國王身邊征戰廝殺，就擁有一名敘利亞戰俘當傭人。他為其重新名為伊烏亞門（Iuwyamen），並有良好關係，薩巴斯泰特甚至允許敘利亞人娶他的侄女，並宣告「我日後的遺產，侄女也將繼承一份」。

不過，在絕大多數婚姻中的還是敘利亞婦女。當地首領的女兒，例如蒙赫特（Menhet）、蒙薇（Menwi）和梅爾蒂（Merti，其實就是「情婦」〔Martha〕）都進宮成為國王的妃嬪。

一九一六年，她們在底比斯的合葬墓被當地居民偶然發現時還完好無損。雖然偶發到來的洪水將三個女人的遺蹟都破壞殆盡，但她們豐富的珠寶首飾卻留存了下來：包括鑲嵌寶石的頭罩與小王冠，綴有黃金護身符的領圈、金耳環、腳鐲、手鐲、腰帶，以及帶有可旋轉外圈的指環，外圈刻有圖特摩西斯三世及其前任哈特謝普蘇特的名字；還有香水香脂的罐子、眼影油彩和面霜，以及琳瑯滿目的成套金銀鑲邊器皿，包括最早期的玻璃製品（工藝在米坦尼演化後引入埃及，而埃及的王室工匠很快把玻璃製品提升為一種令人屏息歎賞的藝術形式）。

同樣奢華的各種寶物被獎賞給了「北方異族土地的主管人」德耶胡狄。其中包括他的青銅短劍、金手鐲、戒指、香水香脂罐子，還有金碗銀碗，上面刻著「國王御賜，以示旌表；無論異域外邦或海中島上，德耶胡狄皆與國君相隨相伴；德耶胡狄是蠻夷外族土地提督，是軍隊指揮官，實乃棟梁之才，深得聖上讚賞」。

這些文物，連同德耶胡狄包覆金箔的木乃伊，於一八二四年在其位於薩卡拉的墓葬中被發現。他曾擔任圖特摩西斯三世的大將軍，且功績非常突出。他出色的軍事策略與才華，在圍攻巴勒斯坦海岸城市雅法（Joppa，又名 Jafa）的戰役中，得到了極好的表現和證明。

得知雅法的親王有意拜見「圖特摩西斯國王的偉大權杖」，德耶胡狄便邀請對方來到城外他的營房商議。對方應約而至，他卻突然抽出權杖，怒吼：「看著我，雅法親王！這支權杖屬於圖特摩西斯大王，那暴怒的雄獅，塞克美特之子，他的父親阿蒙賦予他力量揮動此權杖。」然後，他用權杖「猛擊雅法親王的前額，親王直挺挺地倒在了他的面前」。接著，德耶胡狄剩下的計畫也付諸實施。他藏了二百名士兵在籃子中，讓一隊驢子馱著這些籃子（如同《阿里巴巴與四十大盜》）送到雅法城，聲稱裡面裝的是禮物。雅法的居民顯然與他們的親王一樣容易上當受騙，傻乎乎地把籃子抬進城中。埃及士兵從籃子裡跳出，奪取了那座城鎮。此故事可謂提早幾個世紀預演了特洛伊木馬的希臘傳說。

約西元前一四五一年，圖特摩西斯三世經海路將軍隊運到了比布魯斯，隨後攻占敘利亞的核心城市卡疊石。四年後，他又重返此地，降伏了實力強大而又「邪惡的」米坦尼。他驅逐敵人「就像趕走一個高山羊群」，讓他們後退越過幼發拉底河。自己則乘坐預先修造的雪松木船隻追擊敵方，然後在河東岸他祖父圖特摩西斯一世所立石碑的旁邊，又立起兩塊石碑，標示他征服的地域範圍。他也像祖父在尼雅濕地舉辦了一場獵象活動。在當地，他的軍官阿蒙內姆赫布（Amenemheb）被其中一頭大象追趕，最終他殺了此象，砍下它的長鼻；官方日誌將此描述成大象的「手」。

戰勝米坦尼，他自然也得到了回報，法老從巴比倫王國，西臺帝國和「塔納居」（Tanaju）都收到了豐厚的贈禮及朝貢。「塔納居」這一地域包括了邁錫尼，此地特使為法老獻上一只米諾斯風格的銀壺與數個鐵質的杯子；在青銅時代，鐵可是極稀有的寶物。

圖特摩西斯三世在巴勒斯坦和黎凡特一帶的征戰，陸陸續續進行著。最後一次戰役於西元前一四三八年前後發生在敘利亞，再次征服了「可惡的納哈林」；位於卡疊石以北、米坦尼人所支持的地區。交戰時，卡疊石的親王放出一匹母馬分散公馬們的注意力，埃及的騎兵因此而混亂了一會兒，但「屠象大將」阿蒙內姆赫布出手神勇，抓住了母馬並將牠就地正法，還割下馬尾呈交給大王。

對近東地區的密切關注，不可避免地意味者法老在努比亞的行動相對較少。但他仍平息了一次叛亂。另外，「在南方地區塔塞迪（Taseti）射箭」時，他甚至還活捉了一頭犀牛。這隻獵物的體型是如此可觀，所以回到北方，在阿曼特的神廟壁畫場景中，此事以石刻形式永久記錄了下來，畫面下方的解說還加入犀牛令人生畏的巨大尺寸。這類的壯舉當然具有意義，因為上下努比亞，即庫什和瓦瓦特，當地人由此畏懼大王之威猛，都乖乖奉上貢品；僅僅三年之內就送來了七百九十四公斤的黃金，重量委實驚人。

圖特摩西斯三世在南方邊境的巴卡爾山丘設有一要塞，名為「異邦蠻族的屠戮之地」，還有一座阿蒙和姆特的神廟。如此一來，埃及的要塞與神廟就沿著尼羅河一路向上，將王室勢力的存在如印章一般刻印在努比亞腹地。國王從討伐戰役以及對龐特的遠征中得到的豐盛收穫，數量不少的一部分慷慨贈予尼羅河沿線的神廟。柯普托斯的敏神神廟位於通往紅海沙漠通道的起點，此路線的終極目的地實則就是龐特。國王向敏神廟獻上肉桂香脂，同樣將類似的異國風情禮物分發給底比斯的子民。發送時民眾們大呼小叫：「哇，有香噴噴的辣木油香脂！還有沒藥香膏！」

不過，絕大部分的寶貝最終會歸於城中的卡納克神廟，因為圖特摩西斯三世將他的勝利歸功於阿蒙拉神。廟中的相應圖像把法老描繪成一個極為雄偉的英雄，滿是力量，敢作敢當，單槍匹馬的重擊就將圍攻的諸多敘利亞與巴勒斯坦首領擊潰，從敵人擄獲的財富都被描繪在神廟牆畫中，像是用來鑲嵌神像人物的黃金，到增加神廟人手的一千五百八十八名戰俘，可謂是形式多樣。卡納克已經變成了一座微型城市，服務的勤務人員有紡織工、畫師、雕刻師、屠夫、麵包師、釀酒師、花匠和香脂香水調配師，甚至還有一位「卡納克阿蒙神假髮製作部主管」。

神廟的花園都「栽種了非常賞心悅目的花草樹木，為的是提供每天拜祭的植物類用品」，裡面包括國王從敘利亞帶回來的異國動植物。卡納克的「植物園」主題廳牆上，描繪了這些動植物，其中一隻奇異的禽類「每天都下蛋」；這是已知最早對雞的描述。這些園林強調了阿蒙對所有外邦土地的支配權，意味其透過兒子（即國王）的對外征伐擴張所建立的權威。同時，法老剛興起對花草植物的興趣，這讓他獻給阿蒙的園林勝過前任的同類獻禮，而來自龐特的沒藥灌木終於種活了。

另一方面，勝過哈特謝普蘇特的是這第三位圖特摩西斯立起了若干的方尖碑，在赫里奧波利斯豎起成對的兩座，還有為卡納克新鑿製的五座方尖碑。他開挖了一個新的聖湖，用於淨身沐浴儀式，還下令修造了兩座新建築：一座是慶典禮堂，其中的石頭立柱呈現帳篷支桿的樣式，暗示和反映出他頻繁出征，一生中相當多的時間是在帳篷度過；另一座是「王室先祖紀念堂」，牆上刻繪了六十一位君主的肖像，從左塞爾開始，直到圖特摩西斯三世自己。

依照規矩，下一位坐上王位的是圖特摩西斯的十八歲兒子，即阿蒙霍特普二世（Amenhotep II，約西元前一四二七至前一四〇〇年在位）。在阿蒙祭司們的祝福下，他首先被擁立為輔佐父親的共同執政者；兩位國王王冠都採用了阿蒙招牌的彎曲公羊角，以此表示王權神授，天經地義。同時，圖特摩西斯三世之前的共同執政者哈特謝普蘇特的痕跡開始逐漸淡出和消失。新修的先祖紀念堂根本沒有提及這位女王，而與之構成反差的是更早的索貝克內芙露女王則位列其中，未曾遺漏；南方的官方記錄中，哈特謝普蘇特的統治歷史被系統化地抹除了。

哈特謝普蘇特的名字和圖像有意去除的情況，發生在她死後二十五年，清楚表明了此行為並非未經考慮的胡亂報復。因為她王后的形象都被保留下來，完好無損，而遭抹除的目標僅聚焦於她身為國王的那段時間。她的名字被重新刻寫，寫成她父親或兄弟的名字。由於哈特謝普蘇特的當政時期，與圖特摩西斯三世共同執掌朝政，因此改寫這段歷史變得相對容易了，而圖特摩西斯現在想讓他的後人看到，他在位的時期，權力與政績都完全屬於他一人。他要把官方歷史屬於他的當政歲月都併入自己名下。

如此的做法很可能是「因為內心憂慮王位繼承的問題，一旦等到阿蒙霍特普二世順利登基，他也就立刻停止了」。畢竟，圖特摩西斯三世和他的兒子都是宮中妃嬪所生，非出自直系血統，而哈特謝普蘇特與其親屬代表著第十八王朝的正統。於是，利用抹除哈特謝普蘇特女王身分的痕跡，圖特摩西斯三世「解除了一個危險：排除可能會突然出現取代圖特摩西斯家族傳承的正統血脈，順利促成兒子繼承王位」。

如此一來，哈特謝普蘇特的雕像被推翻，她的圖像與名字被鑿除，不僅在卡納克如此，河對岸的迪爾—巴哈里也是。圖特摩西斯三世在那裡建了自己的一座小神廟，敬奉哈索爾。廟的選址特意定在哈特謝普蘇特和蒙圖霍特普二世分別修建的神廟之間，以此切斷他們之間的關聯，由此也為每年一度從卡納克過來的節慶遊行活動提供了新場地。

神廟中拱頂墓室般的聖祠，直接由岩壁上鑿刻出來；岩壁的另一側便是國王谷，圖特摩西斯三世已經命人在那裡修建他的陵寢（國王谷第三四號陵墓）。這是國王谷第一座有裝飾的墓葬，墓室天花板被塗刷成暗藍色的夜空，點綴著閃爍的星辰。而墓室的牆壁被鑿刻成帝王盾徽的樣式，寓意提供保護。框形裡的圖像則突顯阿姆杜阿特（Amduat）「地下世界景象」的片段，主要是喪葬場面。這些畫面呈現了女神哈索爾—伊西絲正為國王哺乳，不過女神是一棵樹的樣子，跟隨國王的是他的三位妻子及太陽神。不過，太陽神也有各式偽裝，例如一隻看似友好的貓咪。在墓室中心放置著圖特摩西斯的石棺。棺蓋底面刻有圖案，最顯眼的是「母親努特」，呈現張開雙臂的人形，她便能趴伏在上方保護國王的遺體。約西元前一四二五年，遺體被安置於石棺中，當時大王已「享用完畢多年的人間壽命，勇猛無比，威力無邊，無往不勝，戰績輝煌，現飛升天國，與太陽會合」。

一八九八年，當墓葬被發現時，松柏樹脂防腐油膏的濃烈氣味仍舊瀰漫沉澱在墓室中。他的木乃伊屍體原本安葬於此，手拿權杖；石棺依照慣例堆滿了大量的護身符飾物和數不勝數的珠寶首飾。但古代的盜墓賊幾乎把所有東西都偷走了，連穿著金鞋的雙腳，甚至也直接扯掉，身高因此又截去了許多，以至於都不到一百六十公分。

圖特摩西斯三世篡改了哈特謝普蘇特的歷史，同樣地，他也重新設置了她的墓葬安排，將哈特謝普蘇特和她父親圖特摩西斯一世的木乃伊從兩人的合葬墓中挖出，然後把圖特摩西斯一世重葬於一座新墓

（國王谷第三八號陵墓），此新墓與他本人的十分相似。然後，在某個未有明確文獻記錄的時間點，哈特謝普蘇特的遺體再次入葬，埋在從前老保姆絲特拉（Sitra）的小墓葬（國王谷第六〇號陵墓）。一九〇三年，兩個女人的遺體同時被發現，其中一位有著略帶紅棕色的金髮，生前身高大約一百五十公分，於一九六六年先被姑且認定為哈特謝普蘇特，一九九〇年再次檢驗，然後於二〇〇七年送進了開羅博物館。

不過在當時，國王谷並非唯一的王室墓葬地，另外可選擇的還有王后谷。王后谷命名其實有點不恰當，例如「王室馬場管理員」內比里（Nebiri）等官員也在此處安息；由於馬擁有特殊地位，表示這位管理員的頭銜其實具有極高的價值。

圖特摩西斯三世的兒子阿蒙霍特普二世當王儲時也有此官銜，然後轉給了內比里，他很可能也是國王之子，只不過是妃嬪所生或自小就在宮中長大的朝臣。他身分的不一般，也表現在製作成本高昂的木乃伊上，不僅外在的生理面貌保存良好，連內臟的防腐處理也如此完美，專家們因此能大概推斷出他當年是死於心臟病突發。

但內比里的墓葬只是底比斯眾多同類墓葬之一，就像是金字塔時代尋求葬在統治者金字塔周邊附近的官員相似，圖特摩西斯三世的大部分官員同樣想盡辦法盡量靠近他們的大王安息，位置就在底比斯西岸山地間的庫爾納（Qurna）和德拉阿布—納迦。

其中最重要的是首席大臣。總理大臣烏塞拉蒙（Useramen）的班底中，名叫阿蒙內姆哈特（Amenemhat）的秘書有點特別，他明顯對古代的重大建築深感興趣。這名秘書不僅探訪了蒙圖霍特普妻子內芙露王后的舊墓葬，在那裡的牆上留下自己的名字，還去看了當時已有四百年之久的希奈特夫人（Lady Senet）的墓葬。他「發現墓室內部彷彿天堂一般」，並摹繪具生動激情舞蹈場景的牆壁石刻，以便用於自己的墓室。

烏塞拉蒙的侄兒雷赫麥爾（Rekhmire）接下伯父總理大臣的衣缽。他的安息之所是當時裝飾最華麗的墓葬之一。墓葬牆上的場景包含每天日常行政事務的描繪，從國內每個地區向宮廷上交了多少實物稅收，到自己接見外國代表團等等，各類事項，應有盡有。儘管這裡最初所呈現的是米諾斯人，但他們特色鮮明、獨具一格的纏腰布後來改成邁錫尼人的裝束，因為西拉島的火山爆發之後，邁錫尼人取代他們，包辦了希臘與埃及之間的貿易。也有來自龐特的使節，雙手奉上了鴕鳥蛋和鴕鳥毛，以及更多的沒藥樹灌木。而努比亞人則帶來成群的獵狗，還有一隻長頸鹿，充實了王室動物觀賞園。此外，還有將熊和小象加入動物大家庭；敘利亞代表團的友情贈送，除了熊和象，當然也少不了馬匹和戰車等好禮。

關於人工製品場景透露的訊息甚至更為豐富。品項繁多，從涼鞋到木頭腳手架圍繞著的雕像，從「安全又優質」的烤糕餅，到把油莎豆（tiger-nuts，又名虎堅果）磨碎，做成高高的圓錐狀蜜餞甜食，可以說無所不有。藝術家也在畫面和透視方面不斷進行實驗，所以此時的人物不僅只有輪廓或側面，同樣有背後視角，例如雷赫麥爾宴席負責上菜的僕役，伴隨酒宴的是當年傳唱四方的流行金曲《給瑪阿特的頭髮塗沒藥香脂》，同時，雷赫麥爾家的女子搖動叉鈴，營造出一點點哈索爾的魔幻氣氛——萬物復甦，生機盎然。

當阿蒙霍特普二世登基，晉升為唯一君王時，全套儀式也由雷赫麥爾操辦，他在儀式上親手向新王呈遞「帝王徽章」。隨後，他繼續擔任了一段時間的總理大臣，一起輔佐政務的還有身經百戰的資深老指揮官阿蒙內姆赫布；這位「大型動物屠手」的傳奇在當時的文獻屢有描述。

二十歲的阿蒙霍特普二世，不僅保留了父親的軍事顧問團隊，也繼承了他的軍事才能，生理方面遺傳到更多母親的基因，身材比父親高。他是埃及王室最出色的運動健將，是「一位英俊的青年，發育良好」，有著「健壯的大腿」，能飛速奔跑，還是一位熟練的水手，在底比斯一年一度的奧沛特節慶中，他獨自划動聖船，劈波斬浪。身為王子時，他負責監管阿瓦利斯的佩魯內弗爾造船廠，由此獲得航海經驗。他父親曾安排他管理孟斐斯的王室馬場，因為「他喜愛馬匹，能從中得到極大的樂趣。他知曉牠們的性情，把馬匹打理妥善時心中會感到平靜和踏實。他知道許多調教馬匹的方式，儼然是一位專家」。

不過，這位新王最廣為人知的才藝還是從小就學習的射箭術。教導他的官員叫作珉（Min），此人教導王子：「拉弓，一直拉到耳朵這裡！兩隻手臂都要用力！動作一定要有力，要剛強！」阿蒙霍特普二世在吉薩和孟斐斯一帶練習射箭，也定期在公眾場合表演他的才藝。這是「整個國土全體民眾的一大樂趣」，看著國王拿起一張沒有其他任何人能拉得開的強弓，一次射出多達四支箭，射向遠處的青銅標靶，這是「任何人從未見聞的壯舉」。當時甚至還將一支箭完全射穿了銅標靶，落在標靶的背面，這是「一個幾乎不可能的奇蹟，只有我們威猛無比的大王能做到」。這項成績當然也超過他的父親圖特摩西斯三世，當時先王的箭只是差不多穿透銅標靶，但沒有完全穿越。

這樣的技能當然很有必要，因為他剛獨自執政時，巴勒斯坦的諸侯就利用政權交接的時機反叛。阿蒙霍特普二世立即揮師北伐，粉碎了叛軍。他親自殺死敵人，砍下了二十隻手「掛在胯下之馬的項下」。此役俘獲了「五百五十名敵方戰車駕乘士兵和他們的二百四十名家眷、六百四十名巴勒斯坦人、各王公家的男性孩童二百三十二名，各王公家的女孩三百二十三名與女性樂手二百七十名」，外加六百多公斤的黃金。

然後，法老以一場公開的射箭才藝表演慶祝勝利，黎凡特一帶及更遠地區的聖甲蟲小石雕便描繪了慶典盛況。有人聲稱，阿蒙霍特普二世的獨家箭藝也許影響了後世的希臘詩人荷馬，其史詩的角色奧德修斯就有一張弓，其他人都沒有足夠力量拉開，而大英雄能射穿用金屬戰斧充當的標靶。

儘管如此，弓箭並非阿蒙霍特普二世的唯一武器。七名反叛諸侯首領被他悉數抓獲，押回埃及。他親自「用自己的權杖」處決了他們；為紀念此事件而分發給官員的粗大銀質戒指刻畫了此主題，並有帝王印章為證。國王的曾祖父圖特摩西斯一世曾將克爾瑪部族首領的屍體掛在勝利歸來的船頭，而阿蒙霍特普二世也如法仿效，在沿尼羅河往南航向底比斯時，把七名反叛者的屍體串起來，掛在了滿載戰利品的大船前面。戰爭擄掠的成果首先須呈示給卡納克阿蒙拉神的祭司們。「大王心中滿懷喜悅，來到莊嚴可敬的父神阿蒙居所，身後跟隨的士兵多如蝗蟲。」然後，六具屍體掛在底比斯的城牆上，這樣的血腥殘暴舉動，既向阿蒙拉神表達敬意，同時也向野心勃勃的祭司群體傳遞出非常生動的警示訊息。至於第七具屍體，則往南送到了傳說中阿蒙的出生地——巴卡爾山丘及納帕塔城（Napata），「讓人們能永遠看到大王戰無不勝的威猛神力」。

不過，在登上王座後的第七年，阿蒙霍特普二世不得不再次北伐，平定疆土更遠處的動亂。他遠航到了比布魯斯，又橫渡「湍流洶湧」的奧倫特斯河（Orontes），在那裡，「大王轉身看到了天地的盡頭」。之後，遠征軍向南行進，穿過加利利海（Galilee）和塔赫希（Takhsy）地區，「用射箭的戰術」讓叛軍死傷無數。兩年後，他在米吉多採取了同樣的行動，當時埃及的商貿利益遭到極為嚴重的威脅，所以伊圖靈（Iturin）的全部居民都遭屠滅。

這次大屠殺之後，埃及帝國領土在阿蒙霍特普二世任期的剩餘時段中，基本上平安無事。來自西臺和巴比倫的使節團隊，又加入了米坦尼人，「這些人謁見大王，運來了朝貢禮品，尋求和平友好，只願能近身感受他美好尊貴的鮮活氣息——此等大事，當載史冊」。

天下太平，國王已可展示一些寬宏大量了。一名敘利亞的使節在宮中病倒，大王的御醫將此人治癒；敘利亞、巴勒斯坦和腓尼基的商人們如今在孟斐斯周邊也能安居樂業。但是，儘管沒有更多公開指涉的「邪惡」敵人，法老對他的諸侯們仍不敢樂觀，保持著戒心。在從底比斯發出的一封信中，他寫道，雖然「坐在這裡暢飲佳釀，歡享節日」，這位略有點醉意的帝王還是沒忘了警示總督提防努比亞人，尤其是那裡的巫師們。這封公函如此開頭，「此信來自國王，揮劍刺殺是他所擅長」，接著表揚了他的總督是「勇敢者」，然後將他們兩個與截然不同的平民相比較，「巴比倫的婦人、比布魯斯的女傭、阿拉拉赫（Alalakh）的小姑娘、艾拉弗卡（Araphka）的老太太，還有塔赫希的那些人，根本什麼都不是，說真的，他們能有什麼用？」

不過，如同他的父親，阿蒙霍特普二世也很喜歡外國女性。他繼續前朝的政策，在軍事征服後提倡外交聯姻，於是建立了一個妻妾如雲的後宮，光是巴勒斯坦王公家族的姑娘，就迎娶了三百二十三名；這還只是超龐大陣容的一部分。佳麗被分成幾組，分別安頓在孟斐斯、底比斯和古爾若。

早在身為王子時，他就已經有了兒子。五名兒子被送到何卡雷舒（Hekareshu）學習，這位導師在卡納克的姆特神廟掌管一所學校。五位王子包括了未來的國王；生母為阿蒙霍特普二世的王后迪雅（Tia）。她與丈夫沒有血緣關係，而是從她身為王室成員的岳母承襲了卡納克神廟「神之妻」的地位。畢竟數任國王都在繼續擴充卡納克神廟。

然而，阿蒙霍特普二世對這座神廟圖像的選擇，卻透露了不尋常的訊息。因為他不僅增加了新壁畫場景（以古代先王薩胡拉在阿布希爾的太陽神廟石刻為基礎），而且將卡納克新建的銀地板執政三十週年慶敬拜堂，用於裝飾自己的圖像，那齊全的衣著和裝備，明顯是太陽崇拜的主題。

在軍事與外交政策方面，他都與先父圖特摩西斯三世相差無幾，但也已有了鮮明的跡象，強烈暗示阿蒙霍特普二世的政治議程和意圖與其先父會大有不同。

〚16〛

太陽神的巔峰

約西元前一四二五～前一三五二年

到了阿蒙霍特普二世的統治期，卡納克祭司群體的權力已經變得極為強大，甚至能干預或核准王位繼承的大事。於是，國王採取了一些微妙的行動，抑制祭司們的野心。

他巧妙地調整宗教權力之間的平衡，讓古代的太陽神拉在「阿蒙—拉」的合體變成日益占據主導地位的一方，因為在北方赫里奧波利斯的拉神祭司，正是南方底比斯阿蒙神勢力的理想抗衡。

隨著阿蒙霍特普二世擁有「赫里奧波利斯統治者」的新頭銜，他的正宮迪雅也被命名為「金合歡之屋的屠殺領袖」。金合歡之屋是赫里奧波利斯古代太陽神廟的一部分，當地有肉食供奉和音樂歌舞表演，以犒勞太陽神女兒雙重屬性的神靈合體哈索爾—塞克美特。自從金字塔時代少數位高權重的王后擁有過此頭銜之後，迪雅是得此殊榮的第一位王室女性。

阿蒙霍特普二世進一步聚焦於金字塔時代對太陽神威力的推崇，重新造訪他早年常去的舊地吉薩，在古老的斯芬克斯旁建起一座行宮。駕駛戰車環繞幾圈之後，他會繼續「在周圍信馬游韁，飽覽這裡的壯美環境，就在蒙神恩寵祝福的胡夫和哈夫拉的安息之地」，自覺地將自己與最初的「拉神之子」等同，認祖歸宗。

開發早已作古的先王力量，以及他們謝世時與之融合的太陽神力量，此嘗試行為集中到了斯芬克斯巨型雕像身上，石像原本是以哈夫拉為原型雕琢，如今加上了第十八王朝的修飾，透過調整適當的眼部妝容，斯芬克斯被轉化成了拉神—荷拉赫狄（Ra-Horakhty），即太陽神與帝王之神荷魯斯的組合體，用以代表藉由太陽的神力而復活的歷代所有君王。在巨像力大無窮的前爪之間，阿蒙霍特普二世安置了一座他自己的高大雕像，還在附近建了一座新神廟，敬拜的不僅是哈夫拉、胡夫和太陽神斯芬克斯，還有太陽圓盤阿吞。儘管從圖特摩西斯一世開始，阿吞已是完整和獨立意義的一個神祇，但只有到了阿蒙霍特普二世，阿吞才獲得特徵化的視覺形式：附帶人類雙臂的一個圓盤。

此後，國王把對於拉神—荷拉赫狄的崇拜推廣開來，向南一直到了位於努比亞阿馬達（Amada）的荷魯斯神廟。另外，在他對埃及原有神廟進行修繕裝飾之際，還給赫莫波利斯的托特神廟增加了一座聖祠，以尼羅河水灌注的新開挖「荷塘湖」更是賞心悅目，國王因此賞賜建築師哈（Kha）一根黃金的腕尺量桿，桿子上面刻有銘文，聲稱國王親自來到赫莫波利斯，「並在洪水季的第二天在當地建了一座小神廟，此時河面處於寬廣期，水位上升」，而與洪水相關的宗教儀式中，這條黃金量桿可能真的使用過。

如同其他技能熟練的手工藝人，建築師哈想必也常沿河奔忙，為了工作而往返來回，因為他和妻子梅爾特（Meryt）一生大部分時間依舊住在底比斯西岸的德爾—梅迪納。另一位底比斯居民克納蒙（Kenamen）是國王的私人管家，也是從小到大的玩伴，他的墓葬壁畫有他駕乘「大王賜給他以示厚愛的馬車」打獵的場景。十九世紀初期，這輛戰車從他的墓中出土，連同他本人的遺體一起送去義大利收藏。

國王的另一個童年夥伴叫西內弗爾（Sennefer），當上了底比斯的市長，並且是卡納克「阿蒙神之糧倉與田地、園林與牛群之主管」。他因此對大片廣袤的農業地產都有支配權，留存至今的一封信中，他向名叫巴基（Baki）的佃戶寫道：「告訴你，三天之內，等國王的船隊在胡特塞赫姆（Hutsekhem，簡稱胡〔Hu〕）停泊安歇之後，請你去那裡考察。不要讓我看到有任何閃失！多摘些蓮花等鮮花，做成花束，無論擺放或當捧花。你別偷懶！我知道你是懶鬼，喜歡躺在床上吃東西！」西內弗爾，還有他王室保姆出身的妻子森納伊（Sentnay）都獲准在卡納克立起自己的雕像，隨著夫妻社會地位的飛速提升，他們最終在國王谷擁有了葬身之地。

至於阿蒙霍特普二世自己在國王谷的陵寢（國王谷第三五號陵墓），還是由才華出眾的建築師哈監管，工匠是修建先王陵墓的同一批人。兩座陵寢的墓室有相似的壁畫場景，只是阿蒙霍特普二世的壁畫中，他的靈魂跟隨太陽神遊歷了冥府地下世界。那位神靈警示同行的人，「拉出你們的弓，射箭動作迅速乾脆，懲治我的敵人，他們躲在暗處的陰影」。這是來自非塵世的神靈召喚，對武器的召喚，而弓箭是這位驍勇善戰的法老曾經最得心應手的武器。約西元前一四〇〇年，他入土長眠，身邊伴隨的是他心愛的長弓。

他的木乃伊用泡鹼溶液處理，皮膚下方因此出現了小腫塊。此特徵以前通常被解釋成天花的症狀，而塗覆到他身上的金色防腐樹脂則留下了很多飾物的壓痕：項鏈、腰帶和護身符等飾品曾點綴在其遺體上。大王在墓中也並不孤單，曾一同安葬其母親以及兒子「馬場總管」維本塞努（Webensenu）的遺體。

這位法老的繼承人是他年少的兒子圖特摩西斯四世（約西元前一四〇〇至前一三九〇年在位）。新王走向權力頂峰的過程描繪在所謂的「睡夢石碑」上，石碑稍後豎立在吉薩的斯芬克斯腳下。上面的銘文聲稱，當他還是「像荷魯斯的小夥子」時，圖特摩西斯王子與父親一樣歡度他的青春，「在沙漠高地逍遙自在，他的馬兒比風更快，他駕駛戰車到處飛馳，拉弓射箭，捕獵獅子與野山羊」。但是，某天他在斯芬克斯的影子小憩睡下，在夢中，斯芬克斯對他說話，彷彿「如父親與兒子交談」，它說：「吾兒圖特摩西斯，請聽我說。我是你的父親拉—荷拉赫狄。我要把地上的帝王之位交給你，你將戴上國王的紅色王冠與白色王冠。但是，看看我在遭受什麼痛苦，我的身體幾乎已是一堆廢墟，今日沙漠的漫天沙塵總是侵擾壓迫我。我知道你是我的兒子，我的保護者，與我多親近吧，我與你同在，我是你的嚮導。」於是，在已知最早的一次「考古」挖掘行動中，王子命人清理掉沙子，而他的另一項承諾「修補斯芬克斯的爪子和胸部」也被現代的挖掘研究證實，因為雕像四周的磚塊發現印有圖特摩西斯四世的名字，這些磚塊被壘成牆以阻止沙地進一步侵蝕。

不過，啟發他行動的「民間傳說」其實倒是聰明的宣傳，因為圖特摩西斯四世的繼位，象徵政治力量和宗教效忠對象的重要轉變。新國王有意疏遠在卡納克的祭司集團，此集團的勢力極大，甚至對王位繼承人的選擇都做出實質影響。儘管阿蒙的祭司們仍然權傾一時，但新王的斯芬克斯石碑卻完全沒有提及阿蒙神的名字，因為太陽神如今才是「王室的立法者」，是王朝的正統之神。

在赫里奧波利斯舉辦過傳統的加冕禮之後，圖特摩西斯四世穿戴全套的金色帝王裝備，包括頭頂的太陽圓盤，前往吉薩接受認可儀式，在斯芬克斯腳下宣告成為太陽神的兒子。如同父親，他聚焦於對太陽神的敬拜，整修了赫里奧波利斯、阿布希爾以及埃及全境的神廟。一路向南巡視的航程中，正宮王后也伴隨著，即他的妹妹埃雷特（Iaret）。每經過一地，諸神的雕像都從當地的神廟抬出迎候，「男人們高興地歡呼，女人們紛紛起舞」。

到達阿斯旺南邊的柯諾索島（Konosso Island）後，國王命人在當地塑造自己的形象，呈現勇猛進擊的模樣，「仿若塞克美特」，而埃雷特也拿著狼牙棒權杖在圖景中。在動盪不安的邊境地區，這位王室女性象徵著保護女神。另一次國王前往西奈視察綠松石礦場的遠行，也由王后陪同，紀念此事的壁畫場景更多，夫妻當然是畫中的主題人物。

不過，最常與圖特摩西斯四世一起呈現的女性是他的母親迪雅，在卡納克被描繪成手持權杖的神之妻，那裡還豎立了一座真人尺寸、極為生動的雕像，表現了母親微笑與兒子擁抱。

國王足夠機靈，能讓阿蒙的祭司們開開心心。他為祭司的神廟增建了一處新廳堂，並將祖父圖特摩西斯三世啟動的一座三十一公尺高的方尖碑豎立起來。他宣告：「此石碑在卡納克南邊已經橫臥了三十五年。我受命為先祖豎立起此碑，因為我是他的孫子，也是他的捍衛者。」而矗立起來的方尖碑，標誌和寓意著其所敬奉的對象（人類或神靈）將獲得新生，恢復活力。

王室的延續傳承當然至關重要。為此，圖特摩西斯四世娶了若干的妃嬪，其中既有埃及女性，也有外交聯姻的異國女子。與埃及以前的敵人米坦尼人之間的友好協定便是以通婚手段確立：法老「三番兩次要求」，勸服了米坦尼國王阿塔塔馬（Artatama）將女兒嫁給他，嫁妝則包括烏加里特和阿穆魯（Amurru），還有對卡疊石的控制。

努比亞的使節們帶來的朝貢有黃金、烏木、焚香與豹皮，可能同時送來了一位努比亞公主。因為，國王谷有一座頗令人好奇的墓葬，裡面埋的應該就是這位女性的兒子。此人名叫馬伊赫佩拉（Maiherpera），是努比亞人，但長著王室家族顯著特徵的齙牙，曾被稱為「王室保姆的孩子」，他在埃及養大，然後擔任了「國王右手邊的掌扇人」。

毫無疑問地，宮裡人丁興旺，國王的子女多達十七人。大兒子阿蒙內姆哈特（Amenemhat）不幸早夭，國王因此必須指認更年幼的兒子阿蒙霍特普擔任王位繼承人。阿蒙霍特普很可能生於古爾若，生母為妃嬪穆特姆維雅（Mutemwia）。此王權接續安排相當及時，約西元前一三九〇年，圖特摩西斯四世亡故，結束了十年的統治。官方的通告：「雄鷹已經飛向天國，新王阿蒙霍特普已經登基就位。」

已故國王的木乃伊非常精緻。這位貌美男子的睫毛、齊肩的頭髮、長指甲和大耳洞（第一位有此特徵的法老）都原樣保留。木乃伊隨後送往國王谷陵寢安葬（國王谷第四三號陵墓），這座陵墓依舊由建築師哈指揮他的工匠打造。墓中已事先安頓了國王的大兒子阿蒙內姆哈特，還有公主泰恩塔曼（Tentamen）的遺體；這位女兒也是先於父親辭世。

葬禮儀式由新王阿蒙霍特普三世（約西元前一三九〇至前一三五二年在位）主理。但他當時才大約十歲，因此很可能由母親穆特姆維雅代為攝政；在壁畫場景的她確實也描繪在王座後面，相當於垂簾聽政。

在加冕禮上，新王啟用了帝王名號，奈布瑪阿特拉（Nebmatra），意即「拉，真理之神」，宣告了不僅會繼續以崇拜太陽為要務，而且會持續仿效前代的先王們。因為奈布瑪阿特（Nebmat）曾經是斯奈夫魯的帝王名號，奈布瑪阿特拉也曾是阿蒙內姆哈特三世的帝王名。兩位古代帝王的成就將被新君主仔細研究，學習效法。

哈特謝普蘇特有森穆特輔佐，左塞爾有伊姆霍特普協助，而阿蒙霍特普三世也有他的大臣阿蒙霍特普，其父母分別是哈普（Hapu）和雅圖（Yatu）。這位「哈普之子」原本是一位頗具名氣的學者，因受到朝廷賞識，召去擔任國王的資政研究員，詳細考證古代文獻。他聲稱：「先人所有奧秘都透露給我了，大王就從當中尋求治國理政的參考。」國王還派官員考察法尤姆、阿布希爾、達蘇爾、吉薩、薩卡拉和梅杜姆等地的古老神廟和墓葬，例如抄書吏麥伊（May）就「看了斯奈夫魯大王宏偉的金字塔」。

加冕後不久，阿蒙霍特普三世跟隨他父親和祖父的足跡，站在了吉薩大斯芬克斯面前，在古老的太陽神腳下，接受過往年代累積至今的皇家力量，變身為與拉─荷拉赫狄合體的存在──荷魯斯的太陽神形態。

太陽神國王雄踞於他的金色王國，他金光閃閃的王朝象徵埃及權勢的頂峰。阿蒙霍特普三世現在已成為「世上最富有的人」。身為埃及歷史最多產的古蹟建造者，他完全對得起他的稱號「蒙偉」（Menwy），意為「宏偉的男人」，相當於「世上最棒的搖滾巨星」；一九九〇年代早期，此稱謂就廣泛出現在T恤與公車等各處，宣傳他的大型展覽。

十三歲左右，阿蒙霍特普三世娶了同樣年少的迪伊（Tiy），而迪伊成為正宮。迪伊想必應是穆特姆維雅選定的女性，很可能是出自她的家族。發送至帝國四面八方的通告宣布：「王室大妃是迪伊，其父之名為宇亞（Yuya），其母之名為圖雅（Tuya）。」宇亞很可能來自敘利亞，生活於阿克米姆，那是一座「移民人口占比很高」的城市，並與柯普托斯一樣，也是生育神敏的敬拜中心。宇亞是侍奉敏神的祭司，妻子圖雅則是「敏神歌舞團的首席主演」，也是「哈索爾的歌手」，很可能具有某個旁系王族的血統，這支王族大概是阿赫摩斯─內芙塔里的支系後裔，而迪伊的名字或許是阿赫摩斯─內芙塔里的一種縮寫。

女兒當了王后，宇亞便被提拔為「御馬場主管」，圖雅也得到晉升，成為卡納克的「阿蒙神歌舞團團長」。此家庭在卡納克的大兒子安恩（Anen）當上了副職大祭司；小兒子阿伊（Ay）後來接任父親職位，成為王室御馬場主管，最終一路高升，爬到了卡納克大祭司的位子。

迪伊的家人被安置擔任卡納克的重要職位，代表了王室的利益，但與之相悖的是，她是幾代王后中第一位未扮演阿蒙「神之妻」角色的王后。國王把王后應盡的義務局限於為自己服務，因為「她陪伴著大王，就像瑪阿特陪伴著拉」。就這樣，女神王后陪伴著太陽神國王，甚至在兩人巨大的雕像上，王后看起來比國王還要高一點。雕像如今在開羅博物館俯視眾生，而王后比國王高大，想必是從古王國的某些作品得到了啟迪。因為在那些作品中，女性往往顯得比男性略微大一些。

迪伊之所以是如此大小，可能與她作為丈夫保護者的角色有關。她有時被呈現為好戰的河馬女神塔維里特，示意了她獨特的頭銜：「恐怖大主宰」。這位王后也會被呈現為塞克美特模樣的斯芬克斯，守衛著她丈夫的英名，無情踐踏敵人。不過，塞克美特也能變形為哈索爾，於是，迪伊同樣作為「讓宮中充滿愛的女主人」，有著足夠濃密厚實的頭髮，以便讓人聯想到哈索爾，「長有美髮的女神」。甚至王后的著裝也精心選擇，她的一件袍服是用散發虹彩光澤的黑羽毛做成，與幫助太陽神穿越天空的禿鷲女神奈荷貝特有關聯。羽毛仔細地編排連綴，所以袍服如羽翼造型的部分恰好保護和支撐著王后的小腹，畢竟那裡是王室下一代的家園。

王室家庭很快就擴大了，因為迪伊生下兩個兒子和四個女兒。她保留著王室大妃的稱號，同樣的頭銜往上回溯到太后穆特姆維雅身上，又向下延伸用到了國王的兩個大女兒。如此一來，營造出哈索爾的三代代表者，強調了這位女神同時是太陽神的母親、妻子和女兒，而國王就是太陽神的象徵。

作為國王公眾形象的一部分，阿蒙霍特普三世必須定期炫示他的力量，於是，在暫時處於和平期的王國中，阿蒙霍特普三世仿效前輩，玩起了大型動物狩獵活動。他在納特倫谷地（Wadi Natrun）的幾天之內就獵殺了九十六頭公牛，然後在任期的第一個十年內，他似乎用「他自己的箭」射殺了一百零二頭「凶暴」的獅子。

國王被描述成一位「無往不勝的弓箭手」，「跨馬縱橫飛馳就像一顆金銀合金的星星」。終於，約西元前一三八五年，努比亞部族的首領「大話王伊赫尼」（Ikheny）發起叛亂，他才得以展現才華。法老對此立刻做出回應：「衝鋒向前，如荷魯斯，如蒙圖，如眼中充滿暴怒火焰的獅子，攫住庫什人，所有酋長都被打倒在他們的谷地中，扔在他們的血泊中，一個堆疊一個。」哈普之子阿蒙霍特普還補充：「我看到他在戰場上徒手搏鬥。」

粉碎叛亂之後，阿蒙霍特普三世的勝利石碑豎立在阿斯旺通往菲萊（Philae）的大路上，造型是他站在一個趴伏在地的庫什人上，做好了預備痛擊另外兩人的動作。遵循傳統，他在賽伊島安置了自己和迪伊的雕像，同樣的夫妻雕像還在兩座新神廟聯袂出場，接受敬拜，一座新廟位於索利卜（Soleb），獻給「努比亞之王」阿蒙霍特普，另一座是在附近的塞登加（Sedeinga），獻給迪伊；在此呈現為「護衛者斯芬克斯」的形象，被視為「拉神之眼」以及哈索爾與塞克美特的合體而受到敬拜。迪伊在米爾吉薩（Mirgissa）的雕像，甚至供奉上了紅色液體的祭酒，讓朝拜者聯想到最初的「拉神之眼」傳說中的著色啤酒，而石像沾染的紅色印跡到現在仍然可見。

阿蒙霍特普三世向南遠征，一直航行到了柯爾古斯。就是在這裡，他的先祖圖特摩西斯一世在哈格爾—梅瓦的巨石重繪銘文，覆蓋了原住民所刻的圖案。當地的卡羅伊（Karoy）礦坑為埃及提供大量的黃金。在執政的第二十六年，國王對努比亞發起第二次戰爭，他的努比亞總督梅里摩西（Merymose）對伊布赫特（Ibhet）的反叛者實施了「大屠殺」，該區域位於奧拉基（Alaqi）谷地的深處，是一處重要的黃金產地，埃及由此奪取了更多的黃金財富。

財富的積累讓國王大興土木的規畫，甚至能超越哈特謝普蘇特的建設計畫。正如這位女性前輩，阿蒙霍特普三世也把自己包裝成阿蒙拉神的孩子，而「神播龍種」讓其母受孕的創意是國王自己構思出來。不過，他現在主要強調的重點不再是阿蒙，而是拉神，以及與太陽關聯最緊密的神靈。

他任命大兒子圖特摩西斯王子為「南北兩地眾祭司總主管」，與此同時，他的大舅子安恩已經在卡納克占據了權勢第二位的副職，於是國王對當地的祭司團隊發起了評估和審查。此事由哈普之子阿蒙霍特普發起，他聲明：「大王委任我重組阿蒙的神廟，所以由我指派分配職位給祭司們。」哈普之子在卡納克一帶安置了雕像，上面的銘文向看到內容的所有人宣告：國王賦予他前所未有的巨大權力。因為這位高官已說：「上下埃及的人們，看到阿吞太陽圓盤的每一位，來底比斯向諸神之王祈禱的所有人——你們來我面前吧，我將把你們的話轉告給阿蒙。」

於是，任何希望接近阿蒙的人，現在都被要求先通過聖上最信任的大臣這一關。權力的平衡已經改變，並嚴重傾斜。國王此時自命為「底比斯的阿蒙霍特普統治者」，強調底比斯是由北邊（古爾若）出生的君王控制，而不是別人。

當然，他也改變了底比斯的地貌；身為國王，如此改造底比斯，可謂是前無古人。他的底比斯建築計畫被列在一塊十英呎高的石牌上，銘文宣稱：「每一個紀念碑般宏大建築的完成，都讓大王心中歡喜；從兩方土地初始以來，從未存在與此相似的工程。」

工程由資深的建築師哈、雕塑大師米恩（Men），以及建築監理主管雙胞胎兄弟蘇狄（Suty）和霍爾（Hor）進行，總負責人則是多才多藝的哈普之子阿蒙霍特普，即「所有計畫的總管」。此人放出豪言：「我絕非模仿前朝的工程」，這次大興土木的規模，沒有能與之相匹敵者；至少的確是前所未有。哈普之子讓卡納克成為「巨人」之城，其中就包括一座國王的巨像，高度超過十八公尺（而且未算進王冠的高度），可謂是埃及有史最高大的人物雕像。

國王令人炫目的成就不僅是工程規模，還有大量的黃金。同樣是在卡納克，一對方尖碑矗立的位置讓太陽每日從兩碑之間升出地平線，石碑拱衛的是一座新聖祠，獻給瑪阿特與阿蒙；下方基座刻的銘文，將國王描述為照亮兩方土地的「拉神之形象，就如拉—荷拉赫狄是陽光的擁有者，臉上閃耀如太陽圓盤」。此言並非誇大其詞，因為阿蒙霍特普三世的這座新聖祠包覆了亮閃的黃金，重量超過五噸，而用於鑲嵌裝飾的天青石約有一噸。

神廟近處還有一條塔門通道，是「內外全鋪上金箔」並「鑲嵌了真正的天青石」。一條新的聖船則以金銀打造而成，用來在每年一度的節慶期間裝載阿蒙和姆特的祭儀雕像。船與雕像被抬著經過新塔門，滑入尼羅河，在河上壯麗航行，閃爍著一片金光。

這些慶典包括溯流而上五公里，參加路克索神廟一年一度的奧沛特節。神廟是阿蒙霍特普三世將哈特謝普蘇特原先所修的聖祠大幅擴建後的成果。新牆的壁畫刻繪了阿蒙霍特普三世頭戴公羊角形狀的王冠，跪在阿蒙—拉的面前；壯觀的廊柱通往一間面向日光敞開的太陽神膜拜堂；神堂遠處是一排昏暗的內室，牆上描繪阿蒙霍特普三世如何經由「無玷受孕」而出生。這些畫面是以原來哈特謝普蘇特「神賜天女」的壁畫場景為基礎，展示了阿蒙霍特普三世的降生；哈索爾在一旁對阿蒙說：「親吻他！擁抱他！哺育他！因為我愛他，勝過愛天地間所有其他事物！」奧沛特節期間，國王本人進入這些房間，據說能以秘密儀式為自己補充能量；然後，一身黃金的大王重新現身，來到陽光下，「他的變化轉世，所有人都能明顯看到」；為了埃及這一片廣袤帝國的利益，他將神的力量輸導進入自己的身體。

阿蒙霍特普三世沿襲傳統，在孟斐斯施政，管控全境。而歷任君王在位的大部分時間也都是常駐孟斐斯，但為了滿足他們不時需要逍遙漫遊的生活方式，其他地方都建有行宮。

不過，阿蒙霍特普三世最終卻將朝廷遷址到了底比斯。但並非遷往卡納克旁邊的舊行宮，而是城市位於尼羅河對岸的另一處全新場所。因為，他認為在底比斯的西岸「可以感受到山脈女神哈索爾不可遏止的生命繁殖力，流動而出統治權威」。於是，這裡成為國王欽定之地，他不僅在此建立他的陵寢和葬祭廟，而且還建了新王宮，把傳統的死者領地變成生者的福地。

作為政權首腦的恆久新駐地，堪比擬為凡爾賽宮或華盛頓特區，這片死水一般的荒僻之地，此時徹底改觀，開發為成片的居住區域。包括官員的大別墅，「向西更遠處一排排五房一套的較小房屋，則給小吏、扈從與衙役入住」。另外，更小的營房式宿舍則安置工人。原先的舊村莊德爾—梅迪納擴大了兩倍，作坊構成的工業片區出產各類裝置和家具等物品，服務於輝煌的新王宮。

這座迷宮般的建築綜合體占地超過八十英畝，用規格一致的標準化泥磚砌築，但浴室則是用石頭構建。屋宇內是明亮的顏料塗刷、釉彩瓦片或地磚，以及鍍金的鑲嵌裝飾。這是完美的居所，舒適又氣度恢宏，可供神一般的大王與其家人生活，同時治國理政。

此處的私人物品解釋了此建築群的阿拉伯語名字，馬爾卡塔（Malkata），意即「撿到東西的地方」。此處仍然到處遺落和散布著宮廷生活的碎片，如戒指、手鐲、項鏈、鏡子手柄、眼彩細管、香水香脂瓶、杯子、護身符和石刻聖甲蟲。這些物品中有的標出了先輩統治者的名字。這種對過往年代的興趣，反映在一塊當時已有兩千年歷史的前王朝化妝研磨板，而迪伊王后的身形也追加刻畫於其上。宮中甚至有了圖書館，「佩爾—梅雅特」（per medjat），意即「書之屋」，其中上釉的陶瓷書版刻寫著「無花果樹與辣木樹之書」與「石榴樹之書」，暗示宮廷人物對園藝花木的興趣。

打理良好的王室花園確實「遍植各類奇花異木」。儘管如今此處已是一片沙漠，但從前是一片綠意蔥蘢，水道縱橫交錯。最大的水路是龐大T字形的港口，在王宮正前方與尼羅河相連。河道長達兩公里，寬度一公里有餘，開挖時須移除泥土一千一百萬立方公尺；超過四座大金字塔的體積總和。這是王宮一帶所有特色水景之母，為王室遊船提供了錨泊之地，讓國王可以幾乎腳不沾地暢遊帝國四方。儘管如此，港口南方也有一條額外的「交通」路線，一條五公里長的快速賽道，馬拉的戰車在那裡能達時速四十公里。車子向前飛馳時，戰車金色側面看似如太陽，而賽道可能曾用於官方儀式，因為它直接向上通往底比斯群山的山腳，而死者安葬在太陽每日沉落於群山間之處。

阿蒙霍特普三世統治期間，西岸是生機勃勃的地方，不僅是王室家族、官員和各類僕役的駐地，而且是「公主孩子居住的敘利亞住所」；委婉指出國王的妃嬪被異邦當作貢品，從古代世界的各地送來。

克諾索斯、羅德島（Rhodes）、斐斯托斯（Phaistos）、特洛伊和邁錫尼，都被阿蒙霍特普三世充滿野心地列入埃及的領土範圍。他和迪伊的名字被刻寫在邁錫尼的禮拜神廟「聖像之屋」中。愛琴海的各種禮物被敬獻到了馬爾卡塔和古爾若，其中包括葡萄酒、橄欖油、香水，大概還有女人，因為部分古爾若墓葬的屍骨屬於金髮人種。

至於巴比倫、亞述和米坦尼等王國，法老同樣維持著友好關係。留存下來的外交信函，讓我們得以用一個極為有趣的視角，看到當年王室禮節的幕後世界。

國王通常以一段冗長的前奏開始他的公函，例如「在此說話的是涅布穆阿雷亞（Nibmuarea），偉大的君主，埃及之王，你的弟兄」，涅布穆阿雷亞或涅姆阿雷亞（Nimmuaria）都是法老帝王名「奈布瑪阿特拉」的不同變體，多在埃及的外邦友國中使用。接著，法老閒話家常，詳細詢問收信人整個家庭的健康狀況，包括老婆、孩子與貴族大臣如何，馬匹、戰車和各自的國土是否安好，還告訴對方自己在上述種種方面都情況良好。不過，往往也會很微妙地附帶提及一下軍隊的「無數士兵」。

外交政策上，國王繼續父親的和親聯姻，每次贏得新的外邦同盟，就從該地娶一個新娘。例如，他從土耳其南部的阿扎瓦（Arzawa）統治者討要了一位公主；甚至即使已經娶過巴比倫老國王的一個女兒，但當該國的繼任者卡達希曼—恩利爾（Kadashman-Enlil）上臺後，他又向新王討要一位姑娘。這位巴比倫新首領回應阿蒙霍特普：「你說希望娶我女兒為妻，但我的妹妹已經被先父許配給了你，早已在你宮中，只是至今無人見過她，也不知她是死是活。」法老進而反問：「你可曾委派什麼重要的人前來？此人認識你的妹妹、能跟她說話、能辨認出她？你派來的都是無名小卒；其中一人還是驢子的牧人！」然後讓對方放心，說他的妹妹安然無恙。

巴比倫國王當然認同此共識：「黃金在埃及如灰土，能直接從地上撿起。」但是，他似乎已經向埃及索取太多次黃金，因為阿蒙霍特普三世這次告誡他：「為了從鄰居手中得到大塊金子，把你的女兒們許配給那些王國，才是兩全其美的好事。」於是，巴比倫人改變了策略，轉而也向法老索求一位公主，但得到的答覆是「從難以追憶的遠古時期以來，未曾有過哪位埃及君王家的女兒會和親送給外族」。巴比倫國王然後回應說：「為什麼不可以呢？你可是大王，你喜歡做什麼都可以做。」甚至還提議：「幫我送個美女，假稱她是你的女兒就行了。難道誰會說『她不是國王家的公主』？」阿蒙霍特普三世再次拒絕以女兒完成和親，但他送給了巴比倫國王一套「鑲嵌著黃金」的家具，「我剛剛聽說，你又建好了一些新宮室」。

國王的父親曾娶過一位米坦尼公主，埃及與米坦尼的友好關係就此確立。西元前一三八〇年左右，米坦尼新國王舒塔爾納（Shutarna）繼位，因此再度重演了一場和親：他將女兒齊魯赫帕（Kiluhepa）嫁給法老，一起到來的是整支公主的隨從，共三百一十七名女人，並伴隨著嫁妝和禮物，法老形容這是「一場奇觀」，向所有官員展示，很像現代的婚禮喜宴。甚至，舒塔爾納把保佑自己的私藏雕像（形象為女神阿絲塔特，等同於哈索爾），也一起運來祝福女兒的婚姻。二十年之後，舒塔爾納的兒子圖希拉塔（Tushratta）繼位，和親程序又重演了一遍。新王的女兒塔都赫帕（Taduhepa）如期嫁入埃及，甚至帶來更豐厚的禮品，其中包括獻給前新娘齊魯赫帕的禮物。圖希拉塔再次運來了阿絲塔特的雕像，讓新娘塔都赫帕成為「滿足我弟兄願望、令他垂愛的形象」。他向法老表示：「希望我們的女神阿絲塔特能為我們都帶來極大的快樂，讓我們繼續當友好鄰邦。」

相比於埃及諸侯的諂媚逢迎，這些熱切奉承的言辭卻是小巫見大巫了。諸侯藩王向法老討好：「我是您的僕人，您腳下的塵埃！我將女兒敬獻大王，我的主，我的神，我的太陽！」儘管後宮已有數百上千的外族佳麗，阿蒙霍特普三世還是像一位諸侯開口：「我可以給你任何東西，只要找幾位毫無缺點的絕色美女到王宮斟酒，試著讓我對你說：『真的非常不錯。』」

這些外國女子來到宮廷，加入埃及本地妃嬪行列。她們入鄉隨俗取了當地名字，但翻譯成英文之後卻別有意趣，例如「追求者如雲的尤物」、「貓一般的女子」與「獵豹般火辣的脾氣」，而薩迪（Sati）的夫人名字意為「為了光輝燦爛的阿吞，此女帶著暴怒火焰擊打」。儘管有人認為此名代表薩迪夫人是一位古代的「揮鞭女郎」（Miss Whiplash），但此名無疑強調哈索爾—塞克美特的雙重特質：女性之美反倒會強化女神的威力，而在卡納克的姆特神廟舉行的各式儀式，這種威力會保護國王，維持和延續王室權威。

阿蒙霍特普三世是「姆特的寵兒」，因此便在她的神廟中添置了更多雕像。雕像都鮮明地呈現為貓科動物，其中包括法老自己的兩座巨大的斯芬克斯像，雖然露出微笑表情，但會「在每一片外國土地激起畏懼」。一八二〇年，這兩座斯芬克斯被運到了聖彼得堡，它們經常覆蓋著皚皚白雪，其實頗為突兀。兩座獅身人面像曾經有至少三百六十五座獅子頭造型的花崗岩石像環繞。這些石像是「姆特之火焰」塞克美特，每座重量超過一噸。一年中，正好每天一座石像持續不間斷地保護國王，同時須定期供奉大量的葡萄酒與染紅的啤酒；重現古埃及神話阻止女神毀滅人類的方式。

這些象徵符號與尼羅河洪水、太陽的力量以及廣義的生殖都直接關聯，所以相似的儀式便在埃及全境神廟模仿展演，尤其是在赫里奧波利斯；幾乎自有記錄可循的年代開始，塞克美特和拉神就在此得到膜拜。也是在赫里奧波利斯，阿蒙霍特普三世修建了獻給阿吞的第一座神廟，還委派敘利亞出生但在埃及求學受教的阿佩爾—埃爾（Aper-El）擔任最高大祭司。

在附近的孟斐斯，國王受到歡呼，被譽為「與普塔聯合」的阿蒙霍特普。普塔是此城的創造者，國王於是指派大兒子圖特摩西斯擔任普塔的最高大祭司。此頭銜意味少年必須負責供奉創世神的阿比斯神牛。此牛養在神廟的金色畜欄中，死後被做成木乃伊，內臟保存在尺寸約垃圾桶大小的「柯諾皮克」罐子中，它的木乃伊葬入孟斐斯旁的薩卡拉墓室中，入葬儀式由國王和大兒子主持。不過，圖特摩西斯王子最出名的貓也在薩卡拉擁有墓葬，備受寵愛的「塔喵」（Tamiu）與太陽神有強烈關聯，地位因此進一步提升。因為，貓感光靈敏度超高的眼睛，讓它夜視能力良好，所以在墓室壁畫場景常有貓眼，還加上鍍金的塗層，讓它們能偵察和驅逐任何有可能危害墓葬主人靈魂的惡魔。

阿拜多斯是另一個受到高度膜拜的地方，那裡所謂的「歐西里斯之墓」依舊是信眾們的朝聖之地。國王很可能曾計畫建造一座歐西里斯的地下聖祠，將每年一度尼羅河洪水上漲和退潮的水位組合呈現在建築中。因為，巨象島已經建了獻給女神薩蒂特的新聖祠以確立並感激此島的作用——賦予埃及生命的洪水，在此處產生。洪水當然也影響和惠及了阿蒙霍特普三世的誕生地法尤姆。阿蒙內姆哈特三世「迷宮般」的宮殿綜合體就建在那裡。石英岩雕砌的兩座巨型坐像矗立在卡倫湖畔，象徵著這位老國王是

「豐饒使者」，也象徵著索貝克的無限神力。

這些壯觀的具象實體宣言，讓阿蒙霍特普三世受到啟發，他在蘇美努（Sumenu），即達哈姆沙（Dahamsha），為索貝克建了一座新神廟。一九六七年，當地一座浸滿水的垂直豎井坑道中，發現了他的雪花石雕像，重達七噸。雕像中的國王與鱷魚神並列，而豎井「據說是為了蓄養和繁殖索貝克在人間顯靈的替身之物——鱷魚」。

對尼羅河水的運用方面，不僅包括馬爾卡塔浩大河港的開挖，還有「在迪伊的家鄉德雅如哈（Djarukha，即阿克米姆）為她挖造一座湖」。這一片寬闊水域，可供王室成員登上遊船，慶祝每年「大湖開啟」的洪水節。第三處水景增建在路克索神廟前，注入「地下水，在湖中閃動歡樂清波」。底比斯西岸，位於柯姆—赫坦（Komel-Hetan）的國王葬祭廟也融入了同樣的設計。

這是埃及有史以來最大的王室廟堂，也許是地球上規模最大者，占地三十六公頃。此規模空前龐大的計畫，還由此時已然老邁的哈普之子策劃。這一片廣袤浩瀚的建築群，在一次地震（最近的定年為約西元前一二〇〇年）之後，幾乎完全消失了，隨後又歷經洗劫盜搶，只剩下兩座稱為「門農巨像」（Colossi of Memnon）的法老雕像。不過，隨著不斷的考古挖掘將尼羅河淤泥層清除後，這座廟堂的遺蹟正逐漸重新露出地面。

葬祭廟故意選址建於了洪水沖積平原的最低處，意圖利用每年七月的洪水蠻力。大約一個月之後，隨之出現的是地下水位的上升——在古埃及人眼中，如同地下有第二條尼羅河，讓死者獲得新生活力。所以，就一座旨在復活與供養國王魂靈的葬祭廟來說，這裡是最佳地址。阿蒙內姆哈特三世在此處陷落於法尤姆洪水中的石英岩巨像，在五百年後經由阿蒙霍特普三世的石英岩巨像，得以複製再現。雙子座石像矗立於廟堂第一道塔門前，但塔門早已消失無蹤，而石像前方據稱曾是一座洪水灌注的人工湖。

雕像更遠處另有兩套塔門，兩側排列更多國王的大型坐像，還有國王母親、妻子和女兒們的石像。這些女性的石像也像門農巨像成對出現，但體積小了不少。一座多柱式廳堂引向了一個開放式的太陽神露天祭拜臺，祭臺周圍環繞的一百六十六根柱子中間點綴著國王的雕像，雕像一律七公尺高。北邊的石像是棕色石英岩材質，代表下埃及；南邊是紅色花崗岩，代表上埃及。以往朝代的王族再現時，雕像外層通常都是如同歐西里斯包裹，彷彿木乃伊形態，而這座葬祭廟的石像披掛的都是一般衣物，打扮得像活人。

廟堂四邊的牆體被後世的君王拆除運走，運至附近其他地點壘砌刻畫出自己的神廟壁畫場景。聊以慰藉的是，重複利用建材保存了阿蒙霍特普三世廟堂畫面的最初色彩。在那些場景中，這位大王分別穿著各式各樣的帝王行頭，其中包括一個渾身披掛黃金、金光閃閃的太陽神造型。

不過，這座廟堂最引人矚目的一點卻是獨立式雕像。多達一千座的雕像無須任何支撐物便能矗立，構成了「史上最大型的雕塑藝術」。除了王室家族的人物雕像，還有埃及的神聖生命體，例如鱷魚、河馬、蛇、聖甲蟲和豺狗之類，以及數百座真人大小的諸神雕像——出自埃及四面八方的各路神靈。

王后的兄長，即安恩，是一名天文學家兼祭司，據說知曉「天空的運行」。他在那廟堂中建立了一個「立體的天文日曆，以確保吉利歡慶的一年」，此布陣包括另外三百六十五座塞克美特雕像，排列在太陽祭壇周圍的柱子陰影裡，以此代表一年中的每一個夜晚。在卡納克建築群的姆特神廟中，已有三百六十五座塞克美特像，代表三百六十五個白晝。現今認為此處的夜晚布局與那兒的白晝形成協同作用，而塞克美特是「大王追隨的女神，總數有七百三十個，是掌管年分的女主，是月份和日子的至尊主宰」，她的禮拜儀式此時已可確切地度量測算。因為原本只能白天使用的日晷，現在有了新發明滴漏水鐘（利用漏壺計算通過的水流，以回推時間的流逝）的搭配。最早的水鐘為雪花石材質，突顯阿蒙霍特普三世形象之一的「天空之神所鍾愛者」。

塞克美特雕像因數量眾多，如今在全球各地的博物館都可見到，但其他雕像僅能取決於日後能從地下發現和發掘出多少了。已出土的，包括國王自己的一對站姿巨石像，各有十三公尺高，重一百一十噸，近年被重新豎立起來，作為此葬祭廟最精華的構成元素之一。正如一位思維敏銳的現代雕塑家深有感觸地說過，「生命短促，唯雕塑長存」，而這些雕像當年被視為讓國王永生的方式之一。國王死後，便有專門的神職人員負責打理雕像，官員在此膜拜，定期供奉祭品，以此滋養存續阿蒙霍特普三世的靈魂。

這位大王最終在他的陵寢安息了，其墓葬的地點又是完全標新立異的選擇，那兒是國王谷人跡罕至的西側邊界，即使到了今日，還保留著孤絕安謐的氛圍，遠離塵囂。擁有多層結構的龐大陵墓，內有三間墓室，分別為國王、王后和公主預備。工程開始時，負責監管工人的依舊是經驗老道的哈。經研究顯示，哈的木乃伊體內長著十四顆膽結石；如此榮耀的重任恐怕讓他壓力太大了。

不過，因建造這座連神靈也欣喜的陵墓，哈得到了豐厚的犒賞。在其漫長職業生涯之初，國王祖父御賜他的黃金腕尺量桿，現在有了一只天然琥珀金碗相配。碗上刻有阿蒙霍特普三世的名字，碗內在當時無疑是盛著昂貴的香水，另外還有代表「金質榮譽勛章」的項鏈與配套的手鐲，哈也一直戴在身上。他與妻子梅爾特的木乃伊都保存完好，原封不動地於一九〇六年在墓葬中被發現。夫妻二人的兩具棺材上還覆蓋著葬禮時撒到上面的那層灰土，而他們數百件隨葬品則完美呈現了一幅西元前十四世紀埃及的生活畫面。

同代的迪伊王后之父母宇亞和圖雅也有同樣幸福的命運。這對夫妻在一九〇五年被發現，只比哈夫妻提早一些。他們大致完好無缺的墓葬位於國王谷（國王谷第四六號陵墓），是其法老女婿所御賜。當時參與發掘的考古學家寫道：「當時我真的幾乎昏倒……。墓室的模樣就像會客廳暫時閉門謝客，主人們僅是遠行避夏。」其中除了圖雅的首飾盒、宇亞裝假髮的櫃子，還有羽毛填塞的軟座墊與鍍金的椅子（而且堅固地完全能承受葬墓發現不久後就來拜訪的法國女王的體重）。此夫妻鍍金的棺材與哈和梅爾特十分相似，因此應是在馬爾卡塔的同一處打造。兩人的遺體或許是史上製作最精良的木乃伊。宇亞的下巴仍然留有短硬的鬍髭，圖雅的左右耳則依當時的潮流分別打了兩個耳洞，兩人的頭髮仍保持著黃褐色。

至於國王不可計數的「兄弟、姐妹、女人和後裔」，部分葬在國王谷其他地方、埋在庫爾納的山腳下，或是葬在遙遠西邊的沙漠谷地中。王太后穆特姆維雅在兒子執政期的最後十年間去世，可能葬在了馬爾卡塔北邊一點的王后谷。由於這裡也安葬王子和朝臣們，所以圖特摩西斯王子最終可能也是長眠於此。作為王室長子和王位繼承人的他，大約西元前一三六〇年意外夭折。其父母一下子亂了方寸。計畫好的帝位傳承只能改弦易轍，將核心換成阿蒙霍特普來布局。二王子阿蒙霍特普原本的活動基地就是太陽神的崇拜中心赫里奧波利斯。他到達馬爾卡塔時，正好是阿蒙霍特普三世第一個盛大的執政慶典，即傳統的即位三十週年慶。迪伊的私人管家赫魯伊夫（Kheruef）記錄了慶典盛況：「大王按照古人所寫的完成儀式。從祖先一代代至今，從未有過如此的週年大慶。」確實，至少規模從未如此龐大，遠近各地、四海八荒的屬國臣僚和外國代表團都帶著賀禮紛至沓來，每一位底比斯人，從神職階層到女傭，都因盛大慶祝而豁免稅收。

首先是國宴，即「國王的早餐」，包括麵包、牛肉、禽肉和大量麥芽啤酒，然後國王夫婦乘坐金色遊船駛過王宮前的河港，接著坐上滑竿轎椅前往國王的葬祭廟。君王的力量將在那裡得到復原再生，哈索爾也是必經的儀式，而代表哈索爾的是王后迪伊帶領的王室女眷，光彩熠熠、華貴雍容的隊伍中，包括所有「王室女兒」以及外國首領家的公主。

此際，王室家庭成員和精心遴選的朝臣之外，神秘儀式的觀眾基本上就是眾多的神祇了，他們的靈魂寄寓在各自的雕像中。集結在場的還有所有先王的英靈，「荷魯斯的後繼者」。觀眾群的見證之下，阿蒙霍特普上演「狩獵」、「祭獻犧牲」、「勝利」等儀式，當然還包括跑步。

接下來是一個不眠之夜。舞蹈女郎身穿古王國的服飾，熱烈歡舞，伴隨著〈來吧，金色女神〉的歌詞：「歌者在唱誦，心隨之而起舞，真好！在安睡的時辰，照亮我們的歡宴，徹夜享受熱舞！快樂的隊列，從醉鄉之地開始；女人們高高興興，醉漢們在涼爽之夜為你搖起鈴鼓；凡醒著的，盡皆為你祈福！」

得到必要的力量之後，復原新生的國王在黎明時分起來，執行下一個儀式表演：豎起類似五月節花柱、代表歐西里斯脊椎的耶德柱（djed pilar）。柱子以繩子向上拉動豎立，在象徵意義上代表陰司之神的復活，並將穩定帶給這片土地。面對此力量的考驗，國王再次得到了由主要女性組成團隊的激勵和助威（透過言辭和肢體動作）。演出完畢，法老成功延續其王座的占有權。

接著，迪伊和公主們一起向法老呈上她們的叉鈴，對他說，「伸手追隨美好，抓住哈索爾的光彩之物，靠近那天空女神的榮耀」，而女神設定成會現身審查和見證此過程的最高潮——國王重獲青春，化身為拉神，「在地平線上熠熠閃光！因為您已再生，是天空中的太陽圓盤」。

既然已轉世為「光芒閃耀的阿吞」，阿蒙霍特普三世不再被認作是太陽的代表，甚至不再是太陽之子，而是依照官方的意志和說辭，直接是人間的太陽神，受萬眾崇拜敬呼：「我的主，我的神，我的太陽！」

那些年，尼羅河洪水處於理想的最佳水位，讓這片土地得到了最大高度的豐饒收穫。於是，新的「神王一體」法老被呈現為豐滿圓胖、雌雄同體的尼羅河神哈比的模樣。因此，儘管在現代曾被鄙視為「胖得令人生厭的老頭」、「女人氣」的異裝男、「容易被誤以為是女人」，但這位法老的造型卻是有意為之，把他描繪成「神與人類的慈母模樣」，而他的名號晉升為「偉大的他—她」，將男神和女神的力量都集於一身。

不過，這些神力都須定期補給和更新。於是，約西元前一三五七年前後，又舉辦了第二次排場奢華的執政慶典。這一次，似乎是記得邀請巴比倫國王卡達希曼—恩利爾，因為此人之前曾來函抱怨：「如此風光的慶典，你卻沒有派信使捎來口信說，『過來吃喝吧』；節慶完成後，你也沒有送個紀念禮物。」

可是，之前的冷落怠慢或許是故意的，因為法老回覆：「對你而言，你只送了一件賀禮給我。我們還怎麼歡笑暢飲？」

國王的第三次執政慶典舉辦於約西元前一三五四年，重點當然還是一如既往，展示王室英勇非凡的武藝。不過，與之前的同類活動比較，這次相當低調。因為國王已經五十歲了，被推拒和迴避已久的大限之日正漸行漸近。一年之後，光芒閃耀的阿蒙霍特普三世過世。

消息傳到敘利亞時，米坦尼國王向已成寡婦的迪伊致函：「當我聽說我的兄弟已順從命運的召喚而去時，那一天，我坐著哀哭不已，我沒吃東西也沒喝水，只是悲泣。」

不過，阿蒙霍特普三世繼續當作阿吞受到敬拜，死後一如生前。既然他實在的肉身成為埃及最偉大神明的附體，對他遺體的木乃伊製作就有了無法估量的重要性。因此，儘管塗膏防腐技術現在已經達到最高標準，可以製作出如同王室岳父母宇亞和圖雅栩栩如生的木乃伊，但國王還是留下了指令，要把他的木乃伊做得與眾不同，反映出他的太陽神身分。

製作程序當然是在他的葬祭廟進行。獨具匠心的建築，將太陽和水的力量與歐西里斯的力量結合。內臟從國王的身體取出；屍體被塗刷上一層樹脂，形成金色的保護層，而樹脂是來自廣袤帝國的其他地域和境外。然後，屍體被浸沒在溶液中，溶液是用尼羅河水與來自北方納特倫谷地和南方卡布的天然泡鹼製成；葬儀用品的配方，聯合了埃及兩方土地的同時，也借助其中化學性質微妙差異的兩種泡鹼，讓防腐效果達到最優。

浸泡三十天之後，血紅蛋白全從遺體濾出，形成一種羊水般亮紅色的液體，屍體從溶液取出，彷彿在肉體意義上獲得重生。接著是風乾，此時通常會在整間屋子點滿燃香煙霧，除了召喚神祇協助，更是為了驅趕蒼蠅。然後，遺體塗覆更厚實的第二層樹脂，樹脂預先加熱，以便能將肢體嚴密封閉。「此步驟完成之後，木乃伊的四肢與各部位器官，都有了一層如石頭般的硬外殼包覆」。這是刻意的設計，希望讓遺體轉化為「雕像一般的木乃伊」，如國王的塑像受到長期敬拜，永垂不朽。

穿上黃金打造的帝王配備，再用多層亞麻布包裹，最後再罩上一只黃金死亡面具之後，國王的遺體放進了黃金棺材安放，終於準備妥當後，便可以進行國葬了。主持國葬的是大王的兒子兼繼位者阿蒙霍特普，還有成為寡婦的迪伊。

在國王谷西側氣闊的墓葬（西國王谷第二二號陵墓）中，國王隆重下葬安息。修墓的工匠們封上了墓室的入口，用灰泥塗抹封閉嚴實。他們在墓室外又另外刻畫了更多國王與眾神一起的場景，與陵墓其他區域繪製的精緻畫面一樣。最後，他們回填墓穴的通道，並將陵墓外側主入口封閉。

太陽神大王至此徹底長眠。

〔17〕

太陽神的餘暉所及

約西元前一三五二～前一二九五年

新法老阿蒙霍特普四世（約西元前一三五二至前一三三六年在位）繼承了父親的王座、財富、宮殿、馬匹和官員團隊，甚至還有妻妾妃嬪，其中包括了米坦尼的公主塔都赫帕（Tadukhepa）。然而，父親的才幹似乎並未遺傳到他身上。

雖然現代學界繼續將阿蒙霍特普三世所有創新之舉，都歸功於四世的名下，但四世實則是一道蒼白的影子。儘管他不遺餘力地希望仿效父親，但局面很快在他缺乏外交手腕的決策之下，開始分崩離析。

米坦尼的圖希拉塔仍心懷希望，來信道：「當他們告訴我，阿蒙霍特普與迪伊在世的最年長兒子繼位稱王時，我說：『我的兄弟沒死！他的大兒子現在接替了他的位置，一切將一如往昔，不會有變。』」然而，新王卻得罪了他的米坦尼盟友，將原本承諾送抵的整塊純金，換成了鍍金的雕像。

於是，迪伊接管了外交事務，去信讓米坦尼國王安心：「我的夫君一直對令尊表現深厚的愛意，並對你也保持這種情誼。你肯定不會忘了你對我夫君的愛戴，也請對我們的兒子給予更多愛戴！請你繼續派遣友好使團。請千萬不要中斷和取消！」圖希拉塔回覆新王：「我向你父親說過的所有話，你母親都一清二楚。除了她，無人知道，請你詢問母親詳情。」身為王室位高權重的女性，迪伊以王太后的角色與資質伴隨在兒子身邊。其子的早期雕像，都顯示母親指引方向的手臂環護在他身後，此情形至少持續到了阿蒙霍特普四世稱王的第二年。此年，他選定娜芙蒂蒂（Nefertiti）為「王室大妃」。毫無疑問，此人選也是經由他母親的引導授意的選擇。

這是埃及最廣為人知的面孔之一，但娜芙蒂蒂的身世緣起卻無從得知，儘管她很可能是屬於某個旁系王族，也許是阿赫摩斯內芙塔里的支系後裔，「其在底比斯被當作神靈膜拜，後嗣之一迪伊王后又大大推進了膜拜敬仰」。猜測指出，娜芙蒂蒂是迪伊的侄女，即迪伊最小的弟弟阿伊的女兒，而他的正室妻子泰耶（Ty）已被史學界確認曾為娜芙蒂蒂的奶媽。

還有另一種可能是，娜芙蒂蒂的父親或許是阿蒙霍特普三世，生母則是法老眾多外國妃嬪之一。此假說源自娜芙蒂蒂的頭銜之一是「女繼承人」，而且她和新婚的丈夫被描繪成神界雙胞胎舒和特芙努特，而那又是阿蒙霍特普三世所象徵的創世者太陽神的兩個孩子。這對夫妻聯袂出現時，通常都是在敬拜太陽神阿吞，而新國王反覆呼告說「阿吞吾父」；這層意義確實存在，表明其父親已等同於太陽。兩人將阿吞的名字寫入成對的帝王盾徽中，甚至修正自己的名字以融入阿吞的元素。娜芙蒂蒂取了第二個名號「納芙爾內芙露阿吞」（Neferneferuaten），意思是「阿吞精緻又完美」，而她的丈夫緊隨其後，把出生名阿蒙霍特普改成了如今世人更為熟悉的埃赫納吞（Akhenaten），意為「對阿吞有益的人」。

儘管奉太陽神為至尊，並將其置於所有神靈之上，但這對夫妻明顯持續尊重認可其餘傳統神祇，他們的官員仍然繼續回報孟斐斯的普塔神廟，「已發送完畢供奉所有男神、女神的品項」，當地新建的阿吞神廟已經裝飾完畢，其中出色的壁畫場景主要描繪了娜芙蒂蒂。同時，阿吞也被積極地宣揚普及到南方，遠至努比亞的卡瓦（Kawa）和索利卜。

至於在卡納克的工程計畫，國王夫婦想循父輩開創的先例，將其發揚光大。不過，看看這座鑲滿寶物的聖祠，希望依照傳統模式超越前輩不免困難重重，因為僅僅這座聖祠，原先用於包覆其表面的閃亮黃金，就重達六噸。於是，夫妻另尋他途，打破固有框架發展出全然新穎的作品，而且真的名副其實地越出了「框框」。

「出框」之處就位於卡納克外緣最東邊的城郭，最靠近黎明時分太陽升起的地方。遠在城郭外，他們的主神廟傑姆─帕─阿吞（Gem-pa-aten），意為「找到阿吞了」，迅速地成形，長六百一十公尺，寬兩百公尺。效率如此之高，是因為用小塊石材砌築容易得多。廟堂牆上刻畫了膜拜阿吞的場景，娜芙蒂蒂在其中出現的頻率是丈夫的雙倍。她主持露天的太陽敬拜儀式，同時在場的還有尚處嬰兒期的女兒梅麗塔吞（Meritaten，意即「阿吞的寵兒」）。娜芙蒂蒂相當類似先輩的「神之妻」女祭司們，因此必須「在神清晨甦醒時滿足他」，以此保持神聖火焰的熱烈昂奮。

這座阿吞新神廟最令人訝異的一點，卻是二十八座帝王巨石像。石像是由宮廷御用雕塑家貝克（Bek）創作，或者至少是重刻加工而成；貝克自稱是「只受大王差遣」。之所以讓人驚愕，是因為部分觀點認為這些卡納克石像「其實原本是阿蒙霍特普三世的雕像，在阿蒙霍特普四世執政初期被重刻了」，太陽神大王的圓臉被修改為瘦長形，且具有誇張強調的五官特徵。

每座石像都戴有法老王冠和假鬍子，所以整體被認為是代表埃赫納吞。不過，部分石像為裸體狀態，而且缺少男性生殖器，因此出現各式各樣的理論推測，聲稱新王肯定是閹人或陰陽人，又或是受到了畸形綜合症的困擾，如佛洛里氏症（Fröhlich，譯註：過度肥胖導致性器官發育不良）或馬凡氏症（Marfan）。其中可能有一半石像為女性的想法卻被屏除了；除了哈特謝普蘇特，他們拒絕承認有任何女性法老。但這些雕像只不過再現了埃赫納吞和娜芙蒂蒂，重複成對出現則代表之前提過的太陽神雙胞胎兒女。原本的石雕正是表示太陽神，而經過重刻的新雕像確實就是從「母體」生出（恰好對應了舒與特芙努特誕生的傳說）。

負載了如此強烈政治意味的雕像，在古代的阿蒙神祭司們眼中顯然離經叛道，對很多埃及學家來說，此現象同樣令人心神不安。祭司群體開始發出反對的聲音，埃赫納吞則嚴厲指斥他聽聞到的「壞話」。他聲稱，那些邪惡言語「比我父親聽到過的更糟，比我祖父，甚至曾祖父，聽到過的都更壞」。他列出的先王，向前一直延伸到阿蒙霍特普二世，原因就在於他是最早限制卡納克神職權力的法老，他將太陽神抬升到了顯要地位，賦予阿吞具體形態。

新王夫婦做出了快速的反應。他們從敘利亞和巴勒斯坦的駐軍中召回相當多兵力，然後開始銷毀和清除阿蒙神的所有痕跡，派遣特別代表奔赴全國各地抹除涉及阿蒙的任何文字與圖像，意在讓尊奉此神的祭司們淪為無用。底比斯是阿蒙的崇拜中心，審查和銷毀行動的重點當然就是此地。卡納克本身直接被強制關閉，當地大量的各類工作人員即刻失業。全國境內對阿蒙的敬拜被勒令取消和解散。基於此信仰而形成的市民教友聚居區域以及宗教活動中心都遭封閉或拆除，此措施實質動搖了（即使不能稱為摧毀）國家很大一部分的基礎設施。

神廟府庫數百年累積下來的財富，如今沒收陳列到了新神祇的腳下，這幾位神祇就是阿吞和他神聖的子女——埃赫納吞與娜芙蒂蒂。此時，他們有了財政資源，可以開建一座全新的城市。新城遠離底比斯，位於中埃及一處偏遠的地方。正如國王所宣告的，那裡「不曾屬於哪一位男神或女神，不曾屬於任何的男女統治者，也不曾屬於任何其他人」。

如今，當地為人所知的地名叫阿瑪納丘地（Tell el-Amarna），但法老夫婦最初將其命名為「埃赫塔吞」（Akhet-Aten），意思是「阿吞的地平線」，因為太陽是從該地東邊小山間的一道空隙處升起，構成了象形文字中的「地平線」（akhet）之意。此名字可能是源於吉薩大金字塔最初的名稱，「胡夫的地平線」（Akhet-Khufu）。正是吉薩當地的氛圍啟發了第十八王朝的帝王們，掀起對太陽神的仰慕膜拜。

埃赫塔吞的邊界，是一連串的十六塊大石牌。牌子上的銘文宣布新城是對阿吞的紀念，此處要建一系列宏偉的新神廟，阿吞將在其中接受膜拜。此地將建立起另一個新的國王谷，不過不是位於太陽沉落的阿瑪納西岸，而是在東岸。

因為東岸是太陽升起的地方，位於計畫中王室大墓場的上方。國王下令，即使他們去世時遠離這座新城，他、娜芙蒂蒂及兩人的孩子死後全都要葬於此地。他們還制訂了進一步的計畫，為赫里奧波利斯的神牛穆尼維斯（Mnevis）也另建一座墓穴；據信太陽神的靈魂就寓居於此神獸體內。因此，甚至連阿蒙霍特普三世也有可能重新下葬到此地，或許就埋在谷地中最長的墓穴裡，該墓向下方斜著延伸了四十公尺，鑿進了岩床。無論是王族或官員，偶爾都會被挖掘出來與後世的家庭成員重葬在一起。所以，阿蒙霍特普三世被挖出重葬的可能性相當大：既然特地建了一座新城向阿吞獻禮，那麼太陽神兩位最虔敬熱切的信徒，或許已計畫要把阿吞的實在肉身（譯註：指阿蒙霍特普三世，因其已被奉為太陽神）從底比斯轉移到此處，況且底比斯已經不再享有全天候的安全保障。建造陵墓的工匠，現在遷居到此座新都城，以至於先前的「工人新村」德爾─梅迪納被廢棄了。

在阿瑪納，先王阿蒙霍特普三世被描畫成彷彿還活著的樣子，在其妻子迪伊的陪伴下安享人生，而真正陪伴王太后在此消磨時光的，是她的兒子與兒媳娜芙蒂蒂，還有夫妻逐漸壯大的家庭。當他們的二女兒梅克塔吞（Meketaten）不幸早夭後，做成木乃伊的遺體同樣被描畫成活人，直直地站立著且身穿華服，而不是裹著木乃伊的包紮布。阿蒙霍特普三世在阿瑪納的實體，大概能解釋史學界既有的假想，即這段時期是父子聯合執政，但其實老國王只是一具沉睡的搭檔。十分類似更早期索貝克內芙露和她亡父阿蒙內姆哈特三世之間的聯合執政，不過此疑問已經被澄清，因為此舉「比較屬於表達追懷紀念，而非陳述事實」。

因此，或許這一點能夠成立：自封為光芒閃耀的阿吞本尊的先王，其木乃伊被移葬到此，是為了讓這座新城的建造名正言順。太陽神真身成為這裡最核心的焦點，城中的主神廟建築群都須與之匹配。

這座城市的修建速度十分快速。一八九二年，此處最早一批考古學家認為，城區的大小堪可比擬於英國的布萊頓（Brighton），他們畫出了此處的平面圖及道路系統；王室家庭，甚至包括年幼的公主們，都曾在這些道路上駕乘過馬車。四座宏大的宮殿，分布在精緻園林設計的這片地域中。宮殿之間，除了車道的交通方式，還附加類似天橋的步行通道，可供在大王宮殿與國王寢宮之間步行往返。而寢宮富麗堂皇的室內裝飾則仿造馬爾卡塔的樣式，引人注目的是同樣自然寫實的壁畫場景和奢華的裝飾設計。另外也有一些家庭生活主題的親密畫面，描繪了曾在此生活的王室人物；壁畫裡甚至包括國王家庭部分成員的親手貢獻：根據低矮處牆壁上帶有孩童塗鴉特徵的圖像，考古學家辨認出王室育嬰室與兒童遊戲室。

不過，王室家庭不僅包含娜芙蒂蒂的六個女兒，還包括她們同父異母的兄弟（或者甚至可能就是親兄弟）圖坦卡吞（Tutankhaten），意為「阿吞活著的形象」。幾乎可以確定他在阿瑪納出生，父親是埃赫納吞。儘管他的生母依舊難有定論（也許是埃赫納吞的妃子吉雅〔Kiya〕，又或者就是娜芙蒂蒂本人），但至少在相當程度上，此男孩是由瑪雅（Maia）夫人撫養長大。她自豪地宣稱她是幸運者，曾「養育了（太陽）神的骨肉」。

除了日益壯大的家庭，國王夫婦的精力也專注於阿吞膜拜活動。信仰聚焦之處就是那些新神廟，其中最主要的是阿吞神廟。此廟特意設定了方位，旨在與周邊的地貌協同。它沿著王室墓園與東方的地平線延伸了幾乎有七百六十公尺，這座廣闊的無頂露天綜合體中，安置了總數達一千多個供奉桌、祭壇與國王夫婦手捧石盤向前托出的雕像。大量的圖像還複製到神廟牆壁上，皆是重複出場的埃赫納吞與娜芙蒂蒂正進行日常祭拜，供奉之物有鮮花、香水香脂、焚香、食物和酒水。酒水包括了在娜芙蒂蒂自己的釀造作坊裡生產的啤酒。一九九〇年，根據遺址的殘存物，該啤酒重新釀製出來，在倫敦哈洛德百貨（Harrods）出售，以此新穎的方式籌資贊助仍進行中的考古發掘計畫。而那些宗教儀式並非十分莊嚴沉悶，反倒有點像福音傳道的狂熱氛圍，伴隨「歌者與樂師，在埃赫塔吞所有神廟中抑揚頓挫、亢奮激昂地呼喊詠唱，頗有快感」。

除了神廟與宮殿，城中也有用於政府辦公的建築，其中包括外交部，或者說是「法老通訊事務局」，不少的外交信函在那裡被發現。朝廷重臣們的別墅也建在新城，例如總理大臣納赫特（Nakht）、最高大祭司帕尼赫希（Panehesy），以及王室親眷阿伊與泰耶夫婦的別墅，許多人也得到了御賜的豪華石窟墓葬，就在與新城相鄰的山地崖壁間。城中還有工匠們的家和作坊，例如首席建造師哈迪阿伊（Hatiay）與御用雕塑家圖斯摩西（Tuthmose），後者的木架曾陳列著非常出色的藝術品，例如娜芙蒂蒂那尊聞名遐邇、戴著高高的藍色后冠的彩繪胸像；如今，這件永恆的傑作收藏在德國柏林的埃及博物館。

埃赫塔吞的工業區生產出玻璃與陶瓷器皿，倉庫和穀倉用於儲存食物，畜欄棚舍圈養牛、綿羊和豬。此外，還有簡陋的居住用房與近幾年才發現的平民墓地；當時該城的人口大概三萬。建造、維持和養護新城的民眾是構成三萬人口的主力，但此處也有負責守衛城市的大量士兵，包括來自敘利亞以及更遠地域的外籍僱傭兵。此地一座房屋發現的莎草紙殘片就呈現出愛琴海裝束模樣的士兵，他們穿著特色鮮明的獸皮鎧甲，並戴著野豬獠牙樣式的頭盔，他們被認為是邁錫尼人，「在法老的軍隊服役效力」。強而有力的軍事存在至關重要，王室家庭在他們豪奢的世界中安然度日，出席各種儀式時外圍總有一層「繭」負責護衛，就是類似「錦衣衛」和「飛虎隊」，帶領者則是警察總長馬胡（Mahu）。這支快速行動衛隊奔走在王室的前後左右，氣勢就像現代的總統車隊。

這類場面瀰散著劍拔弩張的威嚇氣息，在埃赫納吞與娜芙蒂蒂處決敵人的圖像中也反映出來。兩人都穿著一身壯漢氣質的配備，有時還有阿吞在現場協助，阿吞長有多條手臂，常常同時揮舞著狼牙棒和半月彎刀。埃赫納吞固然被譽為溫和的改革者，也是「世上第一名一神論者」，但他所謂的「宗教革命」本質上可說就是對阿蒙祭司集團的鎮壓。外族封臣則受到警告，任何的背叛者都將戴上鐐銬押到埃及，他們和他們的家族成員「將死於法老的利斧之下」。約西元前一三四〇年的一場叛亂平定之後，努比亞的阿庫雅狄（Akujati）部族造反者，甚至被國王下令釘在尖木樁上處死。

雖然有如此殘酷的鎮壓，埃及的大帝國仍舊開始分裂。隨著大批軍隊被召回本土境內維護秩序，外邦的諸侯們開始內戰，展開利益爭奪。比布魯斯的芮布哈達（Ribhadda）與約旦谷地的女王尼努馬赫姆絲（Ninurmahmes）都送來呈文，說發生嚴重動亂，請求法老的兵力援助；卡特納的親王阿基茲

（Akizi）也傳來求援信，但還未等到救兵，他的王宮就被摧毀了。正如卡特納的行政長官彙報的，家園土地被踐踏，「到處冒起火焰」，入侵者是西臺人，他們現在「攻占搶奪了原本屬於米坦尼國王的全部地盤」，而米坦尼正是埃及長期的同盟國。

但是，王室夫婦卻將注意力放在了展示帝國實力的另一種形式：舉辦一場隆重氣派的國宴招待，地址就在他們的新都城，而這個王權新駐地是為了向阿吞致敬，帶給其更大的榮耀；作為阿吞的聯合代表人，這也是他們的榮耀。

為此，他們邀請各地代表團赴會，遠至敘利亞、巴勒斯坦、龐特、努比亞與愛琴海地區，甚至是惹麻煩的西臺都受到邀約。阿瑪納的壁畫場景描繪了這些客人的到來，同時列舉出一併帶來的禮物，「包括敘利亞和蘇丹的朝貢，以及西方和東方的禮贈，來自所有國家的賀禮都在同一時間送達，綠色大海中的島國也出席」；綠色大海，即地中海。這倒也非誇大其詞，阿瑪納發現的大量邁錫尼陶瓷文物，只是進入埃及的外國貨物的例證之一，「其中一船貨物，從阿爾戈利德（Argolid）直接運往埃及宮廷……包含了芬芳的橄欖油，作為問候之禮獻給埃赫塔吞」。

新城的居民們也加入慶祝活動。他們拍手稱快，盡興起舞，興奮地上下跳動、歡呼雀躍，一邊熱切地看著來自世界各地的新奇貨物。朝臣們的墓葬壁畫也描繪了各種膚色的外國使臣雙臂高舉著表示崇敬愛慕，然後趴伏在地親吻國王夫婦面前的地板，大量的觀眾也被召集，前來現場親眼見證；一切看似一次公開張揚的加冕禮。

既然埃赫納吞已經稱王十二年，這樣的假設並非不合理：這個盛大事件標誌著娜芙蒂蒂晉升為正式且完全意義的聯合執政者，此時她恰好啟用了新名字「安柯赫普魯拉．內芙爾娜芙魯阿吞」（Ankhkheperura Neferneferuaten）。她的形象顯示她所戴的王冠和服飾都與丈夫一樣，專屬於帝王。加冕時，兩人彼此靠得非常近，因此身影輪廓幾乎融合成為單一的王權實體，兩人的手交纏在一起，畫面中王后的空位，現在由他們的大女兒填補，仿效了哈特謝普蘇特創設的最早先例。

不過，雖然得到了古代世界的歡呼和認可，此排場壯觀的儀式卻無法阻止帝國各地不斷增強的無政府動亂趨勢。隨著國家的進一步分化，來到王室新都城的就並非只有豐富的外邦朝貢了。

儘管有層層設防、各式各樣的安保警衛措施，「殺手」已經悄然抵達。阿蒙霍特普三世執政期間，已有過外交信函警示：「吾邦域中有瘟疫！」國王接著向「瘟疫女神」塞克美特尋求救助。塞克美特祭司的任務就是安撫此女神，讓她別發脾氣，於是他們編寫了「針對『亞洲病』的咒語，並用克里特人的語言」，那很可能就是為了對付淋巴腺鼠疫（bubonic plague）。

此疾病在近東全境擴散開來，傳染比例已達到瘟疫規模。烏加里特的統治者請求埃赫納吞派遣一名醫生，伽茲如（Gazru）的市政長官在信中寫道：「吾主，請派弓箭手前來，請賜予沒藥用於治療」；當地面臨雙重威脅，有戰亂，也有疾病。

在埃及境內，瘟疫已經至少使一名和親的巴比倫公主喪命了。在居民過於密集擁擠的阿瑪納街巷間，「傳染病擴散的條件已經成熟」。王室家庭甚至也難保安全，因為根據圖像資料判斷，那場國宴招待是部分成員最後一次在公眾場合出現。受害者可能是娜芙蒂蒂最小的女兒，她們幼小的屍身應該也安置在王室陵墓中，就像她們七歲早夭的姐姐梅克塔吞已經葬於當地的一間側邊墓室。

古代法老們將女性親屬葬在自己的陵寢綜合體的慣例仍在延續。約西元前一三三八年，王太后迪伊薨逝，照例埋在阿瑪納的王室陵墓。埃赫納吞的妃子吉雅似乎也葬在那裡。

埃赫納吞的大限很快到來了，紀錄顯示應是在其最後第十七執政年稍晚，大約是在西元前一三三六年。他殞命的確切時間及死因都無從知曉，可能是自然死亡或感染了瘟疫，又或者是多種綜合症之一導致死亡；部分人認為那些病症影響和困擾了他的一生。還有人甚至指出，他也遭遇了幾位前任法老的不幸命運，被刺殺而死，因為當時肯定有一些人希望這位離經叛道的非正統國王早點死亡，那麼他災難性的政策就能停止施行。

無論如何，他過世了。不過，權力現在穩穩地落在了他既存的聯合執政者安柯赫普魯拉・內芙爾娜芙魯阿吞手中，即娜芙蒂蒂，此時她又有了一個新名號「斯蒙赫卡拉」（Smenkhkara，約西元前一三三八至前一三三六年在位）。依傳統，她的頭銜都帶有專屬於女性的元素，後世的官方帝王名錄也承認第十八王朝的末期曾有一位女法老的存在。這位統治者被描繪成頭戴王冠的樣子，卻明顯是女性的體形。

但直至二十世紀上半葉告終，許多埃及學家仍舊堅持主張法老只能是男性，只接受哈特謝普蘇特是唯一例外，而不願承認有任何其他的女性法老。令人困惑不解的「斯蒙赫卡拉」文獻證據出現時，婦女參政運動都已經在倫敦白廳街（Whitehall）上演，並高聲呼喊和質詢：為何在古埃及女性就已能獨掌絕對最高權力，反倒現在卻連基本的選舉權都沒有，但這對頑固派毫無作用。只要涉及男權建制派的利益，看似最好的解釋就是把斯蒙赫卡拉想像為某位身世玄秘的王子，長得女性化，取代娜芙蒂蒂贏得了埃赫納吞的歡心；就如同「哈德良帝王（Emperor Hadrian）與少年安提諾烏斯（Antinous）」的版本。

或者乾脆就像《星期日泰晤士報》（*The Sunday Times*）在近年簡潔明瞭地提出其「更可能是男同志，而非女性」。

既然至今還未有任何切實證據顯示曾有一位名叫「斯蒙赫卡拉」的男人，埃赫納吞那女性模樣的繼任者一定就是娜芙蒂蒂本人，只不過啟用了帝王名「斯蒙赫卡拉」。她的大女兒梅麗塔吞繼續扮演王后的角色，而她在世的第二個女兒安赫森帕阿吞（Ankhesenpaaten）則嫁給了其同父異母的哥哥圖坦卡吞，由此將存留的王室血統線索編結一起，構成一個新形式的君主政權。

她們主持了埃赫納吞的葬禮儀式。葬禮一系列的咒語唱誦聲稱，他的靈魂「將被永生的阿吞的臂膀托舉著，飛向天空；沒有任何災禍能危害你的肢體，你將保持完整，你的軀體永不會腐壞，因為阿吞在黎明升起時，你便追隨著他」。

然後，埃赫納吞的木乃伊葬在了阿瑪納的王室陵墓中。石棺刻有他的各種名字、頭銜和阿吞的名稱，而石棺的每一個角上刻的都是娜芙蒂蒂站立的造型，張開雙臂為死去的法老提供最大的保護。此陵寢中，出現最為頻繁的名字就是娜芙蒂蒂，暗示了丈夫的葬禮由她負責辦理，隨後她便開始執掌朝政，但時間可能只延續一或兩年。這位女性君王的一座雕塑造型特別令人吃驚，年齡比眾人熟知的胸像年長不少，在她纖柔的肩膀上似乎承擔著整個世界的重壓。

過往的十七年間發生過許多動亂，埃及因此舉步維艱，幾近崩潰。民眾在經濟方面忍受著深重的苦難，整座帝國搖搖欲墜。局勢越來越糟糕，在這個與世隔絕的偏遠新都城治理國家已是困難重重，務實的君主看似發起了逐步回歸的動作，想透過恢復舊秩序逆轉家國命運。想必是聽從了親屬的建議，而那位國王正是阿伊，即王太后迪伊極具影響力的弟弟，就是圖坦卡吞的舅公。

隨著阿瑪納被逐漸拋棄，孟斐斯再次成為行政首都。王室家庭的時間分別在孟斐斯和底比斯度過，這似乎表示卡納克的祭司群體又獲准重操舊業。在這段動盪不安的時期，此事件的線索雖然非常少，卻仍有保存，其中之一就包含在底比斯的祭司帕瓦（Pawah）所寫下的牆壁刻字。那段話是以「讚美阿蒙！」開始，而阿蒙的名字已遭禁絕許久。帕瓦接著坦白道，「能說出您的名字真是開心！就像又嘗到了生命的滋味！回來拯救我們吧！萬物皆為虛無時，您就在這裡，萬物消失之後，您仍將在這裡。請從遠方歸來，讓您的僕人帕瓦能再次目睹您的榮耀！喔，阿蒙，偉大的主，請驅走我們的恐懼！請讓我們心中充滿快慰！」

這是真正發自內心的呼喊，祈求阿蒙歸來並恢復秩序。但阿蒙已遭多年怠慢，祭拜體系荒廢已久。曾有報告說：「從三角洲到阿斯旺，男女眾神的廟堂都已淪為廢墟。聖祠已然傾圮崩壞，埋沒在野草叢，建築原址成了（公眾的）通道。諸神已經拋棄埃及，背對吾國。如果現在派軍隊遠征黎凡特，就不會有勝利。即使有人向眾神禱告，他們不會回應。人心衰弱，意氣低迷，只因曾有的一切都已被毀壞。」

政府出資的修復工作開始進行。朝廷「從當地官員的孩子選拔祭司，安排任職」，人員短缺的情況下，就調用王室的僕役補足。不論之前是祭司或神職領域服務的人都能得到任用，重操舊業，而老神廟的重新開張也象徵著經濟開始恢復。

民眾和眾神都被描述是「心中充滿了快樂，好事已經發生，歡笑將傳遍了整片國土」。底比斯的神靈再次被尊為國家主神。這項最終的公開表態，對王權與宗教集團之間的和平休戰給予了正式認可。

圖坦卡吞與安赫森帕阿吞，兩人都以官方姿態放棄了阿吞，轉而向阿蒙示好，改名為後人更熟悉的圖坦卡門（Tutankhamen，約西元前一三三六至前一三二七年在位）與安赫森阿蒙（Ankhesenamen）。在卡納克整飭新的神聖地盤上，他們的新雕像被豎立起來。新王獲得了修飾性的別稱「圖坦卡門，一生都在重塑神靈形象的人」，埃及和努比亞的神廟也由此再度成為各色傳統神祇的居所，而伴隨神靈造像的就是新的法老夫妻。路克索神廟的工程，在圖坦卡門祖父阿蒙霍特普三世的執政時期開始，但被埃赫納吞中止，此時再度重新續建。在遠至努比亞南方的索利卜，圖坦卡門光輝傑出的祖父曾修建壯觀的神廟，他則又為之增加了自己的裝飾。

阿伊現在成為總理大臣，也是阿蒙新任的最高大祭司。埃及的實力逐漸恢復，又可以派軍隊遠征異域，開始贏回之前的帝國領土，而軍事統領則是能力強大的大將軍霍雷姆赫布（Horemheb）。

此人生於赫拉克勒奧波利斯，受過良好教育，頗有學問，其早年的雕像呈現書吏模樣，是「學識之神托特」的追隨者。身為「王室外交發言人」，他曾帶領一支外交代表團前往努比亞，結果促使阿尼巴（Aniba）親王回訪，拜見圖坦卡門，之後霍雷姆赫布被任命為軍隊總司令。這些事蹟在他的墓葬壁畫中都有描繪，而法老為他提供的陵墓是位於薩卡拉王室墓場最顯貴且榮耀的區域。

他的墓葬最初發現於十九世紀，被埋在流沙之下。儘管其中一座夫妻雙人雕像最終收藏在大英博物館，但上面缺少銘文，也沒有發現地點的精確資料，代表雕像的原型身分一直無從辨認，直到墓葬在一九七五年得到重新發掘，墓主才被確認為霍雷姆赫布。而墳墓再度發掘時，出現一雙石灰岩材質的交握雙手，正好完美地搭配了之前殘損的雕像。霍雷姆赫布對其首任妻子阿美尼亞（Amenia）的一片深情，正是最終辨認出兩人圖像的線索和途徑，讓人回想起其時代廣為流傳的說法之一：「你的手在她手中，這就是幸福快樂。」

除了這令人感動的雕像，霍雷姆赫布的薩卡拉墓葬滿是壁畫，內容是他的軍事功業，還有他在黎凡特捷報頻傳之後，圖坦卡門和安赫森阿蒙獎賞的各種裝飾寶物。西臺人在國王薩皮魯琉馬斯（Suppiluliumas）一世的率領下，當時已侵入黎凡特，急須採取行動反擊。西臺國王充分利用了阿瑪納時期的權力真空，聽聞埃赫納吞的死訊後，隨即圍攻卡爾凱美什。

在埃赫納吞繼任者的斡旋之下，嘗試性的談判或許已經展開。因為，在土耳其南部西臺中心領土地帶的沿海曾發現沉船殘骸，其中一批貨品上有當時埃及王室的封印，也只有唯一一個名字——娜芙蒂蒂。

另一個更耐人尋味的線索，是在西臺首府哈圖沙的外交文獻檔案中發現。那是一封信的抄寫，原件來自埃及，寄信人名為達哈曼珠（Dahamanzu）；此為西臺文，對應於「王室大妃」（ta hemet nisu，埃及文中的「ta」相當於英文的定冠詞「the」，此處不尋常的用法是為了強調寫信者正是王室大妃，很可能就是娜芙蒂蒂，而她這封信的內容絕對令人匪夷所思）。她告訴敵方國王薩皮魯琉馬斯：「我丈夫謝世了，而我沒有兒子。但人們說，你有很多兒子。如果你能送我一個兒子，他就可以成為我的新丈夫，我根本不想從我的僕役中挑一個來當丈夫。」

這是前所未有的事。不僅是埃及和西臺從未如此敵對過，而且埃及的王族女性也從未嫁給外邦。不出所料，西臺國王不敢接受此提議。他感嘆，「我有生以來從未聽聞過這樣的事」。

他疑心重重，派了一位信使探察原信的真偽。此行徑讓發信的埃及王后大為不快，反問道，「你怎麼會覺得我欺騙你？如果我有兒子，我又何必如此蒙羞地寫信給外邦？你不信任我。但是，我丈夫去世了，我一個兒子也沒有，我絕不會在僕從選一個男人當丈夫。我沒有聯繫其他任何國家，只向你寫了信，而你有那麼多兒子。所以，請派他們之一當我的丈夫，當埃及的國王！」

西臺國王最終被說服，想必是聯姻的好處（大把的財富與尊榮的地位）讓他心動了，他派了贊南扎（Zannanza）前往。不幸的是，正如我們所熟知的，此舉如同羊入虎口，贊南扎與他的隨從團隊集體消失，也許正是悉數謀殺。

一切是否打從一開始就是陰謀或計策？由阿伊或是霍雷姆赫布，甚至是娜芙蒂蒂自己所設計？我們至今不得而知。另一種可能是倒楣的王子死於娜芙蒂蒂的敵人，以此破壞這項和親計畫。或許，娜芙蒂蒂甚至也一同遭遇了她未來丈夫的命運，因為她之後也消失了。她究竟是何時且如何去世？或者一開始埋葬在何處？一切都不得而知。

最有可能的地方還是底比斯。國王谷已經被官方重新確定為王室墓葬地，其中一座陵墓（國王谷第五六號陵墓）在此開建，建築風格與阿瑪納的王室陵寢一模一樣，看來是為第十八王朝晚期的一位王室女性而準備。此墓向下鑿挖直至谷底岩床，與此時期修建的其他幾座墓距離很近，其中包括近年才發現的國王谷第六三號陵墓，還有神秘的國王谷第五五號陵墓。

這幾座墓，都包含阿瑪納時期製作的喪葬用品。葬於阿瑪納的王室死者由圖坦卡門下令挖掘，運到底比斯重新安葬。此舉或是表達虔敬和尊重，或是因為阿瑪納已經不再安全；兩種考量也許兼而有之。重新安葬，此話題至今依舊具有極大的爭議性，也是一項非常複雜的挑戰。十分類似搶椅子遊戲，只是不免陰森怪誕，因為棺材與它們原初的主人分離，死屍們「搶」到的原是他人的安居之所。近年才發現的國王谷第六三號陵墓中是幾具空棺材，而埃赫納吞的遺體最終則安息在其妃子吉雅的珠寶鑲嵌棺材裡，這具棺材被重新安葬於國王谷第五五號陵墓中，一旁還有迪伊王后的遺體。

至於他自己的陵寢，圖坦卡門似乎是計畫葬在國王谷西翼的盡頭，那裡是其祖父阿蒙霍特普三世首創啟用。緊靠祖父宏偉的葬祭廟，圖坦卡門在梅迪內—哈布開建他自己的廟堂，豎立了兩座漂亮的石英岩巨像，原型當然就是他本人。

圖坦卡門亡故時，儘管已經執政十年，卻未滿二十歲。他的葬祭廟尚未完工，因此他的木乃伊想必是在其他地方製作，而製作方式與他祖父的木乃伊十分相似。據發現木乃伊的考古學家估算，約有「兩整桶」黏稠的金色樹脂澆在遺體全身，處理者有意識地將死者塑形為雕像一般的木乃伊，如同其祖父。外表包覆亞麻布之後，木乃伊便可下葬。一起安葬的還有兩個小女兒的木乃伊，或許都是同父異母的妹妹兼王后安赫森阿蒙所生，不過都是死嬰，其基因缺陷包括脊椎側彎和脊柱裂，很可能是家族近親繁殖導致的後果。

既然圖坦卡門計畫的墓葬地（西國王谷第二三號陵墓）未完工，國王谷中間地段一座既存的墓穴（國王谷第六二號陵墓）就先被徵用了。此處緊臨直系親屬的墓葬，標準的木乃伊製作時期為七十天，期間這座臨時小墓室的內牆刷成金黃色，繪製了即將到來的葬禮場景，還有他受傳統神靈接納的畫面。

他稍稍圓胖的體形比例倒是與實際體型一致，遺留下來的服裝透露此人身形可觀，臀部巨大，臀圍達到一百一十公分。

至於他的陪葬品，很快就從前輩家庭成員「籌集」到位。部分物品還帶有原主人的名字，例如用來裹紮幾座墓葬雕像的亞麻布，上面有埃赫納吞或娜芙蒂蒂的名字，刻寫在首飾盒、鐲子和鍍金弓箭上。圖坦卡門木乃伊身上放置嵌有珠寶的黃金飾帶，以及保存內臟器官的四個黃金小棺材裡，也刻有娜芙蒂蒂的名字。

在原本為其他人訂製的物品中有一把黃金座椅，椅子上兩位前任君主埃赫納吞和娜芙蒂蒂處於阿吞光芒照耀下的名字及人像被修改了，取而代之的是圖坦卡門與安赫森阿蒙。兩座鍍金的君王人像站在豹子背上，通常假設都是代表圖坦卡門，但兩者根本不是同一對。其中一名是男性，另一人則顯然具有乳房，乳房是如此顯眼，所以不能被輕描淡寫地說成阿瑪納藝術無傷大雅的小小怪癖。因此，這應是那位形跡模糊的女性君王娜芙蒂蒂的另一個雕像。

同樣地，用於安葬圖坦卡門的三具金棺材之一也很可疑，因為「第二具棺材的形態特徵與第一和第三具都有顯著差異」。正如一位業內專家指出，「各種理由相信，此棺材的原主人並非圖坦卡門」；補充意見認為甚至那只黃金面具，埃及歷史上最具符號標誌意義的物品，「原本也是娜芙蒂蒂所有」。所以，可能有兩種情況，一種是她死後還沒幾年，遺體附帶的各種寶物就被無情剝奪了；另一種情況是，她確實安葬在未完工的陵墓（國王谷第五六號陵墓）中，但那是一場從簡的葬禮，她未能享有這些隨葬品。

等到墓葬倉促就緒，圖坦卡門的葬禮隨之舉行。主辦人是他老邁的舅公阿伊，墓葬壁畫中描繪了阿伊為駕崩國王直立的木乃伊執行「開口」的葬儀環節。

阿伊（約西元前一三二七至前一三二三年在位）之後變身為圖坦卡門的繼任者，或許甚至有一段時間是與寡婦王后安赫森阿蒙協同執政。不過，阿伊的王后仍是其妻子泰耶，其位於國王谷西翼的墓葬（西國王谷第二三號陵墓）壁畫場景中得到了證實。開建此墓原本是為了圖坦卡門，但現在則由阿伊完工，而且他似乎還接手了圖坦卡門在梅迪內—哈布的葬祭廟，以及那對相當漂亮的巨石像。

這些雕像復興了阿蒙霍特普三世時期匠人們奢華的完美主義風格，並與阿瑪納時期經過打磨改進的新寫實主義結合起來。此藝術特點明顯表現在一座高達十一公尺的王室女性人像的面部五官上。此像刻有後世一位王后的名字，於一九八一年在阿克米姆被發現，此處是阿伊家族的故鄉，也是生殖之神敏神的崇拜中心之一。

阿伊借用此古代神靈的名字為他英俊的兒子命名，稱為納赫特敏（Nakhtmin）。阿伊對這個兒子抱有殷切的期待，因為納赫特敏看來就是阿伊親自選定的繼任者。

但約西元前一三二三年，老阿伊離世，納赫特敏也消失了。他的雕像，在鼻子和嘴巴部位都遭到嚴重損壞，王位沒有傳給他，而是傳到了大將軍霍雷姆赫布手裡。

圖坦卡門死後，霍雷姆赫布（約西元前一三二三至前一二九五年在位）一直在黎凡特打仗，忙於收復埃及帝國的領土。因有埃及軍隊的支持，他奪取了王位。在阿伊執政時期，大將軍的首任妻子阿美尼亞去世，於是他有了第二次婚姻，與仍在世的王室成員結成夫妻，王后是娜芙蒂蒂的妹妹姆特諾德耶美特（Mutnodjmet），此名意為女神「姆特真美好」。

一座真人大小的花崗岩雕像，刻畫了這對新王夫婦登基時的形象。石像背後刻有霍雷姆赫布的加冕訓令，甚至聲稱在他出生之前，荷魯斯就已經選定他作為未來的統治者。阿伊死後，荷魯斯顯然是把他的保護對象帶到了卡納克。在那裡，他的神界夥伴阿蒙立刻認可了霍雷姆赫布成為正當繼位者的資格，當場為他戴上了王冠。

他在底比斯的加冕禮是強調回歸絕對正統的表現手段。典禮聚焦於卡納克，霍雷姆赫布在此處修改圖坦卡門的雕像，將之歸於他的名下，同時推倒了埃赫納吞和娜芙蒂蒂的雕像。他還拆毀這對夫妻所建的阿吞神廟，並循環利用小塊石材，作為自己新建築的填料，由此無意間把石磚保留到了現代。

在他的「大詔書」中，霍雷姆赫布宣稱：「只要我在這土地的生命還在，全部精力就將用來為眾神修建大廟。」他還制訂了法律和社會改革的計畫綱要，想以此重建國家急需的政治經濟秩序。他下令為政府職員漲一次工資。軍隊中一部分的人只要忠誠可靠，就能夠被任命為神廟祭司。但任何士兵只要被證實有偷盜行為，得到的便是一百大板的抽打，還有五處羞辱的外傷。如果有人搶奪政府公務的船隻，鼻子就會被割掉，然後流放到西奈的「割鼻子鎮」（Rhinocolura）。

霍雷姆赫布的鐵腕改革還延伸到軍隊之外。他重組了法庭和政府的僱員隊伍，其中包括墓葬工人聚居的德爾—梅迪納。在阿瑪納時期，當地曾遭受嚴重火災，然後就被廢棄。而此時則得到了重建，倖存的舊房舍被翻修改造，在延長擴建後的村鎮邊界牆內，新房舍先後砌築完成。

因為霍雷姆赫布需要此處居住者為他在國王谷建造一座陵寢。這座壯觀的陵墓（國王谷第五七號陵墓）中，華麗的壁畫比之前任何一位法老的都更多且更宏大。他反覆出現的形象，還有圍繞在他身邊的各路神祇，如同從牆上灰藍表面冒出來微微凸起的淺浮雕，極為生動。

國王谷的安全保護也得到加強。之前的王室墓葬，在宮廷遷往阿瑪納期間疏於看管，淪為易受盜劫的地方，此時均由馬雅（Maya）及其助理，即書記員迪胡特摩西（Djhutmose），加以登記檢查。

有專人為圖特摩西斯四世墓葬遭受到的破壞進行修復，破碎的陪葬陶器得到了修補。這位先王的木乃伊也被打理整齊。但在一定程度上，近期安葬阿伊的陵墓的情況卻正好相反。他的名字和圖像被從牆上鑿除，他的木乃伊（如今已杳無蹤跡）想必也遭到了破壞。而阿伊在梅迪內—哈布的葬祭廟被另作他用，擴建成霍雷姆赫布的專屬葬祭廟，其中當然包括阿伊從圖坦卡門那竊取挪用的兩座石英岩巨像。

當霍雷姆赫布在國王谷的新陵墓還在建造時，他的王后姆特諾德耶美特便薨逝了。於是，王后也如大將軍第一任妻子阿美尼亞，被安葬在國王原先位於薩卡拉的墓穴。最終，姆特諾德耶美特曾被處理成木乃伊的遺體僅剩下骸骨，從遺骨可知她的身材瘦小，身高不足一百五十公分，去世時在三十五到四十五歲之間，同時牙齒在早年已盡數掉光，可能是由於嚴重的貧血症。考古學家還拼湊還原出一具新生兒的遺骨，暗示這位不幸的王后死於生產，而他希望法老獲得一名子嗣。

沒有自己的兒女，霍雷姆赫布只好做出變通安排，認領了一位繼承人，軍官出身並成為總理大臣的帕拉美蘇（Paramesu），名字意為「生下他的正是太陽神拉」，這位來自三角洲東部的可靠之人，是完美的繼任者，因為他即位之際，就有現成的王室家族。與霍雷姆赫布不同，他不僅與妻子絲特拉（Sitra）生了兒子，而且已經有一名孫子。這是十分及時的權力交接，因霍雷姆赫布在大約西元前一二九五年便去世了。儘管他的墓葬與每一位帝王的陵寢幾乎一樣，都在古代時期遭到盜挖，連他的屍體也未曾被發現，但他畢竟是為下一個法老王朝的軍國主義統治奠定了基礎。帕拉美蘇的執政被視為黷武的法老，並且是新的第十九王朝的首任君主。

〖18〗

拉美西斯家族的統治

約西元前一一九五～前一〇六九年

帕拉美蘇被譽為第十九王朝的開啟者。登基之際，他的名字被簡化成了拉美蘇（Ramesu）或拉美西斯（Ramses）。

歷史上總共有十一位君王用了此名稱。第一位便是拉美西斯一世（約西元前一二九五至前一二九四年在位），上位時已經約有五十歲了，統治時間僅短短十六個月，被另稱為「與灰衣同等之人」。他延續了前任的法律和社會改革，身為之前的總理大臣，他已對此相當熟悉。

他也延續前任的建築計畫，接續裝修卡納克，還下令在國王谷某條河流的上方，開建一座新陵墓（國王谷第一六號陵墓）。此墓的尺寸規模雖然較小，但相當精美，牆上雕飾著多個國王的形象，一旁有眾神護佑。十分相似於緊鄰的前任霍雷姆赫布的陵墓壁畫，幾乎完全可以肯定是出自同一批工匠。

拉美西斯一世死後，順利在此入葬。傳統的葬禮儀式由其兒子塞狄（Seti）主持。父親亡故之前，塞狄就已經是共同執政者，以確保王權的無縫銜接。

新法老塞狄（約西元前一二九四至前一二七九年在位）此時已經三十有餘，顯然是個形貌驚人的角色，甚至有可能是一頭紅髮，此特點與他的名字有關，其名字基於古代神靈塞斯（Seth），在喜克索斯舊王朝的首府阿瓦利斯一帶尤其受到尊崇，而新王室家族就是發源於此處。塞斯之名長期以來都與紅色有關聯，傳統上代表了富於敵意的沙漠色。而塞斯的追隨者被稱為「紅頭」群落，聲名狼藉，被視為狀態不穩定的一群，與外界格格不入。情況也許是如此發展：既然新王的頭髮可能天生紅色，關於塞斯及其狂暴本性的任何負面看法，此時都轉化成為正面積極因素，而塞斯的驚天偉力在神話中用來保護太陽神拉，也轉而成為新王的優勢。新王命匠人把他描繪為長有塞斯頭顱的斯芬克斯，在赫里奧波利斯向拉神祭獻。

塞狄一世成為極為成功的統治，無疑是基於強大的領導力，還有從家族兩方面都承襲的軍事才能。他的母親絲特拉（Sitra）本身就是軍人之女，而他自己的妻子圖雅（Tuya）則是軍隊戰車分隊副隊長的女兒。

塞狄制訂了向黎凡特進行軍事擴張的計畫，並在三角洲東部的坎迪爾（Qantir）建立一個新據點。除了一處新王宮，那裡還有製造武器和戰車的王室工坊，以及大片駐紮的埃及軍隊與外國傭兵的軍營。士兵似乎包括有邁錫尼人；「邁錫尼菁英武士配戴的著名野豬獠牙頭盔，部分殘餘在當地被發現」，暗示了傭兵的存在。

塞狄一世對巴勒斯坦南部沙蘇貝都因（Shasu Bedouin）部族的戰役大獲全勝，然後向北進軍決戰西臺，攻占收復了長期你爭我奪的城市卡疊石。接著，他又處理了西部邊境利比亞部族不時零星入侵的問題。而在努比亞的征戰，是為了保障埃及最重要的黃金供應，同時以更多囚徒來擴大勞動隊伍，以利完成宏大的工程計畫。

塞狄熱切地對埃及的往昔表達虔敬之情，於是回到了阿拜多斯—歐西里斯的崇拜中心，以及埃及最早期先王們的安息之地。他在此處建起了壯觀的歐西里斯神廟，最初舊廟的小天窗仍然繼續使用著，讓日光滲入照射到特定區域，增強了廟中獨特又奇妙的氣氛。

室內的牆上裝飾反覆出現塞狄一世的圖像，其身邊同時伴隨著各路神靈。所有畫面的品質都極高，出色的淺浮雕令人難忘。神廟包含一間「先祖名人堂」，完好無損的牆上刻有一份長長的帝王名錄，塞狄之前的君主們從首位統一南北的那爾邁開始，都被收入在內，或者說，所有被認為值得提及的君王都無一遺漏。

名錄中阿蒙霍特普三世的盾徽緊跟著霍雷姆赫布的帝王盾徽。埃赫納吞、娜芙蒂蒂、圖坦卡門和阿伊都「被消失」了，而他們那大約三十年的統治都歸入霍雷姆赫布名下，他的在位時間因此長達五十九年；不太可能是事實，而只是源於塞狄的慷慨。同樣消失的還有喜克索斯王朝、哈特謝普蘇特與其他全部女性法老，名單的結束之處是塞狄自己的盾徽，重複了一遍又一遍。

這就是埃及的歷史，第十九王朝風格的歷史。

不過，過往的改寫固然是對不受歡迎的前任君王懷恨在心，並非只是簡單的報復，因為帝王名錄對國家治理還有具體的功用。這是先祖紀念儀式的關鍵環節之一：被認為治國有方的明君名字被大聲誦讀出來，他們的力量就會聚攏起來，被重新利用，為埃及的利益服務。

此儀式過程被刻繪在帝王名錄旁邊：塞狄與年少的兒子拉美西斯王儲站在一起，而這位王子尚是「國王抱在懷中的幼兒」時，就已被立為協同攝政王。與前一個王朝不同，那時的王室王子幾乎不會與他們的帝王父親一起出現，現在的政策有了徹底的改變，年幼的男性繼承人成為王室陣容具有高度曝光率的一部分。他大聲讀出一卷莎草紙上的法老名字，而他的父親則拉著他的手指向一一累積的歷代君王盾徽，似乎在說「兒子，將來有一天，這都將歸你所有」。

這些都是新王朝意志的一部分。他們希望被視為是靠自身資質的合格統治者，因此有能力維持至關重要的王位承襲，這點尤其重要，因為他們非常清楚地意識到：他們不是原初的王室世系血統。彰顯男性陽剛的第十九王朝軍國政權，對過往歷史的價值有真正的理解，嘗試著接續往日的榮光。一座神廟綜合體的局部也反映了這項特質，建築名為「奧西里恩」（Osireion，即歐西里斯神廟）。

這是極為重要且高度神秘的地方，上部曾有一座丘塚，通常被認為是屬於塞狄，被描述為他的「衣冠塚」。奧西里恩建在沙漠中海拔夠低之處，每年都會遭洪水淹沒，其中心是「一個類似石棺之物，以及一只（裝木乃伊內臟的）柯諾皮克式櫃子立於凸起的島狀地形上，環繞的地下水象徵著創世之初的洪荒大水」。

中王國時期，王室墓室的選址也儘量靠近地下水位，以期先帝亡靈能借助上升的洪水來獲得再生。阿蒙霍特普三世重複了此做法，他的葬祭廟正位於底比斯洪水沖積平原的低處。而阿拜多斯的奧西里恩自然是對中王國傳統的遙遠回應，這裡或許最初也是阿蒙霍特普三世的工程計畫，因為已知他在當地附近的德耶爾法老的墓葬上曾修建過一座新的歐西里斯聖祠，旨在以此方式「開掘利用」埃及最早期統治者們的力量。

奧西里恩當然會有先祖帝王名錄，讓兩者協同作用。因為，第十九王朝的新君主們可以在此獲得累積至今的王室力量，而這正是由他們之前一代代法老匯聚而成之物。那些法老在現世人間已經死了，但被認為在另一個世界仍安然生活著，而在那個世界中他們等同於歐西里斯本尊。

不過，塞狄最偉大的建築成就是在卡納克。在當地，他相當清晰地表現了對官方神靈阿蒙的虔誠信仰。他修建了神廟最為著名的區域，即「百柱大廳」，共有一百三十四根巨大的石柱，重新營造出遠古時代大沼澤的感覺；依照埃及傳說，生命最初就是從沼澤中誕生。這些柱子原先的設計者再次被認為是阿蒙霍特普三世，但工程在其繼任者手中中斷荒廢，似乎是塞狄一世重啟了此計畫，完成了一個令人驚嘆的大型建築，而敬拜阿蒙的儀式隊列想必曾從其中穿過。

環繞大廳的牆面刻畫的場景都是塞狄一世，以及再度掌握大權的阿蒙祭司參加的神聖典禮。廳堂內牆畫面氛圍昏暗而肅靜，外牆上的場面正好與此相反。描繪塞狄在阿蒙的護佑助力之下，駕駛戰車擊潰埃及的各路敵人的動態場景，生動捕捉了戰爭的混亂動盪和殘酷氣氛，刻畫在外牆上無疑向外面世界展示了塞狄的威猛神勇。

就在百柱大廳的正對面，即尼羅河的對岸，塞狄一世的葬祭廟也開工了。此處將供奉維持他亡靈永生的祭獻品。

最終在約西元前一二七九年，塞狄一世身故。他的遺體處理後，成為「男子漢尊嚴」的完美範本之一；十九世紀初第一位研究塞狄木乃伊的解剖學家如是說。更近期的分析透露，即使是在屍體防腐方面，新王朝也與之前的常規做法大相逕庭。他們不再使用泡鹼溶液，直白地模仿生產過程，不再玩弄穿鑿附會的噱頭，而是使用過去標準的天然乾燥泡鹼為王族屍體防腐。

接著，包上亞麻布，再蓋好一層黃色裹屍布，塞狄剃了光頭的遺體被放入宏偉的陵寢（國王谷第一七號陵墓）安息，此墓是國王谷彼時史上規模最大的法老陵墓。

墓室表面幾乎都被畫師帕伊（Pay）和帕斯赫杜（Pashedu）塗上了顏色。一八一七年，墓葬最初被發現時，他們的畫筆依舊在墓室地上。頭頂天花板突顯了北方天空黑色與金色的天象圖案，此間具眾多神靈包括了塞斯（他已經被完全恢復名譽，成為太陽神的保護者之一）。

在被精妙表現的天堂主題下方，安置著塞狄的雪花石棺材。石棺下方的墓室後有一條秘密隧道，近年才被發掘出來，代表此墓葬實際向下延伸了整整一百七十四公尺，直到歐西里斯的冥界王國，而塞狄一世的亡靈可以隨心所欲地從他的木乃伊軀殼離開，下行至冥界王國。

塞狄的葬禮由其兒子兼繼承人拉美西斯二世（約西元前一二七九至前一二一三年在位）主理。毫無疑問，這是埃及最著名的法老之一，甚至有些人將其描述為最偉大的法老。他還被比喻成木星，「從遠處看來閃亮耀眼，但實質上只是一個大氣團」。之所以有此一說，是因為這位法老最令人矚目的功績似乎就只是活得足夠長久而已，他的統治期實際上占據了西元前十三世紀的大部分時間。

在埃及任何地方，想要切斷與這位法老的歷史聯繫幾乎是不可能的事，因為遍布埃及和努比亞的各式標誌性建築都被歸到他的名下。不過，在很多個案中，他只是在既存作品加進自己的元素罷了，不論是將早年先帝雕像的面部鑿刻修改，變成他自己更瘦長的面相，就是直接把他的盾徽標記添加上去。拉美西斯二世的名字就這樣無盡地到處出現，深深地刻入各處牆體，與先前凸起式的淺浮雕所採用更為耗時費力的技法構成了鮮明的對照。

也許可以說，一場經濟衰退已初露端倪，迫使這位法老改造前輩的作品，而不是另外創造。不過，部分埃及學家則持另一觀點：「拉美西斯二世的歷史遺蹟，是靠數量和體積令人留下印象，而不是靠精妙工藝和完美品質」，這是因為「歸根究柢，此人屬於喜歡粗製和品質低下的那一類」。

然而，「在拉美西斯的執政期，優秀藝術也並非乏善可陳，尤其是早年，當曾效力於他父親宮廷的藝術家們仍舊活躍之時」。拉美西斯自己的衣冠塚神廟位於阿拜多斯，緊靠其父塞狄的衣冠塚，而在自己的衣冠塚神廟就明顯能看到這些宮廷藝術家的作品。色彩繽紛的牆上，圖案造型相當引人入勝，並呈現了一份復刻版的帝王名錄，其中「被禁絕的王室成員」與塞狄時期如出一轍；除了女法老，還有阿瑪納的四位君王。

儘管經過這類審查過濾，第十九王朝對過往歷史倒也有清晰的感知。他們的官員持續探訪古代建築與遺址，不僅為了尋求啟迪，也是為了休閒放鬆。首席大臣帕塞爾（Paser）參觀了克納蒙在底比斯的墓葬，並在墓室壁上寫下評價：「非常之美」。而財政內庫書記員哈德納赫特（Hadnakhte）則追述到，他造訪了薩卡拉的梯級金字塔，在那兒「散步閒逛，自得其樂」。不過，當時也有人對在古遺蹟的這種塗鴉表示強烈譴責，聲稱：「當我看到他們以『狗爪子』做出的好事時，我心裡厭惡至極……真希望在他們進去之前，有人警告教訓他們。」

拉美西斯二世執政期間，薩卡拉無疑是一處興盛的王室大墓場。而在下方的谷地裡，孟斐斯的神廟則得到了擴建，雕像紛紛豎立，法老的名字到處刻寫。三角洲地區的坎迪爾—塞狄在當地新建的要塞據點也被拉美西斯接管，並重新命名為培爾—拉美西斯（Per-Ramesse），即「拉美西斯之屋」，他由此成為用自己的名字命名一座城市的首位法老。

儘管到了現今，培爾—拉美西斯幾乎沒剩下什麼痕跡，但它在當時卻很快成為「國家最重要的國際貿易中心和軍事基地」。此處擁有船塢和倉庫、居民區和街道、政府機構和多座大型神廟（裡面滿是廊柱、方尖碑，以及無所不在的拉美西斯雕像）。他父親的行宮經過擴建，「美麗非凡的陽臺，天青石和綠松石點綴的廳堂令人眼花繚亂」。此時，當地的特色還包括花園；異國風情的蘋果樹和橄欖樹；還有王室動物園，養著一隻從外國引進的長頸鹿，以及法老的寵物獅子。

不過，培爾—拉美西斯最主要的動物是馬匹。拉美西斯在此加建了一座馬廄綜合體，包括四百六十個槽位以及一個巨大的跑馬訓練場。這位法老酷愛駿馬，他最喜歡的兩匹馬分別叫作「讓姆特滿意」和「底比斯的勝利」，似乎由「他親手」餵養。

培爾—拉美西斯是非常理想的據點，可以從這裡監視近東的風吹草動，而埃及的利益仍然受到西臺人的威脅。父親塞狄曾在卡疊石擊潰了西臺人，當時十五歲的拉美西斯陪伴著父親。自己執政後的第五年，大約是西元前一二七四年，他再次處理西臺人的問題，目標是將他們從敘利亞北部趕走。

他率領四路大軍發起進攻，但戰事開局不妙，因為他收到了西臺人就在大概一百五十公里以外的錯誤情報，由於相信了此情報，他只統領一路人馬，在主力部隊之前向北進軍，穿過迦南（Canaan）前往卡疊石，結果發現西臺人就在附近不遠處，但為時已晚，埃及的戰車隊伍遭到襲擊，敵軍人多勢眾，拉美西斯處境被動。不過，後來官方的說法卻是他「面對千百萬的外敵，安之若素，毫無畏懼，他看著對方，就彷彿那都是稻草做成的胎兒」。甚至，當他的手下丟下他潰逃，迫使他以寡敵眾、單兵作戰之際，諸神似乎出現了，塞克美特「陪伴他跨騎戰馬，她的手與他在一起」，阿蒙則激勵他：「向前衝！我跟你在一起！」而實際情形大概是埃及的援軍即時地趕了過來。

他們成功將戰局扭轉，迫使西臺兵力退回奧倫特斯河邊。許多敵軍士兵「別無選擇，只好衝向河裡，如鱷魚一般濺起一片水花」，其中包括阿勒波的王子。王子不會游泳，只能靠自方的人營救。他們把王子頭下腳上地扛在肩上顛動，才讓喝進去的水吐了出來。埃及人加以記錄時，對此細節表露出無以復加的歡樂。

第二天上午，雙方重新列陣，對壘較量。儘管埃及的戰車陣容比對手西臺人更強大，但雙方都只能固守各自陣地，最終戰爭陷於僵局。

雙方都宣稱獲得勝利，最終在約西元前一二五九年，雙方達成了正式的和平協議。協議用埃及象形文字和蘇美爾楔形文字組合撰寫，刻在裝飾繁複的銀板上，副本文件則在埃及和西臺首府哈圖沙保存。如今，一份現代副本則掛在聯合國總部大樓中。

協定簽署之後，埃及與西臺之間的定期外交通信便由此順利展開。拉美西斯的母親，寡居的王太后圖雅向友邦送去問候。而法老最寵愛的妻子內芙塔里（Nefertari）則寫信「給我的姐妹普杜赫帕（Puduhepa），西臺尊貴的大妃」，接著還說：「但願埃及的太陽神和西臺的風暴神都帶給你快樂，讓和平的日子如此美好……我派人送了件禮物給你，以此向你問好，我的姐妹，那是一只純金的項鏈，由十二股金絲絞扭而成，重八十八謝克爾（約一千三百公克），此外還有些染色的亞麻布，可供你家大王製作王袍。」

這種親切誠懇的關係繼續發展，拉美西斯二世派了自己的御用醫生治療西臺國王的眼疾，還嘗試幫助國王的妹妹瑪塔納琪（Matanazi）懷孕。不過，法老在信中加了一句不太厚道的文字：「她五十歲了吧？不可能！一定都六十了！沒人能做出讓她生出孩子的靈藥。」所以，法老派了一位埃及巫師後援御醫！

西臺專家則來到培爾—拉美西斯，提供武器製造技術指導。不過，從哈圖沙到埃及穿越了大約一千三百公里旅程而來的最重要人物，當屬西臺君王的大女兒，如今，她為人所知的埃及名字是瑪阿特霍爾內芙魯拉（Maathorneferura）。約西元前一二四五年，她嫁給拉美西斯二世，以此隆重地為和平協定蓋上聯姻的封印。在嫁妝方面，法老提出了過分的要求，以至招來新娘母親普杜赫帕的嚴厲斥責，她告訴女婿：「我的兄弟呀，想要從我這裡占便宜，再把寶貝塞進口袋，真是既不友好又丟臉！」

不過，瑪阿特霍爾納芙魯拉本人倒似乎是「真正的女神」，拉美西斯「愛她勝過愛任何東西」。她理所應當地獲得了「王室大妃」的身分。在拉美西斯二世漫長的統治期內，共有七位女性擁有此頭銜，她是其中之一。法老主要的兩位「大妃」都是埃及人：納芙塔里很可能是南方人，出自第十八王朝的王族世系；另一位為伊希特諾芙蕾特（Isetnofret），名字意為「伊西絲乃大美人」。

這些女人與來自埃及、巴比倫的妃嬪，以及後來的第二位西臺公主，總共為法老生育了大約四十五名兒子和四十名女兒。其中四名女兒也提升到「王室大妃」的地位，這是追隨阿蒙霍特普三世的先例；拉美西斯經常仿效這位先輩。

在宗教典禮上，後宮妃嬪為國王顯而易見的雄性角色提供了必要的女性元素。路克索的神廟牆壁上便描繪這些場景，「王室大妃」納芙塔里在諸神面前搖動叉鈴嘩啦作響，同時唱誦聖歌，正參加「敏神之桅帆」節慶。在活動中，男性參加的比賽是攀爬一套高高的木桿，以此向敏神表達敬意。國王與王后主持木桿的豎立儀式，畫面顯示納芙塔里正在舞蹈，用雙手的姿勢將觀者的注意力引向她的胸部；此姿勢目的是為了刺激敏神雄起。

相似的壁畫場景也出現在尼羅河西岸的拉美西斯二世的葬祭廟，此處被稱為「拉美西斯博物館」

（Rameseum），阿蒙霍特普三世被重複利用的雕像也安置在此處。其中一座巨石像的上半部分，在一八一六年被一位文物獵人（此人改行之前大概是馬戲團的大力士）拖走，此像最終在大英博物館得到歸宿，激發了大眾對古埃及廣泛而高漲的興趣。至今殘餘的石像中，一座雕刻曾讓英國詩人雪萊（Percy Shelley）靈感大發，寫下了著名詩篇，吟詠至高君權和絕對尊嚴的特質，詩篇的標題為〈奧茲曼迪亞斯〉（Ozymandias），是拉美西斯二世帝王名號烏塞爾瑪阿特拉（Usermatra）的希臘文。不過，這座激發了詩人才思的雕像，最初是阿蒙霍特普三世的作品，後來被拉美西斯挪用篡改，並放入到他的葬祭廟。

「拉美西斯博物館」占地面積約相當於四座足球場，如今是一處氛圍微妙、幽思綿邈的所在。此處曾經分布著諸多建築，還有數座更小型的神廟，獻給三代「王室大妃」，拉美西斯的母親圖雅，他的妻子納芙塔里，還有兩人的女兒梅麗塔蒙（Meritamun）。同時還有一座宮殿，供王室南巡時入住。

「拉美西斯博物館」也有埃及已知最早的學校建築。建造者將作坊與一系列巨大的泥磚儲藏室組合，儲藏室拱形構造下方存放的則是穀物等其他物品，滿足每日神廟供奉所需。物資儲備如此充裕，此廟堂綜合體很快成為西底比斯的行政管理中心，充當當地「銀行」；政府僱員從此處領取薪水，即配給的食物。

僱員包括了附近德爾—梅迪納的工人。那裡在當時得以擴張，村鎮界牆之內有七十棟房屋，牆垛之外的邊緣區還有另外四十棟，直到今日仍存留著的一片遺址。

大約有十二名居住者在他們的門框上留下了名字，例如畫師普拉霍特普（Prahotep）、工匠哈貝克奈特（Khabekhnet），還有鄰居工頭森內德耶姆（Sennedjem）與其妻子艾伊內弗蒂（Iyneferti）；這對夫妻的財物安放在家族墓葬，墓葬在山坡向上數公尺高的地方。此墓於一八八六年被發現，一直原封未動，其中包括全家九位成員的木乃伊。艾伊內弗蒂死於七十多歲，並戴著一只刻有阿蒙霍特普三世名字的戒指，反映了那位前朝老國王在此地區長期受到民眾愛戴。

儘管工頭家的墓葬相當小，卻被村民們裝飾得非常精緻。每個為期十天的工作週期中，兩天是休息日，他們就利用此空閒為彼此描畫墓室，同時也描畫各自的住處。這些石匠、泥灰工、製圖工和畫師都是受到高度重視的工人，也會找些虛構的理由蹺班遊玩，理由五花八門，從同一位親戚三番五次的「過世」到必須釀啤酒，無奇不有。他們甚至會待在家裡暢飲啤酒！他們暫離工作的平均時間甚至可以達到一年只工作六個月。工作日則是由兩組人馬輪班，每次四小時，中午時分還有很具現代人道的午餐休息時段。

他們工作和生活都是近距離接觸，但令人矚目的是基本上沒有暴力衝突的消息傳出。雖然偶爾還是會發生打鬥，例如，墓葬建築工奧納赫特（Aonakht）被流放採石場做工受罰，「因為他毆打了德傑德傑（Djaydjay）、帕伊德胡（Paidehu）和蒙圖帕哈比（Montupahapy），差點把人家打得頭破血流」。不過，村民帕內布（Paneb）卻是惡名昭彰，他是屢勸不改的慣犯，其違反公序良俗的惡行包括：嚴重盜竊、男女關係混亂、聚眾鬥毆；這名無賴某次在村鎮街道上，一邊當眾追打他的繼父，一邊叫囂：「夜裡我就要殺了這個老東西！」

留存下來的古代生活細節，直接反映出德爾—梅迪納村民讀寫水準較高。當時此地人口的識字率應能達到百分之四十，相較之下，全國平均識字比例最多應只有百分之一。「工人新村」留存了成百上千的信件和成千上萬的便條短箋，內容五花八門。例如帕塞爾（Paser）向妻子圖圖伊雅（Tutuia）寫道：「你託人捎了口信給我，我隨後就來。」還有一份類似明信片的信函，其內容是讓家人知道：「我正順流而下前往孟斐斯。」另外，此處一名女村民伊西絲（Isis），向她姐姐內布維姆努（Nebuemnu）發出請求：「請儘快幫我織一塊披巾，背部後面也需要一塊。」村裡洗衣房的登記清單也發現了類似的指稱，或許這種所謂的「後面用的布帶」很可能就是月經帶。

來自德爾—梅迪納的大量書面資料，內容無所不包，從自助手冊到醫藥文檔，從鬼故事再到武士冒險傳奇，應有盡有；書記員肯希爾霍普謝夫（Kenhirkhopshef）甚至擁有一座小型圖書館。與此同時，情詩與情歌在此城也曾風靡一時。法老時代埃及的文字創作，任何一個體裁的已知範本幾乎都來自德爾—梅迪納，只有一個例外是在「拉美西斯博物館」附近的通道路邊發現。其中一份文本包含以下臺詞：「當她對你說『用手臂環抱我，讓我們就這樣躺著直到天亮』時，你便得到了她，在夜晚讓她重新恢復活力。」此段臺詞被歸類於「來自音樂房的塔秀麗（Tashery）」名下，這位女性被後世譽為已知最早的舞臺表演藝術家。

即使是遠離底比斯之處，拉美西斯二世的子民也忙碌著。埃及南北有多長，臣民們就必須跑多遠，向南一直到了努比亞，國王下令在當地挖鑿建造七座石窟廟堂。其中兩座最著名的位於阿布辛貝，於阿斯旺東南方兩百五十公里。一八一三年，在不斷變化的流沙之下，神廟被發現了。到了一八八一年，一位無所畏懼的強悍女遊客，不僅再次清理移除沙子，還用咖啡泡成的一種溶液浸染剛露出的岩石，改變石頭色調，使其與其餘部分融合一致！到了一九六六年，神廟面臨淹水的威脅，新阿斯旺大壩的新建，意味著努比亞的大片地區和許多的建築遺蹟，將被永遠淹沒在納瑟爾湖。於是在聯合國教科文組織的安排下，有幾座神廟，包括阿布辛貝的那兩座，被煞費苦心地仔細挖掘，轉移到更高之處，並原樣重新組裝。這是一項浩大的工程，部分經費源於圖坦卡門的首次世界巡展。

僅以古代建築的壯觀成果而言，那些神廟無疑值得耗費巨資拯救。

最大的神廟從一處巨大的裸露砂岩層間鑿挖而成，外立面突顯了拉美西斯二世的四座坐姿巨石像。約西元前一二四八年，巨像完成之後幾年，發生了一場突如其來的地震，一座石像倒塌。每座巨像都高達二十多公尺，四周環繞的是王太后、王后納芙塔里與拉美西斯諸多後裔的小雕像，它們都在巨石像的腳下。在具有柱子支撐的神廟內部往岩層深處延伸了五十公尺，此處岩壁鑿刻出的場景，描繪了在埃及古蹟無處不在的卡疊石戰役大捷，以及法老夫婦的形象；兩人除了祭獻供奉上神，也處決俘虜，納芙塔里在這些場合中「與國王默契聯合」，扮演和代表著哈索爾—塞克美特。不過，更令人驚嘆連連的物品還是保留在更深處的密室之中。其中一座真人大小的拉美西斯二世雕像，踞坐於阿蒙—拉神、拉神—荷拉赫狄與普塔的旁邊。這幾座雕像雖談不上是多好的藝術作品，但它們的空間定位卻非常精確：每年兩天（分別是法老登基之日二月二十二日，以及法老生日十月二十二日）早晨最初如手指般伸出的一縷陽光，會正好照亮拉美西斯雕像的面部，時間持續約二十分鐘。無疑是「天文學和建築工程領域十分難得的奇觀」。

阿蒙霍特普三世為妻子迪伊在努比亞修建了神廟，緊靠著自己的神廟。拉美西斯二世同樣也建造了相伴的另一座石窟神廟，獻給納芙塔里。「正因為她，太陽才會閃亮照耀」，王后神廟外立面的銘文如此宣告。這座廟在另一塊外露凸起的巨大砂岩岩層鑿挖而成，廟裡有另外四座拉美西斯二世的雕像，石像高度大約十公尺，它們拱衛著中間納芙塔里的兩座雕像。她特徵鮮明且代表哈索爾的羽毛王冠，讓她顯得比丈夫甚至稍微高一點；當然，這種藝術規範只是在埃及邊界之外，在天高皇帝遠的努比亞才會得到允許。她的這兩座大石像呈現哈索爾—塞克美特的模樣，寓意著在這個常有波瀾的動盪地區，永遠守望護衛著埃及。

約西元前一二二五年，當這兩座石窟廟最終完工後，揭幕啟用的慶祝儀式在二月舉辦。不過，三千公里的往返似乎是納芙塔里最後一次公開露面。據說，她當時已經病情嚴重，實際上已無法完成必要的儀式表演，而她的女兒梅麗塔蒙挺身扮演了她的角色。在這一年的某個日子裡，納芙塔里最終撒手人寰。

她的遺體做成了完美的木乃伊，亞麻裹布外面罩上了「亞麻紅布女神」哈索爾—塞克美特的紅色亞麻裹屍布。納芙塔里下葬於哈索爾神聖的王后谷中，陵寢（王后谷第六六號陵墓）確實相當豪華。此墓最初發現於一九〇四年，近年才被保護起來的壁畫依舊完美無缺，簡直如同剛繪製完成。顯現當時藝術創作的高品質水準，「當不必屈從或忌憚於法老膨脹自我的重壓時，藝術仍繼續繁榮」。

老實說，法老拉美西斯的缺席反倒令人更容易聯想到他。不過，眼前無他，依舊更令人悅目娛心。納芙塔里是壁畫場景的中心人物，她整齊俐落的儀表，在黃金配飾和銀耳環的陪襯下越發出色。有人猜測耳環來自愛琴海地區，為王后的獻禮。畫面中，諸神與王后相伴，哈索爾給了她「安可」生命十字章，保證她的靈魂永生。王后也出現在頭部為朱鷺的學識之神托特面前，兩人之間有一塊抄書吏的寫字板。場景中的文字出自《死者之書》，其中還包括王后本人的一句話：「喔，眾神在上，請看，我是書記員，會寫字！」一旦聯想到王后與西臺之間的書信往來，就會發現這道聲明十分有趣。

儘管她的墓葬在古代曾遭盜劫，但所幸保存了一些「夏布替」人偶、服飾殘片和一雙鞋、木質儲物櫃的部分，以及刻有第十八王朝國王阿伊名字的一只瓷釉圓頭把手。阿伊可能是納芙塔里的祖先之一。在最初的陪葬品殘留物中，還發現了一座精美的托特小雕像。甚至還有一些是納芙塔里鍾愛的珠寶首飾：一只金手鐲、一只蓮花造型耳墜，以及兩塊銀質和金質的研磨板。這些古董發現於一九〇四年，到了一九八八年，又出乎意料地增加了新東西。因壁畫的基底泥灰有鬆脫現象，一位從事修復工作的技師在這片牆壁後面發現另一件暗藏的金器，上面雕刻著納芙塔里的名字。不過，這位「王室大妃」本人精心製作成木乃伊的遺體，最終僅剩下雙膝的部分，散落在粉色花崗岩石棺的碎片中。

不過，此墓的命運還是比龐大的國王谷第五號陵墓好一些。國王谷第五號陵墓可能是拉美西斯在國王谷從零開始修建，也可能至少是將原有的一座第十八王朝墓葬大規模擴增升級而成。此墓早在一八二五年就為人所知，是整個王室墓園最大的一座陵寢，修造之初是為了拉美西斯眾多兒子的數人提供長眠之地。這是一項多層構造的工程，一共擁有一百二十多間墓室，配有走廊作為連接通道，類似一座地下的「多層立體停車場」。此處在一九九五年重新發掘。年復一年的洪水將剝落的石頭碎屑衝進，以至發掘時不得不先挖除若干噸的累積物。大部分的牆壁裝飾遭到浸水破壞，而曾做成木乃伊的王子的屍體，也只剩下殘損的白骨。

納芙塔里的大兒子阿蒙希爾霍普謝夫（Amenhirkhopshef）顯然曾被立為王位繼承人，但他在父親之前就去世了。其後的兩個兒子也是如此，直到拉美西斯指認他的第四個兒子繼承王位。

那便是哈姆維西（Khamwese）王子，生母為另一位「王室大妃」伊希特諾芙蕾特（Isetnofret）。他長期以來留給人們的印象是「一位非常博學的書記員和魔法師，時間都花在對古代輝煌建築和古籍的研究」。他還被授予另一殊榮，即「首位埃及學家」，而他對古蹟的興趣與當年的時代精神一致。

與他好勇崇武的父親和祖父不同，年輕的哈姆維西曾選擇神職道路，擔任了孟斐斯城創世之神普塔的祭司。孟斐斯與鄰近城市赫里奧波利斯的神廟都有圖書館，哈姆維西充分利用了此條件，授命負責組織籌備父親的執政三十週年大慶。依照傳統，法老在位三十週年之際便會舉行盛大慶典，之後視情況需要，可在或長或短的間隔不定期舉行慶祝。既然拉美西斯如此長壽，所以有過至少十四次慶典，每次都是仿效遵循先祖的禮制；一路回溯直至第一王朝，因此哈姆維西的籌備工作十分繁忙。

他還在薩卡拉和吉薩附近啟動了一項文物修復計畫，「因為他熱愛修復前朝君王們的宏偉建築，讓已經淪為廢墟的建築重新變得堅固」。每個工程完畢時，他都派人在古建築刻寫正式銘文。除了建築最初主人的名字，還有當代法老（即他父親）的名字，並簡短地描述進行的工作，這些銘文被後世稱為「人類全部歷史最大的博物館文物標籤」。

在薩卡拉，這些銘文之一依舊清晰可見，刻在烏納斯金字塔的南立面。他還主持修復了梯級金字塔、烏塞卡夫金字塔和第四王朝國王謝普塞卡夫的馬斯塔巴，將這位先帝之前消失的名字加到其宏大建築上。在阿布希爾，他維修了薩胡拉的金字塔和尼烏色拉的太陽神廟。在吉薩，拉美西斯二世之前已從哈夫拉的金字塔綜合體拆除了石料，移到赫里奧波利斯修建一座新神廟，哈姆維西便盡其所能維護存留的建築體。建築師主管馬雅（Maya）被任命為工程隊長兼經理，修復胡夫大金字塔。在此過程中，他和哈姆維西的工人們挖掘出土了一座已達千年之久的胡夫兒子的雕像。據文獻記載，「在胡夫陵寢的井道區域，在一道塞滿填充沙土的豎井中，他發現了法老兒子卡瓦布的雕像，哈姆維西王子對此大為欣喜」。王子隨後將古董雕像安置於一座聖祠。從一定的意義而言，就像是某種博物館，「因為他愛戴過往的高貴先輩，而他們就寓居存身於古文物之中，他也敬慕先人所創造成果的卓越品質」。這實在是一種非常細膩微妙的高尚情感。

到了三十歲，哈姆維西王子已經晉升為普塔的最高大祭司，負責的不僅是孟斐斯普塔神廟的日常敬拜祭禮，而且還有神靈的神聖動物阿比斯神牛的福利。這是「所有神聖動物的王者」，據信，普塔的靈魂就包含在神牛體內。每頭神牛在死亡之後也被做成木乃伊，安葬於薩卡拉。此傳統習俗至少可回溯至阿蒙霍特普三世年代，以及他的兒子圖特摩西斯王子當大祭司時。

約西元前一二六三年，阿比斯神牛升天，安葬儀式由哈姆維西與其父王主持。神牛的陪葬品同樣非常豐盛，包括珠寶首飾、驅魔護身符和「夏布替」人偶，而這些東西也是王室墓葬用品的標準配置。部分物品刻寫了哈姆維西的名字，另外則刻上了希望展示其虔誠心願的朝臣之名。神牛墓在一八五二年被發現時，墓室積有沙子的地板上所留下的葬儀人員的腳印仍舊清晰可見。

大約十四年之後，哈姆維西主持了下一頭神牛的葬禮。這一次，他為神牛配上了鍍金的棺材和黃金面具，安葬的方式也有所改變。

他沒有為每頭神牛安排一個單獨墓葬，而是模仿和複製了哥哥們在國王谷那多重複合墓室的結構設計。他啟動了一座只有單間地下大墓窟的建築體（此處後來被稱為塞拉培翁〔Serapeum〕），墓窟側邊有單獨的墓室分配給每頭神牛，每間墓室都安置了一具花崗岩石棺，重達八十噸。

為了敬拜阿比斯，他在大墓窟上方建了一座新神廟，即塞拉培翁神廟，配有這樣的石刻銘文：「喔，諸君，此乃我為阿比斯所建之神廟，你們進來便可看到；我所做之事已鐫刻於石牆之上，你們進來便可看到。如此壯舉，已付諸實施！此類盛事，前所未有。只要各位注意到先輩的作品曾被棄之不顧、處境堪憂，我之所為，當為諸君喜聞樂見。因此，當未來有新工程開建（危及此神廟）時，請記住我的名字吧。喔，阿比斯，神靈在上，我是哈姆維西王子，更是神之僕人！」

及至約西元前一二二九年，五十五歲的哈姆維西終於正式成為王儲。但他先於父親去世了，封為王儲之後僅僅五年。他選擇葬在塞拉培翁一帶，緊靠著阿比斯神牛的大墓窟，他的墓葬現在仍埋在流沙之下。不過，他當然是留下了歷史印記。正如他所希望，他的名字被後世人們傳誦持續達一千多年，在形形色色的各種民間故事得到了永生。在這些生動的傳說中，他在薩卡拉周邊遊晃，遇到了一個大家族的鬼魂，世代守護著一本終極普世智慧的秘籍，又與一位美麗不可方物的幽靈女子共浴愛河，並生出一個神奇的孩子，這孩子後來成了古埃及的著名魔法師。

至於哈姆維西無人不知的父王拉美西斯二世，約西元前一二一三年，在八十多歲的年紀，一命歸西。正如可以預見到的，他的屍體依照極高的水準做成了木乃伊。他稀疏的白髮，用較淡的「海娜」染髮劑著色，復現出他年輕時的紅髮模樣。他顯著的大鼻子，被用樹脂和乾胡椒粒進行填充，以便在多層的亞麻布包紮下能保持明顯挺立的形狀。一八八六年，在當時的埃及統治者特維非克總督（Khedive Tewfiq）的面前，這位法老的木乃伊包裹層被正式打開，三千多年捆紮壓力的釋放讓拉美西斯的雙臂慢慢地抬升起來，仿似殭屍復活，讓在場的目擊者大為驚恐。

與父親塞狄一世一樣，他也安息在一具雪花石石棺，葬於國王谷的宏大陵寢（國王谷第七號陵墓）。如同其他每一座墓葬，這裡在古代也遭受盜劫和千百年的洪水浸漬，地上是成噸剝落的碎石屑。

這位傳奇般長壽老國王的王位，最終由他還活著的第十三名兒子梅倫普塔（Merenptah）繼承。梅倫普塔是哈姆維西的弟弟，當時也已五十有餘。梅倫普塔的執政期只有十年（約西元前一二一三至前一二〇三年），而且不可避免地，這段時間有很大部分仍是處於他父親長長的陰影之下。

梅倫普塔，「普塔的寵兒」，最初是安居於孟斐斯的王宮中。宮殿建在普塔神廟的旁邊，而他的名字也是源於這位創世神靈。但很快地，他的主要居住地變成了培爾─拉美西斯，為的是更接近事發地，以處理近東快速變化的局勢。

他尊重父親與西臺國締結的和平協約，向對方提供食物補給。那時發生了分布廣泛的騷亂，標誌著青銅時代的終結，西臺帝國在此衝擊之下開始分崩離析，因此來自埃及的食品援助就變得越發必要。一連串的事件也導致了希臘大陸地區所謂「宮殿文化」（Palace Culture）的崩潰，並影響到希臘各海島地區和愛奧尼亞（Ionia），由此產生了大量流離失所的難民。他們開始從地中海區域向東遷移，前往黎凡特海岸尋求更好的生活，而背井離鄉的終點指向了埃及——傳說中的豐足之地，因此很多流民將目光鎖定於此。

流民們攜家帶眷，最終與利比亞人形成了聯盟，並嘗試從陸地和海上兩條戰線侵入埃及。於是，埃及人便指稱他們為「海上民族」，還分別給予不同命名，例如「謝登人」（Sherden），來自的地方大概是今日的薩丁尼亞島（Sardinia）；例如「埃克維希人」（Ekwesh），被認為來自希臘的亞該亞（Achaeans）；例如「盧卡人」（Lukka），指來自小亞細亞呂西亞（Lycia）海盜般的劫掠者；例如「希利希人」（Sheklesh），也許是指他們來自西西里島；還有「特雷西人」（Teresh），有研究者宣稱是伊楚斯坎人（Etruscans，又稱伊特魯里亞人）的先驅。

約西元前一二〇八年，有一萬六千多人的聯軍進入了三角洲東部地區，並向南行軍，朝孟斐斯和赫里奧波利斯進發。梅倫普塔與他們交鋒，進行了一場長達六小時的戰役。他的軍隊殺敵六千，剩下的都被捕獲成戰俘。戰俘們隨後在三角洲一帶的多個駐軍據點被分散安頓。

梅倫普塔在一塊石碑上刻寫記錄他的輝煌勝利，宣告：「所有的浪遊流寇都已被鎮壓和制伏」，利比亞已遭覆滅。他又附加道，埃及的巴勒斯坦人諸侯國，在迦南、阿什克倫和基色（Gezer）也發生過叛亂，他均已成功處理。他還提到一支特別的部族人群有史以來已知最早的名稱「以色列」，梅倫普塔宣稱那裡「已被摧毀，淪為廢墟，再生傳承的種子已不復存在」。

一塊五噸重的花崗岩石板，現在廣為人知的名稱是「以色列石碑」，在阿蒙霍特普三世的宏大葬祭廟最深處被發現。梅倫普塔在此處修建了他自己的廟，但是規模較小，幾乎只是其偉大先祖葬祭廟的附屬物之一。他試圖在太陽神國王餘暉的照耀下得到一點點榮光。於是，像他的父親拉美西斯，梅倫普塔也循環利用了阿蒙霍特普最初建築的許多材料。實際上，「他自己葬祭廟所用的建築材料，幾乎全部」

來自阿蒙霍特普。

不過，破壞遠遠不是汪達爾人（vandalism）野蠻行為造成的結果。近年的研究顯示，到了約西元前一二〇〇年，阿蒙霍特普三世的葬祭廟在一場地震受損嚴重；地震使門農巨石像產生了破裂，還把其他所有的東西都震倒，讓原先輝煌壯觀的宏大建築變得甚至不如一處廢品回收站，只不過這些「廢品」有王室格調而已。梅倫普塔似乎把那些殘片都檢查了一番，將殘片翻轉過來在反面刻寫銘文，利用一旁自己的葬祭廟。

於是，他的「以色列碑文」就刻在一塊石碑的背面，而那塊石板起初是阿蒙霍特普三世的作品。以差不多完全一樣的方式，他的葬祭廟也是重新利用已垮塌的早期建築石料砌造而成。一九九〇年代，梅倫普塔的這座廟開始被發掘。考古學家發現它基本上是阿蒙霍特普葬祭廟的翻版，只是規模小了許多，而且一定程度上等於是把之前的廟內外翻轉過來，因為被循環利用的石材的反面還覆蓋了阿蒙霍特普的石刻圖像，令人一見難忘。藉由梅倫普塔對材料的挪用，原圖像生動明麗的色彩得以保存至今。

用了「再生材料」的葬祭廟在順利的施工過程中，梅倫普塔又下令在國王谷開建他的陵墓（國王谷第八號陵墓）。這是一座巨大的墓窟，沿著一條下沉的直行通道，挖鑿到岩床深處。其中有一間獨特的側邊墓室，用於獻給他的父親拉美西斯二世，墓室牆上的壁畫類似於他自己以及塞狄一世墓室的場景，但加上了紅頭髮的神祇形象。等到工程的主體完成，國王便安排他的墓葬設施提前依照計畫的格局擺放，首先是諸神雕像，然後是他的四具大型石棺，而此複雜又困難的安裝過程由總理大臣帕尼赫希（Panehesy）監督執行。棺材一個個順次安放在另一間墓室。外層的三具花崗岩石棺都有棺材蓋，上面刻著國王的肖像。蓋板朝下的那一面刻著天空女神努特四肢伸展的形象，她將兌現永恆的誓言：「我到來，所以才能展開四肢環抱你，所以你的心與你的靈才能存活。」最深處的石棺則與他父親和祖父的一樣，用雪花石製成，梅倫普塔的鍍金雪松木棺材將安置其中。

當工匠完成了剩餘的所有細節後，法老龍心大悅，對結果甚為滿意，便給了他們額外配給，包括肉、水果、芝麻油和啤酒。在當時經濟困難不斷加劇的背景下，這些配給讓工匠們歡欣鼓舞。

梅倫普塔死於約西元前一二〇三年。他的木乃伊製作技藝非常高超，以至於後世仍然可以看出他的家族遺傳特徵，樣貌與拉美西斯二世和塞狄一世頗為相似。一九〇七年，研究其遺體的解剖專家表示，木乃伊有「一種怡人的氣味，就像托缽僧侶的香膏（安息香）」。遺體皮膚則白得驚人，如此外觀很可能是由於用作乾燥劑的天然鹼粉在肌膚結晶附著而導致，但這曾引發了錯誤的猜測，認為梅倫普塔肯定就是《出埃及記》中淹死在紅海的法老——皮膚被海水泡白了！

不過，接下來的王位傳承遠遠談不上按部就班、簡單明瞭，因為梅倫普塔較小的兒子阿蒙梅西（Amenmesse，約西元前一二〇三至前一二〇〇年在位）曾短期僭越篡奪了王權。當王座最終傳遞到了預先指定的繼承人，即梅倫普塔的另一個兒子塞狄二世（約西元前一二〇〇至前一一九四年）時，他即刻抹去了前任篡權者的全部痕跡，並明確指稱其為「敵人」。

塞狄二世即位時年齡大約為五十五歲。他是拉美西斯二世的孫子，而他的「王室大妃」則是同祖父的孫女，塔沃絲蕾特（Tawosret），意為「強大有力者」。塞狄二世為自己在國王谷準備了陵墓（國王谷第一四號陵墓），夫妻倆被描繪在壁畫的各種場景之中。直到有一天，修建陵墓的工人驚訝地看到有人來訪，「來的是警察總長，對他們說，『獵鷹已經飛向天堂了，那就是塞狄，另一位已經登臨就職，接替了他的位置』」。

塞狄二世駕崩的消息剛傳開，新國王就被宣告和確認，即先帝的紅頭髮兒子西普塔（Siptah，約西元前一一九四至前一一八八年在位），生母為來自迦南的異族妃子。年輕的西普塔曾患有小兒麻痺症，即位時才只是大約十歲的樣子，於是他的繼母塔沃絲蕾特成為「統領國土全境的攝政大君」。

這對新王權組合得到了敘利亞出生的書記官拜伊（Bay）的輔佐。此人很快被提拔為「國土全境之總理大臣」。在國王谷，他的陵墓（國王谷第一三號陵墓）也隨之開建。他自封為有能力擁立國王的元老，聲稱已經「幫國王登上他父王的大座，地位得到確立」。如此的描述通常只能用在神祇的名下，即所謂「君權神授」，而拜伊竟然如此自詡，代表他野心過大，自視甚高。此人過度膨脹，以至於當西普塔年及十六之際，便親自下令處決了拜伊。墓葬工人接到放下工具的指令，因為「大敵拜伊」的墓葬無須繼續建設。

不過，不久後，少年國王西普塔也亡故了。塔沃絲蕾特晉升為法老（約西元前一一八八至前一一八六年在位），取了幾個新的帝王名：絲特拉—梅麗塔蒙（Sitra-meritamen）、「拉神之女，阿蒙最愛」、「姆特選定之人」和「強健之牛，瑪阿特之寵兒」。後世的一位歷史學家指稱其為「索里斯國王」（Thuoris），「在其執政期，特洛伊被攻陷」。關於特洛伊戰事，傳統而言發生於西元前一一八〇年代，而那時塔沃絲蕾特確實是以法老身分統治埃及。她的盾徽形式模仿了祖父拉美西斯二世的先例，而她的雕像也與先輩一樣，豎立在赫里奧波利斯和底比斯，雕像的服飾造型完全是男性風格。

這樣一位女性法老，擁有與之前娜芙蒂蒂相似的全部地位權力，所以隨後的情況就成為順理成章的巧合：國王谷的第五六號陵墓，根據重新開挖發掘該遺址的專家見解，此墓最初是為娜芙蒂蒂而修建，而現在被拿來再利用了。

一九〇八年，此墓首次被發現時藏有大量的珠寶首飾，以至於考古學家乾脆稱為「金墓」。他們從當地出土了數量驚人的耳環耳墜、手鐲、掛鏈護身符、項鏈、鞋子以及王冠樣式的冠冕。

因為其中有幾件上面刻著塔沃絲蕾特與塞狄二世的名字，所以人們便猜想此墓一定是被重新利用安葬了塔沃絲蕾特或她的孩子。不過，墓中少量的金葉子和粉刷灰泥更可能是來自一只珠寶盒，而不是一具棺材。透過詳細考察這些珠寶，可發現它們的製作並非為了佩戴，若是用於佩戴，有些盾徽應該做成上下顛倒才合理。這些珠寶的圖案同樣耐人尋味，別有意趣：一對手鐲刻著塔沃絲蕾特替坐著的塞狄二世倒飲料或斟酒，姿態與娜芙蒂蒂和埃赫納吞之前採用過的完全一樣；另有一對手鐲顯示塔沃絲蕾特身為領袖，位於塞狄二世前面。既然娜芙蒂蒂很可能是塔沃絲蕾特的角色範本，這些珠寶便是後者最恰當的獻禮，代表了感恩還願，供奉給她的女性前輩。

塔沃絲蕾特的生活時期，基本上是王國風雲詭譎、動盪不安的年代，即使缺少文獻記錄，依舊留有內戰的證據，而她自己也曾置身於某種形式的軍事衝突中。某塊大型石灰岩板的石刻顯示，一位王室女性從一輛戰車向一名男性對手射出利箭，對象可能就是她的男性繼任者塞斯納赫特（Sethnakht）。

大約西元前一一八六年，塔沃絲蕾特離世。她不僅是第十九王朝的最後一任國王，也是過去將近一千年之間的最後一位女性法老。

新的第二十王朝的首任君主是塞斯納赫特（約西元前一一八六至前一一八四年）。儘管其身世來源不得而知，但他隨塞斯命名，所以背景有可能是前朝兩位塞狄國王的後裔，只是出於側室的母系血統。塞斯納赫特在國王谷的陵墓（國王谷第一一號陵墓），根據計畫已正進行建造，但隨後突然中斷放棄，因為施工時向下意外地挖進了先王阿蒙梅西的墓葬。於是，塞斯納赫特轉而占用前任塔沃絲蕾特的墓葬（國王谷第一四號陵墓），不僅擴建，同時將這位女前輩的屍骨、隨葬品與名字全部清除。

塞斯納赫特的執政期，與塔沃絲蕾特一樣短暫，但後世卻有文獻記載「讓曾是騷亂暴動的全境國土恢復了秩序；在埃及土地上的反叛者便格殺勿論；埃及的王權大座被他整頓，而他是兩方土地的統治者」。不過，他對埃及歷史的最大貢獻，是與他的王后迪伊—梅倫尼塞特（Tiy-Mereniset）聯合培養出此國度最偉大的武士君王，拉美西斯三世（約西元前一一八四至前一一五三年在位）。

第三位拉美西斯的執政期當然比他父親長了許多，某些年中也充滿了暴力因素。利比亞人再次試圖從西線侵入埃及，且再次與「海上民族」結成同盟，除了「謝登人」、「希利希人」和「特雷西人」，現在又加入「鄧尼恩人」（Denyen），部分史學家認為即是希臘的達南人（Danans）；「皮勒塞特人」（Peleset），可能就是腓力斯人（Philistines）；「提耶克人」（Tjeker）與「維西維西人」（Weshwesh），很有可能來自迦南。

根據文獻記載，大約西元前一一七六年，「這些人突然行動起來，沒有任何邦國能抵擋他們的武器，西臺、西利西亞（Cilicia）、卡爾凱美什、賽普勒斯等地」全都在入侵者面前淪陷。此時，他們再次席捲埃及，「他們的口號與目標是『行動！』，但他們的願望充斥著種種惡行與變態行徑」。不過，拉美西斯三世在三角洲海岸邊等著他們。這位法老相信自身擁有女神阿奈特（Anat）與阿絲塔特充當刀槍不入的安全盾牌；他宣告，「他們的計畫粉碎了，被神之意願顛覆摧毀」，因為「我將擊倒所有來犯者。來自海島的鄧尼恩人被我屠戮倒地，提耶克人化為灰燼，來自海洋的謝登人和維西維西人被盡數殺滅，如同從未存在」。

敵方的傷亡以一堆堆的殘肢計算。從陣亡敵人身上割下的部位不僅包括右手，還有死者的陰莖；這種儀式化的去勢閹割，可上溯至那爾邁時代。至於戰俘，則被強迫定居在三角洲地區，還有埃及在迦南的各處軍事據點兼殖民地。他們很快就被重新徵用為傭兵，後來竟成為埃及軍隊的主力。

敵人被擊潰，埃及重獲安定，拉美西斯三世因此豪邁地宣告：「我所在的年代，天下太平，我的士兵與戰車都可歇息。」不僅如此，「埃及的婦人可以安心自由行走，自由前往各處，不用擔心遭他人騷擾侵犯」。

這位法老執政的大部分時間都常駐北方，他的官員在赫里奧波利斯顯然已忙得不可開交，因為他掌權的期間，拉神在該地接受供奉的獻花總共至少二百五十二萬八千一百六十八束！神廟場地甚至進行了綠化修飾，他稟告拉神，「在您的聖城赫里奧波利斯，我為您種植了橄欖林，配備園丁與若干人員製作純油脂，埃及最好的橄欖油，只為點燃您神聖居所的明燈」。

在赫里奧波利斯北邊和雅胡迪雅丘地（Tell el-Yahudiya），拉美西斯三世建造了一座精美的宮殿。寶石一般的釉彩地磚裝飾著他接受覲見的王座大殿，地磚圖案突顯了來自敘利亞、努比亞和利比亞等地被綁縛的戰俘。無論何時走過地磚，總會踩在那些戰俘身上；俘虜同樣被繪製在王室鞋履的鞋底，外國使節來訪謁見法老時，無疑會因此受到具體真切的心理打擊。

同類裝飾也出現在拉美西斯三世於底比斯建造的宮殿中。廊柱式的王座大殿修建在位於梅迪內—哈布的宏大葬祭廟一旁。大殿隔壁有臥室，帶有成套配備的衛浴間，浴室襯牆為石灰岩板材。大殿的一邊有一扇「法老現身顯形之窗」（window of appearances），經由此處，他可觀看毗鄰葬祭廟進行的儀式。此座葬祭廟耗時十二年才建造完成。

恰如拉美西斯二世及其兒子梅倫普塔，拉美西斯三世也從附近阿蒙霍特普三世的神廟遺址借用了相當多雕塑，並安置在自己的梅迪內—哈布葬祭廟；此名在阿拉伯語的意思很簡單，即「哈普的城鎮」，以紀念阿蒙霍特普三世的得力重臣，「哈普之子」阿蒙霍特普，最初正是他組織安置了這些石像。

拉美西斯三世的葬祭廟前曾經有一個連通尼羅河的河港，在最初高達十八公尺的泥磚牆內部，神廟與生動的彩繪大部分保持完好無損。獨特的入口採用了敘利亞風格的「密多」（migdol）門樓；門洞上的房間裝有顯眼的大窗戶，以便讓下午的清風吹入，而窗戶兩側則是外國戰俘的頭像浮雕。

前面大塔樓遠處橫貫而上的是拉美西斯三世單手將敵人拎著，揮拳痛擊，而神廟內牆上裝飾的壁畫場景，詳細描繪了近期他與利比亞人和海上民族之間的較量。場景充滿混亂又狂暴的氣息。依照描述，一名利比亞人酋長「被完全開膛，刀口大開，仰面倒地」，而法老的書記員詳盡記錄敵方的死亡人數：「手，一萬兩千六百五十九個；包皮（龜頭），一萬兩千八百五十九片」；同時，被捆綁的戰俘們被串在長繩，一隊接著一隊被牽走。

其他地方的壁畫則用棍棒打鬥及摔跤的場景，表現埃及武士如何對付利比亞、敘利亞和努比亞的對手。這類形式化的展示表演中，應邀而來的觀眾包括各國使節、朝廷臣僚及國王本人。擂臺上的裁判藉由吹響一只小號示意每一回合的開始，而參加比賽的埃及選手則高呼：「我主法老與我同在，支持我擊潰你！」當然，最終獲勝的是埃及鬥士，正如埃及迎擊整個世界的敵手，無論在運動場或戰場都無堅不摧。

然後，場景進一步展開。拉美西斯三世陪同祭司。有的祭司舉著大大的盾徽，上面列出從前三十位統治者的名字，從阿蒙霍特普三世到塔沃絲蕾特；而擁有敘利亞一半血統的「王室大妃」伊絲（Ese）則在敏神的大公牛面前表演儀式舞蹈；激發生殖慾望。

法老當然還有成群結隊的妃嬪。在神廟相對不那麼嚴肅正式的區域，壁畫描繪了她們陪法老玩棋盤類遊戲，而法老左擁右抱、偎紅倚翠，甚至輕撫她們的下巴，逗弄她們。不過，後宮眾多的侍妾以及眾多的子嗣，最終將導致拉美西斯三世的毀滅。

儘管拉美西斯三世無疑成功保護埃及抵禦外來威脅，但他最終卻在自家人的手中一命嗚呼。大約過了三十年，在拉美西斯三世慶祝執政的三十週年，他追隨阿蒙霍特普三世的先例，將朝政永久搬遷到了底比斯。但僅僅一年之後，他在底比斯的執政便戛然而止。

官方的審判記錄顯示，法老的王后特雅（Teya）想讓她的兒子彭塔維爾（Pentawere）繼任王位，母子因為另一位妃子之子被指定為繼承人，而大為不快。

特雅除了有試圖改變王位傳承人選的動機，同時也出現了機會，因此在「與後宮女人合謀策畫，並施行叛亂」之後遭到逮補，同謀包括一位宮廷男管家、一名廚師、國王的私人御醫，還有宮廷魔法師普瑞卡蒙內夫（Prekamenef）；根據指控，此人打算運用魔法和蠟製人偶使王宮衛士失去行動能力，使國王處於易受傷害和攻擊的狀態。

最終，共計三十八名串謀者被定罪，其中包括偏室王后及其兒子。兩人表面上是「自願」結束了生命，但自殺也是別無選擇的結果。其他定罪之人則被活活燒死，行刑地點就在法老葬祭廟的大門外，此處是傳統上最常執行懲罰的地點。此外還有三名法官因與叛亂方有牽連，被割掉了耳朵與鼻子。

官方的歷史記錄永遠也不願承認這位神聖非凡的君主被謀殺。任何敏感的宮廷變故都是用最隱晦的委婉陳述。看起來，篡位陰謀似乎被及時發現並制止了。因為一八八六年，當拉美西斯三世的木乃伊被部分拆開時，雖然沒有發現其死亡的可疑之處，但木乃伊的整體神態依舊詭異，令人心神不安。此情節正為一九三二年的電影《木乃伊》（*The Mummy*）提供了靈感來源。

但到了二〇一二年，此木乃伊接受電腦斷層掃描。在遺體頸部殘餘的包裹布之下，發現法老喉頭下方有一道嚴重的傷口，所有軟組織被切開，一直刺到骨頭，如此傷勢應是當場斃命。

同樣地，這次掃描還顯示入殮師進行防腐處理時，謹慎地將一隻「荷魯斯之眼」的避邪神符填入頸部傷口之中，以此象徵身體的完整與健康；至少在陰間或來生世界是如此。

接著，拉美西斯三世的遺體被送往國王谷安葬（國王谷第一一號陵墓）。此墓最初是由其父親塞斯納赫特開建，直至建築工人發現它與一座祖先的墓穴有所衝突才中斷。而拉美西斯三世的建築師只簡單地修改了墓室入口通道的方向，接著就繼續挖鑿出一個擁有多間墓室的洞穴狀地下結構。此墓最終停止修築是在工人接到「雄鷹已經飛向天堂」的消息，告訴他們拉美西斯三世死了。

陵墓建築工的專項報告通常相當冗長，但形成強烈反差的是他們這次的說法簡單明瞭：「棺材入葬儀式舉辦完畢。」這或許反映了一項事實：經濟下滑，日漸蕭條，讓他們也跟著益發受窘，而行政管理部門的瀆職與囂張的公然貪腐，讓他們的處境更為惡化；官方的食物供給（即他們的工資），變得越來越沒保障，時有時無。工頭霍恩蘇（Khonsu）也提出過正式的投訴，最初還曾收到一些正面的效果。

但是，當後一個月的酬勞再次未能兌現時，工人們放下了手中的工具。這是史上有記載的第一次罷工行動，發生於拉美西斯三世執政的第二十九年，大約是西元前一一五五年。他們集體遊行，來到附有大型穀倉、儲放神廟祭祀食品的「拉美西斯博物館」進行了長達一天的靜坐，除了呼喊「我們在餓肚子」，還發出「嚴正的誓言」，也就是賭咒威脅。第二天，他們又來到神廟，這次的示威持續了一整夜。對包括當地行政首長等經過的官員吶喊抗議。但無論如何聲討，直到拉美西斯三世執政三十週年慶典之前，他們的工資才得以支付，也許就是要讓他們暫時閉口吧。

法老絕大部分的心思都用在赫里奧波利斯、孟斐斯和底比斯等主要神廟。他以土地獎賞祭司群體，極為慷慨大方，以至於到了執政末期，埃及的可耕種土地，竟有三分之一都屬於神廟所有。這些土地屬於卡納克的甚至是驚人的百分之七十五；卡納克的祭司此刻成了國家權力的經紀人。人們將法老稱為「阿蒙的寵兒」便不足為奇了，以花崗岩石雕的形式將角色固化；法老是為祭司們的神祇扛旗的人！

如此的慷慨餽贈，顯然會對官方的財政收支平衡造成巨大衝擊。而隨著食物價格的持續上漲，政府僱員們的工資很快地一再拖欠。於是，有些人不得不尋求變通的收入來源，辦法就是偷盜。例如，一名村婦何雅（Herya）就偷過一只銅質的鑿子，或是神廟園丁卡爾（Kar）從廟門側柱剝下小塊的鍍金片換取食物，甚至還有人試圖進入拉美西斯二世、圖坦卡門、宇亞和圖雅在國王谷的墓葬，偷竊陪葬的小物品；亞麻布在外面很容易交易，金屬製品可以燒熔後銷贓，而昂貴的香水香脂也有市場；從圖坦卡門墓中偷出的物品，盜賊以勺子之類工具舀出，因此留下了指紋印記。

但是，朝廷對自己子民持續的經濟困境似乎毫不理睬。拉美西斯三世對眾神的大手筆捐贈一如既往，對此記錄的方式同樣排場十足：四十一公尺長的莎草紙長卷插圖，由法老兒子兼繼任者拉美西斯四世（約西元前一一五三至前一一四七年在位）創製。他是指定繼承人，生母為拉美西斯三世偏室王后泰蒂（Tyti）。

新王胸懷不少大型計畫。

他立刻開始了一項野心勃勃的工程計畫：擴建霍恩蘇之前負責施工、其父親在卡納克的神廟。拉美西斯四世的姐妹兼妻子，特恩托佩特（Tentopet）王后，也擔任此處的「神之妻」女祭司。

拉美西斯四世下令在國王谷開建自己的陵墓（國王谷第二號陵墓）。首先，他派首席大臣前往國王谷「選擇合適的地點，以便順利挖鑿他的王室墓葬」。接著，施工便正式開始，工人人數翻了一倍，達到一百二十人。陵寢計畫由德爾—梅迪納的書記官阿蒙納赫特（Amennakht）繪製。此人用了不同的色彩製作原始提議的紅色花崗岩石棺，而安葬法老的墓室被他標注為「黃金屋」。他的莎草紙藍圖手稿被複製到一塊巨大的石灰岩板，供工人在現場參照執行。

法老需要一具超大號的石棺，工程也需要巨量的建築石料，一連串的採石遠征因此成為必要之舉。約有八千人被派往東部沙漠的哈馬馬特谷地備料。他們帶了一張詳細的地圖，而地圖當然是出自阿蒙納赫特之手，他再次選用不同的顏色表示不同類型的石材。如此一來，不只產生高度精確的文獻記錄，同時成為目前世上已知最古老的地圖。

他還以其特徵鮮明的書法在地圖反面寫上自己的名字，甚至在德爾—梅迪納村落的門框刻下了他的大名。因此，如果今日想參觀他在三一六五年前勉力執行公務的具體地址，仍然可行。當年，他的視力已經逐漸衰退，也許甚至曾坐在居所的屋頂平臺上，以便在白天日照的光線下看得清楚一些。他向當地的女神梅里特塞吉爾（Meretseger）禱告：「你讓我在白日看清幽暗之物，我必將向他人宣揚你的無邊法力。請對我仁慈，以你的仁善助我一臂之力！」他的施工圖石板也刻繪了這位神祇，以及懇請施恩的祈禱者；值得注意的是，畫面中的女神與乞求者都沒有眼睛。

阿蒙納赫特的大王，即拉美西斯四世，同樣祈禱：「讓我的肢體充滿力量」，請歐西里斯保佑他的執政期是先王拉美西斯二世的兩倍。但很顯然地，神靈充耳不聞，其即位六年之後，第四位拉美西斯便一命嗚呼。

他的全套喪葬用品需要四百五十人運往墓地，其中包括一百二十名墓葬工人和六十名警戒人員。監督此事之人是「各項要務大總管」，也是國家的總理大臣，卡納克最高祭司拉美西斯納赫特（Ramsesnakht）。

政府向公務員或僱工們發放酬勞時，拉美西斯納赫特甚至也陪同，「暗示阿蒙神廟現在至少掌握了部分予取予奪的大權，發放工資須由祭司首肯，而不是國王的政府」。拉美西斯納赫特的兒子是「阿蒙地產的管家」，控制著中埃及廣袤的國有良田，從法尤姆到明亞，綿延一百二十公里，他還成為國家的

「稅收主任長官」。

此時，王宮對神廟事務的影響力已日益式微。而且，法老對朝廷本身的政務也沒有什麼控制力。因為卡納克宗教勢力的抬升與壯大已難以遏制，而且國王的更替也過於頻繁（雖然還是名叫拉美西斯），亦對王權造成了不利影響。

拉美西斯五世（約西元前一一四七至前一一四三年）的短暫執政，幾乎也提供不了醞釀和實施任何大型作為的空間。其過世時國王谷的陵墓（國王谷第九號陵墓）仍未完工。

不過，這並非由於陵墓建築工的懶散懈怠（儘管他們的人數已經削減到六十人），而是因為那兒有著真實存在的可怕危險。正如他們陳述的：「警察局長來告訴工頭：『在你們能確實明白那兒的情況之前，不要去谷地工作了。』我到時會找你，我到時會過來再叫你們去那裡繼續工作。」

工人宣稱他們「停工是因為有敵人」。確實如此，利比亞的流竄入侵者不時會發起襲擊。此外，有跡象顯示宮廷與卡納克神職的矛盾爭執再次激化。

下一任君王，拉美西斯六世（約西元前一一四三至前一一三六年）是拉美西斯三世較小的兒子。他的帝王名號為「奈布瑪阿特拉」，直接借用了阿蒙霍特普三世的尊號。他還啟用了「赫里奧波利斯神祇統治者」的稱號，代表他做了重振王室權威的努力，約束管控卡納克的宗教神權。

至於拉美西斯五世的葬禮儀式，拉美西斯六世當然也下令以不同的方式辦理。不僅是先王的臉部「被塗繪成土紅色」以象徵他的新生，他的皮膚遍布小小的腫塊，與阿蒙霍特普三世的情形極為相似。一九〇七年，拉美西斯五世木乃伊的解剖專家聲稱，「其有極高可能曾罹患天花」。此推斷很快變成了

「事實，法老死於天花」，而且業內人士也完全接受此看法。然而，透過皮膚殘片的分析並未發現天花病毒的存在證據。實際上，其遺骸的X光檢測顯示，這些痘瘡小腫塊實則為皮膚下方的泡鹼結晶體，因為拉美西斯五世曾浸沒於泡鹼溶液；再次回歸第十八王朝製作木乃伊的老方法。

不過，故事的發展還有著更多懸疑。拉美西斯五世製作完美的木乃伊約有兩年的時間都未下葬，恐怕是因為國王谷仍舊是「禁止前往」的區域。遺體最終葬在法老最初的陵寢（國王谷第九號陵墓），此時，繼位者拉美西斯六世已經完成了這座墓的修建，而他本人也計畫葬在此處。於是，他將自己與前任的名字都加到了墓室壁畫上，而在新風格的裝飾中，從始至終「拉神被賦予更重要和更顯著的地位」，這是自塞狄一世以來第一次產生的變化。墓室的頂部現在繪製的是努特，雙重的努特影像非常精彩：她吞下了太陽，然後太陽又是她生出來的，如此這般永恆循環。

但是，正如之前的情勢，當遷都阿瑪納期間，帝王專注於宗教與政治紛爭的內部事務時，埃及殘存的帝國威懾力也日漸萎縮，所剩無幾。邊疆要塞放棄後，接著遭摧毀，迦南已徹底失守。而石刻常出現埃及法老名稱的西奈半島，拉美西斯六世已是最後一個名字。

拉美西斯六世亡故，與他的前任拉美西斯五世葬進了同一處共享陵墓（國王谷第九號陵墓），隨後接任的是其兒子拉美西斯七世（約西元前一一三六至前一一二九年在位）。新王上臺掌權，或者應該說是掌握帝國殘存的江山社稷。

通貨膨脹急遽上升且達到了最高點，埃及的經濟與財政岌岌可危。拉美西斯七世未能留下任何實質的作為，便葬身於相對簡陋的墓穴（國王谷第一號陵墓）中，而他的遺體也從未被找到。拉美西斯七世的侄兒（譯註：原文如此，但依照後文所述實際應是其叔叔）拉美西斯八世（約西元前一一二九至前一一二六年在位），即拉美西斯三世最小的兒子，同樣未曾被發現遺骨，甚至連墓葬位於何處都未有定論。

拉美西斯九世（約西元前一一二六至前一一〇八年）至少帶給了埃及所急需的一段安定局面。他可能是拉美西斯三世的孫子，其名字在諸多外域被發現，北邊遠至迦南的基色，西邊遠至達拉哈（Daklaha）綠洲，或稱達克拉（Dakhla）綠洲，南邊遠至努比亞的阿馬拉（Amara）；儘管他所謂開發攫取此地區金礦的豐功偉績，實質上近乎是空白。

財務捉襟見肘的朝廷，此時主要常駐於北方，拉美西斯九世將精力聚焦於赫里奧波利斯和太陽神身上，而太陽神的最高大祭司就是法老的兒子，奈布瑪阿特拉王子。南方的卡納克，現在是神職權勢集團的領地。某些壁畫相當清楚地顯示了王室與宗教界之間的權力關係：法老拉美西斯九世授權卡納克的新任最高大祭司阿蒙霍特普，而接受加持的那一方身形卻意外地竟然與法老同樣高大！

對待君權的態度，相當具體地繪於牆上的壁畫。

在尼羅河的西岸，罷工的墓葬工人們依舊心懷不滿，因為工資的發放仍舊不穩定，時有時無。於是，阿蒙霍特普大祭司的妻子希拉蕾（Herere）便寫信給施工隊長佩西傑（Peseg）：「關於大墓場的人員，我已經寫過信給你，告訴你：『要發送定額配給』，而你至今什麼都沒發放，這是怎麼回事？見到我的來信，請一定要尋找糧食，接著依照額度發放。不要再因此事向我投訴！」

但情況並未有任何改善，大規模的盜劫行為隨之而來。竊取目標正是王室墓葬。根據審判記錄，石匠阿蒙帕努費爾（Amenpanufer）與他的江湖朋友們侵入了第十七王朝國王索貝克姆沙夫及其王后努布哈絲的墓葬。他們坦承一夥人偷盜了大量財寶，以金錠計算可達一百四十四公斤。

接著，封閉不久的拉美西斯五世與六世的合葬墓（國王谷第九號陵墓），也遭到入侵，其中值錢的金屬物品和織物都被偷走。但金錢利益不只是此盜劫行徑的唯一目的，因為拉美西斯六世的木乃伊也遭到嚴重的損害，導致創傷的工具是斧頭，木乃伊實質上已四分五裂。根據最簡單的物理定律推測，這不可能是遺體包紮完好的情況下能造成的結果，因為實驗已經證明，僅僅三層的亞麻布與樹脂，就足以讓即使是最鋒利的斧子或「馬謝特」大砍刀直接彈開。因此，拉美西斯六世遺體遭受的破壞，只能在外部包紮去除的前提之下才能實現。而在破壞之後，他的臉部已經慘遭損毀，面目全非，他的嘴被撬開搗爛，手臂從肘部被砍掉。即使是石棺，也被費盡心機、不遺餘力地砸爛。

這不可能是鬼祟慌張的盜墓者所為。因為他們只能爭取在最短的時間之內，闖進墓穴，胡亂盜走一些寶物便溜之大吉。同時，盜墓者心裡也很清楚，一旦被抓獲，等著他們的只有各種折磨拷問，還有尖木樁的刺刑。所以，拉美西斯六世被當作特別的攻擊目標，很可能是公開行為。而他的前任拉美西斯五世的遺體卻安然無恙、完好無損，更證明了前述的推斷。

當然有傳言認為是官方的串通合謀。西底比斯的行政長官帕維拉（Pawera）便被指控失職，不能維護當地安全。已在他面前的申訴都不加理會，對很可能是部分祭司親自策畫的野蠻行為，他也裝聾作啞、視而不見。王后谷的王室陵墓，還有迪爾—巴哈里這一帶的王室葬祭廟，已經被祭司拿來再利用，變成自己的安息之所。而他們或許也利用了相似的時機，想在國王谷一解宿仇。

在拉美西斯九世的陵寢（國王谷第六號陵墓）修建期間，便出現了這樣的機會。挖鑿墓葬一處側邊墓室的工人們，意外地挖進了早期從阿瑪納移來的國王谷第五五號陵墓，就在他們工作地點的正下方。政府的主管隨即被喚至現場，官方部門發現了「大罪人」埃赫納吞的木乃伊遺體，然後藉此機會搶走了覆蓋於棺材上的表層黃金，並對其面龐的下半部分進行破壞，意在讓他的亡靈在來生世界不能呼，或不能說話。既已有效地廢了埃赫納吞，他們還是感到不滿足，又將他的名字從墓葬全部清除，同時被清理的還有他母親迪伊王后的遺體；就安葬在埃赫納吞近旁。他們還試圖取出在王太后的葬祭聖祠中，黃金打造的幾座神龕。不過，此舉以失敗告終，因為神龕卡在墓室門徑通道，從此就一直保持原狀。一九〇七年，考古學家發現了此情況時，著實驚奇不已，而後他們的後輩學者則對墓中剩餘的文物展開了熱烈的爭論，他們各執一詞，意見紛紜。

拉美西斯九世的墓葬工繼續施工，依照計畫建造了上方的陵寢。約西元前一一〇八年，法老去世，下葬於這座已完工的墓穴中。儀式是由繼任者拉美西斯十世（約西元前一一〇八至前一〇九九年在位）主持。十世後來也下葬於國王谷（國王谷第一八號陵墓），不過他的木乃伊一直下落不明。

此王朝的最後一任君主是拉美西斯十一世（約西元前一〇九九至前一〇六九年在位）。但是，有關他的史實甚至更為匱乏，因此，如果有人說「這令人困惑的時段，對應的歷史仍有待書寫」，也絕非是誇張。

這位末代拉美西斯統治了大約三十年，主要是在孟斐斯執政。培爾—拉美西斯已經遭到遺棄，因為隨著尼羅河逐漸向東改道，當地的河港碼頭淤積了大量沙子，最終被堵塞和填埋。

在底比斯，卡納克的最高大祭司阿蒙霍特普不僅是首席大臣，而且自封為「其主人的偉大密友」。主人便是國王，但在壁畫中，大祭司被描繪得與法老一樣高大。

至於拉美西斯十一世的陵墓（國王谷第四號陵墓），有證據顯示其施工進度越來越有問題，工程時斷時續，因為在利比亞襲擊者的面前，工人們只能束手就擒。最終，他們別無選擇，只好放棄德爾—梅迪納，於是這裡便成為工人們的家園，並持續了五百多年。

工人連同家庭各奔東西尋找歸宿，有些永久遷居到了新家，位於梅迪內—哈布建有防禦工事的神廟綜合體中。其中一人是德爾—梅迪納的原任書記官迪胡特摩西（Djhutmose），他曾記錄：「我們現在搬來這裡生活，在梅迪內—哈布……然而，墓葬那邊的小夥子（即墓葬工）都走了，在底比斯生活。」

不過，迪胡特摩西至少還能與家人團聚。這裡有他的兒子兼同僚書記員布特哈蒙（Butehamen），還有他的兒媳婦伊赫塔伊（Ikhtay），同時兼職女祭司與農婦。他們的鄰居赫努特塔瓦伊（Henuttawy）女士是當地的行政官，負責接收並記錄發運過來的糧食，此時由於當地受到饑荒襲擊，因此也負責協調與組織薪水口糧配給。一位頗為大膽的農夫宣稱，這名女長官得到了數量可觀的銀子，「可在饑荒蕭條之際，換成公糧大麥」。而法老、王后與貴族墓葬遭到偷盜之事仍繼續發生，王室葬祭廟（甚至是被遺棄的宮殿）一樣成為盜竊的目標。

此時需要的便是直接的應對。於是，拉美西斯十一世召回了他的努比亞總督帕尼赫希。此人向北來到底比斯，自命「糧倉總管」與總理大臣，試圖掌控國家的經濟局勢。

此措施理所當然地導致他與底比斯最主要的地主——最高大祭司阿蒙霍特普，發生了衝突。隨著情形進一步惡化，發生了「對最高大祭司的戰爭」，結果阿蒙霍特普被迫退守到尼羅河的另一邊，在梅迪內—哈布軍事堡壘般的城牆之內躲避。

在帕尼赫希的封鎖圍攻之下，大祭司無計可施，只能向國王求情。法老派出他的利比亞人傭兵團前去解圍，而武裝的頭領是務實嚴肅的利比亞將軍皮安赫（Piankh）。

事態隨之升級，發展成內戰，發起內戰的雙方都是國王手下的重臣。努比亞人帕尼赫希最終被利比亞人皮安赫擊敗逃亡，他的頭銜也被後者悉數承接。之後，由於阿蒙霍特普的亡故，他的職務權益都落到了大將軍皮安赫的名下。

皮安赫起初只是國王的特使，自此，他控制了整個底比斯與南方，強大到足以視為正式的權力劃分，他稱之為「再次誕生」，名副其實的政權新生。拉美西斯十一世身為國王的第十九年，大約西元前一〇八〇年，底比斯的官方宣告和記錄定為「元年」。王權與神權之間的區別變得非常模糊，皮安赫的兒子因此不可一世地口出狂言：「法老？如今他還能是誰的主人？」

皮安赫還娶了國王的女兒諾德耶美特（Nodjmet）。她成為丈夫的副手。皮安赫外巡或遠行時，她會向他通報底比斯的最新消息。她警示他有叛徒時，皮安赫便請她調查審訊，直接處刑嫌犯：「把這兩人押到我的房間，你要讓他們說出實話！然後殺了他們，夜裡把他們扔到水裡。」然後，他換了語氣，溫和地告訴妻子：「我路過的每一位神祇，無論男女，我都向他們禱告，祝福你安然無恙、健康長久，一定要讓我回去時能看到你，我眼中全都是你的身影，每一天都是！」

儘管皮安赫此刻實質上已是南方統治者，但他為了保住地位，依舊需要大量的財富後盾，以維持統治機構的運轉。不過，隨著帕尼赫希在外奔波後回到努比亞，他又控制了當地的金礦，皮安赫只能被迫把目光投向一個黃金替代來源，此處離他的領地近得多，就是貫穿整個國王谷的王室墓葬黃金「礦層」。

就是在這段時期，公然的「盜墓」成為政府的官方策略。王室陵墓遭到系統性的挖掘拆解，裡面的財寶遭到洗劫。木乃伊主人先被扒掉了外層的亞麻裹布，然後被重新包紮，在西元前十一世紀剩下的時段中不斷地被搬來移去，而依照官方文獻的描述，這是所謂的「修復工程」。

帝王木乃伊是先輩祖傳神力的存身之處與存續手段，須不惜一切代價保護，這是埃及數千年來的信念。但利比亞人皮安赫對此毫無顧忌，他的想法顯然極為不同。

在寫給書記官迪胡特摩西與其兒子布特哈蒙的信中，皮安赫告訴他們「為我執行一項你們從未做過的任務……打開一處墓葬，也就是一座先人陵墓」。迪胡特摩西只能領命：「請將底比斯的墓葬人員召集，派他們到河的這一邊。」他還要求這些人「指定受到書記員布特哈蒙的監管」，也就是聽命於他兒子的管理。他的兒子此時已得到一個頗為可觀的官方頭銜，「王室墓場開啟專員」。

搜尋法老墓葬黃金的行動就此展開。

他們的基地在梅迪內－哈布。迪胡特摩西與布特哈蒙等人從此地，定期且頻繁走過西岸小山群之間縱橫交錯的通道，一一標注墓葬位置。他們邊走邊塗畫下記號。其中一百三十個標注，正是出自「開門專員」布特哈蒙的特色鮮明筆跡。

「迫害名單」所列的墓葬之一就是拉美西斯三世的陵寢。當墓中財寶被蒐羅一空後，布特哈蒙將法老的木乃伊帶回了梅迪內—哈布，而木乃伊最初很可能就是在那裡製作完成。此時一切正好顛倒，遺體包裹被拆開，隨身的珠寶和護身符掛飾移進了皮安赫的財政內庫。當屍體重新包紮後，布特哈蒙在法老的新亞麻屍衣上直接寫道：「今日，最高大祭司向書記員布特哈蒙發令，將烏塞爾瑪阿特拉—梅里阿蒙（Usermaatra Meryamen）——拉美西斯法老化形為歐西里斯。其身體已緊固如前，可永恆長存。」這大概是必要的身分標示，因為帝王棺材上的金飾都已被剝除，最初的名號標識也隨之消失無蹤。

約西元前一〇六九年，拉美西斯十一世辭世，象徵整個新王國時期的終結。一個時代走到了盡頭。他那巨大的陵墓（國王谷第四號陵墓），儘管已經接近於完工，但前輩法老們的命運就在眼前，無論長眠於哪個角落，都從各自的墓中被請了出來。於是，在經過五百年的漫長時光之後，作為王室墓園的國王谷終於遭到遺棄，拉美西斯十一世葬在了他處。

雖然他的葬身之地一直未能發現，但很可能是在阿拜多斯。一八五九年，當地一處沙漠大墓地得到發掘，出土了一具大型棺材，裡面安放的木乃伊性別不明。恰如經常出現的情形一般，該遺體一碰便碎。不過，八十件珠寶陪葬品上，倒是突顯著拉美西斯十一世的名字。遺體的本尊或許是一位忠誠的朝臣（如果他碰巧又極為富有），但也或許就是法老本人。這位死者實踐了當年的時代精神——「再次誕生」，而方式就是回到了埃及最早期的先王們身邊，安息於傳說中歐西里斯的埋葬之地。

〖19〗

衰退崛起和敗落

約西元前一〇六九～前三三二年

新王國時期終結，進入第三中間期，「一個聲名醜惡的黑暗年代」。埃及再度分裂，回到了最初局面：兩個王國，南北分治。

北方，斯門德斯（Smendes）接替了拉美西斯十一世，成為第二十一王朝的首任君主（約西元前一〇六九至前一〇四三年在位），其「身分背景不明，但勢力極大」，娶了泰恩塔曼（Tentamen）。這位王后極可能是出自拉美西斯舊家族世系的公主。國王夫婦被描述為「阿蒙在北方土地的支柱」。

南方，阿蒙的高級祭司們此時成為不容爭議的主人。皮安赫的繼任者為赫里霍爾（Herihor）。他不僅接下前任的頭銜成為最高大祭司，甚至也是努比亞總督，而且還娶了皮安赫的遺孀諾德耶美特，以此鞏固他的權力地位。

身為拉美西斯十一世的女兒，諾德耶美特即是王室血統，赫里霍爾也因此有了王族身分，他和諾德耶美特的名字都出現在帝王盾徽中。兩人在肖像畫中都戴著帝王專享的神蛇頭飾，而赫里霍爾甚至戴著南北方雙重王冠。第十八王朝君王們的恐懼憂心，「曾驅動他們發起了在阿瑪納的革命之舉，但現在又變成了現實」，阿蒙的祭司們最終實現了神職集團的終極目標。

身為眾神的帝王，阿蒙的名字也刻進了一個盾徽。其崇拜中心卡納克是神權統治的核心之地，所以依舊得到豐足奢華的美化裝飾。赫里霍爾命人新造一艘巡遊船，用於在慶典儀式時裝運神靈的敬拜雕像。按照傳統，運船應以最好的黎巴嫩雪松木打造，於是赫里霍爾派遣官員維納蒙（Wenamen）前往比布魯斯。從前，埃及向其眾多諸侯國拿取物資，幾乎都是隨心所欲，但如今維納蒙不得不央求，比布魯斯的大王對阿蒙的使節說，「我不是你的僕人，我也不是那位派你來的人的僕人！」

至於新船的鍍金問題，赫里霍爾延續皮安赫的策略：從王室墓葬盜搶。他自己墓中的陪葬品據說也極為可觀，有人甚至宣稱陪葬品簡直可讓「圖坦卡門的墓葬如同超級市場」。

赫里霍爾的陵墓和他的遺體至今不見蹤影，但他妻子諾德耶美特的命運卻不同。諾德耶美特去世時已相當老邁，不過依舊保有肖像中的優雅風采。製作木乃伊的入殮師，使用了各種化妝品、填充物、假眉毛和一頂編成多股辮子的長長假髮，有效地讓她青春煥發。諾德耶美特的遺體能保存得如此完好，顯然得益於「處理第十八、十九和二十王朝木乃伊時所提供的實物教學」，「實物教學」就發生在皮安赫主政時所謂的「修復工程」。

赫里霍爾的繼任者是祭司國王兼大將軍皮努德耶姆一世（Pinudjem I）。上臺之後，他繼續濫用古蹟。他造作虛榮的帝王風範，不僅包括將圖特摩西斯一世原本的棺材挪為己用，甚至占用了國王谷的一座陵寢。

拉美西斯十一世的陵墓（國王谷第四號陵墓）從未啟用，而這位新王便直接在墓室牆上增加了自己的盾徽標誌，這裡此時變成了重新包紮王室木乃伊的工作間，此處發現不少標注圖特摩西斯三世、哈特謝普蘇特或拉美西斯四世名字的鍍金殘片。國王谷最古老的第三九號陵墓中，也發現過黃金殘片與大量木乃伊包紮物，因此可知此處同樣充當過工作場地。據信，這座墓穴是為了阿赫摩斯—內芙塔里和她的兒子阿蒙霍特普一世所建。牆上圖像顯示「開門專員」布特哈蒙正向兩位先人統治者敬獻祭品，暗示「他也參與了這兩座更早期墓葬的『修復』」。

王族的木乃伊即使拆解後再重新包紮，依舊被認為保留其象徵價值。因此，皮努德耶姆選擇將拉美西斯一世、塞狄一世與拉美西斯二世的木乃伊安葬在自己身旁。或許他是這樣想的：先王與他同在，為他在來生世界做證，提升他的合法地位或正統資質。

皮努德耶姆也設法強化自己在人間的權勢，他採用外交聯姻，娶了北方法老斯門德斯的女兒赫努特塔瓦伊（Henuttawy）。兩者的聯姻為北方君王與南方祭司君王之間締造了和諧氣氛。夫妻倆的孩子隨後統治了埃及，兩個兒子追隨父親的步履，相繼成為卡納克的最高大祭司，而他們的妹妹則繼承了母親的諸多角色頭銜，擔任最高女祭司。

不過，最終接任斯門德斯成為法老的，卻是三兒子帕西巴哈恩紐特（Pasebakhaenniut）。他被譽為「城中出現的星星」，後人更熟悉的是他的希臘文名字，蘇塞恩尼斯（Psusennes，約西元前一〇三九至前九九一年在位）。與他一起治理國家的是其妹妹兼妻子姆特諾德耶美特（Mutnodjmet）。

蘇塞恩尼斯與他的王朝遷都後，駐於一處新王室首府塔尼斯（Tanis），緊靠三角洲東部的布巴斯提斯。拉美西斯王朝的舊都培爾—拉美西斯被遺棄之後，塔尼斯應運而生。許多舊都宏大的石頭建構都移到了新城，增加莊嚴氣度。對未來的考古學者更是形成十足困惑的謎團。

厚度達十五公尺的泥磚城牆環繞著塔尼斯。新城以底比斯為範本，城中也有一座大型中央神廟，供奉阿蒙和姆特。這座神廟綜合體也是新王室墓葬地，此時埃及的法老們已經以北方為大本營，無論是生前，還是死後。

蘇塞恩尼斯曾在吉薩修建過一座神廟，敬獻「金字塔女士」的哈索爾—伊西絲合體女神。由此可知，吉薩的馬斯塔巴墓葬對他的影響頗深，他本人及第二十一王朝的後繼者們都延用馬斯塔巴的形式，在塔尼斯神廟區域內修建了自己的陵寢。

這些墓葬在一九三九年被發掘時，基本上原封未動。墓室中仍舊裝滿了令人驚嘆的寶物，可媲美圖坦卡門的葬墓，其中部分物品顯然是蘇塞恩尼斯一世的父親（大祭司皮努德耶姆）從國王谷搜刮而來。蘇塞恩尼斯自己的陪葬品包括一張令人歎賞的黃金面罩與一具銀質棺材，兩者大概都是來自某位拉美西斯君王。另外，還有來自梅倫普塔的花崗岩石棺，以及原本屬於阿赫摩斯一世的黃金舟船。

儘管複製和循環利用了國王谷的陵寢，塔尼斯的法老們當然還是無法控制氣候和環境的差異。精心製作的蘇塞恩尼斯一世木乃伊遺體，在浸滿地下水的塔尼斯地區墓葬中，已經被腐蝕得只剩下一堆遺骨。而他身為祭司的哥哥們，因為埋在乾燥的底比斯山地間，仍然遺體飽滿，儀容可辨，彷如剛去世。

塔尼斯的陵墓中，不僅有君主們的奢華陪葬品，還包括利比亞大將軍們的遺物。伴隨文狄耶巴恩耶德（Wendjebaendjed）將軍的就有一張非常精美的黃金面具，這件寶物自然是第十九王朝出品的古董，另有一隻鑲嵌寶石的大型聖甲蟲，刻寫的是拉美西斯七世的名字，以及一枚天青石戒指，上面有拉美西斯九世的名字。

這些軍界要員顯然十足重要，因此不僅得以分享王室安息地，還能分享王室財寶。蘇塞恩尼斯一世的接任者為大奧索爾孔（Osorkon the Elder，約西元前九八四至前九七八年在位），擁有利比亞血統。而他的繼任者是其兒子西阿蒙（Siamen，約西元前九七八至前九五九年在位）。西阿蒙的執政期相對較長，讓他得以擴建赫里奧波利斯、孟斐斯與塔尼斯的神廟。壁畫描繪了他正在痛擊敵人的雄姿，某些敵人是從前的「海上民族」皮勒塞特人（腓力斯人），因其威脅到埃及與腓尼基之間的貿易通路。於是，西阿蒙發起一場戰役，摧毀了腓力斯人的城市基色，並與以色列國王所羅門（Solomon）結為盟友。所羅門隨後接管基色，鞏固了國度的南方邊境，並娶了西阿蒙的女兒，正式綁定兩國的同盟關係。

西阿蒙與底比斯之間也維持著良好的關係，此時世襲的最高大祭司兼國王是皮努德耶姆一世的孫子，皮努德耶姆二世。正是他安排將先王們的木乃伊進行大規模安置，再次葬入一連串的隱蔽墓葬或洞穴中。

其中大約四十具木乃伊被安葬在位於迪爾—巴哈里的大祭司家族穹頂大墓中（迪爾—巴哈里第三二〇號墓），位於卡納克的正對面，並在那裡保存了約兩千八百五十五年。一八七一年，當地一戶人家發現了此墓址。一家人藉著偷賣棺材上零碎裝飾等小物品，日子過得富足安穩。當局因為古董市場出現這些東西而有所警覺，終於循跡追蹤到了墓葬，並在十年後進行「官方」發掘。木乃伊被迅速移出，沿著尼羅河向北運往開羅博物館，負責運送的政府汽船成為「史上最大的靈車」。汽船經過時，西岸上的婦女們都從家中跑出觀望，她們戲劇性的哀慟儘管被人嗤之以鼻，認為那只是出於喪失收入來源的反應，但或許更合理的是「一種遺失傳統的真誠悲傷」，因為那些君王原本在如此長久的年代裡都屬於她們，屬於這裡特殊的地貌環境，而現在卻從她們身邊消失了。

不過，仍有部分王族成員遭到遺漏，此情況直到一八九八年才被注意到。阿蒙霍特普二世的墓葬（國王谷第三五號陵墓）在那一年初次被發現，這位法老依舊躺在他廉價的替代石棺，原本的鍍金棺材早已被大祭司國王們挪用，他們還奪走了他的隨葬珠寶，不過還是留下一把長弓在他身邊。

就在他墓室一旁較小的偏房，安放著裝有阿蒙霍特普二世之子圖特摩西斯四世木乃伊的棺材。此外，圖特摩西斯四世之子阿蒙霍特普三世，還有梅倫普塔、塞狄二世、西普塔，以及拉美西斯四世、五世和六世，與一位身分不明據傳是塔沃絲蕾特的女性木乃伊都在此偏房中。木乃伊的裹屍布甚至標注了大約西元前九六六年他們被集體安頓於此的確切日期：「當朝第十二年，冬季第四個月的第六天。此日，諸先君重新安葬，由阿蒙的最高大祭司皮努德耶姆執行。」

雖然墓室仍有可用的空間，另外三具遺體卻被單獨安置在第二間偏房。那是兩位成年女性與一位少年木乃伊，未曾重新包紮，也沒有替代棺材，三人均未被列出名字。儘管被當作無名氏處理，而且與其他人分開安置，這三位應該仍是第十八王朝的王族，因為三人的遺體防腐過程都是使用第十八王朝的泡鹼溶液。根據一九七〇年代以來累積的研究結果，幾乎可以肯定他們是迪伊王后、她的大兒子圖特摩西斯王子，還有女法老娜芙蒂蒂。不過，一切始終具有爭議，但表面測量數據分析結果與娜芙蒂蒂著名的胸像幾乎完全相符，誤差只在精度一公厘之內。而且，木乃伊的頭顱還有長期綁飾帶所留下的印痕，這種飾帶不僅是王室專利，更是娜芙蒂蒂的典型裝束。此外，左右雙耳洞也是阿瑪納時期才有的流行，而散落的珠子是出自阿瑪納風格的領圈飾物，就像娜芙蒂蒂丈夫埃赫納吞遺體上發現的領圈。另外，她右臂曾彎曲橫放在胸前，這正是執政法老手握權杖的標準姿勢。

不過，她的遺體無疑遭受褻瀆破壞。右手臂幾乎從肩膀以下都遭到肢解，嘴部被鋒利的金屬刃具近距離砍擊，受損嚴重。如此的損傷唯有解開木乃伊時才會造成，並非盜墓者隔著外層裹布胡亂劈砍能造成的，此損傷方式非常類似隔壁墓室中拉美西斯六世木乃伊的遭遇。

其實，將所有先人的安葬地都選在此處相當弔詭且耐人尋味，因為國王谷第三五號陵墓既不是規模最大，也並非最為隱蔽。之所以選擇這座墓室，似乎是因為他們與墓葬原主人阿蒙霍特普二世之間的連結；阿蒙霍特普二世是首次將阿吞推向重要地位的法老，啟動了對卡納克祭司集團的最初挑戰。因此，側旁的墓室就用來安置他的直接繼任者，也就是繼續支持阿吞崇拜的圖特摩西斯四世，還有阿蒙霍特普三世、迪伊和娜芙蒂蒂，以及稍後的新王國時期中對卡納克並不特別友好的王族。於是，當中沒有任何人如同像圖特摩西斯三世和拉美西斯三世等法老，安頓在祭司國王們俯瞰卡納克的家族穹頂大墓中；這座神廟也被他們的木乃伊填滿了。

當然，這也可能僅是純粹的巧合，王室的木乃伊只是被隨意安置。但是，只要進行略微細緻和深入的研究，就能看出清晰的脈絡，祭司似乎利用了此時機，不僅攫取財寶，甚至趁機一報宿仇，故意對多位特定的前任統治者遺體施加別有意圖的損壞，因為他們在世時曾打擊和動搖了祭司群體的權威。歸根結柢，王室的木乃伊以及木乃伊所代表的一切，仍然被利用來助推卡納克大祭司皮努德耶姆二世及其王朝的政治野心，提升他們的地位。

皮努德耶姆二世娶了前任最高大祭司的女兒奈斯霍恩絲（Neskhons），這無疑更強化了他的權力。與丈夫一樣，這位王后也是與塔尼斯君王的血統世系有親緣關聯。在卡納克，奈斯霍恩絲伴隨於丈夫身邊，協同執政，被尊為「眾神之王阿蒙—拉神後宮之大妃」。她另有眾多頭銜，例如「南方山地之主管」、努比亞總督等。

奈斯霍恩絲的權勢地位，反映在珠光寶氣的形象上，甚至是她的棺材也透露出其喜好。這位王后尤其熱衷佩戴大大的耳環，據聞每只耳環重達一百多公克。如此的耳墜或許貌美，但讓耳朵嚴重變形，因此奈斯霍恩絲的耳垂都變成了「長繩圈」，而部分與其共事的女祭司的耳垂甚至都垂到了肩膀！

奈斯霍恩絲的木乃伊還透露，她在生下第四個孩子不久便過世了。隨後，其丈夫皮努德耶姆二世與妹妹兼妻子伊希姆赫布（Isimkheb）又生了三個子女，其中包括蘇塞恩尼斯二世（約西元前九五九至前九四五年在位），他繼承了父親最高大祭司的頭銜。

不過，蘇塞恩尼斯二世的事業並未只局限在卡納克，因為他不僅是最高軍事統帥，而且是全埃及的法老。他的執政期缺乏詳細記錄。儘管如此，他終究統一了這片國土。此功業在利比亞軍事顧問、大將軍謝斯弘克（Sheshonq）的協助下完成，這位將軍最終也成為埃及的國王。

謝斯弘克（約西元前九四五至前九二四年在位）創立了一個新的利比亞王朝，基地位於三角洲的布巴斯提斯。這位強硬的統治者將其兒子伊烏普特（Iuput）立為卡納克的最高大祭司，他便以此控制卡納克。

為了鞏固對埃及的掌控，他把信任的家族成員都安置在關鍵職位。他恢復了與比布魯斯的貿易往來，還在約西元前九二五年發動了對以色列和猶大（Judah）的戰役。謝斯弘克的陣容包括一千二百臺戰車，以及利比亞和努比亞傭兵。他們一舉奪回加薩和米吉多兩地，並洗劫耶路撒冷的神廟。當地，在精美的黃金天使「智天使」（cherubim，「此名出自希伯來語，指長有翼翅的人形，獅身女人面，希臘文就是斯芬克斯」）的下方，法老謝斯弘克「把雅威（Yahweh，即後來的耶和華）神廟和王室宮殿的寶物一掃而空」。《聖經》中將其稱為「埃及國王希斯哈克（Shishak）」。卡納克的神廟壁畫也呈現了謝斯弘克一世強悍的形象，描繪他痛擊以色列和猶大的對手，而阿蒙則在一旁觀戰；這位神靈的身形僅法老的一半。

遠征大捷不久後，大約是西元前九二四年，謝斯弘克一世離世。其墓葬地一直未曾問世，他兒子奧索爾孔一世（Osorkon I，約西元前九二四至前八八九年在位）的墓葬地也是如此，儘管文獻記錄曾透露奧索爾孔葬在南方底比斯某處：其陵墓為「底比斯墓場的地標」。

他的繼任者反倒更喜歡修繕裝飾北方。其孫子奧索爾孔二世（約西元前八七四至前八五〇年在位）與王后卡若瑪瑪（Karomama），在布巴斯提斯為貓科女神巴斯泰特修建一座壯觀的紅色花崗岩神廟。樹木和寬寬的運河水道環繞新廟堂，這裡成了一年一度古老的豐饒（繁育）節慶的舉辦場地。朝聖者紛紛「從河上到來，每艘船都各有眾多男女。有些女人搖動叉鈴，弄出熱鬧喧響，有的吹奏笛子。其餘女人及男人伴著音樂歌唱、拍手。遊船前往布巴斯提斯，在靠近沿途的任何城鎮時，他們都將船靠向岸邊。船上某些女人會大聲嘲笑鎮上的婦女，有的跳舞，有的站起身來向岸上居民挑釁。到達布巴斯提斯後，狂歡節慶暢飲的酒，比一整年喝得更多」。

神廟的「節慶大廳」中，也繪有奧索爾孔二世執政週年大慶的場景。奧索爾孔正主持一場賽跑，參與者有三人，或許是他的兒子與候補繼任者們，以此競爭晉升王座的資格；不禁讓人想起恩狄米翁（Endymion）的希臘神話，他的兒子們也以一場賽跑爭奪在伊利斯（Elis）的領地繼承權，這片地域正包括了最初的奧運場地。

這些相似之處頗為有趣，且耐人尋味，因為此刻埃及的大本營在三角洲，第二十二王朝因此很容易到達地中海，即他們所謂的「希臘人之海」，也很容易接觸到希臘人為貿易而拓展的殖民地；這些據點很快便從小亞細亞延伸到了義大利。希臘詩人荷馬的《伊里亞德》（*The Iliad*）和《奧德賽》（*The Odyssey*）兩部史詩可回溯至西元前八世紀，其中提到了埃及的地中海海岸與「百門之城」底比斯，書中寫道：「那裡的房屋裝修精雅，極盡奢華。」同一時期，薩摩斯島（Samos）上的埃及青銅器已經被用作供品，敬奉給希臘女神赫拉（Hera）。

埃及的金屬製品或許讓希臘人印象深刻，而當埃及人看到從國王谷外流的出色古董金屬物品時，歎賞不已，隨後他們也從古物學到了許多技藝。匠人很快就技藝純熟，將黃金與其他金屬熔合產生不同色調。於是，奧索爾孔二世向埃及諸多神廟捐贈了不少非常傑出的新型黃金飾品，而在他位於塔尼斯的馬斯塔巴，仍然包括了一些精美的陪葬品；古代盜賊未及時帶走的漏網之魚。

在南方，財富水準也達到了相當的高度，正如卡納克祭司們的棺材由金質所包覆。擁有特權之人，包括了一位「阿蒙的誦詩女歌手」，名為迪恩特姆特恩格布提烏（Tjentmutengebtiu），她的木乃伊於一九九二年在倫敦的醫院進行了掃描——這項原本是要造福活人的最新超聲波技術，卻先在人體乾屍進行了實驗。化學分析顯示這些人所用的防腐塗膏，部分材料甚至從遠東獲取。因此，這段所謂埃及歷史上的「衰退期」，可能比學界習慣的描述更具活力且更富足。

在卡納克頭銜最高的等級中，國王谷依舊是最佳和最氣派的安息之地。二〇一二年，此處發現了一座原本為阿蒙霍特普三世的一名女兒修建的墓地，後來被「阿蒙的誦詩女歌手」尼赫美絲—巴斯泰特（**Nehmes-Bastet**）再次利用，這位女歌手是卡納克大祭司的千金。

王權與神權之間的融合依舊持續不斷，奧索爾孔二世繼續利用神廟的層級體系和組織結構維持權力，將自己的孩子安置到關鍵崗位，同時附帶限制條款，例如「兄弟之間不得相互嫉妒」。一名兒子被任命為孟斐斯的大祭司，另一名則是卡納克的大祭司。他的女兒也名為卡若瑪瑪，同樣在卡納克擔任了「神之妻」女祭司的角色。她的青銅像令人驚嘆，鑲嵌有粉色調的金飾，還有銀與琥珀金。雕像敬獻給「兩方土地之女主、阿蒙神之聖妻、拉神之女、王冠女主人」，這些頭銜表示卡若瑪瑪被視為與最高統治者等同的人物，實質上也分享著諸多獨有特權。

奧索爾孔二世試圖靠家族關係維繫國家，但最終導致王子們各自爭權。及至約西元前八一八年，幾名兒子甚至都自稱為（儘管說得不夠準確）「上下埃及之王」，並在利安托波利斯（Leontopolis）、赫拉克勒奧波利斯和赫莫波利斯創建了自己的小王國。後來，這些小王國相互調和，攜手創立了第二十三王朝（約西元前八一八至前七一五年），與第二十二王朝（約西元前九四五至前七一五年）共存。到了西元前八〇〇年，「埃及有三個法老」，於是連埃及人自己也混淆了，不知誰才是他們的領導者。卡納克的神權團體承認這片國土「此時已經陷入了混亂」。

情況則接著變得更糟糕。北方國王奧索爾孔三世（約西元前七七七至前七四九年）執政期間，他的女兒希佩恩維佩特一世（Shepenwepet I）擔任卡納克的「神之妻」。當地神廟的各種傳統儀式都被嚴重擾亂，直至中斷，因為「大河河水在這整片土地急遽上漲，如創世之初，甚至漫延到了沙漠的兩座陡崖。土地處於大水的肆虐。人類搭建的任何堤壩都無法抵擋大水的力量。洪水滔天，汪洋恣肆。底比斯所有神廟都如同沼澤地，阿蒙神城中的人們，就像是在水裡游泳」。從南方席捲而來、不可阻擋的破壞力還不僅僅是洪水，因為埃及很快就將被蠻勇的努比亞武力所吞噬。

西元前十一世紀，努比亞總督帕尼赫希曾圍攻底比斯，極度威脅和挑戰了埃及的政權。此後，庫什（上努比亞，即現代蘇丹）統治者的勢力逐漸壯大，其首府為緊靠第四瀑布的納帕塔城。

庫什國王卡西塔（Kashta）的實力已經非常強大，控制範圍向北竟擴張到了阿斯旺。他自命為「上下埃及之王」，甚至為了讓自己在底比斯的掌控更名正言順，安排女兒阿蒙尼爾迪絲（Amenirdis）接替奧索爾孔三世的女兒希佩恩維佩特一世，擔任卡納克阿蒙神的「神之妻」；威爾第（Verdi）著名歌劇《阿依達》（*Aida*）中的阿姆尼爾瑞絲（Amneris）公主的靈感原型就是阿蒙尼爾迪絲。

死亡斷送了卡西塔的政治野心，但他的兒子皮耶（Piye）繼承了他的遺志，大張旗鼓地修復了圖特摩西斯三世的阿蒙舊神廟。神廟位於巴卡爾山丘，埃及人長期以來堅稱阿蒙就是在此地出生。埃及人曾說阿蒙既然在此神山出生，便給了他們統治努比亞的理由，而努比亞人此時反過來以此證明了他們統治埃及的合理性。

阿蒙在自家土地誕生，努比亞人對此天賦神力深信不疑，皮耶因此展開一場自認的聖戰。他入侵埃及，在幾乎沒遇到抵抗的情況之下，占領了底比斯。他在卡納克戴上法老的王冠，王冠上的雙重神蛇標識宣告他在埃及和努比亞君臨天下的地位。然後，他安排姐姐阿蒙尼爾迪絲一世在卡納克擔任了「神之妻」女祭司，這位「新妻」的名字刻在神廟新門的青銅配件上，以此向外界宣示此處在新勢力的管制之下。皮耶返回努比亞的故鄉之後，她便自己獨立統治上埃及，「從意圖到實際成效，在任何層面都如同國王」。

為了對抗入侵，居於三角洲的利比亞世系王子們結成聯盟，以雄踞賽伊斯的特夫納赫特（Tefnakht）

為首。但是，就在他開始向南進攻至尼羅河谷地之際，皮耶在大約西元前七二七年又回來與他正面交鋒。

努比亞人在卡納克稍作停留，並向阿蒙獻祭。開拔之前，士兵被下令在尼羅河水中洗浴，完成潔淨儀式。然後，皮耶率其大軍向北出征，兵「如洪水激流」，而皮耶「勇猛凶悍如豹」；與大約八世紀之前圖特摩西斯一世平定努比亞叛亂的雄姿描述，如出一轍。

皮耶一路所向披靡，強攻拿下了孟斐斯，成為埃及第二十五王朝（約西元前七四七至前六五六年）的首任君主。他在孟斐斯的普塔神廟豎立起一塊石碑，並用碑文宣告了他的勝利，同時也向埃及的諸神（當然也是他自己的神）表示敬意。在赫里奧波利斯，他先是在「聖水水池」沐浴淨身，接著舉行了同樣的敬拜活動。皮耶在古老的太陽神面前執行「日出儀式」，神廟的祭司配合表演，「伸展四肢，臉朝下趴在地上，直到新王說，『萬歲，喔，荷魯斯，赫里奧波利斯的至愛』」。

北方利安托波利斯、赫莫波利斯和塔尼斯三地戰敗的親王，隨後也接受同樣的姿態，在神廟宣告：「向您致敬，喔，荷魯斯，喔，勝過眾牛的最強神牛！」赫莫波利斯的親王與其妻子，甚至禮贈皮耶馬匹，以求歡心。只有賽伊斯的特夫納赫特拒絕親自到場示好，而派信使傳達了他的臣服之意。

在剩餘的執政年中，皮耶將三角洲的親王籠絡在麾下，封為北方諸侯。他的姐姐阿蒙尼爾迪絲一世負責掌控南方，而他則返回努比亞老家，在巴卡爾山丘神廟新增了壁畫展示他的勝利。約西元前七一六年，他撒手人寰，遺體做成木乃伊，下葬在位於庫魯（el-Kuru）的庫什王室金字塔，他的戰車和他最心愛的四匹馬也葬入其中。

他的弟弟沙巴卡（Shabaqa，約西元前七一六至前七〇二年在位）接替了他的王位，但登基不久就開始戰爭，因為特夫納赫特的繼承人巴克恩熱內夫（Bakenrenef）試圖擴張自身版圖，而他則是埃及曇花一現的第二十四王朝（約西元前七二七至前七一五年）的唯一君王。

於是，約西元前七一五年，沙巴卡再次殺入埃及，最終占領了整個埃及，由此建立起一個龐大的王國，延展範圍從現代的喀土穆直到地中海，覆蓋了尼羅河流經的所有土地。

沙巴卡熱衷在新領土留下印跡。他對埃及古代文化最出名的貢獻就是挽救了孟斐斯神廟圖書館部分最為重要的文獻，其中包括了自古留存的「創世故事」。最初的莎草紙文本被發現時已遭損壞，「大王就在其父親普塔的神廟中，將此文稿重新抄錄了一份，其發現這是先祖流傳下來的作品，但已遭蛀蝕無法完整順利理解」。一切都被銘刻在一塊巨大的玄武岩石板上，此石板現在通稱為「沙巴卡石碑」。

近幾年在卡納克發掘了沙巴卡財政內庫建築的遺蹟，而他的姐姐阿蒙尼爾迪絲依舊是此地的「神之妻」女祭司。底比斯的市長蒙圖伊姆哈特（Montuemhat）充當了她的大管家，最終以婚姻的方式進入庫什王朝的王室家族。他的權勢極大，甚至獲得一座位於迪爾—巴哈里前方多達五十七間墓室的巨大陵寢，而阿蒙尼爾迪絲則葬於在梅迪內—哈布安全壁壘內所修建的一座新墓葬。

而後，沙巴卡也與姐姐團聚，進入來生世界。他下葬於庫魯王室家族墓地的一座金字塔中，繼承人是他的侄兒，即皮耶的兒子沙比特卡（Shabitqa，約西元前七〇二至前六九〇年在位）。但該王朝最偉大的君主卻是皮耶的另一個兒子，即強悍威猛的塔哈爾卡（Taharqa，西元前六九〇至前六六四年在位）。

西元前六九〇年，塔哈爾卡繼位，並代表了確切歷史年分紀錄的開始，或至少可稱為固定紀年法的開端，而日期不再必須經過估算。新法老塔哈爾卡開啟了一個新的黃金時代。他在孟斐斯以傳統的埃及儀式就職，戴上了王冠；此處成為他主要的居住地，以有效掌控北方。塔哈爾卡對下埃及與當地古老的金字塔滿心認同，其在努比亞故鄉所建金字塔的靈感正源於此。

孟斐斯和努比亞之間是卡納克，塔哈爾卡的妹妹希佩恩維佩特二世在卡納克擔任神之妻女祭司長達五十年，代表此家族對阿蒙的虔誠始終不渝。塔哈爾卡為卡納克的第一間庭院加建了宏偉的柱廊，柱子帶有蓮花造型。他又在神廟的聖湖邊修繕了一座歐西里斯的神廟，增添上描繪他一邊舉行執政週年的跑步儀式，一邊向場地的幾個標的投擲泥球，而「神之妻」希佩恩維佩特二世則必須向標的射箭。

西元前六八三年，尼羅河水上漲至多柱大廳地板以上八十四公分之高，卡納克的日常祭拜儀式就此中斷。塔哈爾卡宣稱大洪水是「一件奇妙驚人之事」，之所以發生是因為「大王祈禱大河河水能豐足充沛，他的父親阿蒙—拉神便將此變成了現實。洪水季節到來時，水位每天都顯著上漲，氾濫和淹沒了南方山地與北方低地。於是，國土如同洪荒之初停滯般的汪洋澤國，看不見河岸」。

塔哈爾卡的祈禱甚至在努比亞也得到了應驗，「從天上降下的傾盆之水，讓群山閃閃發亮，連最遠處的山尖都發亮。努比亞人人富足，埃及也是物阜民豐。所有人都感激國王」。

儘管塔哈爾卡長住埃及，但未曾遺忘故鄉努比亞。他派埃及的建築工和手工匠人南下，在菲萊島上為伊西絲建造了一座神廟，還在遙遠南方的卡瓦為阿蒙—拉神立起一座廟。神廟牆上刻畫的場景借鏡了薩卡拉和阿布希爾的古王國壁畫，把塔哈爾卡描繪成斯芬克斯，將敵人踩踏在腳下。廟中伴隨的是花崗岩的斯芬克斯雕像，面部是塔哈爾卡，非洲人的五官特徵十分明顯。

塔哈爾卡最令人稱道的作品，還是留給了努里（Nuri）和巴卡爾山丘。他在努里開闢了一處新的王室墓場，所建的金字塔為庫什金字塔最大的一座，高達四十九公尺。墓室周圍護城河般的走廊通道，受中王國的啟發，但此時用以再現歐西里斯冥界的地下王國。在尼羅河對岸，在阿蒙神的誕生地，即巴卡爾山丘，塔哈爾卡增添了很多新元素。他在阿蒙和姆特的神廟添置了本人的花崗岩巨像，高達四公尺。另外，他還豎起一系列紅花崗岩的石獅和灰花崗岩的公羊石像，這些都來自從稍北邊位於索利卜的阿蒙霍特普三世神廟。此地強調新生和生殖力的象徵意義，並一直延續至今，當地婦女在希望能懷孕時，依舊會偷偷爬到公羊石像上。

至於在海拔約九十八公尺的巴卡爾山丘聖山中，即阿蒙誕生的確切地點，塔哈爾卡建造了一座令人驚嘆的小廟堂，牆上壁畫刻畫了他和母親阿巴爾（Abar）以及他的妹妹兼妻子塔卡哈塔蒙（Takahatamen）一起出現在諸神面前。壁畫中的塔哈爾卡的形象模仿了阿蒙霍特普三世的造型，被塗繪成金黃色，背景則是一片藍，他的王冠有著代表阿蒙神的彎曲公羊角。

除了對聖山的內部進行裝飾，塔哈爾卡對山的外部同樣做了處理。形狀特異的山峰尖頂，被認為是一個巨型神蛇符號，以強調此山就是阿蒙授予的王室權力之真正發源地。塔哈爾卡命人將山尖包裹黃金，以反射日出時分的陽光，就像埃及傳統的方尖碑，充當一面光芒四射的閃亮鏡子，將陽光折射進沙漠區域，使得人們從數公里之外都能看到。在山尖最頂部，他命人刻寫了一句銘文，也用黃金包覆，但由於此地實在是難以接近，唯有眾神能觀賞。另外值得一提的是勇敢的匠人，他們冒著生命危險搭建起建立銘文與鍍金不可或缺的鷹架。

除了建築方面的努力和成果，庫什的法老們也致力於保衛邊境國土。他們與猶大的國王希西伽（Hezekiah）結為同盟，由於想要壓制亞述王國（今伊拉克）不斷壯大的勢力，猶大也需要盟友。

為了讓自己的軍隊保持最佳狀態，塔哈爾卡可謂是不遺餘力。恰如「塔哈爾卡跑步石牌」的銘文所顯示，這位法老倡導定期行軍長跑訓練。有一次，他下令軍隊執行一趟一百公里的徒步任務，從孟斐斯跑到法尤姆後折返。石牌的記述宣稱，塔哈爾卡不僅駕乘戰車伴隨軍隊，一路激勵他們，同時下車參與，在為時四小時的去程親自跑了一小時；這次訓練明智地選擇在夜晚進行，利用相對涼爽的氣溫。到達法尤姆之後，他們休息兩小時，然後返程跑往孟斐斯；回程大概需要五小時，因為白天氣溫會逐漸上升。行軍結束之際，速度快的獲勝者便能得到獎賞，而所有跑完全程的人都可享受美酒佳餚，費用由王室負擔。最優秀且最具毅力的運動健將會被國王選為奇襲突擊隊，執行特定的使命。

奇襲任務的確在十年後出現，在西元前六七四年，亞述國王以撒哈頓（Esarhaddon）對埃及在黎凡特一帶的干涉不滿，同時也想尋找新財源，便發起對埃及的侵略。

最初，塔哈爾卡和他率領的精銳之師挫敗亞述人，但以撒哈頓在西元前六七一年捲土重來，攻占了孟斐斯，還宣告：「我每天都浴血奮戰，每一戰都力搏塔爾庫（Tarku）。埃及與衣索比亞之王，眾神盡皆詛咒之人，我的弓箭射中他五次，讓他負傷而逃。我圍攻孟斐斯他的王室駐地。我滅了此城，拆毀了它的城牆，將它付之一炬。」

儘管以撒哈頓沒能抓住塔哈爾卡本人，但他依舊斬獲了庫什國王的三座雕像，作為活人的替代，運回他的亞述王國都城尼尼微（Nineveh）。同時俘獲了塔哈爾卡的王后和兒子，連同埃及最一流的手工藝人。

塔哈爾卡向南方逃亡，但後來返回孟斐斯繼續戰鬥。不過，雖然以撒哈頓已經亡故，他的兒子亞述巴尼帕（Ashurbanipal）迅速即位，並在西元前六六七年對埃及發動第二次入侵。這一次，亞述人進一步向南推進，迫使塔哈爾卡逃回努比亞。西元前六六四年，塔哈爾卡在家鄉離世，入葬於他在努里的金字塔中。

北方被塔哈爾卡任命的利比亞藩王都遭到了亞述人處決，只有賽伊斯的親王尼柯（Necho）除外。尼柯被立為代理國王，為亞述人統治埃及。亞述國王表示：「我為他穿上彩色袍服，讓他戴上金項鏈；這些是君王身分的象徵，而我為他訂製；我在他的手指套上金戒指；我在一把嵌有黃金的鐵劍刻下我的名字，交付給他。」

不幸的是，尼柯未能繼位長久，於西元前六六四年被殺身亡。當時，塔哈爾卡的侄兒與繼承人坦塔蒙（Tantamen，西元前六六四至前六五六年在位）重新收復埃及。依照亞述人的情報顯示，坦塔蒙「把底比斯與赫里奧波利斯變成他的軍事要塞，集結了所有軍事力量」。

但亞述人猛力反撲，出動了所有兵力，於西元前六六三年再次侵入和洗劫了埃及，向南一直攻入底比斯，在全城大肆搶劫，甚至做出無法想像之事——將卡納克神廟一掃而空。

坦塔蒙亡命逃竄，回到了努比亞，並一去不復返。努比亞對埃及的控制權已宣告完全淪喪，第二十五王朝戛然而止。

儘管埃及此時屬於亞述人，但他們的榮耀時刻轉瞬即逝。由於巴比倫爆發了嚴重叛亂，他們所有注意力不得不轉移到東方。尼柯的兒子薩美提克斯（Psammetichus）在孟斐斯被任命為代理國王之後，亞述人便離開了埃及，薩美提克斯從此得以獨立行事。

他娶了赫里奧波利斯最高大祭司的女兒梅特恩維絲赫特（Mehtenweskhet），強化了在三角洲的權勢基礎，逐漸被認可為埃及的法老，於是拉開了非比尋常的第二十六王朝（西元前六六四至前五二五年）之序幕。

賽伊斯是新王朝位於三角洲的首府，持續一個多世紀的本土復興以此城為中心。宏偉的城牆圍繞著宮殿，並建立一座獻給賽伊斯主神奈斯的輝煌神廟。賽伊斯君主們將這位女神敬稱為「陛下」；在奈斯雕像前，他們五體投地，趴伏敬拜。薩美提克斯一世與梅特恩維絲赫特，甚至為一名女兒命名為尼托克里絲（Nitocris），結合了奈斯—伊克里特（Neith-ikret），意即「奈斯卓越非凡」，她成為父親統一兩方土地的秘密武器。

西元前六五六年，埃及名義上的國王坦塔蒙在庫什亡故，底比斯權力階層認為可以官方公開宣告薩美提克斯為本國君王。為了充分把握此時機，薩美提克斯將時年十歲的尼托克里絲派往南方，由賽伊斯的艦隊伴隨駛向底比斯。沿途經過的每個地區（省分），他們都稍作停留，接受當地統治者對國王的效忠宣誓，並收取獻給阿蒙的朝貢。

尼托克里絲抵達卡納克時，排場盛大。現任「神之妻」皮耶的女兒希佩恩維佩特二世，以及她的直接繼承人塔哈爾卡的女兒阿蒙尼爾迪絲二世，都別無選擇，只有接納年幼的賽伊斯公主擔當她們最終的繼任者。尼托克里絲就此紮根，直到西元前五八五年去世，活到了八十多歲，並在其漫長的一生維護了賽伊斯在南方的權益。

埃及統一之後，薩美提克斯一世從愛奧尼亞和卡利亞（Caria）招募了三萬名「身穿青銅」（鎧甲）的傭兵，命他們駐紮於緊鄰埃及東北邊境的狄芬尼（Defenneh）一帶。另有其他士兵的駐紮地更靠近賽伊斯，就在諾克拉提（Nokratj），此地名的希臘文為瑙克拉迪斯（Naukratis）。由於其處於尼羅河柯諾普斯支流（Canopic branch）的絕佳位置，因此很容易到達埃及的主要出海口索尼斯（Thonis）。

在薩美提克斯一世的兒子和繼承人尼柯二世（Necho II，西元前六一〇至前五九五年在位）的統治之下，希臘傭兵成為埃及軍隊的關鍵力量之一。他們不僅為埃及提供急需的保護，對抗在東方取代了亞述王國的巴比倫人，而且跟隨尼柯二世遠征黎凡特，在米吉多擊潰了猶大。埃及人向北方進擊，遠至卡爾凱美什，讓尼柯二世成為自圖特摩西斯三世之後，首位跨過幼發拉底河的法老。他所穿的戎裝送往位於愛奧尼亞的米利都（Miletus）的神廟，供奉給希臘的太陽神阿波羅（Apollo），而希臘的阿波羅等同於埃及的荷魯斯。

尼柯二世的勝利只是短暫的成功，因為巴比倫人在西元前六〇五年又奪回了黎凡特。西元前六〇一年，巴比倫人試圖入侵埃及本土，但被尼柯忠誠的希臘傭兵奮勇擊退，埃及趁此在加薩建立了邊境防務。

依據後世所描述，尼柯二世是「徹頭徹尾的行動派，其極高想像力可能遠超當代人」，他利用來自愛奧尼亞的希臘士兵組成了埃及史上第一支海軍。三列槳座的戰船是當時最先進的戰艦，這支海軍在埃及的地中海和紅海沿岸持續巡航。

一份古希臘的文獻記載，尼柯曾派出有腓尼基船員的數艘新船，環繞非洲航行一圈，歷時三年，沿紅海下行，經過龐特古國，順著印度洋海岸一路向南，接著繞過好望角。文獻甚至記載，船員們發現「讓太陽保持在右側，如此向北行進」，直到經由直布羅陀海峽返回埃及。

由於此時為達伽馬（Vasco da Gama）航海的兩千年之前，所以許多人對此說法感到懷疑。儘管在那之前，「往返龐特的航程已經顯示古埃及人擁有對付大海的技能，也表現出他們為尋求珍稀貨品不惜長途遠航的意願」。但是，尼柯二世在船上安排腓尼基船員實是有意為之，就像希臘人，腓尼基人在整片地中海四周都擁有貿易據點，他們勇於冒險，將船駛出直布羅陀海峽，遠航至不列顛群島。

尼柯二世意識到大規模貿易的潛力和前景，允許希臘貿易商在瑙克拉迪斯設立店鋪，由此改變了埃及的經濟形態。他還重拾中王國時代的計畫之一：開挖了一條運河，將尼羅河、三角洲與紅海串連，此計畫似乎預言了兩千多年後的蘇伊士運河。另外，他還開通了一條道路，從東方進口奢侈品貨物，其中包括來自示巴王國（Saba，或 Sheba，位於今日的葉門）的沒藥，這是從一條向北方運送的陸地貿易路線，途經佩特拉（Petra）。佩特拉當地一座長翅膀的天獅神廟中，曾發現一尊雕像，那是賽伊斯王國侍奉歐西里斯的一位祭司。此時，埃及風格的木乃伊製作手法也在阿拉伯半島境內出現。這些都是更進一步的證據，證明兩地有著長期接觸。

西元前五九五年，尼柯二世告別人世。他也如同他的妻子希德巴貝涅特（Khedebarbenet），葬入賽伊斯的神廟建築綜合體中。他的兒子和繼任者薩美提克斯二世（西元前五九五至前五八九年在位），娶了來自三角洲城市艾斯利比斯的公主塔胡特（Takhut），她的墓葬和陪葬財寶於一九五〇年在當地發現，且原封未動。

新王渴望如父親一般拓展埃及疆域，於是發起對巴勒斯坦的遠征，以反制巴比倫王國。不過，他的主要聚焦還是南方，因為坦塔蒙的後繼者之一在當地復興了庫什勢力。薩美提克斯二世不僅擔心其再次入侵埃及，也很清楚殺害了曾祖父尼柯一世的正是坦塔蒙。因此，西元前五九二年，他集結了由希臘人、埃及人和猶太人組成的一支大軍，揚帆向南征伐。

薩美提克斯在阿斯旺登岸，能力超群的大將軍阿赫摩斯（Ahmose）則帶領軍隊的一部分繼續南行。他們到了拉美西斯二世在阿布辛貝所建的古代神廟，希臘傭兵在拉美西斯巨石像之一的腿部刻寫了：「薩美提克斯大王來到巨象島時，其他人繼續駕船航行，珀塔西姆托（Potasimto）指揮外籍士兵，埃及人由阿赫摩斯統領，我們到達此地並寫下此言。留言者阿肯（Archon）與佩雷科斯（Pelekos）。」這段話成為埃及最古老的希臘語銘文。

與埃及過往遺蹟的接觸，讓這支擁有眾多僱兵的隊伍感到鼓舞。他們繼續向南到了納帕塔，與庫什人對陣激戰，在這場戰役中，「從他們的血水走過，就像跋涉過小河」。庫什首都納帕塔隨後遭到洗劫，倖存者最終向南撤退了約三百公里，在麥羅埃（Meroe）建立了新首都。

薩美提克斯二世下令將第二十五王朝的所有痕跡從埃及抹除。他拆毀了塔哈爾卡在菲萊的伊西絲神廟，石料被用來作為地基，填入在原址所建新神廟的地板之下。他還命一部分猶太士兵留守菲萊。這些士兵在當地用雪松木建造了一座耶和華神廟，一旁還有薩蒂特和克努姆的神廟，分別接受各自的信眾禮拜，並持續了幾乎二百年。該地區著名的花崗岩礦藏，當然也被充分利用於國王野心勃勃的建築工程計畫。

儘管只有六年的短暫執政期，薩美提克斯二世的建築成果卻相當豐富。他的女兒梅尼胡巴斯特（Menekhubaste）在赫里奧波利斯擔任女祭司，他在當地豎立了花崗岩方尖碑；在三角洲城鎮塞本尼托斯（Sebennytos）附近，他也修建了一座花崗岩神廟。此外，在僻遠的西部沙漠中，他在哈爾迦（Kharga Oasis）綠洲建造了希比斯（Hibis）神廟，敬奉阿蒙和姆特。

他在卡納克則遵循傳統。西元前五九四年，他的另一個女兒安赫尼絲內菲瑞布麗（Ankhnesneferibre）被派往南方，到卡納克接受尼托克里絲的輔導，擔任「神之妻」的後繼人選。遭到亞述人洗劫之後，卡納克重新添置了一些新雕像。哈普之子阿蒙霍特普雖然在幾百年前已過世，但他的一座花崗岩巨石像此時矗立在神廟入口近處，而如今則坐落於開羅博物館的大門旁邊，每天依舊執行「迎來送往」的日常禮儀。卡納克還多了一座造型駭人的雕塑作品，即凶暴的河馬女神塔維里特，呈現「近乎過於完美的斬殺敵人場景」。授意雕製此像的是尼托克里絲一世的大管家帕巴薩（Pabasa），此雕像的意圖則是保護尼托克里絲的神聖財產。

卡納克周邊人跡錯雜的郊區，叫作「母牛之屋」，希臘文稱為「金色之城」。此處約有四分之一的屋舍為女性擁有，當地的狄耶赫伊（Djekhy）與兒子經營的生意相當興旺，他們施放貸款並出租西岸的土地，他們也充當葬禮顧問及「柯基狄斯」（choachytes，直譯意為「灑水之人」），職責就是將供品送到指定的現存墳墓前，幫助準備亡故者的喪事與運送木乃伊遺體。此時，若要埋葬在大墓場之內，每具木乃伊都須繳交一份稅金。

至於卡納克的祭司，他們死後主要葬在迪爾—巴哈里的哈特謝普蘇特神廟地下，其中包括安赫芬霍恩蘇（Ankhefenkhonsu）祭司，他的木質葬禮銘碑曾啟發了知名的神秘學專家克勞利（Aleister Crowley），因該銘碑在現代編號為六六六，和它在開羅博物館文物清單的編號恰巧相同。根據底比斯的祭司階層，他們入葬時還伴有個人的《死者之書》抄本：祭司之妻塔希蕾特納塞特（Tasheretenaset）的抄本與孟斐斯的另一抄本十分相似，因此原版應「源自底比斯的作坊，並一度流傳到了孟斐斯」。類似的模式也出現在其他方面，例如常駐孟斐斯的官員哈比蒙（Hapimen），曾派他的建築師前往國王谷圖特摩西斯三世的陵寢考察，目的便是為他自己的墓葬打造一具與先王一模一樣的複製品。

如此的思古幽情，無疑是緬懷埃及曾在世界格局占有舉足輕重的地位，也顯然反映出一種對近期歷史的責難，外來侵略在此期間已摧毀了眾多埃及古代遺產，更不用說埃及的自豪與榮耀。也正因如此，賽伊斯王朝才回顧本國遙遠的往昔。他們的陪葬品包括節錄了古代「金字塔銘文」的複製，還有「底比斯大墓場中，已知屬於賽伊斯時期的金字塔形墓塚」，而官員們甚至選擇葬在薩卡拉和吉薩古代先帝金字塔附近。

在這處古舊的王室大墓場，部分賽伊斯官員向地底挖了二十公尺，在最深且最神秘之處為自己準備墓葬。早期挖掘出的薩卡拉深墓坑之一，發現了伊姆霍特普的墓葬，他們「將此墓重新修整，做成了這位先輩的首席聖祠」。賽伊斯王朝持續努力，試圖復興埃及往日的榮耀，王室成員親自進入金字塔，尋找安葬其中的偉大先賢。在左塞爾梯級金字塔發現的遺體，被重新包紮再次安葬，恰如在門卡烏拉的吉薩金字塔也發生了類似情形，他們為其中一具遺體重新包紮，甚至準備了一具新棺材，他們都誤以為遺體就是古王國的法老本人。

現代的碳定年分析顯示，那些遺體的存在時間並沒有如金字塔時代那般久遠。不過，這種與辭世已久的先祖面對面的接觸（不論死者的身分是否確切），顯然為賽伊斯人啟迪，他們改變了木乃伊製作的標準方式。從前的死者進行防腐處理時，手臂的姿勢總是如同比劃暗號，標示身分地位。賽伊斯的入殮師便參照這種方式，復興了古代的慣例，將屍體的手臂交叉放置胸前，讓過世者和過往先人有直接的關聯。此外，也有一種民主化的趨勢：能夠出資製作木乃伊之人，其遺體就能在處理時做成從前只有王室能獨享的姿勢。

而且，這種防腐待遇不僅限於人類。大規模的動物遺體木乃伊便是始於賽伊斯王朝（埃及人也是因此而聲名遠揚）。某些特定的動物，例如神牛，雖然其遺體早就有塗膏防腐的先例，但隨著薩美提克斯一世啟用了阿比斯的新壁畫柱廊，此趨勢的速度擴展了千萬倍，因為每一個神祇配備了各自專屬的神聖動物木乃伊。從屬於荷魯斯的獵鷹，到托特的朱鷺，再到貓和狗、鱷魚和公羊、狒狒和獼猴、樹鼩、魚類和昆蟲；事實上，埃及絕大部分動物種群都會與神祇有關，並在死後做成以亞麻布包裹且形如自身雕像的供奉物，向神獻禮。

這些動物「標本」數量過大，以至於「希阿戈伊」（theagoi，意為「神的搬運工」）祭司們無法繼續依照常規施行宗教儀式；過去曾是捧著或抬著單一神聖生靈，此時只能直接以拖車運送，動物木乃伊是由虔敬信徒購置，他們便能實際觸碰神祇或聖靈的具象實體（那些動物），然後將其奉還給神，以求得祝福保佑。

在賽伊斯王朝的商業主義中，任何東西都可以買賣，從動物乾屍到大批製作的護身符掛飾，甚至連神廟的牆壁也是如此，因為石牆上刮下的粉末竟也是很多人趨之若鶩的神奇商品。

這些秘傳之物不僅對於祭典儀式而言很重要，此時又成為一種形象生動的方式，來向所有的外族展示埃及特殊文化的獨有魅力。這類奧秘難解的儀式也讓外國訪客一見難忘、好奇不已，許多人因此相信埃及是人類所有智慧的源泉，甚至連希臘人也認為「埃及人首創典禮集會，並教授希臘人如何應用」。西元前五九〇年，來自奧林匹亞（伊利斯）的代表團拜訪了薩美提克斯二世，為的是奧林匹克競技的規則，聽取「世間最能幹的民族」埃及人的意見，希望得到高明的指教。法老的顧問委員會成員根據自身經驗提供了一些改進建議。因為，埃及的體育活動實踐和希臘的運動會都與各種儀式密切相關，只不過後者是有史以來第一次試圖組織一場國際間的和平運動會，而這些運動競賽就如早期的戲劇表演，都被當作是向神界傳遞敬意的宗教事件。

在其短暫的執政期間，薩美提克斯二世成為國際舞臺受人尊敬的人物，在國內外取得了很大的成就。他的繼任者是兒子瓦西布拉（Wahibra），在西元前五八九年二月晉升為法老，而其希臘文名字阿普利斯（Apries，西元前五八九至前五七〇年在位）更為人熟知。

他森嚴的新王宮位於孟斐斯，建在一座十三公尺高的巨大泥磚平臺上，以便從高處看到梯級金字塔的全景樣貌。阿普利斯還為位於孟斐斯、賽伊斯以及母親塔胡特的故鄉艾斯利比斯的多座神廟增添新物件。在南方的卡納克，他的妹妹安赫尼絲內菲瑞布麗則繼續擔任「神之妻」女祭司。她的大管家索申克

（Shoshen）訂製了一座伊西絲的精美雕像，其中伊西絲比歐西里斯的造型更顯高大，她羽翼般的雙臂擁抱保護著歐西里斯。這是「神之妻」超強力量的象徵，但儘管如此，卡納克還是處於王室的穩固控制之下。

阿普利斯遭受滅頂之災的源由，是他對國外事務的干預。

他曾派埃及士兵和希臘傭兵開赴利比亞，幫助當地的統治者驅趕大量來自希臘定居於此的多利安人（Dorian）。但多利安人打敗了他的軍隊，並引發阿普利斯的埃及將士叛亂，他們對於希臘傭兵對法老產生的強大影響深為不滿。

於是，阿普利斯派出他的埃及大將軍阿赫摩斯。在阿普利斯父親麾下服務時，這位大將因努比亞之役而功成名就。儘管阿赫摩斯做出了最大努力，叛軍仍繼續對國王表示抗議，並宣告阿赫摩斯應該成為他們的首領。然後，阿普利斯命阿赫摩斯回國，因為大將軍顯然對叛亂陣營的提議動心。因此，他跨在戰馬之上，「在馬鞍挺立起身，乘著風，對信使說把詔令帶回給他的主子吧」。

失去眾人的支持，阿普利斯就等於受到廢黜。儘管他試圖重奪王位，但在戰場落馬喪命。阿赫摩斯將他埋在了王朝的首府賽伊斯，以最高規格的葬禮儀式，而阿普利斯的女兒隨後成為新王的妻子。

身為久經沙場的老戰士和人民愛戴的首領，阿赫摩斯「很喜歡開玩笑，也迷戀他的酒杯，從未想過做些嚴肅的大事」。但既然民意擁戴，他就晉陞為埃及的法老，阿赫摩斯二世（西元前五七〇至前五二六年在位）。

一開始，部分官員對他低微的身世背景頗感輕蔑，也有人認為他「過分輕浮」，「不符合國王的身分」。於是，阿赫摩斯熔了一只黃金足浴盆並做成一座雕像，陳列在賽伊斯的神廟，而對他頗有微詞的官員皆須敬拜此雕像，他「表示這座深受尊崇的雕像原本只是足浴盆，曾用來洗腳、撒尿與嘔吐」。他又補充他們對自身態度也是如此，「他曾經只是普通人，如今成為他們的國王」。他們現在不得不敬仰和尊重，就如同膜拜這座「腳盆雕像」。

阿赫摩斯二世沿用了阿普利斯的行政官員，將老臣佩夫圖阿奈斯（Peftuaneith）派往南方，視察埃及最神聖的一處宗教場址，他不辱使命地宣告：「我將阿拜多斯的情況回報，大王親耳聽了，並命令我修復和重建阿拜多斯。」

從孟斐斯到菲萊，一路都有建築計畫啟動。賽伊斯的神廟進行大規模擴建，以此敬奉奈斯（賽伊斯的保護主神），奈斯常被希臘人拿來與雅典娜女神相提並論。賽伊斯的祭司對希臘來客熱情相助，尤其是雅典人，在他們看來「在某種意義上就是親戚」。

於是，身為與奈斯對應的女神，希臘各處的雅典娜都從阿赫摩斯二世收到了頗有品味的贈禮。一座雅典娜女神的黃金雕像，以及一幅法老畫像送到了昔蘭尼（Cyrene，位於利比亞，當時的希臘古城）；一尊玄武岩人像造型送到了羅德島；而委託希臘技藝最高的雕塑匠人製作的四腕尺高綠石雕像送到林多斯（Lindos）。林多斯和斯巴達則都收到了非常出色的鍍金護胸甲，它們由澆有樹脂的亞麻布製成，運用了彼時最新的軍事技術，此技術後來被希臘人進一步改良，達到驚人的效果，並用於實戰。

阿赫摩斯二世同樣以外交聯姻鞏固與友邦的聯盟關係，其中包括迎娶希臘貴族女子、昔蘭尼的拉狄絲（Ladice）；他顯然對得起他的綽號「親希臘分子」。他的盟友還包括薩摩斯的統治者珀利克拉帝

（Polykrates），「藉由為埃及國王提供士兵，獲得巨量財富，生活豪奢之至」。阿赫摩斯向薩摩斯的赫拉女神廟贈送自己的雕像，由此更加穩固雙方的聯盟協定。由於阿波羅在希臘的地位類似埃及的荷魯斯，因此德爾非（Delphi）的神廟重建時，阿赫摩斯甚至提供了資助。德爾非是奧運四個舉辦場地之一，世上第一座戰車競速比賽場地也是在此。體育運動方面的關聯，無疑深得法老歡心，因為他的高超騎術比虔誠之名出名多了；「他不太把神靈當一回事」，只看重祂們在政治方面的用處。

阿赫摩斯二世與埃及因在地中海周邊與盟友穩固關係而獲益，尤其是在西元前五六二年，當強大的巴比倫國王尼布甲尼撒（Nebuchadnezar）過世之後，僅僅過了兩年，阿赫摩斯便拿下了賽普勒斯，並接管當地艦隊並「終於能宣稱是巴勒斯坦和黎凡特一帶的主宰」。

東北部邊境不再需要重兵駐紮，阿赫摩斯二世便將他三萬名希臘傭兵從達夫納（Daphnae）調回孟斐斯。在這座「國際友人」日漸增加的大都市中，普塔神廟（Hut-ka-Ptah），意即「普塔的靈魂居所」，長久以來都被希臘人稱為「埃吉普托斯」，這就是現代埃及國名的淵源。

政治穩定的新局面之下，貿易也跟著繁榮。國與國之間的商貿活動，隨著世上最早鑄幣的出現而改變，該貨幣由利底亞（Lydia，土耳其西部）國王克羅伊斯（Croesus）創製於西元前五五〇年。儘管埃及人繼續維持以物易物的傳統經濟形態，新發明的硬幣依舊在瑙克拉迪斯流通。當時此地成為一座巨大的商業中心（貿易人口聚居地），幾乎壟斷了希臘陶器、銀器、葡萄酒和橄欖油的進口，而埃及用於交換的則是穀物、亞麻布、香水香脂和莎草紙。

瑙克拉迪斯融匯了希臘與埃及的文化，這種國際化的特色反映在當地的神廟用途，既有敬奉奈斯、阿蒙和托特，也有獻給赫拉、阿波羅和阿芙蘿黛蒂（Aphrodite）等希臘神明。

瑙克拉迪斯也像一塊磁石，吸引了希臘全境的詩人、歷史學者、名妓、政治家和哲學家，其中許多人都曾從當地祭司了解埃及的歷史。身為古代文化的保管人，祭司是埃及百分之一識字菁英的一部分，他們能解釋圖畫式文字的奧秘，而希臘人將此文字稱作「神聖石刻」（hieroglyphs），即象形文字。

祭司們告訴來訪的雅典城邦立法人梭倫（Solon），他和他的人們都還只是孩童，因為他們的歷史如此之短。他們與斯巴達的政治家萊克爾葛斯（Lycurgus）曾談話，與希臘哲學家塔利斯（Thales）也有交談。塔利斯在阿赫摩斯二世執政期間到訪，測量吉薩大金字塔的高度，「利用一根桿子和高大建築的影子」。

西元前六世紀來到埃及的還有畢達哥拉斯（Pythagoras），世人皆知的直角三角形畢氏定理，也許就是受到埃及人的影響；在此之前的一千多年，埃及人計算金字塔的占地面積、高度、傾斜角和體積，便提供了先例。

另外兩位希臘人，歐多修斯（Eudoxos）與安納薩哥拉（Anaxagoras），對每年一度的尼羅河洪水現象特別感興趣。兩人因為對埃及這條大河的關注而成為此河的命名者就不足為奇了。當時，這條河一直以來只被簡單地叫作「大河」，或者是「pa iteru aa」，當這條河在三角洲形成較小支流時變成了「na-iteru」，意為「多條河流」。到了西元前六世紀，「na-iteru」中的「t」逐漸被省略，而帶有埃及特色的「r」又被希臘文的「l」取代，由此生成的「Neilos」，就是此河現代名稱尼羅河（Nile）的原型。

不過，即使有當地祭司的引導和解說，希臘人仍舊覺得某些事物匪夷所思。他們評論：「埃及兄弟們的行為和風俗民情，看似顛覆了人類通常的做法。」因為，「尊貴的」希臘女性都遵守相當嚴格的限制，只在萬不得已時才會走出家門，而且須包裹嚴密，但與此構成鮮明對比的是埃及女性，她們可以「在市場採買，從事各行各業的工作，男人們卻待在家裡紡紗織布」。另外，希臘人亡故時會進行火化，而埃及人則大費周章地保存死者的遺體。

在希臘人對埃及龐大歷史建築的描述中，某些片段也能發現類似的弦外之音。儘管他們是真的欣賞大部分的埃及事物，但面對一座座宏大的墓葬時，他們的反應不禁帶上了一定程度的幽默；埃及人口中的金字塔為「mer」，而金字塔如今為世人所知的名字「pyramid」，其實源自希臘人的一種三角形小糕點「pyramis」。類似地，上端逐漸變細的石柱方尖碑，埃及人稱為「tekhen」，今日較常見的名稱「obelisk」，則是希臘語的烤肉串扦。

不過，埃及與希臘地區之間的特別友情，很快將受到極大的考驗，因為兩國此時都須面對強大的波斯帝國之威脅，而波斯意在吞併兩國。

波斯人在東方已經取代了亞述王國與巴比倫，並勢不可擋地向西方挺進，一路上將途經的一切據為己有。從埃及人控制的賽普勒斯，到克里索斯國王的利底亞，也包括位於小亞細亞的希臘人殖民地，越來越多地方都納入了波斯帝國的版圖。對於穿戴講究的波斯人，希臘人最初的反應是嘲弄，恥笑對方是穿褲子的懦夫，甚至以特洛伊戰爭證明自己面對脆弱的東方鄰國占有優勢。然而，現實遠遠殘酷得多，希臘國度和埃及不久將都會明白。

阿赫摩斯二世讓埃及成為該地區最富庶的強國，他於西元前五二六年辭世，恰好「在暴風雨轟然而至之前」。他的遺體依照傳統方式製成了木乃伊，浸潤亞麻裹布的塗層是油類與樹脂的混合物；這種硬化配方在過去四千年間一直用來製作木乃伊，那幾乎刀槍不入的外層，此時也應用於做成最先進的亞麻護身鎧甲。然後，根據由來已久的風俗，阿赫摩斯由其兒子和繼任者薩美提克斯三世（約西元前五二六至前五二五年在位）主持葬禮，葬在位於賽伊斯且內有多柱支撐的陵墓，那是「一座迴廊環繞的大型石頭建築」。

不過，他未能在此安眠多久。

因為，波斯國王岡比西斯（Cambyses）心意已決，誓將埃及納入征服國家的名單。埃及在地中海東部新部署的海軍力量，使波斯國王的決心益發堅定。

埃及從前的盟友被一一征服，或是如同薩摩斯的珀利克拉帝轉變了立場。於是，新王薩美提克斯三世只能在東部邊境的佩魯西昂（Pelusium）迎戰岡比西斯的大軍。隨著埃及人落敗，法老只好回撤孟斐斯，而他的海軍大將維亞霍利斯奈特（Wedjahorresnet）則變節投向波斯人，因對方戰船已「能刺穿三角洲地區，直至孟斐斯城下」。

雖然經過勇猛的保衛，孟斐斯在十天之後還是陷落了。薩美提克斯三世被俘虜，而岡比西斯（西元前五二五至前五二二年在位）以征服者的身分，此時成為「埃及的偉大統治者與所有外邦土地的領袖」。

第二十七王朝（西元前五二五至前四〇四年）拉開了序幕。岡比西斯在孟斐斯建立了一支波斯人的衛戍部隊，然後派將士五萬人進軍西部沙漠，前往錫瓦綠洲（Siwa Oasis）尋找阿蒙知名的絕對正統之神諭，證明其統治是上天授意。不過，阿蒙未受侵擾，因為途中的一場沙漠風暴使得五萬士兵全數喪命。岡比西斯派了人馬南下，試圖商討和穩定與庫什國王之間的關係，而曾擔任阿蒙「神之妻」長達六十年之久，此時已然年邁的賽伊斯公主安赫尼絲內菲瑞布麗，也在此年神秘消失。

此古老職位被廢止，也許因為波斯人不願分享新獲得的權力，尤其「神之妻」在傳統上還掌控著上埃及，預先製備的石棺刻畫了她的形象——拿著象徵君主的曲柄權杖和連枷武器。此想法一路延展到了前王室家族的其他成員身上。

前法老薩美提克斯三世首先遭到處決，罪名是蓄謀顛覆新政權。隨後，岡比西斯下令將更早的阿赫摩斯二世的遺體挖出，加以「懲罰」。由於埃及人擁有亡故統治者仍被視為「活人」的信念，波斯王便利用此信念治理埃及人。阿赫摩斯的遺體「遭到各種侮辱，例如以鞭子抽打……直至執刑人疲累為止」。不過，由於「屍體塗過防腐香膏，鞭打之下也不會碎裂解體，於是岡比西斯下令將其焚燒」，此作為不僅消滅這位法老靈魂在物質層面的寄寓之所，也奪走了埃及人的一具王室木乃伊，這很可能成為埃及民眾反抗波斯的重要動機之一。儘管如此，還是有流言很快地傳播開來，表示遺體早以被替換，阿赫摩斯其實葬在他處，甚至有人指出吉薩金字塔群中的一座就是先王重新入葬之地。

岡比西斯清除異己的行動持續。當地君王既已不復存在，埃及人便將他們的虔敬和愛戴之情轉向另一個替代目標——「萬千聖獸之王」阿比斯神牛。神牛據信是普塔靈魂的寄居之所，此時代表埃及的靈魂本身。當時正好有一頭阿比斯小牛安置在底比斯，與之伴隨的是排場熱鬧的慶祝活動。於是，隨著岡比西斯一聲令下，此牛被帶到了他的面前。他用短劍刺殺小牛，當場證明其並非神靈，祭司們惶恐驚愕。小牛鮮血流淌，倒地而亡，岡比西斯隨即命令鞭打懲戒祭司們，而仍堅持為阿比斯舉行慶典的則一律斬殺。

如此暴行的主要內容來源，一般公認是對波斯人素來沒有好感的歷史學家希羅多德（Herodotus），他出生於希臘屬地小亞細亞哈利卡納蘇斯（Halicarnassus）。當希羅多德寫作時，這些事件已經過去了一個世紀，他的主要資料來源則是埃及的祭司。岡比西斯曾試圖阻斷神廟的財源，祭司們對此怨恨不已。不過，西元前四〇七年一份猶太文獻確實指出了在岡比西斯征服期間，「埃及的所有神廟都遭破壞」。

但是，「儘管在占領的初期，波斯人野蠻凶殘」，岡比西斯與他的繼任者現在卻通常被認為「對埃及的統治者較為尊重」。至少，在埃及的資政顧問的幫助下，他們知道如何操縱政治遊戲。顧問們心裡十分清楚官方輿論的書面文字可以掩蓋無盡的罪惡。確實如此，史學界經常有人指出岡比西斯應該敬奉過阿比斯神牛，此見解的基礎是塞拉培翁神廟地下大墓窟的銘文：「兩頭聖獸在他統治時期留有紀錄」，但這是前後四年中僅有的善意之舉。

毫無疑問，岡比西斯從埃及資政顧問的協助獲益良多，部分顧問接受了波斯人繁複的罩袍，或將傳統的埃及風格胸飾項鏈與新式的波斯風格項圈組合。這些人包括賽伊斯王朝的前海軍大將維亞霍利斯奈特，他不僅保住了海軍總指揮的職權，還被任命為「王室掌璽大臣、首席書記官、宮廷行政主管兼首席醫師」，成為「真正受愛戴的國王的朋友」。他策畫構思了岡比西斯身為上下埃及之王的新名稱：梅蘇提拉（Mesutira），即「拉神之後裔」。

實際上，這位埃及顧問作用巨大。西元前五二二年，波斯王國內部發生叛亂，岡比西斯隨即回國，而維亞霍利斯奈特則陪同一起返鄉，同時還帶了六千名技藝最好的埃及手工匠；儘管匠人多是被迫遠離故土。另外，同赴波斯的還有成千上萬的希臘與利底亞手工藝人。

埃及此時成為波斯的域外大省之一，由衛戍部隊和一位總督管制。他們代表波斯的「偉大君王」徵收稅賦，而君王是在埃及缺席的「法老」，此時掌控著七百五十萬平方公里的土地，從愛琴海延伸至努比亞邊境，橫向一直貫穿到中亞地區。

岡比西斯離世之際，繼任者是他的一位官員大流士（Darius，西元前五二二至前四八六年在位）。他的執政期充分證明了波斯人精美細緻和繁複雕飾物品的愛好。在君主和王室的公眾形象畫面中，同時展現了他們遼闊帝國的全部成果，從國王招牌的異國風情香脂香水，到王后不計其數的鞋子。而提供鞋子的獨家貨源正是埃及三角洲的城鎮安錫拉（Anthylla）。

大流士的新都城波斯波利斯（Persepolis）擁有諸多壁畫圖像，呈現從廣袤帝國各處到來的朝貢者。此主題以兩種形式呈現大流士，在波斯是浮雕刻畫，在埃及則是雕像。雕像最初在赫里奧波利斯被豎立起來，底座刻有小人形象，代表帝國的各個省分，各省相應的名字以象形文字標注，同樣的象形文字也刻寫出大流士的讚詞：「英明的上下埃及之王，權力強大，乃力量之主宰，征服了九把弓（Nine Bows，譯註：古埃及用以指稱傳統上的敵人，最早出現在左塞爾的雕像，所指為努比亞部落）；他在元老議會一言九鼎，是彎月短劍宗師，拉弓射箭百無一失；他的威力如同蒙圖，上下埃及之王，兩方土地的主宰，大流士，萬歲永生！」

大流士將維亞霍利斯奈特派回埃及，並出資邀約埃及最聰明的賢士為他編撰埃及全境的所有法律條例。到了西元前五一七年，他才首次造訪埃及。

另外，他建造了運河，運河流經貝爾—特姆（Per-Temu），即比索姆（Pithom），連接尼羅河與紅海。當然，此舉意圖在將埃及的朝貢更迅速地運往波斯。波斯人還重新引入了駱駝（在前王朝時代就從尼羅河谷消失，但後來成為最具埃及特色的動物），在埃及主要是沙漠地貌的國土上，商貿通路橫穿東西，因此得到了極大的改善。西元前九世紀，亞述人顯然為埃及引進了少量駱駝，儘管如此，真正將駱駝帶回埃及的依舊是波斯人，讓西部沙漠綠洲之間的貿易得以發展，包括哈爾迦綠洲。大流士甚至下令在當地修建一座新神廟，敬獻阿蒙。

大流士的統治相對而言比較開明，但他的帝國實在太遼闊，無法長久保持完整。到了西元前四九九年，愛奧尼亞的希臘城邦已經開始叛亂，反叛背後的支持者正是雅典。西元前四九〇年，雅典人在馬拉松（Marathon）一役取得決定性的勝利，激勵了埃及境內分布廣泛的大規模反抗。西元前四八六年，隨著大流士的死亡，起義也越發增加。

於是，大流士的兒子和繼任者薛西斯（Xerxes，西元前四八六至前四六五年在位）便「派遣軍隊收拾埃及的反叛者，並壓倒性地擊潰了他們，埃及陷入遭奴役的境況，比前一任波斯王統治時更為悽慘」。

薛西斯還入侵了希臘大陸地區，以此對埃及盟友報復。三百名斯巴達勇士曾在最後一刻背水一戰，抗擊薛西斯率領的五十萬大軍，一切當然是徒勞，雅典隨後遭到洗劫和縱火焚燒。

不過，薛西斯的霸權優勢並未維持很久。之後一年，他在希臘人手下吃了兩場決定性的敗仗，一場陸戰和一場海戰，希臘大陸隨之重獲自由。雅典控制了海上局勢，波斯人的西部陣線被打壓，退回赫勒斯滂（Hellespont）。西元前四六五年，薛西斯被侍衛謀害。到了西元前四六三年，埃及人累積了足夠的信心，再次反抗波斯領主。

起義由赫里奧波利斯的伊納若斯（Inaros）領導，他是賽伊斯老王族世系的一位王子。反叛之火迅速擴散到整片三角洲，在雅典的支持之下，伊納若斯擊敗了波斯人，解放了埃及。埃及人長久以來都記得，「能帶給波斯人麻煩和損失的，沒人比得過伊納若斯」，此概念在一系列荷馬史詩風格的埃及民間故事永恆定位，這些傳奇講述的都是埃及英雄反擊外國入侵的壯舉。

但是，伊納若斯的勝利只是曇花一現。波斯新王阿塔薛西斯一世（Artaxerxes I，西元前四六五至前四二四年在位）於西元前四五四年打敗了不幸的伊納若斯，似乎還將他釘死在十字架上，於是，埃及再度陷於被占領的狀態。

雖然年代定為西元前五世紀的埃及重要建築付之闕如，而有人猜測是因為當地文化嚴重衰退，再加上此時期留下的書面記錄也寥寥無幾。但幸運的是，仍有部分希臘人在此時期跳過了「青蛙池塘」（柏拉圖如此戲稱地中海），造訪傳說中的尼羅河國度，並寫下他們的見聞。

其中具有代表性的就是希羅多德。他出生於小亞細亞海岸的一座希臘殖民城市哈利卡納蘇斯。大約在西元前四五〇年，他來到埃及，並撰寫了聞名遐邇的《歷史》（*Histories*），贏得不朽的聲譽：「歷史之父」與「謊言之父」。他長期受到爭議的記述，儘管經常被人嗤之以鼻，但其中部分記錄現在已得到認可且相當準確。例如，他所說的阿拉伯「飛蛇」，確實曾生活在該地區的金合歡樹上（還經常會掉下來），還有許多關於埃及的描述也多半是可靠的資訊。

無可否認，他的作品少數精彩句子確實抄襲自生於米利都的希臘人赫克狄歐斯（Hekataios）。約西元前五〇〇年，赫克狄歐斯為自己的作品《埃及史》（*Aegyptiaka*）尋訪埃及。他在書中提到埃及的三角洲是「大河的禮贈」，希羅多德亦沿用了此描述。希羅多德作品中極為著名且恐怕過度頻繁使用的一句話，就是「埃及是尼羅河的禮贈」，他並未做到確切的引用（或者說他未曾恰當地指明原文出處）。

如同赫克狄歐斯，以及赫克狄歐斯之後的眾多遊客，希羅多德在當地找了嚮導，嚮導無疑帶他看了許多前人曾經看過的東西。到達瑙克拉迪斯之後，他拜訪阿芙蘿戴蒂的神廟，留下刻有他名字的一只希臘杯子作為供奉，然後繼續旅行穿越三角洲。在以神聖公羊聞名的門德斯（Mendes），有人告訴他，「前不久，在眾目睽睽之下，一頭羊與一名女子交配：相當驚人之事」。但這其實稱不上新聞，因為雅典的女祭司，「女王執政官」，也會儀式性地與公牛交配，而此牛被認為代表酒神戴奧尼修斯（Dionysos）。在希臘神話中，米諾斯文明的一位王后與公牛交媾，生出傳說中的牛頭怪米諾陶（Minotaur）。希臘人相信他們的神祇可以變身為動物，挑選凡間女子，讓她們受孕，此概念在埃及的歷史更為長遠，古代石棺銘文曾提到「公牛與美女媾合」。

希羅多德尋訪的下一站是孟斐斯，當地「宏大且引人矚目」的普塔神廟供養著阿比斯神牛。廟中舉辦祭儀的儀式之一便是多位女性集體裸身，以刺激牲畜的雄性生殖力。直至一八五〇年依舊明顯留有此傳統習俗。考古學家在塞拉培翁發現了一座與實體一般大小的阿比斯神牛雕像，並驚訝地發現「附近阿拉伯村莊的幾位婦女會爬到雕像上，久久停留，懇請神靈賜予她們兒子」。

希羅多德也造訪了赫里奧波利斯和吉薩金字塔群。他聲稱親自測量了早已消失的胡夫葬祭廟，並將壁畫場景描述一番，並且一再聲言吉薩金字塔之一是由一位女性主持建造。但是，更讓他驚訝且最愛的地點則是阿蒙內姆哈特三世的「迷宮」，他宣稱，「我看過了這座建築，但它已超越我言語描述能力所及」。

希羅多德繼續向南航行，經過了阿拜多斯。當地塞狄一世的神廟藏有帝王名錄的石刻，此時的名錄周圍多了成百上千的遊客塗鴉，有希臘文、腓尼基文和波斯的阿拉姆語（Aramaic）。至於阿克米姆的敏神神廟，希羅多德則描繪了那裡舉辦的埃及特色的「體育競賽」，其為非比尋常的活動」。抵達底比斯和卡納克神廟後，希羅多德看到相當於希臘人眼中宙斯的阿蒙，他聲稱：「歷史學家赫克狄歐斯在底比斯時，祭司為他做的事，與為我做的一模一樣。」祭司帶他進入「雕像大廳」，讓他參觀那爾邁時代以來歷任最高祭司們的雕像，多達三百四十五座。

不過，希羅多德的終極目的地是巨象島，那兒有傳說中尼羅河的源頭，也是波斯帝國的邊界。正如他所說的，「到巨象島為止，我所講述的都是親眼目擊，但更南方的事都僅是耳聞。」

西元前四三一年，希羅多德折返，前往雅典。伯羅奔尼撒戰爭（Peloponnesian War）在此時拉開了序幕，雅典人與斯巴達人持續交戰將近三十年。波斯人後來與斯巴達靠攏，阻斷了雅典城邦想建立希臘帝國的野心。但在戰爭結束之際，波斯帝國的叛亂卻日益增多。波斯對埃及的控制力漸弱，賽伊斯的阿米狄歐斯（Amyrtaios）揭竿而起，首先奪回了三角洲，接著便是埃及其餘地區，建立了僅僅延續他一人統治時期的第二十八王朝（西元前四〇四至前三九九年）。

雖然擺脫了波斯的控制，但埃及內部此時卻也相互混戰。不久後，三角洲的另一位軍閥，來自門德斯的奈夫里提斯（Nepherites）勝出，奪得王座，創建了第二十九王朝（西元前三九九至前三八〇年）。

波斯人不甘心，再度發起數次襲擊。奈夫里提斯和他的繼任者哈柯爾（Hakor），在雅典將軍卡布里阿斯（Chabrias）的希臘軍隊幫助之下，擊退了波斯人。卡布里阿斯從雅典皮雷埃夫斯港（port of Piraeus）出征的地方，此時也有了一座神廟，敬奉埃及的伊西絲，伊西絲女神在地理空間的拓展，如同她不斷吸納融匯同類女神的過程，包括偉大的哈索爾。伊西絲此時成為「米里奧尼莫斯」（myrionymos），意即「有無數名字之神」。

第二十九王朝為埃及奪得了穩定的獨立地位，但壽命卻很短暫，於西元前三八〇年告終。此時，當朝大將塞本尼托斯的納赫特內貝夫（Nakhtnebef），又稱奈克塔內波（Nectanebo）成功奪權，宣告晉升為法老。他的君王稱號為奈克塔內波一世（西元前三八〇至前三六二年在位），自詡為賽伊斯城古代王朝先王們的真正後繼，其創始的第三十王朝具有相當強大的影響力。據稱，賽伊斯的創造女神奈斯選中了奈克塔內波，並「指認他為兩方土地的統治者，將她的神蛇標識加冕於他頭上，為他獲取了貴族的擁戴與忠心，摧毀了他所有敵人」。

「所有敵人」應是暗指波斯人。阿塔薛西斯二世（西元前四〇五至前三五九年在位）應是執政時間最長的波斯國王。他最堅定的心願就是重新占領埃及，儘管付出極大努力，他依舊失敗。西元前三七三年，他派出二十萬大軍和五百艘戰船，經過一年征戰，鎩羽而歸。奈克塔內波一世大獲全勝，得益於三重因素：希臘人的幫助、波斯人的內訌暗鬥，以及及時到來的尼羅河洪水。勝利為奈克塔內波一世贏得極大榮譽，他被賦予各種尊崇：「保衛埃及的威猛君主、環抱埃及的銅牆鐵壁、臂膀靈敏的強大君王、殺傷無數的大師劍客、叛國之人的剜心者！」

為了強化與希臘的同盟關係，奈克塔內波迎娶了雅典大將軍卡布里阿斯的一位親戚托勒瑪伊絲（Ptolemais）。此女為他生了二兒一女。縱貫全境，這位法老特色鮮明的面部輪廓以石雕形式在各地反覆刻畫：鷹勾鼻、下巴向前凸出。他建立了卡納克第一道塔門入口廊道，泥磚構造的斜坡道一直存留至今。在向南連結至路克索神廟的長堤通道，他沿路安置了眾多斯芬克斯雕像，許多倖存至今。薩卡拉的塞拉培翁神廟前，他也複製了一條同樣排列了斯芬克斯的長堤通道，並複製另一座建築「布齊烏姆」（Bucheum），敬拜阿曼特（Armant）的神牛布齊斯（Buchis），那是屬於戰神蒙圖的神聖動物。

為推廣對神聖動物的崇拜，奈克塔內波大建廟堂。他甚至豁免了宗教納稅的義務，從艾德夫的荷魯斯祭司，到賽伊斯的奈斯祭司，都享受了此優待。不僅如此，來自地中海的所有進口貨品，他都將十分之一犒賞給祭司集團。

奈克塔內波的接任者是他的兒子德耶霍爾（Djedhor），希臘名為泰奧斯（Teos，西元前三六二至前三六〇年在位），其統治時期短暫，唯一的出名之處就在於他是首位發行鑄幣的埃及法老。埃及人認為黃金是神聖的金屬，不該單純用於鑄造貨幣，但泰奧斯依舊製鑄金幣，支付希臘傭兵酬勞。另外，受犒勞的還有年邁的資政顧問——斯巴達國王阿戈希勞斯（Agesilaos）。

神廟剛獲贈不久的經濟補貼和獎賞被新王取消了，為了籌資推進對巴勒斯坦的遠征，他甚至還強徵人頭稅，然而這是一場失策又失敗的軍事行動。於是，泰奧斯失去了各個階層的民心，隨後被其侄兒納赫特霍爾赫布（Nakhthorheb）取代，史上更為人所知的名稱為奈克塔內波二世（西元前三六〇至前三四三年在位）。

斯巴達老王阿戈希勞斯也支持奈克塔內波二世。他因此得到了一份金光閃閃的「握手禮」（贈禮），二百枚塔蘭特（talent）大金幣；這便是在埃及新金幣鑄造廠所出品。去世時，他獲得一份額外福利：以埃及式手法將其屍體製作為木乃伊，再送返斯巴達故土。

由於短命的前任在宗教方面有過不敬的舉動，第二位奈克塔內波積極地希望糾正錯誤，帶領埃及將對神的虔誠信仰、國力恢復和自我宣揚結合。

他還原了祭司集團曾擁有的經濟利益，因此得到他們的全力支持。他還啟動了一千年來最具雄心且規模宏大的建築計畫，所有建築計畫涉及一百處場址，包括菲萊、巨象島、艾德夫、阿曼特、卡納克、柯普托斯、阿拜多斯、赫莫波利斯、赫拉克勒奧波利斯（Herakleopolis Magna，即「大」赫拉克勒奧波利斯）、哈爾迦、貝貝特（Behbeit）、夏甲（el-Hagar）、塔尼斯、布巴斯提斯、比索姆、塞本尼托斯和赫里奧波利斯。由於薩卡拉的空間已經被填滿，因此工匠不得不在崖壁開鑿挖建平臺階地，拓展承托新神廟的地基。

薩卡拉是阿比斯神牛的安葬之地，神牛又正是埃及王國靈魂的寓居之所，而奈克塔內波二世希望他被等同於此靈魂。王室選擇在那神廟庭院入葬，在擁有護衛的安全之地長眠。由於這是長久以來的尊尚傳統，塞拉培翁也可能被包含在奈克塔內波二世的墓窟，其中飾有綠石的巨大石棺刻有精美圖像，呈現太陽神拉和他的神界眾夥伴。

奈克塔內波二世渴望能駕馭所有神明的驚天威力，於是他非常莊重地承擔職責，親任埃及的最高大祭司，而且親自主持關鍵的祭拜儀式，而不像過往經常委任代表履職。他親自將埃及輝煌歷史中沉澱的力量喚醒，魔法般地構建保衛國土的防線，維護國家獨立。

似乎真的發揮了作用。西元前三五一年，波斯國王阿塔薛西斯三世大軍來犯，被奈克塔內波二世與雅典和斯巴達盟友聯手擊退。這次大捷立刻讓法老上升到了真正英雄的地位，他成為「在世的傳奇」，全國每個角落都對他讚頌敬仰，尊其為「神鷹」，荷魯斯的在世化身、埃及的魔法師。

不過，儘管他具備種種戰術規畫，還有神奇儀式的護佑，在西元前三四三年的佩魯西昂戰役中，在兵力一比三的劣勢下，奈克塔內波二世最終被阿塔薛西斯三世（西元前三四三至前三三八年在位）徹底擊潰。

埃及又被納入了波斯帝國的版圖。過去六十年的自由獨立宣告終結，占領者心願得償，展開報復。波斯人首先從下埃及的重大宗教中心下手，赫里奧波利斯與門德斯遭到野蠻洗劫，隨後付之一炬。而「阿塔薛西斯在接管埃及全境，並拆毀最重要城市的城牆之後，大肆劫掠神堂聖祠，彙集了大量的金銀財寶，還將古代神廟的銘文石碑運走。後來，這些石刻文獻歸還了埃及的祭司，但贖金驚人」。

悲慘的是，歷史再度重演了。波斯人上次侵占之後，統治埃及的所有君王的墓葬悉數遭到破壞和洗劫。奈克塔內波二世的墓葬仍然空空如也，因為這位君王當時還健在，只是向南逃到了努比亞。後來，在賽伊斯的哈巴希（Khabash）協助之下，他孤注一擲地試圖奪回自己的王國。據後來的民間傳說，流亡法老接著便揚帆遠航，到了希臘聯邦北部的馬其頓王國（Macedonia）。

在孟斐斯選定總督人選後，阿塔薛西斯三世意氣昂揚，勝利東歸；「隨行載有許多財物和戰利品」，同時還有許多惹了麻煩的埃及貴族，他們被帶往波斯流放。

留下來的人只能收拾殘局。赫莫波利斯的祭司佩托西里斯（Petosiris）如此述說此時期：「一切混亂，不復從前，埃及內部的爭鬥衝突已經開始，南方騷亂動盪，北方起義叛亂。神廟的祭司皆逃，他們不知道此處正發生什麼情況。」此後，他盡其所能欲修復此地，「神廟的牆，我設法進行修補了」，防止它再遭到損壞。

埃及第二次進入波斯控制時期（西元前三四三至前三三二年），此時期的特色是遭到了野蠻的肆虐和破壞。儘管如此，奈克塔內波二世召喚出來的古代神秘力量似乎仍然正在作用。因為，西元前三三八年，阿塔薛西斯三世被一名官員刺殺身亡；他的兒子和繼任者阿西斯（Arses，西元前三三八至前三三六年在位）在僅僅兩年之後，又被同一人殺死。雖然殺手擁有波斯人的名字，巴戈阿斯（Bagoas），但古代和現代的評論一致認同他「顯然是埃及人」。

巴戈阿斯成功讓波斯帝國的末代君主上了王位，即大流士三世（西元前三三六至前三三二年在位）。他遼闊的帝國仍然包含埃及，但他的執政期也相當短促，很快就被另一支勢力廢止了，此勢力不僅隨後消滅了波斯帝國，也永久改變了埃及和整個古代世界。

〖20〗

最後的繁盛

西元前三三二～前三〇年

西元前三三八至前三三五年，埃及最後一位本地統治者奈克塔內波二世曾試圖收復其王國，但未能如願。據民間傳聞，這位遭廢黜的法老向北遠航，去了馬其頓，到了菲利普二世（Philip II）的宮廷。

馬其頓位於希臘最北邊，與凱爾特民族的領地接壤。儘管南邊的絕大多數希臘城邦鄰居都已實施各種形式的民主制度，馬其頓卻依舊是君主制政權。馬其頓人「對君王專制政體的看法不像希臘人，而是像埃及人」；他們的國王同樣是一夫多妻，血親亂倫，並常有謀殺篡權之事，所以在位帝王的更替頻繁又快速。

不過，及至西元前三五九年，菲利普二世成為了統治者。在此後的二十年，他藉由一連串的戰爭，單槍匹馬地將這塊飽受世代夙怨困擾的封建專制之地，轉化為當時世界的超級強國。

然而，他最為苦惱的折磨來自自家屋簷之下。他的情慾生活實在太複雜，牽涉到的不僅有朝臣侍從（不分男女），以及他的表妹阿爾希諾伊（Arsinoe），還有他的七位妻子，其中就包括奧林匹亞絲（Olympias），即其子亞歷山大（Alexander）的生母。當婚姻破裂後，信仰強烈的奧林匹亞絲常常告訴她的兒子，說他的父親是希臘眾神之王宙斯，同時也是埃及人的阿蒙神。而後來的傳言甚至暗示，奧林匹亞絲的外遇實際上就是埃及的末代法老奈克塔內波二世；他戴著宙斯與阿蒙一體的面具來行雲雨之事。

亞歷山大在七歲時便開始接受軍事訓練。負責教育這位年幼王子的是當時來自色雷斯（Thracian）且還默默無聞的一位哲學家，名為亞里斯多德，他曾在雅典師從柏拉圖。亞里斯多德不僅教授哲學和科學知識，鼓勵他的學生博覽群書；從《伊里亞德》到希羅多德的《歷史》，還為弟子的治理才能奠定了堅實的學養。

當年跟隨亞里斯多德學習的，除了亞歷山大，還有他的夥伴托勒密（Ptolemy），這位好友玩伴可能是亞歷山大同父異母的弟弟；菲利普二世與表妹兼不定期的情人阿爾希諾伊生下了這個兒子。

十六歲時，亞歷山大被立為馬其頓的攝政王。父子倆並肩作戰，將馬其頓的勢力向東擴展到遠至達達尼爾海峽（Dardanelles），為希臘東征剿滅波斯做好了準備。

到了西元前三三六年，萬事俱備。盛大的出征歡送活動以菲利普二世的婚禮為標誌，那是他的第八次婚姻，也正是在這一場合，他被自己的侍衛刺殺了。消息傳遍希臘後，勢在必行的解決方案就是，馬其頓需要一位新王來領導對波斯的征伐行動。軍隊立刻選定時年二十歲的亞歷山大繼承王位。

在德爾斐（Delphic）神諭的祝福之下，亞歷山大將整個希臘收歸於他的全權掌控之下。由托勒密與四萬六千名將士隨同，亞歷山大於西元前三三四年向東進發，跨越了達達尼爾海峽；通向波斯帝國的門戶。

大軍特意繞道經過傳奇之城特洛伊，讓亞歷山大把他的甲冑換成了據傳在特洛伊戰爭中用過的一套古老鎧甲，同時在他崇拜的大英雄阿基里斯（Achilles）的墳前敬奉花環。然後，他繼續前進，在格拉尼庫斯河戰役（Battle of Granicus）中擊敗了集結迎戰的波斯大軍，接著他往南行軍，穿越了希臘在小亞細亞的各處殖民地，當地民眾夾道歡迎，譽其為解放者。

到了西元前三三三年的十一月，大流士三世本人在伊蘇斯（Issus）等著與亞歷山大決一死戰。他的軍隊多達六十萬人，以十比一的懸殊差距遠遠超過亞歷山大的兵力。但大流士還是輸了，從戰場上潰逃而去。亞歷山大大獲全勝，那一天陣亡的波斯人據說多達十一萬，這一數字「直到一戰的索姆河（Somme）戰役開打的第一天」才被超越。

大流士示弱，建議結為盟友，但遭到拒絕。亞歷山大覺得應奪取地中海東部地區和埃及，因為那裡還處於波斯的控制之下。於是，他首先在黎凡特（Levantine）沿海摧毀了波斯人的海軍力量，然後繼續向埃及挺進，沒遇到任何抵抗就打到了佩魯西昂。

從早期希臘旅行者的描述中，亞歷山大已熟知這片土地，但現在親身來到埃及，這個國度的風貌還是讓這位二十四歲的年輕人印象深刻、心潮澎湃。

馬其頓大軍抵達吉薩的金字塔腳下，這裡是古代世界所有工程奇蹟中最著名的勝地。亞歷山大深受震撼，以至於宣稱要在菲利普位於馬其頓的墓穴之上，建造類似這樣的宏偉地標，「與埃及最大的金字塔匹敵」。不過，他很快就發現了，吉薩其實只是一大片金字塔集中區域的起點。此區向南綿延，直到薩卡拉，金字塔雄踞於高高的沙漠陡崖之上，俯瞰著河谷中的孟斐斯城。

亞歷山大率部下進軍孟斐斯，受到埃及人的熱烈歡迎，人們稱頌他為拯救者和解放者。同時還有一則一廂情願的傳言散布開來，說亞歷山大是他們最後那位本地法老奈克塔內波二世的兒子，而後者又是阿蒙本尊的兒子。

既然是征服者，亞歷山大成為名正言順的法老。城中的大祭司——埃及在世者地位最高的貴族和精神領袖，隨即認可了這位新國王。由於孟斐斯祭司集團和君主政權之間有著密切關係，任何一名聰明的國王都會精心維護和鞏固，而亞歷山大也是如此。他將柏拉圖的忠告謹記在心：「在埃及，若無祭司的助力，國王便不可能統治這個國家。」

這座城市的聖物——阿比斯神牛，在死時便化身為歐西里斯—阿比斯，或稱為塞拉皮斯（Serapis），厚葬於薩卡拉沙地之下的塞拉培翁大墓窟中。亞歷山大虔誠地向神牛表示敬重之意。奈克塔內波二世既然流亡遠方，他在這裡的墓葬就只是衣冠塚，而他那裝飾繁複但空無一物的石棺，傷感又深刻地提醒了埃及失去的榮耀。

亞歷山大希望自己被視為奈克塔內波二世的真正後裔與繼任者。西元前三三二年十一月，他在孟斐斯接受加冕，馬其頓的王冠被埃及的雙重王冠所取代。最高大祭司宣告他為「荷魯斯，強大的統治者，攫奪外邦土地的勇士」，還給他另取了一名字「梅里阿蒙—塞特彭拉—亞歷山德羅」（Meryamen Setepenra Aleksandros），意即亞歷山大乃「阿蒙鍾愛之人與拉神選中之人」。這種用於修飾法老的限定詞句傳統，無疑讓亞歷山大更堅信其母所述的故事，認為自己出身神界血脈。

亞歷山大會見埃及的神職人員與學者。埃及與希臘宗教的交叉重疊（宙斯等同於阿蒙，而戴奧尼修斯約等於歐西里斯），讓他覺得饒有興味。這位新法老頗為迷戀埃及人的喪葬儀式，以及關於來世永生的信念。儘管馬其頓的王族在死後通常是依傳統火化，亞歷山大卻懂得了埃及人將屍體做成木乃伊習俗的真正有益之處，他大概也詢問過薩卡拉的防腐塗膏人和入殮師。他對埃及傳統的尊重，無疑以一塊提示牌的形式保存了下來，那是一塊「禁止進入」的牌子，是他的軍官皮尤克斯塔斯（Peukestas）在薩卡拉周圍豎起的幾個警示牌之一，內容是「奉皮尤克斯塔斯之命，任何人不得入內，此墓室歸屬於祭司大人。」

亞歷山大想找一處充當新的海岸基地，取代之前在黎凡特的部署。為了考察潛在的備選地址，他從孟斐斯登船，沿著尼羅河西面的支流向地中海航行，來到了柯諾普斯（Canopus）。此地是以希臘傳說中海倫之夫、斯巴達王墨涅拉俄斯（Menelaus）的戰艦舵手命名，也是埃及人敬拜歐西里斯的地方。在當時的儀式中，歐西里斯是一只上部為人頭形狀的罐子，罐中據說裝著這位神被肢解的身體。正因如此，用於存放防腐處理後的木乃伊內臟陶罐，後來被叫作「柯諾皮克罐」（Canopic jars），意思正是源於柯諾普斯的罐子。

在柯諾普斯西邊，亞歷山大視察了埃及人的舊軍事堡壘拉柯迪斯（Rhakotis），堡壘位於大海與馬雷奧迪斯湖（Lake Mareotis）之間一道狹窄的地峽之上。回想起荷馬史詩中的描述，「尼羅河入海口之外翻騰的大海上，有一座島嶼名叫法羅斯（Pharos，意即燈塔）」，亞歷山大不禁感嘆，荷馬不僅是偉大的詩人，而且是目光遠大的建築師。他「立刻被此地卓越的地理位置打動，堅信若能在這裡創建一座城市，一定會繁榮興盛。他是如此滿懷熱切，迫不及待地要開始此工程。他親自設計新城市的布局，標明大市集廣場的位置，規畫了待建神廟的數量，還有各神廟應敬奉的神明——希臘諸神與埃及女神伊西絲」。

他們用大麥在地上擺出新城計畫的輪廓，但一群鳥突然飛下來，將剛顯雛形的城市藍圖全部吃光。亞歷山大覺得這是凶兆，但他的隨行顧問們宣稱這意味著此城將會繁盛，為所有的生靈提供豐足的供給。由此，這位新法老的憂慮得以緩解。港城以其創建者的名字命名為亞歷山大，是這位一代梟雄所創立的七十多處殖民城市之一，也是最為成功的一座。

於此期間，沿海一帶有消息傳來：地中海許多地方已經將支持波斯人的當地政要趕下臺，並押解到新法老面前接受處置。亞歷山大將這些傢伙發配到南方，加入阿斯旺的戍邊部隊。當時，與流放者同去的包括亞里斯多德的侄子卡利斯提尼斯（Kalisthenes），他跟隨前往調查驗證他叔叔那多少帶有革命與顛覆性的新理論——每年一度的尼羅河洪水不是由地下神靈以咒語召喚出來，而是由更南方的降雨造成的結果。

與此同時，亞歷山大向西旅行，進入大沙漠區。一方面為了驗證古代商隊的傳統路線是否可信（行經沙漠綠洲的路徑，能否將沿海新城與中部非洲連接起來），另一方面也是為了前往錫瓦綠洲，請求名聞遐邇的宙斯—阿蒙聯體神的神諭。

那座聖祠位於沙漠深處，在底比斯西邊約六百五十公里，被認為是阿蒙的卡納克神廟的分支之一。受到深信的錫瓦神諭，從前也接受過來自古代世界各地的問詢求告，例如，波斯王岡比西斯試圖求得此處神示天啟，結果整整一支部隊在途中全軍覆滅。

亞歷山大當然不能重蹈岡比西斯的覆轍。西元前三三一年一月，他和托勒密帶領規模不大的一隊人馬出發西去，最終成為歷史上親自完成此旅程的第一位法老。

亞歷山大身兼法老與最高大祭司的雙重身分，有權進入神廟的內殿聖所，此處也是極少數他曾親自造訪、至今仍留存於世的幾個地方之一。可想而知，他大概是向天神問詢了他是否真是神之子；就像他之前每一位法老所宣稱的。而在當時的世界上，必死凡人與永恆神明之間雖不能說沒有界限，但充其量也只是界限模糊，因此「帝王即天子」的信念當然是尋常之事。只要獲取和宣告了神之子的身分，自有千百萬人尊奉，而他未來的宏圖大業看似更有望得以實施。

神諭透露的訊息，似乎讓亞歷山大十分受用，不只能以「滿意」一詞形容。他返回孟斐斯，下令阿蒙的主要崇拜中心底比斯增建新聖祠，以便安置更多神像。在卡納克的聖堂，要用阿斯旺花崗岩建造，而在路克索的砂岩聖祠中，牆面要刻上以傳統法老形象呈現的亞歷山大人像，並有其天父阿蒙神伴同。就像隔壁牆面千年前阿蒙霍特普三世的造像，亞歷山大也接納了象徵阿蒙的公羊角，營造出征服一切「雙角大神」的傳奇形象，等同於阿拉伯語的「佐爾—卡爾奈因」（Dhul-Qarnayn），此人物角色甚至出現在《古蘭經》（*Koran*）中。

亞歷山大任命瑙克拉迪斯的克雷奧門尼斯（Kleomenes）代表他統治埃及。西元前三三一年的春天，二十五歲的他離開了埃及。東部地中海區域已納入囊中，他現在準備追擊大流士。同一年，他第三次擊敗對手，高加米拉（Gaugamela）一役是最後一戰；他憑藉征服者的身分成為波斯帝國的君主，並將大流士的女兒納為妻室。

他同時繼承了波斯王朝大約五千噸黃金，其中很大一部分鑄成了金幣，從此改變整個世界的經濟。接下來的八年間，隨著一條征伐路線向東方又延伸了約一萬八千公里，一個範圍遼闊的新興市場網絡隨之形成，各地間的貿易蓬勃興起，希臘文化與埃及宗教也傳播開來。

亞歷山大帶領部下從波斯的心臟地帶北上，到了塔吉克斯坦（Tajikistan），在那裡娶了第二個妻子羅克珊（Roxane）。接著，他們的隊伍翻越興都庫什山脈（Hindu Kush），到了印度大陸，與當地王侯及可怕的戰象一決高下。亞歷山大再度獲勝，戴上了大象皮頭飾慶祝勝利，還將戰象編入他的軍隊。

他們經由格德羅西亞（Gedrosia）的沙漠地區向西返程，在印度洋和波斯灣航行，回到了巴比倫。亞歷山大將他的帝國總部定在幼發拉底河岸邊，在尼布甲尼撒的古代宮殿中，可以俯瞰聲名遠播的「空中花園」。他在此處接見來自古代世界各國的使節，策動了對阿拉伯王國的戰役，也認真盤算跨越北非迦太基、向西直到直布羅陀海峽的軍事遠征。

自西元前三三六年從馬其頓出征，十三年連續征伐的戎馬生涯中，亞歷山大戰無不勝，由此建立起一個橫跨三大洲、領土面積覆蓋五百多萬平方公里的廣袤帝國。他的政權是歷史的轉折點，改變了已知舊世界的面貌，標誌著舊時代讓位給新的希臘文明時代，而在進軍異族外邦的征途上所遇的其他文明，也不可逆轉地影響和改變了希臘文化。

不過，儘管諸多宏大計畫仍只是處於初期實施階段，亞歷山大大帝卻宣告駕崩。西元前三二三年六月十日，他在巴比倫亡故，得年僅三十二歲。

他當時患了熱病，而因飲酒過量加重了發燒病情，他將他的印章戒指交給了享有最高職位的大將軍佩爾狄卡斯（Perdikkas），把「他所有個人財產贈予托勒密」，將他的帝國留給了「最強者」。他最親近的朋友在敬奉塞拉比斯的一座神堂前舉行守夜祈禱儀式，但埃及的冥王也無法改變他的命運，亞歷山大隨後陷入致命的昏迷。部下臣僚們茫然無措，亞歷山大的屍體在原地停放了約有一週之久，直至埃及的塗膏入殮師來到宮中。雖然正值夏季的高溫時節，他的遺體卻保持在昏迷之初的模樣。儼如活人的面容被解讀成是神性血統的證明，但其實很有可能是他「進入了一種深度的晚期瀕死昏迷狀態，成因是腦型瘧疾發作」。

所以，入殮師們開始工作時，他可能還未完全死亡。大腦與主要的內臟器官，在人死後就會開始腐壞，因此先被挖取，進行防腐處理。技師們用蜂蠟、「異國香料和香脂」保存亞歷山大的遺體，然後放入以埃及傳統形式製成的人體形狀棺材中，表面包裹了可鑄二百塔蘭特大金幣的金箔，再蓋上馬其頓風格的紫、金兩色的棺材罩布，放置在他那些齊聚一堂的得力將領的中央，讓他於現場見證他們決定由誰接任大位。

亞歷山大的妻子羅克珊即將臨盆，但他也有一個同父異母的兄弟，叫菲利普·阿里戴奧斯（Philip Arrhidaios），出自馬其頓的王室血統，只是精神不健全。將軍們一時無法在兩個候選人之間做出抉擇，因此在亞歷山大的遺體旁爆發了爭執，但最終他們決定立阿里戴奧斯為王，成為菲利普三世（西元前三二三至前三一七年在位），同時也確立，只要羅克珊生出的是兒子，就即刻繼位。不過，經協議產生的兩位國王只是傀儡君主，真正的權力掌握在軍隊和軍官們手中；大將們都自稱是亞歷山大的「繼任者們」。

不過，他們無一人有足夠的能力和威信取代亞歷山大擔任唯一的統領者，於是將帝國分成了幾塊，每人一方領地，而軍隊則留給佩爾狄卡斯掌管。安提帕特爾（Antipater）繼續在馬其頓執掌大權；利希馬庫斯（Lysimachus）則在色雷斯當統治者；安提戈納斯（Antigonas）在小亞細亞為王；梅勒阿伽爾（Meleagar）負責腓尼基；拉奧美東（Laomedon）主宰敘利亞；塞琉古斯（Seleucus）分到了巴比倫。至於托勒密，很可能是出於自己的提議，「前往統治埃及、利比亞，以及鄰近埃及的阿拉伯地區」。

亞歷山大的遺體從巴比倫送返馬其頓故土，送返所用的靈車相當壯觀，是長六公尺、寬四公尺的一座裝了輪子的鍍金神廟。由於靈車體積龐大、重量可觀，而且一路上民眾聚攏圍觀，扶靈行列每天只能行進數公里。西元前三二二年冬天，隊列終於到達敘利亞，但「繼任者們」在那裡的緊張關係終於徹底破裂，全面戰爭隨之爆發。

此時的佩爾狄卡斯手中握有羅克珊數個月前誕下的亞歷山大四世，因此他不僅成為這位年幼國君的攝政王，同時也是共同執政者菲利普三世的攝政王。他覬覦王座，因此親自在馬其頓的王室墓園葬下亞歷山大的遺體，好讓眾人將他視為先王首選的正當繼任者，也好向眾多的競爭對手宣示他凌駕於他們之上的權威。

儘管所有人都決心阻止佩爾狄卡斯的野心，首先出手的卻是托勒密，他在大馬士革劫持了靈柩，將亞歷山大的遺體帶回埃及，由此觸發了一場戰爭。西元前三二一年春天，佩爾狄卡斯率領軍隊，包括之前帶回來的印度戰象軍團，入侵了埃及。

不過，尼羅河再度保護了埃及。佩爾狄卡斯在孟斐斯試圖跨越尼羅河時，損失了兩千名將士，顯然大約有一半成為鱷魚肚中的犧牲品。隨後軍隊發生叛變，佩爾狄卡斯遭手下殺害，剩餘人馬表示要將馬其頓的攝政權交給托勒密，但托勒密明智地拒絕了，選擇繼續維持對埃及領地和亞歷山大遺體的掌控，而他「依照馬其頓的儀式，將遺體葬在了孟斐斯」。

那時，亞歷山大城仍處於建設階段，所以先帝暫時下葬的地點最有可能是塞拉培翁一帶。甚至有人猜測，托勒密將亞歷山大的人形金棺材安置在奈克塔內波二世未曾使用的石棺中。這是一個強而有力的政治行為，為埃及最後的本土王朝與馬其頓出身的亞歷山大之間賦予了實體關聯，或許也為亞歷山大是奈克塔內波二世之子的傳聞增加了一點可信度。

塞拉培翁當然也得到進一步的改建，多了一條奪人眼目的壯觀長堤通道，盡頭是所謂的「哲人圓圈」（Philosophers' Circle），實際是一個半圓，由著名希臘學者的等身大雕像排列而成，可能正好標誌著進入亞歷山大的「首次」墓葬地的入口。儘管薩卡拉的漫天風沙將殘存至今的十一座人像侵蝕得幾乎難以辨識，但我們仍能猜測其中有荷馬、品達（Pindar）、柏拉圖與亞里斯多德，如此一來，亞歷山大便可置身於其最喜愛的詩人、哲學家和歷史學家的簇擁之中。這些人無疑是他最恰當的陪伴者，同時，位於亞歷山大城的宏大陵墓仍正在建造。到了西元前三一一年，亞歷山大城成為王室首都。

托勒密克盡職守，嚴格履行他對亞歷山大亡靈應盡的義務。他代表名義上的兩位法老治理埃及，但在官方正式文件上，用的卻是菲利普三世與亞歷山大四世的名字。所有繼任者中，只有他一人以兩位君主的名義進行建設工程。祭司群體對他相當認同和欣賞，宣稱「這位偉大的總督盡力為上下埃及的諸神做最有益之事」。在卡納克神廟中，托勒密主持修建了以亞歷山大之名敬獻給阿蒙神的新聖祠，其中多彩多姿的生動壁畫雕鑿了菲利普．阿里戴奧斯的名字。在南方，阿斯旺那座花崗岩砌造的克努姆神廟中，則鐫刻了年幼的亞歷山大四世之名。

但是，兩位傀儡君王都從未能親見以其名義創建的廟堂，因為他們被繼續扣押在馬其頓當人質，作為繼任者試圖壓倒競爭者、實現野心的籌碼。西元前三一七年，阿里戴奧斯被處決，亞歷山大四世因此成為馬其頓唯一的君主與埃及唯一的法老。西元前三一〇年，這位不幸的孩子又遭殺害，但托勒密依舊代表他繼續管理埃及，整整長達五年，「法老以合法的虛構身分統治，因為他已經死了」。

執政總督托勒密的精力依舊相當旺盛，保衛埃及免遭其他心懷不軌的繼任者染指。塞琉古斯此時掌控著廣袤的疆土，從敘利亞直到阿富汗；安提戈納斯的王朝占據了馬其頓，並在西元前三〇六年對埃及發動侵略，但以失敗告終。繼任者之間持續的衝突，慢慢升級成為一場軍備競賽。他們招募了數量巨大的傭兵軍團，還大量建造戰船艦隊。三列槳座的戰船升級為五列槳座，每根長槳配有五位槳手。托勒密甚至建造了「大象牧夫」（elephantagoi）的大型運輸船，可以裝載從非洲引進的戰象，經由紅海運往埃及；因為塞琉古斯切斷了托勒密從印度獲取戰象的來源。

透過這些方式和策略，托勒密維護了他的周邊領土，包括昔蘭尼（即利比亞）、腓尼基的部分地區與敘利亞、賽普勒斯和愛琴海諸島。不過，他最主要的成功之舉還是選擇在埃及落腳。在祭司的支持下，他把這個富庶的國度治理得非常出色。托勒密是馬其頓王室血脈碩果僅存的一位。他母親阿爾希諾伊是菲利普二世的表妹，一度還是情人。況且，古代文獻甚至明確聲稱，「馬其頓人認為托勒密就是菲利普二世的兒子，堅稱他母親由菲利普安排嫁給拉古斯（Lagus）之際，已有孕在身」，那麼，「托勒密便是亞歷山大的血親」。

不過，直到西元前三〇五年，以總督身分治國十八年之後，六十歲的托勒密才跨出最後的一大步，成為法老托勒密一世（西元前三〇五至前二八二年在位），即「阿蒙鍾愛之人與拉神選中之人」。但是，身為嚴謹理智的馬其頓人，托勒密拒絕了這個神聖的名稱，只接受希臘語的頭銜「Soter」，意即「救星」；此尊稱來自羅德島，感謝他幫助解除安提戈納斯政權對羅德島的圍攻。

為了進一步抗衡敵對競爭者，托勒密開始發行鑄幣。幣面的圖像是他「雄鷹般」的側臉輪廓，而他個人的象徵紋章則是一隻鷹，隨後成為托勒密王室的象徵。如今埃及的國旗上，中心位置仍然是一隻金色的獵鷹。

與托勒密一世相關的另一個神靈是塞拉比斯。儘管其早已是亞歷山大最喜愛的神靈，但賦予此神祇特徵鮮明的具體形態的則是托勒密一世。他將既存的歐西里斯—阿比斯的埃及形象，結合希臘神明宙斯、阿斯克勒庇俄斯（Asclepius，醫術之神）以及冥王哈迪斯（Hades）的大鬍子相貌，創造出一位擁有希臘長相、埃及身分的混種神祇，便於讓所有人都能接受。作為歐西里斯其中一種形體，塞拉比斯依舊是伊西絲的配偶，兩者人頭蛇身的孿生像，成為亞歷山大的守護神靈。

托勒密一世為了理解他統治的這個國度裡那些令人頭昏腦脹的文化，他對埃及錯綜纏繞的宗教進行「理性的綜合」，將其條理化。於是，他聘請了精通雙語的梅里奈耶拉（Merynetjera）擔當此任務。此人是赫里奧波利斯的大祭司，是「偉大的神鍾愛之人」，其希臘語的名字流傳更廣，叫作曼涅托（Manetho）。他將複雜的事項簡化：為埃及名目繁多的眾神找出最接近且對應的希臘神明。這樣一來，正如阿蒙已經被大致理解為等同宙斯一般，歐西里斯就變成了戴奧尼修斯，哈索爾就相當於阿芙蘿黛蒂，而托特就約等於荷米斯（Hermes）。及至此時，象徵托特的神聖鳥類朱鷺，已受到極大敬重，為其製作木乃伊的成本也越發高昂。

除了同步兩個文化的宗教，曼涅托隨後又著手他最著名的一項工作：整理已知埃及帝王的名錄。他依照三十個王朝的順序列出這份年表，沿用至今。由於此項工作的贊助人是希臘母語人士，為了讓此成果更易理解，曼涅托為古代帝王的名字提供了希臘語拼寫，於是阿蒙霍特普變成阿蒙諾菲斯

（Amenophis），而圖特摩西斯的埃及原名其實是杜提摩西（Dhutymose），以及塞索斯特里斯的埃及原名則是塞恩沃斯里特（Senwosret）。編撰此代表作時，曼涅托得以參照散落於全國神廟的古代帝王名單，交叉比對不同地方的銘文，設法規避某些地方對歷史的改寫。他用於交互對照的資料，包括神廟圖書館的文獻記錄，其中最著名的圖書館就在赫里奧波利斯辦公的地方。

這些儲存古代智慧的寶庫無疑啟發了托勒密一世，他計畫創建一座新圖書館，為他掌管的新城亞歷山大提升光彩，並任命曾是亞里斯多德弟子的德米特里厄斯（Demetrius）為第一任館長。

這座城市誕生的最初靈感是一句文學引言，文中提及了「燈塔島」（見本章前述《荷馬史詩》的段落）。如此一來，這座新的文化設施便成了再適切不過的。西元前二九七年，托勒密一世展開了一座巨型燈塔的建設。這一帶的海岸幾乎沒什麼可供辨識的突出特徵，建造燈塔的意圖是標明新城的位置。燈塔經由堤壩通道與大陸連接，長堤建於樁基之上，樁則打入海床；堤壩實際上把寬廣的亞歷山大港口分隔成兩塊。另有第三道港口，借助一條運河水道與馬雷奧迪斯湖連通，讓海上的船隻與物資直接進入尼羅河河道，前往埃及其他地方。

王室工程師們在法尤姆也十分忙碌。他們沿用兩千年前的辦法增加土地，控制從尼羅河流進湖泊的水量。將水位降低兩公尺，增加了數百公頃的可耕種農田，農作物產量也因此增加，尤其是葡萄；儘管埃及長久以來都有種植葡萄，但日漸增多的希臘人口意味著需求量也逐漸上升。

新增加的農夫人口大部分都是退役的士兵，他們被安頓在法尤姆周邊收復的土地上，那些新城鎮都配有希臘風格的基礎設施：運動場、劇場和公共浴室。這些新城鎮的希臘語名稱以「希臘神話體系的人物相配命名」，然後神話人物名字之後附加代表城市的希臘詞「polis」。舉例來說，赫尼恩—奈蘇特（Henen-nesut）變成了赫拉克勒奧波利斯（Herakleopolis），意思是「赫拉克勒斯的城市」；謝迪特（Shedet）則成為克洛柯迪洛波利斯（Krokodilopolis），代表該地區的鱷魚，在當地神廟受到敬拜，死後被厚葬於神廟墓園，喪葬費用由王室公款支付，而這是維持該地政治安定、收買民心的一種方式。

至於王位的接續，托勒密一世相當謹慎地考慮了。他有三位妻子與許多情婦，為他生了至少十二個孩子。不過，他的大兒子托勒密・克勞諾斯（Ptolemy Keraunos，意即「閃電」），在精神和性情方面有點不穩定。所以，他的馬其頓妻子貝倫尼柯一世（Berenike I）所生的幾個孩子，最終組成了托勒密王朝的家族根基。他的兒子，未來的托勒密二世，在西元前三〇八年生於希臘的科斯島（Kos），並於西元前二八五年立為聯合執政者。

西元前二八二年一月，托勒密終於在床上辭世，享年八十四歲。他是亞歷山大大帝所有「繼任者」中最後一位離世的。他一生風雲動盪、經歷豐富，但「扮演的卻是精明、審慎、友善、可親的保守中間派的角色。在紛擾不安的時代，他將務實提升到美德的高度，彌補了他性格魅力的不足」，比亞歷山大多活了超過半個世紀。

亞歷山大在死後塗膏防腐做成了木乃伊，但托勒密一世卻依照馬其頓風俗火化，主持儀式的是其繼承人托勒密二世。古文獻有記錄聲稱，也是托勒密二世「將亞歷山大的遺體從孟斐斯移出」，與其父親的骨灰一起安葬在新城為亞歷山大修建完工的新陵寢中。兩位夥伴很可能是葬在一座巨大的雪花石墓窟中，而多年以後，墓室的前廳被發現，就在城中後來的天主教墓園之內。

二十八歲的托勒密二世（西元前二八五至前二四六年在位）登基加冕時，他的亡父已經幫他找了一位王后，名叫阿爾希諾一世，是其舊日盟友和同為「繼任者」色雷斯（如今的巴爾幹半島地區）的利希馬庫斯之女。這位公主的嫁妝讓埃及的領土擴張到了愛琴海諸島，她還為托勒密二世生下三個孩子。不過，這場婚姻後來被法老的姐姐（阿爾西諾二世）那不可遏止的野心打斷和終結了。

外交聯姻的政治策略之下，托勒密一世與他時年六十歲的同僚利希馬庫斯進行了換親遊戲，彼此交換了對方的同名女兒。托勒密一世將十六歲的公主阿爾西諾二世送去，當了利希馬庫斯的新娘和色雷斯的王后。她成了三個兒子的母親，然後又成為馬其頓的王后，她年邁的丈夫，在死前不久征服了馬其頓。

身為兩處國土的女王，阿爾西諾二世此時是勢力強大的女人。於是，同父異母又性情不穩的哥哥克勞諾斯開始勸說她嫁給自己，以便支持鞏固其自詡對馬其頓的占有權。他的手段至少一開始還不算太離譜，直到克勞諾斯開始謀殺妹妹的兒子們，而她因此逃回埃及保命。

在弟弟托勒密二世的宮廷尋求庇護時，她完全清楚自己擁有的王族地位，便也盤算加入其父母和弟弟的行列；他們被集體稱為「統治者」。正如一位古代評論者曾輕描淡寫地記述此女是「隨心所欲的人」。

她決意第三次爭奪君主王座，而生性悠閒的托勒密二世顯然不是其姐的對手。於是，他現任的妻子發配到柯普托斯度過餘生。西元前二七五年，四十一歲的阿爾西諾與三十三歲的弟弟結婚，成了「菲勒戴爾弗斯」（Philadelphus），意即「姐弟（兄妹）戀人」。

這種婚姻關係，在埃及和波斯王權體系中都是司空見慣，而馬其頓王朝也會在自己家族內部通婚。但希臘語系世界的其他人卻大為震驚，不僅因為這場婚姻，也是因為阿爾西諾二世成了聯合統治者，是一連串托勒密王族女性中，第一位「擔任等同於國王角色的女人，在其子民眼中享有與男性平等的權力地位。在古典時代的一個短暫時期裡，性別的位階秩序被摒棄了」。

在埃及歷史至此將近一千年的時間內，她是擁有與其男性搭檔相等權勢的第一個女人。歷史記錄宣稱，阿爾西諾二世「獲取了上下埃及的雙重王冠」。身為「兩方土地之女主人」，她被賦予完整的帝王頭銜「菲勒戴爾弗斯阿爾西諾陛下，上下埃及之王」，而她的名字同樣刻入了傳統樣式的帝王盾徽，儘管是雙人聯名的盾徽。

這類古代頭銜是埃及文化的關鍵部分。托勒密家族作為講希臘語的君王，當然須重度依賴懂得雙語的資政顧問，其中包括曼涅托。他在帝王名錄中，將擁有法老實質權限的前任君主全部列出，無論男女；而哈特謝普蘇特就是一個特別能參考的先例——在她嫁給同父異母的兄弟之後，她便作為法老治理國家。如同哈特謝普蘇特接受的待遇，阿爾西諾也被敬頌為「阿蒙之女」和「拉神之女」；她佩戴了象徵王權的頭冠，「以哈特謝普蘇特的王冠為模擬原型」，其中北方埃及的紅色冠冕頂裝飾了高揚的羽毛、牛角、太陽圓盤和公羊角，每一樣飾物都聯繫著一個特定神祇。

藉由扮演女神，阿爾西諾二世進一步鞏固了她的政治地位。她把自己表現為埃及精力充沛、富於變化的伊西絲；這位女神嫁給了哥哥歐西里斯，並與其聯手治理天下。她把自己與嫁給兄弟大神宙斯的赫拉相比，讓希臘人也承認其權威；她還把自己拿來和風姿綽約、海中出生的愛與美之女神阿芙蘿戴蒂相提並論。

這對夫婦僱請來希臘詩人作為形象推手。每有機會，他們都會做出王族與神界的類比，他們還不忘指出夫婦倆同樣擁有一頭金髮。在這對夫妻的肖像中，兩人眼睛都睜得十分大，與公認和他們擁有叔姪關係的亞歷山大一樣；而阿爾西諾總是非常執著地強調此五官特徵，以至於部分重視醫學角度的歷史學家不禁猜測，大到誇張的眼睛意味著她患有凸眼性甲狀腺腫！此外，在所有托勒密家族成員中，無論男女，她是唯一在鑄幣圖像被刻畫為戴有亞歷山大大帝神聖公羊角的人物。

當然，大眼睛的金髮女郎阿爾西諾遠不止有一張漂亮臉蛋，托勒密二世「在戰事和治理手段方面的效率，可能很大程度上要歸功於他的姐姐兼妻子阿爾西諾二世」。因為，正是在她的建議之下，防衛軍力經過充分創建，有效防範來自昔蘭尼和努比亞的入侵，平定了法老御用凱爾特人傭兵的一場叛亂，並強化了三角洲東部的邊防，阻止來自塞琉古斯的後裔所掌控的敘利亞侵擾。阿爾西諾二世還「重組軍隊，她陪同軍隊出征，贏得了對敘利亞的戰役」。她無疑持續扮演了埃及與馬其頓王室女性在戰爭中都承擔過的積極角色。她名下掌控的四千多艘埃及戰艦，無論在何處航行和戰鬥，都展示了她的權威和埃及的實力。

阿爾西諾二世的聰明和機智在經濟層面也展露無遺。她編撰了一份很有《末日審判書》（*The Domesday Book*，十一世紀英國欽定土地調查清冊）的目錄，登記埃及全境的所有資產，調查任何可利用的財源。之後，嚴格的賦稅法擬定，從亞麻到油脂生產，幾乎每樣東西都由王室所壟斷。稅收和進口徵稅項目甚至涵蓋了從巴勒斯坦、敘利亞和努比亞引進的奴隸勞工；富貴大家族對這些奴隸僕役的需求量日益增大，而亞歷山大城周邊的香水香脂作坊到孟斐斯的羊毛紡織廠，也需要大量外籍勞工。

埃及各地之間乃至與境外的快速通訊得以實現，是因為有了效率高得難以置信的王室郵政系統。遞送甚至是依照小時執行和記錄，根據留存的文獻碎片所記，在某月的「十九日，第十一小時，尼柯德姆斯（Nicodemus）向亞歷山大城遞送國王托勒密（二世）的聖旨卷宗，所關事宜乃赫拉克勒雷奧波利斯省分中的安條克人（Antiochous）勢力；一份卷宗遞送給底比斯負責戰象供給的軍官德米特里厄斯（Demetrius）」。

這對夫妻重啟了通往紅海的舊運河通道，在紅海沿岸建立了八座新的海港城鎮。各類寶石、珍珠、絲綢、香料和焚香經由這些路線進口，囊括了「國王和他鍾愛的王室姐姐兼妻子想要的每一樣優質物品」。這些物資從阿拉伯、印度和遙遠的東方運來，而與阿拉伯半島南部建立的常規貿易，則是由阿拉伯貿易商執行。這些人帶著他們的珍稀貨物，長途跋涉而來，例如商人扎伊德耶爾·本·扎伊德（Zayd'il bin Zayd），當他於西元前二六四年死在孟斐斯時，其棺材上的銘文顯示此人生前「為埃及諸神的神廟進口沒藥」。

在執政後期，托勒密二世也派了特使前往印度統治者阿育王治下的孔雀王朝宮廷。存留下來的海關文獻表明，一百二十艘大船組成的托勒密王朝船隊被派往印度的古港穆吉里斯（Muziris），從那裡帶回了六十箱的甘松香油脂、五噸香料、一百根象牙與一百三十五噸烏木。

阿爾西諾二世與托勒密二世的目光還投向了西邊。他們擴大了與義大利周邊希臘民族聚居地的聯繫，並成為亞歷山大的繼任者中第一個與羅馬建立官方接觸的政權。正式外交始於西元前二七三年，隨後展開的友好關係以羅馬最初的一批銀幣為標誌。這些銀幣參照了阿爾西諾二世的鑄幣，並「暗示了埃及為羅馬剛出現且缺乏經驗的鑄幣廠提供技術協助」。

貿易帶來的稅收源源不斷，夫妻倆便在托勒密王朝新設立的節慶和運動會展示財富和實力，慶祝活動每四年舉辦一屆。一開始是長達一整天的遊行，以八萬名士兵為主體，「很多戰車，到處是軍靴，到處是穿斗篷的人」，伴隨的還有成千上萬的民眾，都是盛裝打扮、華麗繽紛。隊列後面是財富展示，包括非洲、阿拉伯和印度的珍寶貨物，用於馱運的是大象、駱駝、長頸鹿和犀牛等，都是「令人驚嘆的東西」。

遊行行列包括了眾神金燦燦的雕像，用以強調他們的王朝乃神啟，隊列還有巨大的人偶裝置，藉由虹吸和壓縮空氣的機械動力系統，時而站起，時而坐下。托勒密家族的守護神戴奧尼修斯的雕像當然也不可少，還伴隨漫溢如河流的大量葡萄酒。亞歷山大大帝、托勒密一世和貝倫尼柯一世的雕像，也悉數登場；而王后鑲滿寶石、金色桃金孃編成的花環，周長達到了驚人的三十五公尺。在當時的俗語中，「桃金孃花環」指代女性生殖器，而與之對應的是一根二十五公尺長的金色陽具，頂上還裝點了一個星形，這當然凸顯出王室傳宗接代的機制——可謂毫不委婉含蓄。

不過，托勒密王室的遊行只是王室運動會的序幕。那是以奧運會為藍本籌劃的運動會。法老夫婦邀請了一批重要的官員，以奢華的食宿款待他們，甚至不惜公款安排他們旅遊，到埃及的古蹟名勝地觀光。這番「賄賂」之後，托勒密的運動會不久就贏得了與奧運會同等的地位。埃及還投入巨資培養本土的體育人才，遍及亞歷山大港到底比斯，於是很快就產生了由政府資助的奧運會優勝選手，他們無論是在本國或希臘奧林匹亞賽場都有所斬獲。

這些運動健將也包括了托勒密王族成員。他們的阿拉伯駿馬在亞歷山大城的競技賽馬場接受嚴格訓練，如今主宰了奧運會的戰車項目；西元前二九六到前二四四年期間，在十四屆奧運戰車比賽的勝利者中，一半來自埃及。在這場「國王的運動」中，托勒密王朝承接了長久以來的法老遺產，從中汲取可借鏡的元素。托勒密一世自己曾於西元前三一四年在德爾斐奧運會榮膺此項冠軍，而妻子貝倫尼柯一世的團隊，則在西元前二八四年奪得戰車賽勝利；「那真是好極了」，她的兒子托勒密二世驕傲地給出如此評價。至於阿爾西諾二世，西元前二七二年，僅僅在一天的比拚中，她的戰車便贏得了所有三場比賽，此成績被用雕塑的形式紀念，她的勝利雕像與她弟弟兼丈夫的雕像一起矗立在奧林匹亞，並特意面對宙斯與赫拉的神廟，以此展示她同樣具有神性。托勒密二世也採納了阿爾西諾二世的名號「菲勒戴爾弗斯」，即「姐弟（兄妹）戀人」，而兩人在古代世界各地都被當作雙子神（Theoi Adelphoi，意即「兄妹」〔姐弟神〕）敬拜。

這些地方當然包括埃及。「在他們（法老）豪奢的大屋中，金子並非只被無用地堆起，就像永遠勤勞的螞蟻只知累積財富，而是慷慨大方地花在了建造神堂」。在供膜拜的神像中，現在多了阿爾西諾二世的身影。托勒密二世發布了聖旨：「所有神廟都應立有她的雕像，祭司皆會因此喜悅欣慰，他們都清楚她對眾神的尊貴態度，也清楚她為了全體人民的福利而完成的傑出功績。」在埃及的每一座神廟中，既然阿爾西諾現在變成了「常駐女神」（sunnaos thea），她的儀式便與當地廟中的神獸有互動關聯，例如她在門德斯作為「公羊之寵兒」女神所擁有的神力，讓該廟的神聖牲口公羊的生殖能力得到增益。因為赫里奧波利斯和孟斐斯分別是神牛穆尼維斯和阿比斯的大本營，在那裡，「陛下和他的王姊與神牛同在」。至於阿曼特的布齊斯神牛，得到的待遇相差無幾：阿爾西諾二世成為此動物的女神，隨它一起接受敬拜。

法老夫婦的神廟建造工程，為他們贏得了當地祭司集團的支持，這些工程也經過了頗有策略的規畫。柯普托斯是夫妻倆的貿易商隊前往紅海邊新港口的出發地點，所以他們在那裡建了一座寬達五十公尺的大廟來敬拜伊西絲和敏神。在梅達穆得，在獻給戰神蒙圖的新神廟中，就特別描繪了古代法老執政週年慶時流傳久遠的活動場景。而在卡納克，阿爾西諾二世成了「阿蒙的女兒」，也是「太陽圓盤全環體之女主人」；此頭銜之前是賽伊斯王朝的「神之妻」女祭司所使用。

接著，在他們領土最南端的邊界，於伊西絲被敬奉為「南方女王」的地方，國王夫婦修繕裝飾了菲萊島上的伊西絲神廟，所耗用的龐大資金是從鄰國努比亞徵收的賦稅，那裡的金礦此時還是被埃及所控制。在這座金碧輝煌、氣派非凡的廟堂中，壁畫圖像重現了夫妻倆向伊西絲供奉上好的亞麻布、眼彩和珠寶首飾，以換取自己生命的延續。托勒密二世甚至被描繪成同時敬拜伊西絲和他的王姊妻子。

王室在菲萊的新神廟是一種展示手段，代表他們掌控著整個國家，從最南端的邊疆直到壯觀的新都城亞歷山大，盡在版圖之內。而那座新城，將很快成為古代世界最具影響力的城市。

西元前二八三年，托勒密二世完成了他父親開建的法羅斯大燈塔，這座一百三十五公尺高的石灰岩塔樓立刻成為世界奇蹟之一。塔上點燃的信號燈透過拋光的金屬板反射照耀，方圓約八十公里的地方都看得到。這座燈塔被視為一顆人造星星，而伊西絲就是透過它來照亮世界。燈塔旁邊的神廟供奉著這位女神，信徒稱之為「法羅斯的伊西絲」，她巨大的雕像呈現向前邁步的姿態，衣袂隨風飄揚，為日後更為出名的「勝利女神」雕像提供了靈感，後者是由和托勒密王朝競爭的安提戈納斯政權矗立在薩莫色雷斯島（Samothrace）上。

王室也在此新城到處設置了自己的雕像，法老時代的許多先王留下的方尖碑和斯芬克斯則是從尼羅河谷地各處移到了亞歷山大，矗立在他們的雕像旁邊，為這座「現代」新城增添來自古代光輝歲月的榮耀。

希臘語的「世界公民」（kosmopolites，譯註：英文的「cosmopolitan」便源於此）一詞，「很可能就是指托勒密王朝的這座都城」。這座城市的規模持續擴張，人口呈現了「多種族、多語種、多文化」的特徵，其中包括希臘人、埃及人和猶太人，以及波斯人、阿拉伯人和凱爾特人。亞歷山大逐漸成為各種尋求理想定居地的人們之最終目的地，他們不僅來自前亞歷山大帝國的各個角落，還來自更遼遠的地域，「來自法蘭西、俄羅斯南部、義大利和希臘、印度和馬爾他（Malta）。在亞歷山大的碼頭上，你可能會碰上來自印度和斯里蘭卡的佛教傳道者，也會看到來自更遠東方的航船。埃及這片古老又神秘的土地，現在成為一個超級商業中心，以及享有好生活的樂土」。

這座規畫良好的城市被精準地封為「古代世界的紐約」。這裡的高層建築、金融機構、旅客中心、劇場、賽馬場、體育場、公園和水景園林呈網格狀分布。

亞歷山大最具影響力的建築是繆斯女神廟（Museum），英文「博物館」（Museum）一詞的由來。這是一處宏大的學術科研機構，建有演講廳、實驗室和天文觀測臺，王室還出資邀請學者前來進行研究。這個「繆斯女神廟」與國王夫婦的先父托勒密一世創建的大圖書館攜手合作，很快便贏得了傳奇般的聲譽和地位。一位古代的評論者曾如此宣稱：「藏書的數量、圖書館的建制，以及繆斯女神廟廳堂收藏的珍品，既然它們都已鐫刻在所有人的記憶中，我又有什麼必要來說這些呢？」

學者忙得不亦樂乎，發明創造、實驗、反覆剖析。從希伯來《聖經》文稿到古埃及的奇幻知識，他們都將之翻譯成希臘文。據說，國王夫婦還「促成了埃及人的哲學（此前是僅僅專屬於祭司群體的智慧）用希臘文散播出去，以便讓研究者和學者受益」。

「在埃及這片多語種的土地上，如今許多人都找到了牧草，成為王室資助的古籍翻譯員，在繆斯的鳥籠中無休無止地爭執」。很快地，十二萬卷的皇皇文稿問世，包括歷史、修辭、哲學、醫藥、法律、詩歌和各種文獻，例如《敝宅規訓》（*Rules of the House*）是由一位紅極一時的交際花所寫，告知訪客在她家該如何舉止才得體。所有的文稿全被仔細分類和保存，最終成果是近五十萬本的「書」，代表著古代埃及與周邊世界的知識總和，都由托勒密王朝獨力掌控。他們的競爭者阿泰利（Atalid，即安提戈納斯及其後裔的政權）試圖在首都帕加蒙（Pergamon）創建自己的圖書館；面對這一挑釁，托勒密家族禁止了埃及莎草紙的出口，結果迫使對方發明出羊皮紙（pergamenon，帕加馬紙），以此延續知識的傳承，因為知識即是力量。

在後世評論者的記憶中，托勒密二世「在所有的王公貴族中，其對文化和學習抱持的態度最莊重嚴肅，如果還有人抱有虔敬態度，那他就是最虔敬的」。他和阿爾西諾二世在孩童時期都曾師從亞里斯多德的傳人斯特拉托（Strato）。教學應該可說是相對簡單，容易操作，因為王室圖書館和「繆斯女神廟」

原本就是宮殿建築的一部分。

宮殿就位於法羅斯燈塔的對面，坐落於大陸延伸出的地岬上。此海角名為洛基阿斯（Lochias），每位君王在位時都在此建造自己的住處，形成了一個處處是門禁柵欄的王公社區。托勒密王室進口了大量的大理石，室內空間裝潢得與馬其頓故土的宮室同樣軒敞壯麗。他們以數以百計的室內噴泉、鑲嵌拼花和雕像，為家族的埃及宮殿提升格調。內牆飾有掛毯、畫作和肖像畫，鍍金雕花的軟椅與金銀材質的桌子相配，而桌上陳列的是「黃金餐具，嵌有寶石，製作工藝極為精美」。

所有與裝飾有關的決定，看似都是阿爾西諾二世做出，她的品味和眼光也展現在每年一度的阿多尼斯（Adonis）節慶上。此節日在宮殿的公共區域舉辦，節慶期間會有由嚮導導覽的參觀行程。一位好奇心強烈的家庭主婦格爾果（Gorgo）便參與了其中一次導覽行程，她對朋友普拉希諾婭（Praxinoa）說：「我們去國王的家裡看看吧，托勒密相當富有。我聽說王后把宮殿裝修得非常漂亮……只要看過了，對那些沒去過的人，還有什麼不能說的呢！」但宮中過度鋪陳、極盡華麗的風格，也並非符合所有人的審美觀。有一位訪客就對豪奢裝飾感到厭倦，斷言道：「埃及的每一樣東西都是戲劇與場景布置。」此評論倒也頗為精闢，切中了浮華誇張的君主政權的核心——外在形象即是一切。

阿爾西諾二世當然也利用她精心營造的公眾形象，讓子民對她產生預設印象，而她對眾百姓實則不屑一顧。對亞歷山大市民喜愛的「抬酒壺歡樂節」（Flagon-bearing），她嗤之以鼻，蔑稱是「汙穢不堪的聚會，他們僅是些烏合之眾，只知一味牛飲，暴食所謂大餐，實在有失體面」。然而，她自己也惡名在外；她在王室的宴飲派對常常醉酒嘔吐。

僅僅七年的時間，她就把托勒密宮室變成了一座令人眼花繚亂的堡壘，以炫耀性的揮霍消費為樂趣。西元前二六八年七月十六日晚，直到十七日早晨之間的滿月之夜，阿爾西諾二世告別人世，享年四十八歲。

埃及人的歷史記錄宣告「這位女神飛升去了天國」。希臘文的文獻來源則宣稱她的靈魂被阿波羅的黃金馬車接走，到了奧林帕斯聖山，與他的神界夥伴們同住。甚至有一首官方的哀悼輓歌，由專人在托勒密二世面前唱誦表演：「他們為你的姐姐痛哭，與你生於同一母腹的姐姐如今已離去，埃及各地的城鎮，都籠罩在一片黑衣中。」黑色本是歐洲人服喪期間著裝的顏色，在埃及卻是象徵新生命的顏色，例如伊西絲本人就是「著黑袍的女王」。

阿爾西諾二世的遺體依照馬其頓的風俗火化，伴隨的儀式包括競技運動，同時也舉行文學類比賽，而埃及傳統的葬儀環節「開口」則在全國各地神廟中她的雕像執行。之後，每年的七月，即埃及年的年底，同樣的儀式都會定期舉辦，因為代表伊西絲的閃亮星辰索提斯會在七月中旬升起，標誌著阿爾西諾的靈魂再次出現在天穹。另一個年度的新節日，阿爾西諾節（Arsinoeia），旨在對此慶祝。節慶中，阿爾西諾二世的女祭司引領著亞歷山大市民穿過這座城市，前往最後的終點——阿爾西諾女神廟。

此廟坐落於海邊，標誌是一座方尖碑。石碑此前未曾使用過，是奈克塔內波二世在赫里奧波利斯的遺物，托勒密二世的工程師菲尼克斯（Phoinix）將此碑運到了亞歷山大。儘管「運送和豎立這石碑，比起最初挖鑿雕製，遠遠更耗費人力與物力……國王依舊將此方尖碑安置在了阿爾西諾女神廟，這是他對妻子兼姐姐阿爾西諾一片真情的證據」。同一份史料來源更補充到，此廟存有阿爾西諾二世的一對雕像。其中一座高達二公尺，所用的綠橄欖石來自紅海；此像上方還神奇地懸掛了一座鐵質小雕像，以天然磁石屋頂吸附。此現象在那時就令人歎為觀止了，以至於大約五百年後依舊有詩歌以此為主題。不過，這倒也切實地證明了建築師迪諾卡里斯（Dinochares）果真成就非凡。

另一位王室工程師迪斯比烏斯（Ktesibius）也不甘示弱，在阿爾西諾二世的第二座神廟中施展了他的神奇技術。這座廟堂位於亞歷山大港常年狂風呼嘯的澤費里翁海角（Cape Zephyrion，指西風神澤費羅斯〔Zephyrus〕）上，他在那裡完成了一座噴泉樣式的豐饒之角（cornucopia），「以埃及歡喜神貝斯（Bes）為造型，當噴泉噴口打開，流出美酒時，此神會像吹喇叭一般發出尖銳的嘯聲……金色的噴口鳴奏出一段呼應的樂音，發出暢飲狂歡和喜樂的信號，就像尼羅河神從神聖之水中奏響遠古祖先的謠曲。所以，年輕人，如果要向迪斯比烏斯此智慧的設計表達敬意，就請你們來到這裡，來到阿爾西諾的神廟中」。在這裡，虔敬膜拜者堅信，「只要你向她祈禱，她便會保佑你的遠航一帆風順，保佑大海風平浪靜」。

包括街道、城鎮甚至是整個地區，皆以這位女君主的名字命名，因此阿爾西諾二世在相當遼闊的地域內都受到敬拜，遠至賽普勒斯和黑海沿岸，而對她的供奉儀式則是以國王徵收的一項特別稅作為資金來源。托勒密二世想以此保持亡妻的靈魂永生，因為他需要這位姐姐兼妻子的女神配合，哪怕是以亡靈的名義。他餘生的二十二年間，一直未再結婚，他的肖像依然顯示妻子與他同在，而在文件和官方記錄中，仍會加上阿爾西諾的名字，甚至照舊發行她的硬幣。與在她之前的先王（從阿蒙霍特普三世到亞歷山大大帝）頗為相似，「雖已死亡，但令人訝異的是，這並未對阿爾西諾的君主生涯造成多少影響」。

她的實際存在對托勒密二世並非什麼必備之物，托勒密二世與不計其數的女人們保持關係，並享有美譽，「是你可得到的最好的男人，體貼、善解人意、詼諧幽默有品味、偏袒女士、彬彬有禮、知道誰是他的朋友（更棒的是，也清楚哪些人不是朋友）、慷慨大方、讓許多人得到禮贈、從來不吝施與恩惠，並具有一位國王應有的風度」。他熱愛奢侈享樂的生活，但因為痛風卻越來越力不從心，只能坐在宮室的窗邊，看著他的子民在下方遠處的沙灘上開心地野餐，鬱悶沮喪地哀嘆：「我真是一個倒楣鬼！想想看，我甚至都不能成為這些人。」

西元前二四六年一月，他與世長辭，享年六十二歲。與姐姐和父母一樣，他被依照馬其頓習俗火化了，骨灰安葬於亞歷山大大帝的陵墓中。主持葬禮的是他的兒子，時年三十八歲的繼位者托勒密三世（西元前二四六至前二二二年在位）。

登基之際，他娶了表妹貝倫尼柯，鄰國昔蘭尼（利比亞）唯一的全權統治者。這位王后仿效了她的前輩阿爾西諾二世，接受全套的帝王頭銜「貝倫尼柯法老」（ta per-aat Bereniga），還有「女性荷魯斯」與「埃及國王之等同者」。她在政治方面顯然與其丈夫平起平坐，字面和事實都是他的「另一半」。他們的聯姻將兩片廣闊的領土結合了起來，同樣還有昔蘭尼強大的艦隊，在稍後對老競爭對手塞琉古斯家族王國的戰爭中，這支艦隊被證明發揮了決定性的作用。

戰爭長達五年，丈夫出征在外，貝倫尼柯二世便掌管了埃及內政。她擔任了總理大臣的職務，而女性擁有此頭銜在埃及已是兩千年前的事了。

到了西元前二四一年，這對夫妻已經將勢力範圍延伸到巴比倫，最終與他們的對頭塞琉古斯二世握手言和，並送給他一尊伊西絲雕像。雕像被供奉在安條克城中伊西絲的聖祠中，對她的膜拜儀式迅速散布開來，遍及了托勒密王朝的影響範圍。作為回報，一百年前波斯人搶走的埃及雕像，如今被歸還，這被視為國家榮耀的一種復興，國王夫婦也因此獲得了一個名稱「救星神」（Theoi Euergetai）。在亞歷山大和雅典舉辦的托勒密王朝節日期間，這對夫婦受到神一般的敬拜。除此之外，一個新節日，恩主節（Euergesia），是膜拜巴斯泰特—塞克美特傳統儀式的升級版，也是專用於慶祝夫妻倆的功德。

這些偏於行動派的古老神祇威猛神力，貝倫尼柯二世似乎都能駕馭。於是，她又獲得了一個獨特的埃及式尊稱，只是不免冗長「她有奈斯的勇敢和力量，她有巴斯泰特—塞克美特的勇氣」。在世界舞臺上，貝倫尼柯二世當然也是精力充沛的角色，她既會駕馬奔馳，還懂馬匹配種繁殖。她的戰車隊在希臘的尼米亞、科林斯和奧林匹亞的賽場上都屢獲優勝，反映出她高明的騎術。有一首名為《陛下駿馬的勝利之歌》的二百行長詩，歌頌了她的輝煌戰績。詩中說她有自己的女祭司，或說她的「獎盃捧杯者」在每年一度的慶祝遊行隊列中，負責手持比賽勝利奪得的桂冠，隨後將榮耀冠冕安置於她的雕像之上。

與先輩阿爾西諾二世一樣，貝倫尼柯二世被當作伊西絲膜拜，稱為「神之母」，此敬稱倒也算是實至名歸；她生了六個孩子。另外更多的比喻，將她與阿芙蘿黛蒂相提並論，便是聚焦於她的出眾美貌，此天生優勢被她發揮到了極致。出席任何場合，她都精心打扮，選配相應的華麗盛裝。馬其頓樣式的后冠有時會被一頂奇特的船首狀王冠取代，旨在強調夫婦倆麾下海軍的戰鬥力，而配飾也同樣異乎尋常，是一枚船錨狀的胸針。

貝倫尼柯二世是埃及香水產業重要的支持者，對香水製造抱持了濃厚的興趣。她的頭髮垂掛到肩膀，呈現小螺旋樣式的鬈髮，秀髮甚至為自身贏得了不朽地位；她向澤費裡翁海角神廟裡的阿爾西諾—阿芙蘿戴蒂—伊西絲三位一體神獻上了一束長髮，表達丈夫從海外戰爭歸來後的感激之情。一夜之間，這束髮絲就從廟中神秘消失，其實應該就是被海風吹跑了，但宮廷星相大師靈機一動，隨即就在夜空中辨認出那束頭髮，表示已經變成了「貝倫尼柯鬈髮」（Coma Berenikes）星座！無須贅言，宮廷詩人們又要靈感湧現，對此吟詠讚頌一番了。

不過，政府資助的天文研究也並非都是如此異想天開。西元前二三五年，王室夫婦任命昔蘭尼的埃拉托斯塞尼斯（Eratosthenes）擔任城中大圖書館的新主管。他傾力建構革命性的新理論以證明地球是圓的。他測量亞歷山大與阿斯旺之間的距離，然後算出地球的周長，與現代公認數據的誤差竟然只有八十公里左右。他甚至還算出了一年的長度，確立了一個極為可靠的日曆，一年計有三百六十五又四分之一天。但是，埃及祭司們反對他的發現，因為他們更喜歡自己三百六十五天的年曆，長期以來另外剩餘的五天都用於慶祝，當作眾神的生日，此時又額外加上一天慶賀國王王后的聯合執政，由此構成閏年。

君主持續支持「繆斯女神廟」的學術研究，他們對大圖書館的捐贈毫不手軟，不僅包括了從雅典和羅德島市場採購的各種作品，還有雅典那些偉大戲劇家的原始手稿。手稿是以借用的名義帶出，便於在亞歷山大抄寫，但夫妻倆歸還回去的卻是抄寫本，情願失去十五枚塔蘭特大金幣的押金，只為占有無價的原本。

在都城的儀式地景中，這對王室夫婦貢獻了屬於自己的印記，他們開始修建亞歷山大大帝的第三處、也是最後一處安息之地。位置就在王宮附近，其中的地下墓室建造得足夠巨大，除了安頓亞歷山大的木乃伊，還可容納人數漸增的托勒密家族的骨灰及陪葬用具。

城中的塞拉比斯神廟也重建了，顯眼地雄踞於一座岩石嶙峋的山頭上，外層包覆著閃閃發亮的金屬箔片。面對此情此景，評論者只能大聲讚歎：「不加以充分地鋪陳描繪愧對這傑出的建築。這裡裝飾著宏偉立柱的輝煌廳堂，還有栩栩如生的雕像，另外更有大量的工藝作品……世上不會看到比這更壯麗恢宏的事物。」

神廟的地下洞室是膜拜阿比斯的場所。西元前二三八年的一道祭司法令刻寫在這裡，強調托勒密三世與貝倫尼柯二世對神牛「付出毫不間斷的關注，以及大手筆的經費預算和開支，都用於這片土地對阿比斯、穆尼維斯及其他著名神聖動物的敬拜」。

王室與孟斐斯神權集團之間形成了一種日漸緊密的關係，最高祭司阿尼姆霍二世（Anemho II）經常會來到亞歷山大，應政府之命出公差。他幫助國王夫婦在荷魯斯的信仰中心艾德夫（希臘名為「阿波羅的城市」〔Apolinopolis〕）規畫了一座巨大的新神廟，該神廟同時是宣揚國王神權的聖祠。正如亞歷山大大帝的權威用來為托勒密家族添彩，這對夫妻也將阿尼姆霍作為媒介，透過他利用法老先王長期累積下來的權勢。如今，阿尼姆霍已被指定為「王室先祖的祭司」。

西元前二三七年八月二十三日，托勒密與貝倫尼柯主持了新神廟的奠基典禮。他們主導古老的「拉開繩帶」測量儀式，為了確保神廟建得「像祖先們所指令和要求的」。而且，與古王國時代於此處修建的原始神廟一樣，新廟的坐向也是與太陽運行的方向一致。

透過這樣的設計，太陽的光線能分時照亮神廟牆面的不同區域，而牆壁被描述為「刻畫得非常精美，由最頂尖的匠人施工完成，所有裝飾都是按照古代的記錄再現」。相伴雅緻微妙景象的是一種新風格的象形文字，「其根源毫無疑問出自已知最古老的宗教文本『金字塔銘文』字體，可追溯至西元前三〇〇〇年」。原先的標準象形字只有八百個，現在又加入了大約六千個新字符。這是埃及祭司用以彌補托勒密王朝將埃及古代文本翻譯為希臘文的舉動，藉此保持象形文字的奧妙本質，並增添了一層謎團色彩；即使到了今天，「托勒密王朝時期的銘文依舊無法解讀，它們所包含的秘密奧義還有待發現」。

艾德夫神廟禁止任何人接近，更不得登堂入室，只除了幾名負有特殊專職的祭司。內部的牆面刻著一份恆久的祭儀文本，那些文字如果被大聲讀出來，就會產生一種頭韻的讀音效果。已經翻譯出來的短語之一，意為「荷魯斯之眼安好，目光銳利，閃亮者在閃耀，因為塞斯不復存在」，而原文讀起來則是「wedjat wedj ti webenet weben ti wehi sep en wenef」，以明顯的「we」音頭韻。另有一句警告，「誰膽敢冒犯你不可褻瀆的土地，奈荷貝特便刺死他」，原文讀音則是「shatat her shemy shash shaw ek shata」，頭韻一目了然。

在與之相應的壁畫場景中，國王作為荷魯斯，正揮動長矛刺殺他的敵人塞斯。荷魯斯身為獵人或稱為格里格（gereg）的角色，據信就是喬治（George）名字的緣起，也是傳說中聖喬治揮舞長矛屠惡龍的靈感來源。此場景還伴隨這些文句：「我緊握我的長魚叉！我將躲藏者趕回來處，我刺向他們的身軀，我把他們斬殺乾淨，我攔截他們對荷魯斯的攻擊，使之偏移落空。」這種對於用長矛穿刺、捅殺的執念，基本上是對摧毀黑暗力量的執著，將國王塑造為眾神的守護者，而諸神則會反過來庇佑埃及。

關於荷魯斯與塞斯的遠古神話，有時以音樂劇的形式表演。演員使用的部分原始臺詞都來自艾德夫神廟的圖書館，館裡的壁龕還曾藏有聖書經卷。另一個側室房間名為「紡織品儲藏室」，裡面曾存放著神聖的祭袍和祭禮用布，而「實驗室」的牆上則銘刻著一些配方，用以製作祭儀所需的香水和焚香。

按照傳統的設計，神廟的面積比例是越向內部就會越縮減，於是光照的亮度也漸次衰減，逐步增加內部的神秘感。艾德夫神廟的中心是奈克塔內波二世所創建的石造聖祠，現在又在其內部裝配了一個更小的神龕，由木材製成，還鍍了金，供奉著供膜拜的荷魯斯雕像，只容許神廟的最高祭司和君王看到，這樣就在托勒密家族與埃及末代的本土法老之間構建了一個強有力的連結。

出於相似的考慮，托勒密與貝倫尼柯也替奈克塔內波二世的其他神廟增添了東西。在卡納克，他們新建一系列大型石頭門廊，諸如霍爾奈得耶特夫（Hornedjitef）這樣的祭司們穿梭其間，維持著沿續了數百年的相同儀式。儀式程序包括了「祭品的回歸」，意即祭司團體的大部分飲食來自諸神吃剩的肉類供品；但這些肉食並非總是經過完善的烹煮。霍爾奈得耶特夫的一些同僚被葬在底比斯西岸，根據這些木乃伊體內發現的腸道寄生蟲殘留物，便可做出如此判斷。

底比斯此時已經成為遊客的必訪之地，希臘文的塗鴉也越來越多出現在西岸的陵寢，從國王谷到第十八王朝重臣西內弗爾的墓地都無一例外。西內弗爾的人像戴有一條雙心形墜子的項鏈，此時上面裝飾了希臘文名字「亞歷山大」，此名是於原始的壁畫繪製完成的一千多年之後，用象形文字整潔俐落地書寫。

不過，最具吸引力的景點依舊是阿蒙霍特普三世的兩座守衛巨石像。石像的腿部成為古代遊客抒發激賞之情的留言簿。它們不僅以本身奇蹟般的存在令人驚嘆；即使經歷古代地震而遭受損傷之後，仍舊屹立在原地，而且最北邊那座雕像身上的裂縫，當每天黎明後、石頭逐漸升溫時，還會發出一種聲音。托勒密王朝的祭司兼歷史學家曼涅托能夠讀出石像上的銘文，銘文刻寫的是阿蒙霍特普三世的帝王之名「奈布瑪阿特拉」，依照傳統是讀作「Nimmuria」或「Mimmuria」。曼涅托斷言，阿蒙霍特普三世「就是人稱門農的國王，也就是會說話的雕像原型」。而門農原本是神話傳說中的衣索比亞英雄，在特洛伊戰爭中被殺，他的母親伊俄絲（Eos），即黎明女神，對此哀傷不已。

另一個文化融合的例子則是在艾斯利比斯、利安托波利斯和亞歷山大都建造了猶太教堂，而埃及與斯巴達之間的關係也足夠密切，以至於在亞歷山大的宮廷中，都安置了斯巴達國王克雷奧門尼斯三世（Kleomenes III）及其家族的聖祠。儘管托勒密王朝與敘利亞不時有衝突發生，埃及最終成為塞琉古斯帝國的主宰者。於是，托勒密三世與貝倫尼柯二世一起統治的領土，囊括了埃及、利比亞、以色列、約旦、敘利亞、黎巴嫩，還有賽普勒斯、西利西亞（Cilicia，小亞細亞古國）、潘菲利亞（Pamphylia，亦在小亞細亞）、呂西亞、卡利亞，以及位於當代土耳其的愛奧尼亞部分地區、色雷斯的部分區域和希臘的伯羅奔尼撒半島——托勒密帝國達到了最鼎盛也最強大的時期。

西元前二二二年，托勒密三世六十二歲，無愧於「眾神的強力保護者與埃及的堅固城牆」之稱號。該年冬天，他因病去世後火化。帶頭主持葬禮的是他的寡婦兼聯合統治者貝倫尼柯二世，此時成為唯一君主。

她維持托勒密家族聯合執政的傳統慣例，將二十歲的兒子托勒密四世（西元前二二一至前二〇五年在位）立為新的聯合統治者。兒子被眾人稱為「父親的寵兒」（Philopator），他似乎與母親並不親近。

雖然母親受到她的希臘和埃及子民極大的愛戴，但在兒子的希臘政治顧問索希比烏斯（Sosibius）及已故國王的情婦奧伊南瑟（Oinanthe）眼中，其母的所作所為並不受待見。

在一場恐怖的政治清洗中，索希比烏斯下令處決了貝倫尼柯二世和她的全部母系家屬，除了她十四歲的女兒阿爾西諾三世倖免於死，並許配給她的哥哥，以繼續神聖的王權傳承。不過，托勒密四世的主要性伴侶是奧伊南瑟的女兒阿迦索克雷婭（Agathoklea）。這位新王被視為「放浪、驕奢淫逸的陰柔王子，縱情於聲色犬馬，在女人和美酒的漩渦難以自拔，國家大事則由他的情人阿迦索克雷婭，以及情人之母兼老鴇奧伊南瑟掌控打理」。

斯巴達國王克雷奧門尼斯也是新王的顧問之一。身為「帝國病態荒淫的見證者」，他的忠直諫言自然不被索希比烏斯採納。這位不幸的國王及其家人慘遭殺害，克雷奧門尼斯的屍體還被剝皮示眾，以儆效尤。

宮中已然陷於混亂，而埃及在西元前二一七年又面臨了一場危機爆發。其時，塞琉古斯政權的國王安條克三世（Antiochos III），率領七萬將士與一百頭印度戰象進犯埃及邊境。由於沒有克雷奧門尼斯和他的斯巴達戰士可依賴，托勒密四世別無選擇，只能倉促訓練埃及人，希望能集結一支可與敵方抗衡的軍隊，這支臨時湊合而成的軍隊的壓陣夥伴，則是七十三頭易受驚嚇且略顯躁動的非洲大象。

年方十八的阿爾西諾三世也試圖尋求神界的幫助。她模仿母親，割下了一綹長髮，敬獻給月亮與狩獵女神阿爾特彌絲（Artemis），並加入她哥哥兼丈夫的行列，率領他們的軍隊北上開往拉菲亞（Raphia）。在那裡，她趁著兩軍交鋒之前，親自對眾將士發表演說，致辭時雖然淚眼婆娑，但也慷慨悲壯，令士氣大振。

讓所有的人大為意外的是，埃及軍隊竟然贏了，並收復大片領土，直至西利西亞。兩位凱旋的君主受到民眾夾道歡迎。「拉菲亞之戰女英雄」阿爾西諾大受敬重，其形象被雕刻在酒具，揮舞著長矛，與她哥哥跨馬征戰的英姿匹配。他們繼續向南航行至孟斐斯，一路慶祝。當地豎立了一塊巨大石碑，以紀念這次的勝利，上面刻寫了希臘和埃及的雙語文本。而祭司們則錦上添花地宣告，將在全國所有神廟豎立這對夫妻的雕像。

兩人在如宮殿般華麗的大船上沿尼羅河巡遊，不時現身，面對兩岸的埃及子民，感謝他們勇敢戰鬥，為國家奪取了勝利。然而，禍事也隨之而來——此時的埃及民眾意識到了自己擁有真正的力量，於是第一波嚴重的國內動亂在中埃及爆發，並蔓延到三角洲地區。儘管騷亂最終被鎮壓，但平民起義的導火線已經點燃。

托勒密王朝的羅馬盟友日子也過得並不容易。義大利遭到迦太基的悍將漢尼拔（Hannibal）摧毀之後，面臨了嚴峻的糧食短缺，於是在西元前二一五年派出代表團來到亞歷山大，請求糧食援助。他們以金幣答謝埃及，幣面則鑄有羅馬戰神馬爾斯（Mars）及托勒密王室的雄鷹圖案。迦太基仍舊是個威脅，但托勒密王朝利用了另一個北非國家與之周旋。西元前二一〇年，第二個羅馬代表團又來到埃及，「為國王和王后帶來了禮物，以紀念與更新兩國之間的友誼」，其中包括一件送給國王的美麗托加（toga）外袍。

但如此樸素莊重的羅馬式袍服很難入得了托勒密四世的眼，更不用說他是以酒神戴奧尼修斯的樣子塑造自己的形象。他採用的頭銜為「新戴奧尼修斯」或「再生的戴奧尼修斯」。酒神那神聖的綠藤葉，被他當作花環戴到頭上，甚至紋在身上。他便以這副模樣主持暢飲狂歡的酒神敬拜儀式，「手裡搖晃一只鈴鼓，加入遊行表演」。

他還以酒神崇拜為靈感來源，撰寫了幾部悲劇作品。托勒密家族對荷馬有持續的熱情，並反映在王室夫婦為這位神格化的詩人所修建的廟堂上。他們還整飭修繕了父母的塞拉培翁神廟。及至西元前二一五年，他們也將父母為亞歷山大大帝修建的新陵寢徹底完工，稱其為「索瑪」（Soma），希臘語的意思是「身體」。

這座陵墓所有痕跡在幾百年前已消失殆盡，但據說那座陵墓「在大小規模和建築品質都對得起亞歷山大大帝的榮光」。那是一座高大壯觀的構造，上方是一座金字塔形狀的建築，地下墓室則安放著托勒密家族先輩的骨灰匣，以及亞歷山大的木乃伊，而木乃伊甚至配有專任的祭司負責日常侍奉。

國王夫婦也沒有忘記埃及的聖城底比斯。在卡納克，他們修建了一座大山洞般的「歐西里斯之墓」。在底比斯西岸的「工人新村」德爾―梅迪納的廢墟旁邊，則蓋起一座寶石般華麗的神廟，廟中的壁畫以鮮亮明艷的色彩描繪了托勒密四世與阿爾西諾三世敬拜眾神和神格化的歷史人物的場面；對他們夫妻而言，那些已是來自古埃及遙遠時空的先賢。

更南邊，對祖先崇拜的重視也如出一轍。促使艾德夫的神廟在西元前二〇七年得以完工。甚至在南部邊境之外的努比亞，這對夫妻還在普塞爾基斯（Pselchis）為荷魯斯建了一座新神廟，阿爾西諾三世的名字在其中被刻意強調。

因為西元前二一〇年十月，她完成了自己一直被期待扮演的角色，生出了一個新的荷魯斯，即一個兒子。孩子免不了又取名為托勒密，成為家族第五位使用此名之人，但卻是第一個經由親兄妹婚姻生出來的托勒密。

這也是兄妹夫妻膝下唯一的孩子，反映其父母之間疏遠的關係。托勒密四世大部分時間都與情婦廝混，或是訓練他的奧運會拳擊隊。正如一位希臘訪客注意到的，國王「心不在焉，與之打交道並不愉快，在辦理外交事務的使者眼中，他漫不經心，十分怠慢……因為他把精力都花在女人身上了，是不知羞恥的情場老手。另外，他動輒酩酊大醉，行事前後矛盾，因此毫無意外地，他自己和他的王國在一時之間都成了陰謀算計的目標」。

事實也的確如此，亞歷山大的處境正變得越來越不穩定。西元前二〇七年，民族主義者掀起的暴動在底比斯如火如荼，南方趁機脫離了帝國，宣布獨立。為首的是兩位自封的本族法老，赫爾維內弗爾（Herwennefer，西元前二〇六至前二〇〇年掌權）與他的繼任者安赫維內弗爾（Ankhwennefer，西元前二〇〇至前一八六年掌權）。兩人先後被底比斯的祭司集團命名為「阿蒙—拉神的寵兒」，與孟斐斯支持托勒密政權的祭司形成直接的對立。

西元前二〇五年年底，三十九歲的托勒密四世突然駕崩。死訊被他的權臣索希比烏斯隱瞞了數個月，以此爭取時間，確立自己攝政王的地位，輔佐已故國王年僅五歲的兒子兼繼承人托勒密五世（西元前二〇五至前一八〇年在位）。至於阿爾西諾三世，現在已是多餘之人，於是很快就被謀殺了，恰如之前她母親和家人的悲慘結局。

死者被倉促火化，安葬於亞歷山大的墓室中，死訊在那之後才得以公布。先王的幼子宣告登基為王，索希比烏斯被指定為他的監護人，孩子由奧伊南瑟的家族照料撫養。

索希比烏斯死後，奧伊南瑟掌握了最高權力，此情況至少延續了一段時間，直到她飛揚跋扈的專横行徑讓亞歷山大市民（他們依舊為阿爾西諾三世可憐的命運哀傷悲悼）感到忍無可忍。人們如風暴般衝進王宮，將奧伊南瑟及其家人拖出來。隨著大量的暴民蜂擁而至，「有人咬她們，有人用刀劍刺捅她們，還有人剜出她們的眼珠。只要她們當中有誰伏倒在地，人們就瘋狂拉扯此人的四肢，直到拉斷，並以他們想要的方式將受害者全部肢解。生活在埃及之人的憤怒激情中，伴隨著一種可怖的野蠻衝動」，特別是阿爾西諾三世的童年好友，那些曾經的「小姑娘們」，在這場暴力殘殺中顯得尤其凶殘。

埃及宮廷中的希臘朝臣接連爭搶大權，亞歷山大於是陷入混亂。既然底比斯已經率先如此，王室的權威在國土其他地方也就逐漸衰退消弭。到了西元前二〇〇年，敘利亞和東部地中海的許多區域，已經落入塞琉古斯國王安條克三世的掌控之中。在馬其頓盟友的相助下，他計畫從年幼的托勒密五世手裡奪取整個王國。面對迫在眉睫的入侵，托勒密五世的大臣向羅馬尋求援助。西元前二〇二年，羅馬人擊潰了他們的最大勁敵，迦太基的漢尼拔，此後便產生想向東擴張帝國的熱切慾望。他們十分需要機會和藉口援助埃及，於是欣然出兵攻打馬其頓。到了西元前一九七年，馬其頓已被羅馬納入囊中。

也是同一年，十三歲的小法老托勒密五世慶祝了他的「成人節」（Anakleteria），而他開始自己獨立決定國家大事。

他的第一個舉動是將王國都城搬離風雲動盪的亞歷山大，遷回孟斐斯，無疑聽取了新任最高祭司哈爾馬基斯（Harmakhis）的建議。他領導的祭司團體得到慷慨的犒賞，神廟田產的稅收幾乎一概免除，並獲准在孟斐斯舉辦一年一度的宗教大會，而不必前往亞歷山大。在祭司們的支持下，三角洲地區的起義者被打敗，他們的主謀被押解到孟斐斯，由國王「下令處死在木頭上」（譯註：可能是釘死在十字架上），公開處決，以儆效尤。

此具體鮮明的方式旨在展示王室對「國家敵人」的控制，也是這位少年國王傳統加冕儀式的一部分。加冕禮於西元前一九七年三月二十六日在孟斐斯舉辦，離他最初繼位時已經過去整整八年，但舉行典禮的場所卻大大強化了他身為埃及正當合理的統治者地位。在這裡，他領受了那頂由來已久的雙重王冠，現場見證的包括埃及的祭司，以及至關重要的亞歷山大大祭司。

加冕禮的第二天，神職集團發布了一道諭令，聲稱新王已經重建秩序，在神廟修繕工程花費了大量錢財，因此他們現在尊奉國王為「一位神明，乃神與女神之子，如荷魯斯，乃伊西絲與歐西里斯之子」，新王的雕像將設立在每一間神廟，這道諭令將「銘刻在堅硬的石板上，石板應豎立在所有神廟，緊靠國王的雕像」。每塊石板的內容須以「聖書體（象形文字）、世俗體（通俗文字）和希臘文字」刻寫，以便盡可能讓更多人理解。其中倖存下來最知名的一塊，起初矗立於賽伊斯的奈斯神廟中，後來運往北邊的海岸，在羅塞塔被當作建築石材。現在，此石板被通稱為「羅塞塔石碑」，上面的希臘語與埃及文字銘文，成為兩千年之後人們最終破譯象形文字的依據。

擁有北方祭司集團的支持，托勒密五世贏回了他的王國。羅馬人攻占馬其頓，這也讓他獲益，因為安條克三世對此大為顧忌和憂慮，以至於改變了之前的計畫。他不再打算入侵埃及，反而主動提出結盟，以外交聯姻的方式締結盟約。少年法老娶了安條克十歲的女兒克麗奧佩托拉（Kleopatra）。歷史上已知有三十三位女性曾用過這個古老的馬其頓名字，而她正是其中之一。

西元前一九四年，這對年少的夫妻在拉菲亞成婚。二十多年前，兩者的父王曾在此地交戰。埃及此時再次得到敘利亞，不過這一次是作為新娘嫁妝的一部分而獲贈。

開始和丈夫聯手統治埃及的第一位克麗奧佩托拉，採用了與丈夫同樣的君王頭銜，其中包括「女性荷魯斯」，也如同貝倫尼柯二世被任命為總理大臣。由於頗受亞歷山大民眾的歡迎，她被熱切地稱為「敘利亞人」。克麗奧佩托拉是亞歷山大大帝的馬其頓將軍塞琉古斯與其波斯妻子阿帕瑪（Apama）的後裔，而她的生母屬於黑海南岸蓬托斯（Pontus）古國的王室族系。不過，從克麗奧佩托拉鑄幣的肖像來看，她沒有父系尖銳硬朗的五官線條，也沒有母系「醜陋長相和拳擊手寬扁的鼻子」。這位克麗奧佩托拉有完全清楚良好形象的號召力，於是也準備了貝倫尼柯二世的長鬈髮造型，還配上伊西絲式樣的長袍，儼然女神風貌。如同伊西絲，她很快也當上了母親，並生下女兒，同樣取名為克麗奧佩托拉，接著又有了兩個兒子，名字都叫托勒密。

這對君王夫婦的雙重演出相當有效，他們收復底比斯，結束了南方二十年的無政府混亂狀態。自立為王的叛亂法老安赫維內弗爾的支持者遭到處決之後，依照孟斐斯祭司團隊的建議，安赫維內弗爾本人得到了赦免，以此安撫當地百姓的情緒。

他們也維持了與希臘城邦諸國的盟友關係。西元前一八二年，在四年一度的泛雅典娜節希臘運動會上，托勒密五世在戰車比賽中勝出。

但羅馬人向安條克三世（克麗奧佩托拉一世的父親）宣戰，而托勒密對此表示支持，夫妻間的婚姻關係一定也因此而變得緊張。王室的財務也陷入拮据。揮霍無度的托勒密五世收回了之前給予埃及人的稅收優惠，還向手下的朝臣們索取高額捐款。西元前一八〇年的春季，二十九歲的法老中毒身亡；顯然是他的將軍們下了黑手。但與他的托勒密先輩們不同，托勒密五世沒有被火化。他成為遺體被做成木乃伊的首位托勒密君王，這倒也呼應王室的變化：王宮已遷址到了孟斐斯，王權家族與影響力日益增強的神職集團之間的關係也越來越緊密。

負責其葬禮的是二十四歲的遺孀克麗奧佩托拉一世。她將時年六歲的大兒子托勒密六世（西元前一八〇至前一四五年在位）立為聯合攝政王，以此維持雙人的王權統治。兩人的官方尊號是「分明女神真身法老克麗奧佩托拉母儀天下，分明上神真身托勒密之子托勒密襲冶承弓」；這位孩童國王還領受了另一個稱號「母親的寵兒」（Philometor）。

成功執政的四年期間，克麗奧佩托拉一世終止了針對其塞琉古斯娘家的所有戰爭計畫，只專注於維持埃及境內的和平穩定。她成為極受民眾愛戴的人物，她的馬其頓名字也成了新生兒命名的熱門選擇。曾有一位母親寫信給她的女兒：「不用多想，就替小東西取『克麗奧佩托拉』這個名字吧……妳的小女孩。」」。

西元前一七六年四月，克麗奧佩托拉一世辭世，年僅二十八歲。她獲得了專屬的祭儀人員，但僅在底比斯才有，此安排代表了許多意義，因為亞歷山大仍處於希臘朝臣的掌控下，借用王后三個孩子的名義實施統治，分別是十歲的托勒密六世、他的姐姐克麗奧佩托拉二世，還有剛滿五歲的弟弟（後來稱為托勒密八世）。朝臣迅速讓克麗奧佩托拉二世嫁給了她的弟弟，以避免她被迫與對埃及圖謀不軌的外國統治者聯姻。

塞琉古斯王朝的新王安條克四世，即已故的克麗奧佩托拉一世的哥哥，此時已經顯露出他的心思；作為埃及小君主們的舅舅，他利用這一身分作為藉口，在西元前一六九年入侵埃及。安條克四世長驅直入，來到孟斐斯，提醒外甥托勒密六世，說他的母親出自塞琉古斯血脈，並宣告將少年法老置於塞琉古斯家族的保護之下，迫使孟斐斯祭司集團為他加封，成為外甥的聯合執政者，即「安條克法老」，完全無視既有聯合統治者克麗奧佩托拉二世的存在。

於是，她與弟弟托勒密八世在亞歷山大組成了一個對立的政權，以示對舅舅的反擊。哥哥很快又加入了他們，於是三人一起堅定地守衛他們的城市，直至羅馬人到來；新到任的地方總督命令安條克離開埃及。除了從命，安條克別無選擇，依照流傳久遠、膾炙人口的說法，羅馬人繞著他在沙地上畫了個圈，逼迫他同意撤離，否則就不允許他走出圓圈。

眼下，埃及實質上已經成為羅馬的受保護國。三位年少的托勒密王族被告知，他們「應該始終將羅馬人的信任和善意視為其王國的最佳保護力量、最強大的後盾」。

三姐弟採用了頗有戲劇色彩的稱號：「托勒密三人組」，「三人組」政權此時又把亞歷山大定為治國的首都。西元前一六八年八月，他們聯合召見了一位名為霍爾（Hor）的祭司。此人不僅是「神鳥朱鷺的餵養人」，也是一位解夢大師，曾預見了安條克四世的入侵。他告訴三兄妹：「鄙人夢到了如下情況：伊西絲，埃及與敘利亞土地上最偉大的女神，正走在敘利亞海的水面上。托特站在她前面，拉著她的手，而她已經到了亞歷山大的港口。她說：『亞歷山大安然無恙，可拒敵於遠處。』」

不過，這還得取決於所謂的敵人到底是誰。因為，埃及面臨的最大威脅實際上是來自內部。

三人組之間的關係雖不能說破裂，但至少十分緊張。同時，饑荒又一次導致大範圍的動盪與騷亂。隨著底比斯的暴動風起雲湧，托勒密六世只得率部南征，對付起義者。他的弟弟托勒密八世卻趁機出手，於西元前一六四年秋天，在亞歷山大民眾的支持下，將出征在外的哥哥罷黜了。

於是前國王托勒密六世向羅馬告狀，在元老院議員面前申訴他所遭受的不公，並贏得了支持。不過，此舉已屬多餘。因為托勒密八世對權力如痴如狂，亞歷山大人民亦將其廢黜，並懇請托勒密六世即刻回國，重登王座。

羅馬人利用此機會進一步削弱托勒密王朝，將國土一分為二。尋釁滋事的托勒密八世分到昔蘭尼（利比亞），而他的兄姐恢復了對埃及的聯合統治，兩人並稱為「法老托勒密與克麗奧佩托拉」。

他們明智地花了許多時間駐留在孟斐斯。在塞拉培翁旁邊的宮殿裡，他們與當地的菁英名流宴飲，也依照規矩供奉敬拜城中的阿比斯神牛。他們甚至專門設立了一個王室委員會，調查將假造的朱鷺木乃伊標本賣給朝聖者的欺詐行為。他們的統治得到孟斐斯神職集團的全力支持，而這些祭司的雕像此時也矗立在亞歷山大的塞拉培翁神廟中，與王室家族的雕像共聚一堂，顯示雙方的統一陣線。

霍爾祭司還預言道：「王后將生一個男孩。」這一預言也應驗了，托勒密六世與克麗奧佩托拉二世有了一個兒子兼繼承人，叫托勒密．歐帕托爾（Eupator，意即「有尊貴的血統」），然後又有了第二個男孩，綽號「後備者」，大名依舊是托勒密。夫妻倆還生了兩個女兒，克麗奧佩托拉．西婭（Thea）和克麗奧佩托拉三世。這些孩子相互婚配，生出後繼的托勒密王室，還有塞琉古斯家族的君主；由此形成的血親世系，與其說是家族譜系，毋寧說是一張混亂的「宗族蛛網」。

托勒密六世與克麗奧佩托拉二世是熱忱的建築工程贊助人，修繕了既存的神廟，還在康姆翁波建造一座新廟，用於神廟裝飾的部分資金來自當地的駐軍。這對夫妻如此深得民心，阿斯旺的邊防駐軍甚至成立了一個協會，「每年都慶祝一個專設的節日，向國王、王后和王子公主們表達尊敬和愛戴」，王室南巡視察至此地一事鼓舞了軍人們的士氣，也保證了與努比亞邊境的安全。

同樣明智的是，這對夫妻強化鞏固了埃及的東北邊境。他們的舅舅兼舊敵安條克四世曾洗劫耶路撒冷的神廟，將耶和華換成了宙斯。現在，經托勒密王室許可後，猶太人大祭司將位於利安托波利斯、拉美西斯王朝時代的巴斯泰特舊神廟，改造成了敬奉耶和華的新廟。此舉鼓勵了大量的猶太人來此定居，也確保了這個局勢易生變故的地區，能得到猶太人軍事方面的支持，此區的名稱也成為「猶太人的丘陵」（Tell el-Yahudiya）。

在全體希臘城邦諸國，國王夫婦也頗受歡迎。西元前一六二年的希臘運動會上，兩人的戰車隊各自贏得比賽的勝利。他們在愛琴海一帶的駐軍和海軍基地，讓富有的賽普勒斯免於憂患，不會落到弟弟托勒密八世的手上；而後者現在是埃及鄰國昔蘭尼（利比亞）的主人。

托勒密八世不甘寂寞，立下遺囑，表示死後將所有領土和利益留給羅馬。此舉得到的回報是羅馬人支持他奪取賽普勒斯的控制權，以此抗衡他在埃及逐漸強大的兄姐。托勒密八世甚至向羅馬貴婦柯尼莉亞（Cornelia）正式求婚，不過，這位父親為迦太基征服者西皮奧．阿弗里卡奴斯（Scipio Africanus）

的貴婦，聰明地拒絕了他的提議。儘管如此，西元前一五四年，他還是成為一位父親，他的伴侶艾瑞麗（Eirene）為他生下長子托勒密．阿皮翁（Ptolemy Apion）。托勒密八世辭位，並在昔蘭尼成為太陽神阿波羅的祭司，在這片受封而得的土地上，他開始為自己修建一座宏偉的陵墓。

托勒密八世的哥哥與姐姐將他們的大兒子托勒密．歐帕托爾立為王位繼承人，等同將兩人的弟弟完全排除在埃及王權的繼承順位之外。後來，歐帕托爾早夭，由其弟弟作為順位繼承人直接替代，在現代史界的稱號為托勒密七世。

到了西元前一四五年夏季，托勒密六世已收復了敘利亞，並在安條克這座城市舉行的一個盛大典禮上，接受塞琉古斯政權的王冠，由此建立了他鼎盛時期的最高霸權。但就在最光輝榮耀的時刻，四十一歲的托勒密六世卻不幸從馬背上摔落；馬因為一頭戰象而受驚。他的頭部嚴重受傷，埃及的醫生也束手無策。

聽聞弟弟兼丈夫意外猝死，克麗奧佩托拉二世隨即將十七歲的兒子托勒密七世（西元前一四五年在位）立為聯合攝政王。但消息已經傳到了昔蘭尼托勒密八世的耳中，他很快就對埃及發動攻擊。他承諾，如果克麗奧佩托拉二世嫁給他，就會給侄兒留條活路。但在婚禮上，他卻謀害了侄兒，托勒密七世死在「自己母親的懷中」。

而這僅僅只是開始，因為托勒密八世「謀殺了許多亞歷山大人」，被他流放的不止數人，那些跟他哥哥一起長大的好友，都被發配到了孤島和僻遠村鎮」。遭流放的人中，包括王室大圖書館的館長與多位學者。可想而知，他們對托勒密八世當然視如敵寇，而這種情緒很快擴散到了整個古代世界。

托勒密八世採用的名稱為「施恩者」（Euergetes），但亞歷山大人把此稱號改成「施暴惡人」（Kakergertes）。不過，人們一般還是稱他為「胖子」（Physkon），因為托勒密八世個子很矮，肥胖程度卻相當可觀，「他的肚子如此巨大，一個人雙臂完全張開也很難抱住」。西元前一三九年，他的體型在接見一支羅馬代表團時展露無遺，賓客難忘的不是他華麗精緻的君王袍服，而是透明亞麻布之下的身材；代表們目睹之後，不禁畏縮後退。即便法老讓滑竿轎椅降下來，自己站起身問候客人，看起來也沒比較好，代表們表示：「亞歷山大人民光是從我們的來訪，就已從中得到了某些樂趣——他們總算看到自己的國王走路啦！」

托勒密八世被視為一個空前巨大（其身材比例功不可沒）的怪物，也與許多歷史先輩同樣凶殘，不過，由於他足夠精明，知道自己王朝的未來須依賴埃及子民，於是他提拔才俊，甚至將這些人安排到許多部門的最高職位，此外他還鼓勵種族的融合。宗教界與王權家族之間的一場聯姻，讓這種融合達至了頂點；托勒密八世把自己的女兒之一貝倫尼柯，嫁給了孟斐斯的最高祭司之子。

西元前一四五年，托勒密八世（西元前一四五至前一一六年在位）在孟斐斯正式加冕稱王。他的聯合執政者姐姐兼妻子克麗奧佩托拉二世，如今四十歲出頭，已經生了一個兒子，取名為「孟斐斯人」托勒密，更進一步強化了托勒密家族與埃及這座古代都城之間的連結。這位王后不僅生下王室繼承人，而且對自己擔當「兩位荷魯斯」其中一半的角色也認真以待。她在卡納克的一尊娜芙蒂蒂像重新刻上的銘文，正是她自己的名字和頭銜。

可是，托勒密八世卻想削弱姐姐的權威。他決定用更年輕的人選取代姐姐，連同她的兒子「孟斐斯人」。他使用一招高明的心理戰手段，選擇讓姐姐的女兒克麗奧佩托拉三世擔任他下一批孩子的母親。西元前一四二年，叔叔與侄女生出了他們的第一個孩子，新母親克麗奧佩托拉三世隨之宣告自己是活著的伊西絲，以反擊她母親聲稱擁有的任何神性關聯。既然她已經生出一個新繼承者取代「孟斐斯人」，托勒密八世便正式迎娶了侄女。

然而，他們不斷試圖打擊克麗奧佩托拉二世的權威，卻徒勞無功，因為這個「實實在在的母老虎」在她子民心目中極受歡迎，而且她還擁有猶太軍隊強大的武力支持。於是，托勒密八世與克麗奧佩托拉三世迫不得已，只能接納她擔任聯合統治者。

就像曾經有過的局面，埃及又有了三個人的執政組合，不過，這次是一個托勒密與兩個克麗奧佩托拉。在古代的文獻記錄中，同名的母女倆是此區分：「姐姐克麗奧佩托拉」與「妻子克麗奧佩托拉」。神廟大牆刻了三人的形象，但氛圍平和恬淡與現實情況相差甚遠。肥胖得眾所周知、令人望而卻步的國王竟被描繪為身材修長，而三人身處的野蠻政治漩渦（哪怕沒有情感交纏，也少不了權力政治的糾葛），也完全無跡可尋。

然而，為了維持團結一致的表象，以便得到大眾的支持，三人組依舊置於一種虛構的和諧情境中，刻畫在柯普托斯、基伯連、康姆翁波、梅達穆得、鄧德拉和菲萊等地。在菲萊，還設立了一座三重位的聖祠與一對七公尺高的方尖碑，宣告三位聯合統治者的大名。

在底比斯西岸，位於迪爾—巴哈里的哈特謝普蘇特神廟的最深處，重建成一座祈求醫治的聖祠，人們在這裡經常向哈普之子阿蒙霍特普請求。儘管他在一千二百年前就死了，但法力不曾衰減。在大量的見證中，例如馬其頓人波亞拉托斯（Polyaratos）宣稱，他得了嚴重的疾病，看過的醫生都毫無頭緒，但哈普之子一下子就把他治好了。希臘人利安（Leon）與麗珊德拉（Lysandra）夫婦也對哈普之子千恩萬謝，因為他們有了期盼多年的孩子。

在王室生子的競技中，克麗奧佩托拉三世無須向聖靈祈禱。及至西元前一三五年，她已經生了五個孩子，包括未來的托勒密九世、其弟托勒密十世，還有三個妹妹，名字都是克麗奧佩托拉。

至此，舞臺已經搭建完成，一場嚴重的衝突將正式上演，因為日漸年老的克麗奧佩托拉二世心意已決，要讓她僅存的兒子「孟斐斯人」托勒密當上國王。姐姐對於弟弟托勒密八世常以謀殺對付競爭對手的行徑瞭然於心，便事先將兒子送去昔蘭尼躲避危險。西元前一三二年，她發動了軍事政變，支持者是亞歷山大市民和她的猶太軍隊。

最終，托勒密八世與他的同夥被驅逐，逃到了賽普勒斯。他料到姐姐十四歲的兒子「孟斐斯人」將會被召去亞歷山大登基稱王，因此設法先把孩子召到賽普勒斯。他殺了兒子，將屍體大卸八塊，並趕在克麗奧佩托拉二世舉辦生日慶典時，把碎屍送了回去。姐姐未因此認輸，將兒子的屍塊公開展示，讓亞歷山大市民親眼見證這位逃亡的前任國君所犯下的惡行。

儘管她有亞歷山大人的支持和真誠的同情，埃及其餘地區卻支持托勒密八世和克麗奧佩托拉三世。西元前一三〇年，他們捲土重來，並在西元前一二六年奪取了亞歷山大，並處決所有曾經反對他們的人。克麗奧佩托拉二世逃往安條克，將宮中財寶一併帶走。此經濟的重大損失，讓埃及置於一種非常脆弱的處境。於是，當局開始努力重建有利可圖的商貿通道，尤其是與印度的交易，甚至延伸到更遠的異國他鄉。西元前二世紀，一艘亞歷山大商船的鐵錨，在英國威爾士西北安格爾西島（Anglesey）外海被發現，顯示托勒密王朝仿效腓尼基人所創的先例，與遙遠而神秘的不列顛諸島展開了貿易活動。

某種觀點認為，托勒密家族倘若未將大把時間花在彼此爭鬥，應該可以取得更多且更偉大的成就，「不過，若不內鬥，他們也就不會是托勒密家族了」。

最終，三位君主別無選擇，在西元前一二四年達成共識，互相妥協和解。克麗奧佩托拉二世恢復了她的官方身分，同時執政的還有她的弟弟與女兒，三人都不願放棄各自手中的絲毫權力。

克麗奧佩托拉二世的三個孩子都成為托勒密八世野心的犧牲品：兩個兒子遭謀殺，女兒轉而成為自己的敵人。不過，她至少還是得到了幸運女神的眷顧：她比令人厭憎的弟弟活得更長久；西元前一一六年六月二十八日，托勒密八世死在床上。無可避免地，姐姐的名字在弟弟的遺囑完全未被提及：昔蘭尼留給了之前的大兒子托勒密．阿皮翁，埃及與賽普勒斯則都交由克麗奧佩托拉三世；「她可以選擇任何一名兒子，將其立為聯合攝政王」。

在母親、亞歷山大民眾與軍隊的堅持之下，她沒有選擇的餘地，只得納進自己的大兒子托勒密九世（西元前一一六至前一〇七年在位），與自己的女兒構成新的王權三人組。但是，不到一個月之間，七十古稀的克麗奧佩托拉二世便撒手人寰。

她留下女兒與外孫共同執政，母子並稱為「法老克麗奧佩托拉與其子托勒密法老」。克麗奧佩托拉三世依舊大權在握，而兒子托勒密九世（綽號為拉希羅斯〔Lathyros，香豌豆〕或「鷹嘴豆」）則將精力專注於其信仰的職責。

「鷹嘴豆」托勒密擔任了亞歷山大大帝的祭司，在自家王國到處漫遊，遠至巨象島，旨在查訪古蹟場址，而外國代表團來訪參觀時，這些名勝地方也列於他們的行程路線。西元前一一二年，羅馬一位元老院議員到訪，法尤姆的官員們接到指示，「務必準備貴賓客房、浮橋碼頭及贈禮，務必諸事細緻小心」。行程甚至專門安排了參觀著名的阿蒙內姆哈特三世的「迷宮」和當地被奉為聖物的鱷魚，因為鱷魚須「以穀物、小肉塊和葡萄酒餵食，來訪的外國客人總是會帶來這些東西，親自投食」。

「鷹嘴豆」得到羅馬人的好評和賞識，他變得越來越有自信，甚至也越來越難以控制，於是，他的母親克麗奧佩托拉三世決定除掉他。她把兩個手下打得傷痕纍纍，然後聲稱他們在兒子企圖謀殺她時，為了護駕才受了傷。於是，亞歷山大的暴民討伐「鷹嘴豆」，他勉強逃命成功，流亡到了賽普勒斯。即使已亡命異鄉，他的母親仍派出一組殺手追殺他，好在他倖免一死。古代文獻也指出：「從未聽聞任何國王遭到自己母親仇恨到如此地步。」

克麗奧佩托拉三世將她最喜歡的小兒子托勒密十世（西元前一〇七至前八八年在位）立為聯合統治者。他的官方頭銜是「亞歷山大一世」，他也擔任了亞歷山大大帝的祭司，直到他母親奪去了這個原本由男性擔任的神職頭銜。克麗奧佩托拉三世還採用了亞歷山大大象皮頭飾，這種男性風格的裝束呼應了古代法老時代的女性先輩作風。這些女人希望被平等看待，各方面都能與男性君主一樣，因此產生了許多刻意將她們描繪得十分陽剛的肖像。克麗奧佩托拉三世的某些圖像確實顯得孔武有力，遠遠偏離了理想化的女性形象，容貌冷酷強硬、望而生畏。

克麗奧佩托拉三世持續占有令她垂涎的男性權威頭銜。她常在神廟的壁畫中被單獨描繪，稱為「女荷魯斯，上下埃及之女主，強大的神牛」，繼而成為「國王與王后同體，神與女神同體」。

不過，如此恣肆失控的妄自尊大行徑，並非所有人都能接受。亞歷山大人為她取了一個希臘外號「鮮紅的東西」（Kokke），實際的俗語則是個髒字，猶言「屄」。這肯定是托勒密家族成員所得到過最難聽的諢名了。

大兒子「鷹嘴豆」托勒密九世當然不會忘記母親曾試圖殺害他。西元前一〇五年，他準備攻打埃及，奪回王位。

克麗奧佩托拉三世將她珍視的所有東西都提前送走，包括大量的財寶以及下一代的托勒密們，即她的三個孫子。這些人和物都被送往了科斯島，並自此在當地停留了十五年。她準備就緒，在「王權之戰」迎擊兒子托勒密九世，她的地面部隊由猶太將軍指揮，海軍力量則由托勒密十世調遣。

這一天，她的軍隊大獲全勝，托勒密九世則逃回了賽普勒斯。此戰果令全國民眾振奮，但這位一生不尋常的克麗奧佩托拉三世卻沒能享受多久的勝利喜悅。僅僅幾個月之後，她在六十歲生日即將到來之際，便撒手人寰了。

顯然兒子托勒密十世因無法再忍受而謀殺了母親。他用侄女貝倫尼柯三世取代了母親。侄女很快被提拔至聯合統治者的地位，與時年三十九的叔叔托勒密十世兼「亞歷山大一世」共同治理朝政，至此她便改了名字，使用家族女性君主意義重大的通用名「克麗奧佩托拉」。

「亞歷山大一世」顯然想強調他與同名先賢之間的關聯，其文件開頭總是自稱「托勒密國王，也即亞歷山大」，他甚至佩戴偉大先帝的古董頭盔。但是，不論玩弄多少的文字花招和造型，依舊無法掩飾這第十位托勒密絕非亞歷山大。相反的是，他與他聲名狼藉的父親托勒密八世倒是十分相似，身材同樣十分肥胖，需要兩個人在左右架著才能走動。「舉辦酒宴派對時，到了起舞狂歡的時刻，他就會光著腳從高高的臥榻上跳下來，用十分活潑的動作表演舞步，比跳過同樣動作的人更加生動」。托勒密十世的舞蹈技巧無疑是因為喝酒的緣故而變得更加活潑，但他參與戴奧尼修斯縱酒儀式的行徑被刻意曲解，並戲稱他為「Kokke的孩子」。

不過，埃及的神權集團對王權家族相當支持。托勒密八世將一個女兒嫁入孟斐斯最高祭司的家門之後，王室就跟他們成了親戚。那對夫妻生了一個兒子，名叫佩圖巴斯迪斯（Petubastis），這是「半個托勒密」，將埃及兩大統治家族的血脈組合在了他體內。

西元前一〇三年，在父親死後，十七歲的佩圖巴斯迪斯二世繼承父業，成為最高祭司。他為舅舅托勒密十世主持了加冕禮，然後在另一個就職典禮中，托勒密十世欽命他這個外甥擔任亞歷山大的大祭司，兩人的角色彼此互換。佩圖巴斯迪斯「當著國王的面飲下聖酒。根據普塔神節慶的儀式，莊嚴的行列排布整齊，他（國王）給了他金色的曲柄權杖、直權杖、用來自南方世家的亞麻製成的長袍，以及獸皮服飾。他（國王）按照先祖們的古老慣例，將黃金的飾物佩戴到他頭上」。

此異常莊重的文獻片段，透露出國家世俗權力領導人與宗教領袖之間的特殊關係，他們定期拜訪彼此位於亞歷山大和孟斐斯的權力大本營。有一次，叔叔與侄女兩人訪問了孟斐斯的塞拉培翁，此處負責神牛防腐入殮的首席塗膏師裴迪西（Petese）趁機喊冤告狀，請求王室提供他保護，因為同事們攻擊他。於是，他的保護令便以希臘文與埃及文寫成公開告示。王室也為埃及許多神廟授予庇護，繼續對祭司們的各類收益免稅，並不時施以恩澤，讓臣民獲得商務合約。

王室對內政和民生細節的關注，還有孟斐斯神權集團在北方強大的領導力，這些固然不可否認，但在南方的神廟建造卻相當有限，根本不足以維繫當地人對政權的支持。事實上，南方對王室大事十分脫節，以至於石匠們寧願讓帝王盾徽的中間空著，也不願刻寫上錯誤的名字。西元前九一到前八八年，所有建設完全停止，因為南方獨立，埃及再次陷入分裂狀態。

托勒密家族的帝國也是如此。昔蘭尼（利比亞）的廣大領土已不復從前，當地的統治者托勒密・阿皮翁，即托勒密八世的大兒子兼托勒密十世的同父異母哥哥，兌現了他們父親對羅馬人的承諾，在西元前九六年去世之際將昔蘭尼送給對方。這不僅否定了埃及對當地的領土占有權，而且把羅馬人直接帶到了埃及的邊境。

西元前八九年，當托勒密十世被亞歷山大人趕下臺後，情勢受到激化。他招募了一支傭兵，但卻沒有實際的財力支付軍餉，於是，他對「同名」的亞歷山大大帝打起了主意，他重演古老的盜竊伎倆，侵入王室墓葬，偷走亞歷山大的金棺，熔成金錠作為支付給傭兵的薪餉。

亞歷山大人在發現自己城市的締造者和精神領袖的棺材遭到褻瀆，並被拿去招募軍隊與自己打仗，人人怒不可遏。他們決定用私刑處死國王，不過，臨刑前夕，國王搭船逃跑了。但是，亞歷山大人的海軍小艦隊緊追不放，在賽普勒斯近海的一場慘烈海戰中，第十位托勒密溺斃於鹹澀的海水之中。

弟弟在賽普勒斯自家的大門口遭到殺害，這結果讓托勒密九世心花怒放，他立刻回到埃及，第二次成為法老（西元前八八至前八〇年在位）。既然女兒克麗奧佩托拉—貝倫尼柯三世此前已與他的弟弟共同執政，托勒密九世乾脆就延續了這樣的安排，因為就連羅馬人都知道，這位女君主「受到亞歷山大人的高度歡迎和擁戴」。

托勒密九世在孟斐斯慶祝他的第二度加冕。他派遣了希拉克斯（Hierax）將軍處理底比斯一帶仍在持續延燒的叛亂。在基伯連仍有忠於王室的支持者，國王的一位官員便寫了慰問信：「至高神、國王陛下已經蒞臨孟斐斯，希拉克斯將軍已奉旨出征，所率軍力可觀，不日將令底比斯處於控制之下。特此來函告知諸位此事。諸君得此消息，定會勇氣倍增。請稍加堅持。珍重再見。」

叛軍勢力被粉碎，底比斯的財富被洗劫一空，托勒密九世重新統一的王國暫時也沒有來自海外的威脅。羅馬正忙於處理與蓬托斯（土耳其北部）之間的戰爭，因為後者試圖在地中海周邊擴張領土，其中包括了科斯島。大約十五年前，克麗奧佩托拉三世將她的財寶與三位年少孫子一起送到這裡，現在則都被帶回了蓬托斯。

及至西元前八四年，雙方同意和平談判，羅馬人來到蓬托斯，而托勒密家族的其中一位王子，也就是托勒密十世的兒子，變節投靠了羅馬人。他被帶回羅馬，並證明自己能為托勒密王室的王位傳承提供相當有用的內幕消息，這很快就成為家族存續大戲的一部分。

西元前八〇年，托勒密九世亡故，留下他的女兒兼聯合統治者貝倫尼柯三世成為唯一繼承人，獨立統治埃及。既然男女君主聯合執政是托勒密家的傳統，羅馬人就決定利用此方式為帝國的利益服務。他們把自己的代理人送回埃及，也就是受其保護的托勒密王子，讓他成為國王托勒密十一世（西元前八〇年在位）。

作為前國王之子，他固然有資格坐上王位，但亞歷山大人卻不如此認為，稱之為「篡權者」（Pareisactus）。他畢竟已遠離宮廷二十三年，而且其中四年還是在羅馬度過，但他顯然不滿足於只當傀儡君主，他的搭檔本就比他年長，是其堂姐兼繼母，而且克麗奧佩托拉—貝倫尼柯三世很受民眾擁戴。聯合執政僅僅十八天之後，他就謀殺了她。

任何一個稱職的顧問都會告訴他，此計絕非聰明之舉。按照由來已久的行事作風，亞歷山大人衝進王宮，將國王拖出來撕成碎片。上一次出現如此的暴力已經是一百多年前的事，當時深得民心的阿爾西諾三世被謀害後，人們便是以此種方式為她復仇。

儘管羅馬人宣稱，托勒密十一世在遺囑表示要將埃及留給他們，但亞歷山大人已下定決心阻止羅馬人再來干涉內政。他們行使自己古老的馬其頓人權力，選擇接任的國王。他們派出一支代表團前往蓬托斯，將埃及王冠和賽普勒斯王冠呈奉給剩下的兩位托勒密王子，「繼承人與後備者」。

「鷹嘴豆」托勒密九世那兩名年約二十出頭的兒子，都有一個（或兩個）身分不明的母親，很有可能是死去國王的某一姐妹，因為在幾個不同的時期，他曾與她們分別結婚，或許是哪個妃嬪所生，可能是敘利亞人、希臘人或埃及人。羅馬人堅稱這兩名王子是私生子，不能接任王位，但在埃及人耳中，這樣的指責相當荒謬可笑，因為根據他們對婚姻的定義，依照傳統只需「兩個人一起生活」就足夠了，而照現代概念所謂的「合法婚生子」，根本不是入主王宮的必備前提。事實上，先輩中很多偉大的法老，從圖特摩西斯三世到太陽神王阿蒙霍特普三世都是「小妾」之類的妃嬪所生。

因此，西元前八〇年年末，接受任命的埃及新國王托勒密十二世（西元前八〇至前五八年在位）來到亞歷山大，隨後娶了克麗奧佩托拉五世。與丈夫一樣，她也是托勒密九世的孩子，但母親身分不明。這對王室新夫婦使用了聯合頭銜：「蒙受父寵並兄妹同愛的人世雙神」（the Father-loving and Brother-and-Sister loving Gods）。

他們顯然相當認真看待自己的神性。此前的統治者都被稱為「吾王國王」（Our Lord the King），到了第十二位托勒密時，則改成「吾神吾王國王」（Our God and Lord the King），並使用「新戴奧尼修斯」或「戴奧尼修斯再世」的名號。主持酒神儀式時，他便打扮成酒神的模樣，在伴隨的音樂下表演吹奏笛子（aulos），他的技巧非凡，甚至被譽為「不是凡人，而是笛神（auletes）和魔法師」。

在亞歷山大，托勒密十二世的名字已經不如他在酒神祭儀的頭銜響亮了，人們都稱他為吹笛者（Auletes）。他的音樂才華在希臘人眼中大受仰慕和追捧，因為「所有斯巴達人都學起了吹笛子，連最高貴的雅典人也一樣」。但是，男性跳舞、在公眾場合喝得酩酊大醉，或是「吹笛者」什麼服飾都穿，唯獨不穿陽剛莊重的正裝，在羅馬人眼中就覺得深受冒犯，認為這個國王和亞歷山大人都頗為荒唐，不可理喻。一位羅馬歷史學者因此憤然斷言：「馬其頓人在埃及已經墮落了。」

除了「墮落的」音樂演出之外，國王夫婦也不誤大事，生出了他們的第一個孩子，貝倫尼柯四世。孟斐斯的大祭司佩圖巴斯迪斯去世後，繼任的是他十四歲的兒子帕希爾恩普塔（Pasherenptah）；他的國王表兄在亞歷山大舉辦盛大典禮，正式授予這位少年埃及最高神職。

根據帕希爾恩普塔的描述，法老「從他的宮殿莊嚴出行，在伊西絲神廟落駕。他駕乘戰車而來，圍繞伊西絲神廟，在隊列行進。國王陛下親自喝止了他的戰車。在我的頭上，他為我戴上了華麗榮耀的黃金花冠；冠冕嵌有各式各樣的珍奇寶石，王室造型形象刻在中間。我被確立為他的祭司」。此處的國王戰車，可能是暗示西元前七〇年代晚期，「吹笛者」在希臘的運動會獲得馬拉戰車比賽的勝利。

大祭司帕希爾恩普塔接著回到孟斐斯，完成他就職之後的第一個重要使命，就是為「吹笛者」舉行官方的加冕禮。此時距國王最初登基已有五年之久。這位年少的最高祭司自豪地宣稱：「正是我，在兩方土地統一的日子，把神蛇加封到了國王的冠冕。」

接著，帕希爾恩普塔的記述又透露了王室家庭當時正全面巡視他們的國土，「國王向南航行，又往北航行，只為考察兩方土地」，然後才回到孟斐斯舉辦一場國宴。這是一個非常歡樂的場合，「他的朝臣、妻子們，還有表現出君王氣度的王室子嗣歡聚一堂，坐在美食桌前，度過開懷暢飲的美好時光，同時協助完成了敬拜男女眾神的禮節儀式」。

表面看來規規矩矩的文本，實際上具有極為重大的意義，因為裡面提到了「吹笛者」的妻子與「王室子嗣」都是複數形式。所以，儘管羅馬的文獻固執地強調，只有他的大女兒貝倫尼柯四世才是「合法的」，但埃及人卻正式承認了另外四個孩子：兩個兒子（毫無例外地，又是名叫托勒密）及兩個女兒，分別叫阿爾西諾和克麗奧佩托拉。這一位克麗奧佩托拉無疑是歷史上最為著名的女性，生於西元前六九年，一般都被稱為克麗奧佩托拉七世。儘管只有他們的父親身分明確，生母卻不詳，但所有孩子從出生起都被尊呼為「我們的主人，我們至高的神明」。

在上述這類國家大事的場合中，孩子們陪同他們的父王一起出現。大祭司帕希爾恩普塔現在一專多能，充當「上埃及之王的眼睛，下埃及之王的耳朵」。「吹笛者」於是開始在埃及全境修造一系列精緻華美的神廟，旨在讓各地祭司都能支持他的政權。

一座宏大的塔樓式門廊在艾德夫建立，牆面裝飾了「吹笛者」巨大的人像。人像正揮舞著釘頭槌痛擊敵人，呈現了傳統風格的場景。國王在某些地方的神廟看到有斯芬克斯整齊排列的大道，令他印象十分深刻，隨後便下令在亞歷山大也安放整列的獅身人面雕像，而人面當然就是他本人的五官形象。

不言而喻，這些建築計畫需要大量資金。經過一個接一個的托勒密們輪番消耗之後，王室金庫已然枯竭。為此，「吹笛者」設法找到了一個替代的財政收入來源。他再次啟動了與印度的直接貿易，並借助海路，而非速度緩慢的內陸商貿路線。不過，這也代表須設置額外的警備，保護新的貿易通道免遭納巴泰（Nabatean）阿拉伯人的攻擊劫掠；他們原先擔任利潤頗豐的中間人角色，此時他們的服務卻不再被需要。

埃及人用自己的紡織品、葡萄酒、玻璃製品和從非洲之角販運的奴隸，換取了大量的香料、焚香、珍珠、珍稀寶石、烏木、象牙和絲綢，並都是在亞歷山大的工廠進行加工，然後出口羅馬，獲得巨額利潤。不過，與印度的直航貿易，也讓羅馬對埃及變得更有興趣，而羅馬人垂涎此國家的物產財富，也絕非一朝一夕。

因此，及至西元前六五年，羅馬又有了新的呼聲，要吞併埃及。「吹笛者」向羅馬的元老院議員施以賄賂，才勉強讓自己的王國暫時安寧，未遭入侵。但惱人的是，他同時也不得不出資讓羅馬將軍龐貝「大帥」（Pompey the Great）——又是一個心高氣傲並以亞歷山大大帝自居之人——展開軍事行動，重新拿下蓬托斯和猶地亞（Judaea），此舉等於讓羅馬軍隊永久駐紮在埃及的東北和西部邊境。此時的埃及王國已被羅馬人左右包圍。

法老很快就感受到四面楚歌的壓迫。西元前六〇年，實權在握的羅馬三巨頭龐貝、李錫尼烏斯．克拉蘇（Licinius Crasus）與尤利烏斯．凱薩（Julius Caesar），給了「吹笛者」一個名號：「羅馬人民的朋友與盟友」，這大概最接近於承諾埃及不會被吞併的保證，但代價是六千塔蘭特大金幣，相當於一百五十萬的一般金幣。如此的金額，差不多是埃及一整年的財政收益，因此不可能全部以增稅籌集。於是，走投無路的「吹笛者」只好向當時富可敵國的羅馬銀行家拉比利烏斯．珀斯圖姆斯（Rabirius Postumus）借貸了大筆款項。

此種經濟勒索在亞歷山大造成了一種危險的氣氛。一位目擊者如此描述當時的狀況：「在托勒密國王還未被給予朋友的地位時……曾有一個羅馬人殺死了一隻貓，暴民隨後就衝進了他的住所；無論是國王派去求情放過此人一馬的埃及官員，還是大家普遍對羅馬懷抱的畏懼心理，都不足以讓此人免遭民眾的私刑正法，即使那倒楣之人所做的事純屬意外。這個例子不是道聽塗說，而是我在埃及期間親眼所見」。

這類事件通常或被當作埃及人多麼愛寵物和聖靈動物的證據，但實際上，這只是彼時發生的諸多導火線事件之一。到了西元前五八年，當羅馬人奪取賽普勒斯時，危機終於爆發了。

羅馬人聲稱，「吹笛者」的弟弟，賽普勒斯親王托勒密，為打劫羅馬海運的海盜提供幫助，但因為他們的「寬宏大量」，羅馬人才允許他繼續留在島上，擔任阿芙蘿戴蒂的大祭司。然而，賽普勒斯的這位托勒密卻寧願以王的身分慷慨赴死，於是羅馬人洗劫了他的宮殿，他隨即服毒自盡。

「吹笛者」的新頭銜「羅馬之友」代價高昂，他拒絕拿這個去冒險。對於弟弟的悲慘命運，他態度消極，導致亞歷山大人憤然行使了他們古老的權力；在西元前五八年的夏季，他們廢黜了國王。擁立了克麗奧佩托拉五世（西元前五八至前五七年在位）與她的女兒克麗奧佩托拉—貝倫尼柯四世（西元前五八至前五五年在位）為王。母女倆取代了之前的夫妻檔，現在以全女性的雙人組合掌控埃及。

「吹笛者」遠去他鄉，將三個最年幼的孩子留在埃及，陪他同行的是時年十一歲的女兒克麗奧佩托拉七世。他們乘船駛往羅德島，拜會羅馬政治家凱陀（Cato），而此人彼時正在途中，去監管賽普勒斯的兼併事宜。「吹笛者」發函召見羅馬人，卻被告知凱陀大人身有貴恙，正接受治療，所以只能煩勞國王見他。凱陀故意用計侮辱對方，在營地廁所會見了法老，「既沒有外出上前迎接他，甚至沒有起身以示禮貌，而是隨口問候了一聲，就像招呼一名百姓，讓他坐下來。這一下子就讓托勒密有點困惑了」，埃及的「在世的神」竟然威風掃地，被降格為在廁所裡接見的客人。

父女倆繼續行進，前往羅馬，途經雅典。他們感到走投無路，因為羅馬已經占領了古希臘世界的其餘所有地方：西元前一六八年，馬其頓淪陷；西元前一四六年，希臘本土淪陷；西元前九六年，昔蘭尼易主；西元前六五年，小亞細亞與敘利亞被占領；而最近期的，則是西元前五八年賽普勒斯被兼併。「吹笛者」自己的王國是最後一個還硬撐沒被吞併的，他決心不惜一切代價奪回王國。

於是，王室父女一行人不辭勞苦，到了羅馬。那座城當時是由樸素簡陋的磚頭建築構成，與埃及人大理石堆砌的華麗都城相去甚遠。但古代世界縱橫捭闔、玩權勢於股掌的羅馬共和國元老院，就藏身於這不起眼的街道間。「吹笛者」靠錢財打點，一級級送禮直到最高層，只求他們能幫他恢復王位，但反覆的商討辯論之後，「埃及問題」還是毫無結果。

這對父女最終只能離開羅馬，前往以弗所（Ephesus）。在那裡，他們得到消息：克麗奧佩托拉五世已經辭世，留下女兒貝倫尼柯四世獨自統治埃及。

她開始著手尋找擔任聯合執政者的丈夫。塞琉古斯舊家族有好幾名候選人躍躍欲試，「吹笛者」在遠方用了種種手段加以阻撓。潛在的新郎們最終未能如願，有的在神秘的情形下死於非命，有的在前往埃及的路上被奧盧斯．加比尼烏斯（Aulus Gabinius）攔截；加比尼烏斯是羅馬派駐敘利亞的新任總督，作風浮誇，同代人形容是「毫無男子氣概的跳舞男孩，留著一頭鬈髮」；此人由龐貝安排至此，當然也收了「吹笛者」的賄賂。

面對如此計謀，亞歷山大人可不願認輸。他們設法接了塞琉古斯家族的一位新郎過去，但婚禮僅僅一週之後，新娘對他無動於衷，實在看不上眼，就派人把他給勒死了。民眾並不氣餒，又將阿基勞斯（Archelaos）提為新人選。此人聲稱是蓬托斯先王的兒子。他學會了「吹笛者」的慣用伎倆，向加比尼烏斯施以賄賂，因此得以抵達埃及，娶了貝倫尼柯四世，與她一起統治埃及。

「吹笛者」收回埃及的心願變得前所未有地迫切強烈，他最終得到了龐貝的幫助，但代價是驚人的一萬塔蘭特金幣。龐貝命令加比尼烏斯率兵，還有他手下由馬克．安東尼（Mark Antony）指揮的日耳曼人和高盧人騎兵隊伍，一起護送喜不自勝的「吹笛者」和他年少的女兒從以弗所動身，穿過巴勒斯坦進入埃及。

入侵者一路進軍來到亞歷山大。阿基勞斯出兵應戰，落馬身亡。貝倫尼柯四世則由其父親下令處決，一起被正法的還有她所有支持者。這場大屠殺因為羅馬軍隊的緣故才得以被制止；安東尼派這些人馬永久駐紮在埃及，保護「吹笛者」免遭亞歷山大人傷害；在這場報復性的屠殺中，駐軍所做的恐怕正好相反。

這些羅馬輔助部隊來自日耳曼和高盧地區，頭髮尖尖豎起、個頭高大，現在適應了都城的生活，構成一支令人生畏的王室保鏢隊伍。「吹笛者」的第二個國王任期（西元前五五至前五一年）獲得足夠的保護，於是開始清償他欠羅馬大財主拉比利烏斯的巨額債務；此人已跑到埃及來討債了。「吹笛者」任命他擔任財務大臣，允許他搜刮民脂民膏，徵收高額賦稅，將國庫財政中飽私囊，直到這傢伙變得貪婪過度，不得不將他置於保護性的羈押之下。他設法逃回羅馬，但立刻就因非法所得被告發起訴。他為自己辯護，聲稱亞歷山大是「所有詭計和各種騙局的巢穴」。

儘管出現這些腐敗和血腥殺戮，亞歷山大依舊是一場文化復興運動的大本營。王室繼續贊助王室大圖書館和「繆斯女神廟」，因此那裡的學者們也繼續教育王室子孫。近年在一片莎草紙殘捲上辨識出了克麗奧佩托拉七世的手書，是一句以希臘語書寫的：「這事要做個了斷！」阿拉伯的歷史學家們長期以來將她視為「高尚且真正的學者」；除了標準的希臘語，還有其他八種語言技能為她增光添彩，包括敘利亞語、希伯來語、帕提亞語（Parthian）、阿拉伯語、衣索比亞語和埃及語。

托勒密們統治埃及已經三個世紀，但克麗奧佩托拉七世卻是家族中第一個學習這個國家語言的人。她的父親試圖維持埃及本土人民的支持，她的語言才能在此就成為了一筆寶貴的資源。在南方各地，「吹笛者」繼續展開他的神廟建造工程。西元前五四年七月十六日，他在鄧德拉為哈索爾—伊西絲建造一座新神廟。這是一年中最吉祥的日子，象徵伊西絲的天狼星在天空中升起，預示著尼羅河洪水季的開始。寄託於新神廟的願望，想必是試圖扭轉尼羅河洪水連續多年低水位的狀態，以求改善持續減產的農業狀況。

建造神廟的進展相當迅速。克麗奧佩托拉與父親一起被描繪在壁畫裡，儘管為哈索爾進行儀式的是父親。神廟裡的聖歌銘文卻如此陳述：「法老來舞蹈，來唱誦！哈索爾，請看他舞蹈，請看他跳躍！喔，頌歌多麼美妙，只有拉神之子唱起來，才是最美妙的歌者。他是荷魯斯，是樂師！他不願光明女神悲哀，他痛恨！喔，美好的神靈，偉大的神牛，光輝燦爛的女主人，眾神之王后！王為她而舞蹈，他的雙腳快速奔向音樂聖女的身邊！」

鄧德拉也因當地人民的體育競技表演而聞名；人們跳入尼羅河中，爬到鱷魚背上劈波斬浪。他們相信自己受到哈索爾—伊西絲的特別保護，因為女神能讓索貝克的生靈聽話，所以鄧德拉這些不怕死的傢伙不斷磨練他們身為「神聖鱷魚飼養者」（sauretai）的技巧。隨著羅馬遊客的口耳相傳，鱷魚騎士名噪一時，甚至還於西元前五八年出現在羅馬的競技場上。正是在同一年，「吹笛者」與克麗奧佩托拉來到了這座義大利城市尋求援助。當年，刻畫埃及人耍雜技般騎乘在尼羅河鱷魚背上的大理石雕像曾蔚為風尚，裝飾了羅馬許多的富貴豪宅。

「吹笛者」出資為自己家人雕製胸像，所選的材料也是大理石。一家人相似的五官反映在克麗奧佩托拉的另一個稱謂上：「其父之形象。」西元前五二年五月，已經五旬過半的國王在一場盛大的典禮上，明確強調他關於王位傳承的打算，將時年十六歲的克麗奧佩托拉立為聯合統治者，為她戴上了馬其頓的王冠，並冊封新頭銜：「父親鍾愛之女神」。

按照「吹笛者」提早立下的遺囑，在他死後，他的大兒子托勒密十三世（西元前五一至前四七年在位）將與克麗奧佩托拉聯手執政。不到一年之後，老王果真辭世，克麗奧佩托拉七世（西元前五一至前三〇年在位）卻獨攬大權，並隱瞞父親的死訊長達四個月，繼續以兩人共同的名義發布官方文件。

她決意保持國家的獨立，拒絕接受羅馬的干涉，也反對那些已經控制她弟弟的權勢強大的希臘朝臣。不過，她必須先壯大自己，因為克麗奧佩托拉七世「與其說是登上了王座，毋寧說是向下走進了蛇坑」。

儘管困難重重，她還是設法鞏固了自己在亞歷山大的地位。接著，無疑是在大祭司帕希爾恩普塔的建議之下，她展開了前往南方的一趟旅程。她完全清楚真正的權力蘊藏在她古老王國的內陸心臟地帶。經過孟斐斯之際，她正式領受了她的官方頭銜：「女王荷魯斯，偉大至尊，善變多謀之明主」，以及「白色王冠土地上的上埃及之王，紅色王冠土地上的下埃及之王」。這頂紅白雙重王冠取代了她之前的馬其頓王冠。

她通常是把頭髮綁成一個圓髮髻的模樣，用髮夾固定（根據羅馬藝術家為她畫過的一幅肖像，她甚至可能是一頭紅髮），儘管如此，在埃及神廟的壁畫中，克麗奧佩托拉七世還是被刻畫為傳統的造型，戴著長假髮；過去三千年來，埃及的女神和女性統治者都是此髮型。

她的父親曾自命為「新戴奧尼修斯」，她也如法仿效，宣告自己是「新伊西絲」（Nea Isis）或「伊西絲再世」。並且，在公開場合出現時，她都穿著女神伊西絲的服飾；「黑色衣袂」如今由埃及神職人員穿戴在傳統的白亞麻衣服外層。

將自己轉換成埃及人的形象，克麗奧佩托拉便可以與千百萬本土民眾拉近距離，直接與他們對話，而無須翻譯。她心裡非常明白，如果她能親自參與維繫和激勵了這個國家的傳統宗教典禮，將有助於贏得人們對王室的忠誠。於是，在西元前五一年三月二十二日，她主持了布齊斯神牛的敬拜儀式；而根據彼時所有人的記憶，她是第一位這樣做的埃及君王。在過程中，需要用一艘平底聖船將神牛運過尼羅河；留存下來的古文獻便描述了當時的場面：「兩方土地之女主，這位女神划動阿蒙的神聖木船，運送他（布齊斯），讓他抵達他在阿曼特的神廟。」這是長達九公里的辛苦航程，一路須對抗湍急的河流，因此也顯示克麗奧佩托拉作為槳手的角色是一種儀式表演，但她本人的出場，以血肉之軀構成哈索爾─伊西絲的實體象徵，卻有著重大的意義，與神的陽剛氣質達成平衡，而兩者威力的結合，便激發了生命的力量。

她的現身，如風暴一般擄獲了民眾的歡心；當「阿曼特與美麗的底比斯在酣醉喜樂中融合，喧囂之聲在天界都能聽到」。她參與典禮，為她贏得了神權集團的支持；在持續了十八個月的欠收和高額稅賦的時空背景下，成功抑止了騷亂的發生。但是，當糧食短缺同樣困擾到亞歷山大，也即她弟弟托勒密十三世的權力大本營之時，他的派系奪得了控制權，命令所有的糧食貨品都要運去「經受死亡痛苦」的亞歷山大；此舉實際上剝奪了克麗奧佩托拉在埃及其他地區的支持者們的糧食，逼他們轉投陣營。

現在，她被迫與弟弟分享權力，但至少這對王室姐弟暫時可免遭羅馬的干涉，因為龐貝與其競爭者凱薩正忙著進行權力鬥爭。埃及的兩位君主都站在龐貝這一邊，並依照其要求派去軍事援助。不過，龐貝對克麗奧佩托拉的感激之情只是曇花一現。因為，西元前四九年夏季，當托勒密十三世的顧問終於成功將克麗奧佩托拉踢出局後，龐貝便提議元老院應當認可托勒密十三世，視其為唯一合法統治者。

西元前四八年年初，克麗奧佩托拉離開埃及，退避到了阿什克倫。她招募了一支傭兵，用來支付軍餉的鑄幣上雕刻著她堅毅決絕的形象——她打定主意奪回王座。當尤利烏斯・凱薩最終擊敗龐貝，成為登上古代世界權力巔峰的人時，克麗奧佩托拉便動身前往埃及邊境，去面對她的弟弟，同時她向凱薩寄去一封信件，說明自己的處境。

龐貝的到來，暫時擱置了姐弟之間的敵意，而龐貝是來再度尋求幫助的。但托勒密十三世的資政顧問不想與一個敗軍之將再有任何瓜葛，下令立刻將龐貝處決。幾天之後，凱薩帶領一小支軍隊，親自來到了亞歷山大。他原本打算饒恕龐貝，但他沒見到對手，而是收到了一個經防腐處理之後的人頭。這是個毫不委婉的訊息，等於直言奉勸凱薩打道回府，但凱薩置之不理，依舊下船登岸，拜訪了他崇敬的英雄亞歷山大大帝的陵墓，並堂而皇之地入住宮殿。

他非常希望能調解托勒密家族的王權爭端，以便為羅馬和他自己帶來最大的利益。於是他宣稱自己是「吹笛者」托勒密十二世遺囑的仲裁人，召請姐弟倆來他面前商議。托勒密十三世與他的謀士欣然而至，勝券在握地通報姐姐是叛國者，他自己是真正的繼承人。但凱薩指出不管誰成為「吹笛者」的繼任者，都是欠下他六千塔蘭特金幣；這筆錢想必被龐貝中飽私囊了。

如此的要求讓托勒密慌了神，這位少年君王的希臘顧問便開始煽動亞歷山大人圍堵王宮，這也意味著克麗奧佩托拉無法從陸路接近凱薩。於是，等到夜幕降臨時，她搭乘一艘小船來到王宮面朝大海的那一邊，在來自西西里島的朝臣幫助之下，她成功越過了敵對者的陣線。

為了此行動，她盛裝打扮、魅力十足。依照人們津津樂道的說法，她是平躺在一塊地毯或床罩裡，被她的朝臣捲起來扛進宮裡見凱薩。但是，有哪位法老，更不必說是一位人間的女神，會允許自己以這種方式被人搬來扛去？戒備森嚴的王宮裡，三更半夜突然冒出一名推銷地毯的小販，也一定會引起衛兵們的懷疑。

這個冒險而精彩的政治之舉，被訛傳成喜劇橋段，其中最有可能的原因似乎是出於對古代床單布用途的誤解。因為，亞麻布兼具雙重功效，也可當衣服穿；希臘人的寬鬆長袍，基本上就是一塊床單布，早上醒來後裹在身上，便是一件長衫罩袍。穿著這樣的外衣，包裹得嚴嚴實實的克麗奧佩托拉，當然就可以輕鬆混入西元前一世紀的亞歷山大城；那裡通行的裹布長袍的著裝樣式，布頭被拉起來擋住臉後，就是完美的掩飾。

早在蒙面紗與伊斯蘭教的習俗聯繫起來之前，在亞述與稍後在小亞細亞形成的希臘城市裡，貴族上流女性就已廣泛接受了此做法；而亞歷山大菁英階層的某些女性也戴起了面紗。因此，採用相似裝扮的克麗奧佩托拉能輕易進入格局複雜的王宮，而且那裡可是她從一出生便稱為家園的地方；見到凱薩之際，她只須拉開帷幔般的裹布，露出她的臉——那張讓世界持續迷戀和八卦了幾百年的臉。

近代研究者根據她在鑄幣上特意描繪成陽剛氣質的肖像，斷言她絕非傾世美人，但古代文獻卻是把二十二歲的克麗奧佩托拉描述為「無與倫比的美人，年輕時更是美得難以置信」，倖存的畫像看似支持了此種說法。

而且，在旁觀者眼中也明顯如此。一位女性歷史學者聲稱，克麗奧佩托拉所謂的「柏林頭」（Berlin Head，譯註：頭部雕像，藏於柏林舊博物館〔Altes Museum〕）與亞歷山大的肖像之間有著緊密的關聯，但「並未美化她」。而男性評論者則認為，同一張面容「比鑄幣上乏善可陳的肖像遠為漂亮」；他們聲稱，在托勒密家族全體成員中，那「大概是最雅緻、最美麗的肖像雕塑」。這位女子的相貌，一度讓全世界都持續狂熱痴迷；十七世紀的一句評價則給了一個最好的總結：「克麗奧佩托拉的鼻子，假如長得稍短一點，整個世界的面貌也會就此改變。」

不管克麗奧佩托拉的外貌是如何美艷得不可方物，古代史料還是指出，帶來真正誘人魅力的其實是她的性格。現代一份心理分析表示，她具有「自戀人格」，但在當年的時代背景和環境中，克麗奧佩托拉堅信其身分特殊，乃神明在世，自戀也就自然而然了。這當然也賦予她極大的自信和勇氣，讓凱薩相當欣賞。

儘管年齡相差了三十歲，二十二歲的法老與五十二歲、雄心勃勃的大將軍並非截然不同。兩人都是張揚凌厲、個性色彩強烈，也功利務實，而且，必要時能徹底做到鐵石心腸。另外，凱薩的偶像亞歷山大的宗族中，存世的後裔已鳳毛麟角，克麗奧佩托拉正是其中之一，而凱薩又享有「美譽」，堪稱「既是每個女人的丈夫，又是每個男人的妻子」，所以，兩人的關係似乎很快就變得極為親密、如膠似漆。

因為，在克麗奧佩托拉蒙面夜訪的第二天上午，她就恢復了原職，成為埃及的統治者。她的弟弟氣急敗壞，直接衝出王宮，扯下王冠，扔到了地上。伴隨著青少年耍脾氣的戲劇化舉止，他大吼著自己被出賣了。依照由來已久的光輝傳統，亞歷山大人又準備衝入王宮，但及時被阻止，因為凱薩拿出了「吹笛者」的遺囑，宣告弟弟和姐姐將聯合統治埃及。

讓克麗奧佩托拉重上王座，對凱薩而言當然也是一場豪賭。因為，托勒密十三世的希臘顧問既然被剝奪了權力，就須謀畫刺殺女王和凱薩。不過，凱薩的理髮師偶然聽到了此陰謀，結果是顧問們掉了腦袋。

但情況還是進一步惡化了，亞歷山大人痛恨克麗奧佩托拉擔任聯合君主，要求托勒密十三世與他的妹妹阿爾西諾四世共同執政，將姐姐趕走。不過，凱薩繼續保護克麗奧佩托拉，即便已陷入困境，被夾在亞歷山大民眾和大海之間，等待增援部隊到來。隨後的圍困與街巷對戰期間，城市的不少地段被大火燒燬，其中包括碼頭邊的倉庫；放在裡頭的新書正等著運送到城中的大圖書館。即使在凱薩的援兵抵達之後，亞歷山大人還繼續戰鬥；在一場意志堅決的戰役中，少年托勒密十三世身穿華美但沉重的黃金盔甲，可憐地淹死在尼羅河中。

但與羅馬的預期相反，凱薩沒有兼併埃及，而是讓克麗奧佩托拉七世保持君主地位，同時將她剩下的另一個弟弟，即十二歲的托勒密十四世（西元前四七至前四四年在位），立為名義上的聯合執政者。早期的阿拉伯文獻還宣稱，克麗奧佩托拉七世嫁給了凱薩，舉辦的是一場埃及風格的典禮。儘管凱薩與羅馬妻子的婚姻依然健在。這兩人的重婚結合並未得到羅馬的認可（羅馬人與外國人之間的正常婚姻同樣不受認可），但一項事實卻不容否認：克麗奧佩托拉懷孕了，讓凱薩有了得到繼承人的機會，而他此前還未有子嗣。

遵循托勒密家的傳統，克麗奧佩托拉與凱薩展開了一趟尼羅河巡遊之旅。這一趟水路的「凱旋禮」

有四百艘羅馬戰船相伴，慶祝他們的勝利。在埃及人面前展示的不僅有羅馬來賓的雄威，還有他們自家孕相已現的君主——母親伊西絲女神的化身。他們沿河航行時，一路有數百萬民眾迎候致敬。親歷的視覺衝擊，肯定給凱薩留下了持久的印象；他意識到他能開始營造自己的人神身分，好將羅馬和東方都置於他的一手掌握之中。

凱薩最終還是要離開埃及，征服屬於羅馬世界的其他地盤。他留下三支軍團，以確保克麗奧佩托拉的安全；她很快就將生產。西元前四七年六月二十三日，她的第一個孩子出生了。

法老生孩子，這當然絕非尋常之事，生產過程本身也危機重重，不過，克麗奧佩托拉生下了一個健康的男嬰。這是托勒密一世的第八代曾孫，而他「在其血統中結合了埃及和羅馬的元素」，於是被母親命名為托勒密．凱薩。至於亞歷山大市民，則稱之為凱薩里恩（Caesarion），意即「小凱薩」。

埃及王朝在艾德夫的大神廟裡，他的小身影加到了巨大的荷魯斯雕像群中；就在正面塔門上其外公「吹笛者」痛擊敵人的高大造型下方。他的母親同時也開始在亞歷山大建造凱薩神廟；如今是大都會酒店的所在地。克麗奧佩托拉為了這座鄰海的神廟，從赫里奧波利斯挑選了一對古代的方尖碑，打算用來豎立在廟堂入口的左右。人稱「克麗奧佩托拉細針」的那一座方尖碑，現在挺立在倫敦泰晤士河的維多莉亞堤岸（Embanknment）上，另一座則在紐約找到了歸宿。凱薩神廟的原初命名是「凱薩登船」（Kaisaros Epibaterios），暗示那裡正是凱薩最終動身離開埃及的地方。可以說凱薩給了克麗奧佩托拉王位、她的繼承人，也包括她的生命。

克麗奧佩托拉還開始了自己的陵墓工程。她打破傳統，沒與先人們一起葬入亞歷山大的王室大墓室；在托勒密家族中，她是第一個擺脫此規矩的人。不過，她想要的墓葬也要達到同等的規模和氣度，「夠高大，夠顯眼」；古代文獻提及了「她在王宮地界內正修建的陵墓」，就位於亞歷山大的洛基阿斯海角上，但現在已經淹沒在地中海的海水之下。

她忙於修繕自己的城市，並為凱薩里恩繼承王位而制訂規畫。及至西元前四六年五月，孩子的父親終於回到了羅馬，而元老院認可他擁有獨裁者（Dictator）的權威，為時十年。他們還為他舉辦了四次「凱旋禮」，慶祝他四處征戰取得的勝利；典禮與托勒密王朝極盡奢華排場的巡遊儀式非常相似，遊行彩車上畫出各種圖景，描繪凱薩的對手亡命的場面。他擊敗亞歷山大人所獲得的勝利，以金字塔和法羅斯燈塔的模式呈現，而克麗奧佩托拉的妹妹阿爾西諾四世，則是戴著黃金的鎖鏈鐐銬出現在遊行行列中。她免於一死，遭到流放，被送去了以弗所。

凱薩派人請來克麗奧佩托拉，她應約而至，迎接她的是更為盛大的典禮，授予她「羅馬人民的朋友與盟友」官方頭銜。她父親「吹笛者」費盡心機、花了血本才得到同樣的名號，現在移交給她，同時還有其他「高貴的頭銜和豐富貴重的禮物」。

凱薩安排她住進位於臺伯河（Trastevere）區的別墅豪宅中。這裡可俯瞰羅馬城全景；她與兒子小凱薩在此當了兩年的歐洲居民。克麗奧佩托拉光彩照人、魅力萬千的公眾形象，在全城引發了一種真正的狂熱浪潮，任何埃及事物都大受追捧；她形貌裝扮的每一個細節，從髮型到佩戴的首飾，人們都仔細觀察模仿。

依照自我宣揚、神格化的策略，克麗奧佩托拉和凱薩的雕像被布置到了羅馬各處的神廟中。最令人震驚的是，其中一座被豎立在公共議事集會廣場；凱薩在那裡建了一座新神廟，獻給維納斯；也是他家族的先祖神祇。在神廟正前面，他安置了一匹古風的戰馬雕像，是亞歷山大大帝的坐騎，而他自己的人像隨後被加到馬背上，成為騎手，寓意他是亞歷山大的後繼者。廟堂裡面，在「偉大母親」維納斯雕像的旁邊，凱薩安放了克麗奧佩托拉的一尊美麗雕像；這是「公開承認一位顯赫王朝世家的後裔與一位神之女兒之間的婚姻」。埃及君主將自己的雕像安置在神明身邊，已是上千年的慣例，但在共和體制的羅馬，之前從未有任何活人曾享受過如此的待遇；因此，在城中的心臟地帶，利用雕像的形式將神界力量授予一個女人，這是一種經過深思熟慮、精心預謀的政治手段。

凱薩規畫了一系列的建築工程，以亞歷山大城為藍本，將羅馬這「永恆之城」改造為處處用大理石砌築的豪華大都市。他還實施了臺伯河改道的方案，開挖了一座新河港，對沼澤濕地進行排水處理，以增加農地面積和穀物產量，進一步提高羅馬城自給自足的能力。

克麗奧佩托拉影響了羅馬的文化、宗教和政治，乃至於城市地貌。她甚至還為凱薩提供了「改變」時間的方式：她的天文學家協助凱薩，拋棄有缺陷的羅馬陰曆，取而代之的是埃及基於太陽運行編製的年曆，即所謂的「儒略曆」（Julian），就是至今仍在使用的公曆。

這些迅捷又激進的改變，不可避免地引發了種種流言蜚語，說凱薩已經嫌棄羅馬了，說他想把政府遷往亞歷山大，甚至要在克麗奧佩托拉的幫助下創立像亞歷山大大帝那樣的帝王政權。當元老院宣告承認凱薩為終身獨裁官（實質上就是皇帝），六十位忠誠共和派便密謀刺殺凱薩，恢復共和制。西元前四四年三月，他們行動了。

但計畫未能完全如願，因為羅馬隨後陷入了騷亂。凱薩的副手兼遠房表弟馬克·安東尼不得不迅速採取措施，防止局勢失控，以免陷入完全無政府狀態。

克麗奧佩托拉焦心於凱薩里恩的安全，立刻返回了埃及，並除掉她的弟弟托勒密十四世，為的是將三歲的兒子立為她的聯合執政者。凱薩里恩（西元前四四至前三〇年在位）的名字和形象以在世的荷魯斯呈現，與母親「在世伊西絲」的名號呼應；進一步讓死去的凱薩被視為歐西里斯；在傳說中，他威力強大的妻子將其復活，然後又將兩人的兒子撫養長大，接管他在人間的位置。

至此，神話看似開始在現實上演了。不過，埃及隨即被捲入戰爭。刺殺凱薩的主使布魯特斯（Brutus）與卡修斯（Cassius），與凱薩的副將安東尼展開了較量；安東尼眼下與凱薩的外甥屋大維（Octavian）結成聯盟，而依照羅馬的法律，屋大維是凱薩的繼承人。

刺殺軍團繳獲了一部分駐守在埃及的賽普勒斯艦隊。顯然，流亡在以弗所的阿爾西諾四世在這場戰役協助了敵方。他們向克麗奧佩托拉要求更多戰船，遭到拒絕後，便準備侵入埃及本土，直至安東尼牽制了他們的兵力，把他們引向希臘。

在希臘，他們被安東尼徹底擊敗。屋大維宣告勝利，領軍向西回羅馬慶祝凱旋。而安東尼則向東而去，在雅典受到歡迎，被敬呼為「新生的戴奧尼修斯」；他著手整頓羅馬的東部行省。為了實行他的執政計畫，他需要克麗奧佩托拉的幫助，也需要埃及的財富，於是派遣特使前往，敦請克麗奧佩托拉赴西里西亞的塔爾蘇斯（Tarsus）與他會面。

對於安東尼，克麗奧佩托拉已經認識了約有十四年。她意識到，確實有可能透過安東尼與羅馬形成新的同盟關係。安東尼對仿效凱薩和亞歷山大大帝的渴望提供兩人有益的共識，構成協商的基礎。

克麗奧佩托拉充分利用了托勒密家族傳說般的奢華派頭，把一場世俗的政治峰會，變成一幕令人難忘、壯觀華麗的盛景。與安東尼「新生的戴奧尼修斯」的角色定位相匹配，她把自己裝扮成伊西絲—阿芙蘿戴蒂；當她金色的航船順著黎凡特海岸北上時，「消息便傳播開來，說阿芙蘿戴蒂要與戴奧尼修斯狂歡，這將造福於亞洲（指小亞細亞）」。

克麗奧佩托拉的到來已經宣傳得人盡皆知。一到目的地，她就邀請安東尼及其高級軍官登船與她一起宴飲用餐。隨船帶來的豐厚贈禮意味著安東尼掌控羅馬所需要的資源，她全都擁有；安東尼立刻就倒向了她這一邊。作為回饋，她提出要安東尼消滅她那些尚存的敵對者，其中最主要的就是阿爾西諾四世，而這位妹妹仍在聲索自己作為埃及合法統治者的權益。

克麗奧佩托拉的要求得到了滿足。埃及的王座已經穩固，她便返回亞歷山大；安東尼隨後到了那裡與她雙飛雙宿。這年冬天，他們造訪了各處名勝要地，到劇場看戲，外出打獵，組織起他們獨有的宴飲小團體：「無與倫比的生活」（The Inimitable Livers），「成員們每天輪流款待彼此，花費之豪奢，無法估量也無法置信」。為找到異國風情的特產，幾乎翻遍了整個世界；從薩摩斯和米洛斯（Melos）的孔雀與鶴，到出產於遠至不列顛肯特（Kent）和艾塞克斯（Essex）醋漬生蠔，無奇不有。所有珍饈美味，都伴隨著葡萄酒的洪流沖進肚中，而佳釀則是進口自希臘希俄斯島（Chios）、今日法國之隆河谷地（Rhone Valley）、西班牙和賽普勒斯。同時也有最靠近王宮的美酒產地，即馬雷奧迪斯湖一帶；「馬雷奧迪斯酒非常美妙，為了使酒陳年，還換桶存放起來」。

安東尼的支持者與屋大維交戰，但落敗了。就在此際，克麗奧佩托拉發現自己懷孕了。由於形勢所迫，安東尼只能火速趕回義大利。在羅馬，他也別無選擇，只好同意和解。這個協定是以一場婚姻來落實；他娶了屋大維的姐姐奧克塔維婭（Octavia），而新娘很快也懷上了孩子。不過，西元前四〇年十月，克麗奧佩托拉比情敵勝出一籌，生下了一對雙胞胎，這是托勒密八世直系血統後裔養育出的第三對雙胞胎。母親為龍鳳胎的男嬰命名為亞歷山大．赫里奧斯（Helios），女嬰則是叫克麗奧佩托拉．瑟琳（Selene），意思分別指「太陽」和「月亮」。

她已經三年未與安東尼相見，而在此期間，安東尼還在別的地方結了婚，當上其他孩子的父親。但是，當羅馬帝國的東部領土遭到帕提亞人（Parthians，從前的波斯王朝）攻擊時，安東尼便須再次取得克麗奧佩托拉的支持。於是，他向她提出了一個頗具誘惑力的婚約。

西元前三七年，在安條克，三十一歲的女王終於與她四十六歲的情人重逢。兩人正式結婚，他們的雙人頭像出現在鑄幣上；而克麗奧佩托拉獲得了有史以來最高級的結婚禮物之一：從西里西亞到敘利亞、腓尼基、黎巴嫩和克里特的多處領土，還有原先屬於納巴泰阿拉伯人的約旦境內土地，安東尼都送給了她。

埃及帝國原來的疆域一下子失而復得，克麗奧佩托拉當然心花怒放。她很快又懷孕了，回到亞歷山大之後，生下第四個孩子，名為托勒密．菲勒戴爾弗斯（Philadelphus）。

安東尼出征攻打帕提亞，儘管第一次遭遇了失敗，但在西元前三四年春季的第二次征伐，他成功奪取了屬於帕提亞領土的亞美尼亞地區。安東尼率軍回到埃及，接受類似「凱旋禮」的歡迎慶祝。他駕乘一輛黃金戰車，沿著亞歷山大城的中央大道行駛；一路隨行的羅馬將士手中的盾牌刻寫著克麗奧佩托拉的名字。在塞拉培翁神廟舉行的一場盛大典禮上，安東尼向妻子獻上戰利品，而此次戰爭正是由她所資助。

如今被人們稱為「獻禮」（The Donations）的這場典禮，是由年輕的最高祭司佩圖巴斯迪斯主持；他在父親帕希爾恩普塔去世後，承襲了父業。儀式上陪同克麗奧佩托拉七世的包括她四個孩子：十三歲的聯合統治者凱薩里恩、六歲的雙胞胎赫里奧斯與瑟琳，以及兩歲的托勒密・菲勒戴爾弗斯。安東尼作為東部諸行省的執政官，以羅馬之名宣布他一一分封給孩子們的領地。他還宣告，凱薩里恩是神聖的尤利烏斯・凱薩唯一合法的繼承人，以此反駁凱薩外甥屋大維的聲明——他自詡為「凱薩統帥，神之子」。

不同陣營之間的戰線隨之清晰地劃開了。希臘語地區的各個國度，連同相當數量的羅馬人都支持安東尼和克麗奧佩托拉。安東尼也與奧克塔維婭離了婚，以此切斷與屋大維的全部關聯，因為戰爭不可避免。屋大維已經開始進行準備：在詩人賀拉斯（Horace）與維吉爾（Virgil）兩位輿論形象顧問的幫助下，他發動了一場聰明又漂亮的公關宣傳攻勢。他將每一條可能沾上邊的罪名都扣到那對夫妻頭上，而由於安東尼長期持續在外、遠離羅馬，指控似乎就越來越有道理。屋大維宣讀了他聲稱是安東尼的遺囑，其內容要求與克麗奧佩托拉一起葬在亞歷山大。

當然，在多年眾多內戰的背景下，人們不願看到屋大維又對一位本國同胞公然採取敵對行動；於是，老謀深算的他正式向克麗奧佩托拉單獨宣戰，稱其為「羅馬政權的敵人」。這位時年三十七的女人兼四個孩子的母親，明顯是個頗令人畏怯的對手，而「羅馬，儘管從未自滅威風地害怕過任何的國家或民族，但當政的時期，確實畏懼過兩個人：一位是漢尼拔，另一位是個女人」。

元老院大多數議員都同意剝奪安東尼的官方職權，屋大維便宣告：「誰都不要再把他視為羅馬公民，須視其為埃及人；諸位不要再稱他為安東尼，請叫他塞拉比斯（埃及蠢牛）。」他又指出將要對陣戰鬥的敵方將領名字，汙衊地稱他們為「伊拉絲（Eiras）是為克麗奧佩托拉梳頭髮的小丫頭，還有卡蜜恩（Charmion），這些都是安東尼的首要國務委員」。甚至還有言之鑿鑿的情報，說克麗奧佩托拉想當「羅馬的女王」；此外，既然這個「淫蕩的女王膽敢讓她狂吠的阿奴比斯豺頭神與我們的朱比特（Jupiter）作對」，那麼，高貴、陽剛健壯的西方就要準備好與墮落、女性化的東方交戰，而這種老套的對立已經持續了兩千多年。不過，並非所有人都信服這些說辭。因為議員們幾乎一半選擇站在安東尼這一邊；他們離開羅馬，在以弗所創立了一個新的議事院。克麗奧佩托拉率領二百多艘戰船組成的艦隊，並乘坐頭船抵達此處，然後騎馬在這一帶來回馳騁，視察軍事部署；備戰布防的資金皆由她提供。

戰爭很快就要來臨。西元前三二年三月，她與安東尼趕到了薩摩斯，召集他們的盟友，共同舉行戰前的祭儀。安東尼扮演了戴奧尼修斯的角色，確保每位神靈都收到了慷慨豐足的供奉，以求得到祂們的支持。與此伴隨的是樂師、歌者、演員與敬拜阿奴比斯的角鬥士輪番上場的演出；這些人為即將到來的勝利慶典排練準備。

接著，夫妻倆的大軍向西開進，跨越希臘大陸，在安布拉基亞海灣（Bay of Ambracia）西岸上的亞克興（Actium）安營紮寨，將四百艘大戰艦停泊在海灣中。現場鑄造、用以發放軍餉的銀幣上，浮雕凸印出的就是那些戰船的圖像，費用當然是從克麗奧佩托拉的王室金庫支付。

她採用的戰前祈福儀式，與三個世紀前奈克塔內波二世對抗波斯人時所用的似乎是同一種。不過，安東尼「埃及妻子」的持續出現，貌似讓他們的羅馬對手頗為震駭，這些人也提及了克麗奧佩托拉求助的「凶殘恐怖的神怪與狂吠的阿奴比斯」。安東尼最信任的一名軍官叛變，轉而投靠屋大維；他一口咬定，克麗奧佩托拉威脅要取他性命，並透露了這對夫妻的作戰計畫。屋大維的將軍阿格里帕（Agrippa）因此找到了突破口，摧毀從亞歷山大到前線的物資供應鏈，使他們處於孤立的境地，將他們的戰艦封鎖在海灣中。

為了解圍，地面部隊受調返回埃及。西元前三一年九月二日，艦隊衝出了海灣。依照預先準備的計畫，克麗奧佩托拉率領一百艘戰艦駛向遠海。安東尼率其餘的戰艦與阿格里巴在近海交鋒；由於波浪滔天，雙方都不能脫身，遭受了重大傷亡。

亞克興一戰根本不足以寫成任何傳奇文學，直到屋大維手下巧舌如簧的詩人們將其潤飾成文；但一位軍事史學家這樣描述此役：「完全不是蕩氣迴腸的壯烈激戰，只是陸上的一連串小規模衝突，還有海上幾個回合的交鋒。」缺席的屋大維（他確實不在場，因為他正遭受暈船之苦）被默認為勝利者。不過，安東尼夫婦的計畫成功了，他們從海灣突圍而出，向南方航行，重整隊伍。此時，壞消息傳了過來：他們的地面部隊遭到截擊，然後倒戈投敵了。

於是，他們疾速返回亞歷山大，一路上讓旗幟飛揚，偽裝成獲勝而歸，此舉是為了穩住民心、爭取時間，而克麗奧佩托拉也得以保住了她巨額的財富。她暫時仍處於有利的地位，因為屋大維的「後院起火」；士兵們的軍餉燒個精光。他沒錢支付軍餉，結果義大利本土發生了叛亂。

歸來的克麗奧佩托拉，依舊聽到了歡呼之聲，讚譽她是「保衛家園的神聖女主人」。既存的政治盟友，即孟斐斯的祭司群體，對她的擁護一如從前。埃及人民也依然忠誠，派來了一支請願代表團，表明他們願意代表她拿起刀槍、保家衛國。儘管屋大維控制了北方和西方，但東方與南方還是自由之地；這就是克麗奧佩托拉下一步行動的路徑。她清楚地知道，地中海並不是埃及唯一的海岸線。既然紅海是前往東方的通道，她便啟動了一個「極為大膽而精彩的計畫」，仿效古埃及先輩的實踐，將她剩餘的戰艦經由陸路運往東邊，讓艦隊「在阿拉伯海灣中航行」，在不同以往的前線陣地與敵人交戰；如有必要，此地也可作為逃生之路。

但她遭到了災難性的打擊，戰艦被燒燬了。縱火者是納巴泰的阿拉伯商人。他們長久以來嫉恨托勒密家族侵入他們的領地，決心要維持自身在紅海周邊的陸上貿易線路。

正是此事件，而非亞克興之戰，決定了克麗奧佩托拉七世與埃及的命運。

在長達一年的僵局中，這對夫妻被困在亞歷山大。「無與倫比的生活」吃喝俱樂部，被重新命名為「大家一起死」，但照舊夜夜笙歌，宴飲狂歡，彷彿不會再有明天。

當羅馬人奪走他的王國時，賽普勒斯的托勒密選擇自我了斷。克麗奧佩托拉決意以這位叔叔為參考榜樣，而不是她妹妹阿爾西諾四世以只求苟活的戰敗者身分走過羅馬街頭受辱。她開始謀畫恰當的自殺方式，以免在必要時手足無措。依照古文獻，她「忙著收集各式各樣的毒藥，為的是試驗哪一種痛苦最少」；其中也包括了「毒性動物」。她想找到一種毒素，能提供完美的方式讓人安詳離去，進入來生世界。畢竟死得有尊嚴，才配得上她的地位形象。

屋大維的軍隊已越過腓尼基，正向南進發。聽聞此消息，克麗奧佩托拉將她一半的「黃金、白銀、綠寶石、珍珠、烏木、象牙和肉桂」貯存到了墓室中。她剩餘的努力就是爭取王朝血脈的延續。十六歲的凱薩里恩與她另一半的財寶，被一起送往柯普托斯；當地支持者將帶著小凱薩穿越東部沙漠，前往紅海邊乘船逃亡。另外三個更年幼的孩子也被疏散出宮，託付給他們的老師照顧，被帶去了南方的底比斯。

他們的離去並非操之過急，因為屋大維的人馬已經跨過了埃及的東北邊境，當地衛戍部隊的將領叛變，與敵軍勾結，羅馬人因此輕鬆拿下貝魯西亞，在三角洲沿海勢如破竹，迅速向柯諾普斯挺進。

安東尼擊退了他們。夫妻倆還收到消息，表示自家的角鬥士已經離開西齊庫斯（Cyzicus）的基地，正日夜兼程「幫助他們的統治者」，但稍後傳來了噩耗，屋大維新任命的敘利亞總督攔截並處死了他們。埃及民眾也北上投入戰鬥，保衛國土；不過，屋大維動作相當迅速，瞄準他們的榮譽和精神領袖，即同樣具有托勒密血統的孟斐斯最高祭司，將他的每一個痕跡都抹除了。羅馬人不僅終結了三千年之久的宗教職位，還闖入前任最高祭司帕西恩普塔的墓葬，掠劫「黃金和白銀裝飾擺設，以及各式各樣珍稀的真品寶石」。而現任的大祭司，年僅十六歲的佩圖巴斯迪斯，於西元前三〇年七月三十一日走到了他的生命終點。他的死期與戰事進程是如此巧合地一致，只能代表他是遭到了殺害。

正是在同一天的夜晚，自殺俱樂部在亞歷山大進行最後一次聚會。有人聲稱能聽到一種非塵世的音樂：「種類繁多的樂器正在演奏，有歌聲和著曲調唱誦，還有一群人喊叫和舞蹈的喧囂，就像酒神節狂歡的隊伍正在行進。」人們聽到幽靈的隊列在城中穿行而過，從東邊的大門出城，向著敵人的營地而去，在消失前，喧鬧聲突然又變得非常嘈雜。此無從查證的景象，被解釋為戴奧尼修斯拋棄了安東尼；對於這位神靈曾經保護過的埃及王朝而言，如此的徵兆無疑更是嚴峻、意味深長。

八月一日的黎明時分，安東尼率軍出戰。而他們剩餘的艦隊則前去與屋大維的戰船較量，但結果只是乖乖地停泊在一旁投降。他們僅存的地面部隊也是如此。屋大維拒絕與安東尼單打獨鬥，而是建議他另尋死法，安東尼無計可施，只得返回宮中。

克麗奧佩托拉早已認為安東尼陣亡，便將自己和侍女關進了墓室。但她聽聞丈夫試圖自殺後，她命人將他帶到身邊。儘管失血過多、氣息奄奄，安東尼還是被扶進了墓室，在妻子的懷抱中與世長辭。

屋大維迫切需要墓葬中無價的巨額財寶，但為了防範克麗奧佩托拉將財寶變成她的火葬堆，他令手下強行破門而入。克麗奧佩托拉意欲自殺，卻被屋大維的手下們奪下短劍，「還搖擺抖動她的衣裙，看其中是否藏有毒藥」。

她被軟禁在宮中，有專人看守，暫無死亡之虞。屋大維最終進了城，參觀了亞歷山大的陵墓，評估其中陪葬品的價值。有人提議他看看托勒密家族部分成員的木乃伊，但遭到了拒絕。他表示沒興趣看一排乾屍遺體。此態度正如他拒絕向阿比斯神牛表達一絲敬意，他主張「敬拜的是神明，不是什麼牛或狗」。接著，他發布命令：「存放亞歷山大大帝木乃伊的石棺，要從亞歷山大城的陵墓中移出。」據說，在執行過程中，他「確實觸碰過木乃伊，但導致遺體的鼻子有一部分斷開了」。

在托勒密王朝創始者的身上，屋大維留下了他不可磨滅的印跡。然後，他徹底終結了這個王朝，下令處決第十五世——也是最後一代的托勒密——小凱薩；他表示：「有太多凱薩可不是好事。」這位十六歲的孩子在試圖離國逃亡時被抓住了，一起被截獲的還有那一半的王室財寶，與從克麗奧佩托拉墓中的另外那一半，一起運回了羅馬；這筆財富的金額數量是如此之大，以至於讓羅馬的借貸利率在一夜之間從百分之十二暴跌到百分之四。

屋大維允許克麗奧佩托拉打理安東尼的葬禮，但她只求一死的願望卻被駁回了；用的是威脅手段，因為她剩下的三個孩子也被敵人扣押。屋大維要讓他們全活著，帶回羅馬，在他的「凱旋禮」亮相——那將是一段歷史中一連串事件的輝煌巔峰時刻；而這段歷史已開始被他改寫，伴隨的是被撕碎的文獻、推倒的雕像，以及在其打壓下，所有反對者的噤聲無言。

克麗奧佩托拉假裝合作，以便爭取時間。她退回到自己的私人生活區，向屋大維寫信，要求能與安東尼葬在一起。她心裡清楚，自己必須快速行動；一旦對方看到她的信，她就沒機會了。她把所有的手下都支開，只留下侍女伊拉絲和卡蜜恩——她人世謝幕演出中的配角。

至於接下來所發生的事，古代文獻也承認：「到底發生了什麼，誰也不知道。」眾所周知的傳說是她以毒蛇自盡，正如首度向公眾展示、諷刺漫畫般的肖像所描繪的：長蛇盤繞她雙臂的雕像後來曾在羅馬巡遊展出。但是，這尊雕像暗示了克麗奧佩托拉是讓角蝰咬死她，這點可是極難採信。因為，根據她自己的研究中，北非毒蛇角蝰的毒效會在死前引發嘔吐和大小便失禁；這與她自我了結的計畫完全不符合。

從埃及眼鏡蛇身上獲得的成效似乎更符合她的要求。這種蛇的毒液會導致昏昏欲睡，讓全身逐漸痲痺癱瘓，被描述為就像「一場極深沉的自然睡眠」——長期以來，在埃及都是以木乃伊製作達成此效果。

服用眼鏡蛇的毒液，並不代表現場必須有蛇本身。儘管如此，古代文獻仍假定一條蛇裝在籃子裡，偷偷帶進了王宮。但是，足以殺死一名成人的毒液，大概會需要一條兩公尺長的眼鏡蛇；殺死三名女人，便需要三條，因為眼鏡蛇在咬第一口時就會釋放所有毒液。事實上，「想到這個有如美杜莎頭髮的軟體爬行動物增殖交纏的場景，你很快就會恐懼退縮」，更別提還得用多大的籃子才能夠裝下牠們。

另外的理論指出，她的房間事先已準備好一條蛇，「養在一只大花瓶中，然後她用一根黃金紡線桿激怒那條蛇，直到它咬噬她的手臂」。這似乎是對最可信的理論加以潤飾後的版本，也就是「她用一根中空的髮簪裝了毒藥，而她的長髮就盤繞在上面」。對於她招牌髮型來說，此髮飾不可或缺，而且又是藏在頭髮中間；羅馬士兵在搜查她的衣物是否藏有武器和毒藥時，很有可能就沒能發現，或是根本沒留意到此髮髻；尤其是依照羅馬社會的習俗，一位已婚女性的盤髮是高貴聖潔，絕對不可侵犯褻瀆。

理所當然地，她選擇在伊拉絲的陪伴下死去。屋大維嘲弄伊拉絲是「為克麗奧佩托拉梳頭髮的小丫頭」，做不成任何有價值的事，但如今很有可能正是在這位姑娘的幫助下，屋大維招搖的獵物被奪走了。

在卡蜜恩的服侍下，克麗奧佩托拉穿好女王袍服之後，便躺到了她的金色大床上。這時，或許就是伊拉絲，將粗針一般的髮簪遞給她的主人。這位女法老「在自己手臂上弄出一小塊擦傷，讓劇毒進入她的血液」。劇毒很快便起了作用。

兩位侍女也仿效主人，棄世而去。屋大維讀到克麗奧佩托拉的信後，立即派衛兵來到現場，但精心策畫的舞臺已經上演出最佳效果。

依照廣泛流傳的說法，羅馬人質問：「卡蜜恩，這對妳的女主人來說是善終嗎？」在斷氣前，卡蜜恩還掙扎著回答：「這非常好，她是如此眾多先王們的後嗣，這樣對她才合適。」那些先王，就是三千年間前後接續當政的法老，而埃及人就是圍繞著他們，創建了自己的全部歷史。

西元前三〇年八月三十一日，三千年歷史的埃及迅速來到了最終結局：羅馬正式吞併了埃及。此後，這裡一直是相繼而至的數個外來帝國的一部分，直到一九五二年，埃及的故事才再度由這個國度自己書寫。

「歐西里斯是昨日，拉神是明天，昨日屬於我，而我知曉明天。」——《亡靈書》

歷代年表

這份歷代年表以伊恩・尚（Ian Shaw）與保爾・尼克遜（Paul Nicholson）所著的《大英博物館古埃及辭典》（一九九五年）第三一〇到三一二頁，以及伊恩・尚所編寫的《牛津版古埃及史》（二〇〇〇年）第四七九到四八二頁的內容為依據，並依照迪伊（Dee et al.）等人發表於二〇一三年的文章，對前王朝時期的最新考證成果進行修訂。此處也列入擁有君王頭銜的女性，還將第十一王朝放在第一中間期之內，而不是將第一中間期放在中王國時段。

西元前六九〇年之前，由於無法斷定準確的日期，因此，在此之前發生的事件，本書中撰寫的都是估測的近似時間，例如，「約西元前三一〇〇年」或「大約西元前一〇六九年」。

前王朝時期：西元前五三〇〇～前三一〇〇年

下埃及：

新石器時代，約西元前五三〇〇～前四〇〇〇年

馬阿迪文化，約西元前四〇〇〇～前三一〇〇年

上埃及：

巴達爾時期，約西元前四四〇〇～前三八〇〇年

涅迦達時期，約西元前三八〇〇～前三三〇〇年

「零王朝」，西元前三三〇〇～前三一〇〇年

統治者包括：

蠍子王（Scorpion）

伊里—奧（Iri-hor）

卡（Ka）

早王朝時期：西元前三一〇〇～前二六八六年

第一王朝：西元前三一〇〇～前二八九〇年

那爾邁（Narmer），約西元前三一〇〇年

阿哈（Aha），約西元前三〇八五年

德耶爾（Djer），約西元前三〇四〇年

吉特（Djet），約西元前二九九〇年

梅奈斯（Merneith），約西元前二九六五年

鄧恩（Den）約西元前二九六〇年

阿涅吉布（Anedjib），約西元前二九二五年

塞美赫特（Semerkhet）約西元前二九〇〇年

卡阿（Qaa）約西元前二八九〇年

第二王朝：西元前二八九〇～前二六八六年

赫特普塞克姆威（Hetepsekhemwy），約西元前二八九〇年

內布拉（Nebra），約西元前二八六五年

奈尼特吉（Nynetjer）

維奈格（Weneg）
塞涅德（Sened）
珀里布森（Peribsen），約西元前二七〇〇年
卡塞凱姆威（Khasekhemwy），約西元前二六八六年

古王國時期：西元前二六八六～前二一八一年

第三王朝：西元前二六八六～前二六一三年
內布卡（Nebka），西元前二六八六～前二六六七年
左塞爾（Djoser），西元前二六六七～前二六四八年
塞赫姆赫特（Sekhemkhet），西元前二六四八～前二六四〇年
哈巴（Khaba），西元前二六四〇～前二六三七年
胡尼（Huni），西元前二六三七～前二六一三年

第四王朝：西元前二六一三～前二四九四年
斯奈夫魯（Snefru），西元前二六一三～前二五八九年
胡夫（Khufu），西元前二五八九～前二五六六年

德耶德弗拉（Djedefra），西元前二五六六～前二五五八年
哈夫拉（Khafra），西元前二五五八～前二五三二年
門卡烏拉（Menkaura），西元前二五三二～前二五〇三年
肯塔維絲一世（Khentkawes I），約西元前二五〇三年
謝普塞卡夫（Shepseskaf），西元前二五〇三～前二四九八年

第五王朝：西元前二四九四～前二三四五年

烏塞卡夫（Userkaf），西元前二四九四～前二四八七年
薩胡拉（Sahura），西元前二四八七～前二四七五年
內弗瑞爾卡拉（Neferirkara），西元前二四七五～前二四五五年
肯塔維絲二世（Khentkawes II），約西元前二四五五年
謝普塞卡拉（Shepseskara），西元前二四五五～前二四四八年
拉內弗瑞夫（Raneferef），西元前二四四八～前二四四五年
尼烏色拉（Niuserra），西元前二四四五～前二四二一年
門卡烏霍（Menkauhor），西元前二四二一～前二四一四年
德耶德卡拉（Djedkara），西元前二四一四～前二三七五年
烏納斯（Unas），西元前二三七五～前二三四五年

第六王朝：西元前二三四五～前二一八一年

泰狄（Teti），西元前二三四五～前二三三三年

烏瑟卡拉（Userkara），西元前二三三三～前二三三二年

佩皮（Pepi I），西元前二三三二～前二二八七年

梅倫拉（Merenra），西元前二二八七～前二二七八年

佩皮二世（Pepy II），西元前二二七八～前二一八四年

奈姆耶姆薩夫（Nemtyemsaf），西元前二一八四年

奈提克雷蒂（Neitikrety），西元前二一八四～前二一八一年

第一中間期：西元前二一八一～前二〇五五年

第七與第八王朝：西元前二一八一～前二一二五年

眾多曇花一現的國王包括：

內弗爾卡烏霍（Neferkauhor）

艾比（Ibi）

第九與第十王朝（赫拉克勒奧波利斯）：西元前二一六〇～前二一二五年

赫狄一世（Khety I）

赫狄二世（Khety II）

梅睿卡拉（Merikara）

第十一王朝（底比斯）：西元前二一二五～前二〇五五年

蒙圖霍特普一世（Montuhotep I）

因特夫一世（Intef I），西元前二一二五～前二一一二年

因特夫二世（Intef II），西元前二一一二～前二〇六三年

因特夫三世（Intef III），西元前二〇六三～前二〇五五年

第十一王朝（埃及全境）：西元前二〇五五～前一九八五年

蒙圖霍特普二世（Montuhotep II），西元前二〇五五～前二〇〇四年

閃赫卡拉（Sankhkara，即蒙圖霍特普三世），西元前二〇〇四～前一九九二年

蒙圖霍特普四世（Montuhotep IV），西元前一九九二～前一九八五年

中王國時期：西元前一九八五～前一六五〇年

第十二王朝：西元前一九八五～前一七九五年

阿蒙內姆哈特一世（Amenemhat I），西元前一九八五～前一九五五年

塞索斯特里斯一世（Sesostris I），西元前一九六五～前一九二〇年

阿蒙內姆哈特二世（Amenemhat II），西元前一九二二～前一八七八年

塞索斯特里斯二世（Sesostris II），西元前一八八〇～前一八七四年

塞索斯特里斯三世（Sesostris III），西元前一八七四～前一八五五年

阿蒙內姆哈特三世（Amenemhat III），西元前一八五五～前一八〇八年

阿蒙內姆哈特四世（Amenemhat IV），西元前一八〇八～前一七九九年

索貝克內芙露（Sobeknefru），西元前一七九九～前一七九五年

第十三王朝：西元前一七九五～前一六五〇年

多達七十位統治者，包括：

索貝克霍特普一世（Sobekhotep I）

阿蒙尼—基馬瓦（Ameny-Qemau）

索貝克霍特普二世（Sobekhotep II）

赫恩德耶爾（Khendjer）
索貝克霍特普三世（Sobekhotep III）
內弗爾霍特普一世（Neferhotep I）
索貝克霍特普四世（Sobekhotep IV）
索貝克霍特普五世（Sobekhotep V）

第十四王朝（索伊斯）：約西元前一七五〇～前一六五〇年

君王包括：
內赫希（Nehesy）

第二中間期：約西元前一六五〇～前一五五〇年

第十五王朝（喜克索斯王朝）：西元前一六五〇～前一五五〇年
薩利狄斯（Salitis）
吉安（Khyan）
阿波菲斯（Apophis）
哈穆狄（Khamudi）

第十六王朝：約西元前一六五〇～前一五五〇年

與第十五王朝同期存在的一些小王國君主

第十七王朝：約西元前一六五〇～前一五五〇年

在底比斯建立政權的統治者有數位，其中最突出的如下：

索貝克姆沙夫（Sobekemsaf），約西元前一五七〇年

因特夫六世（Intef VI）

塔奧一世（Tao I）

塞肯拉（Seqenra，塔奧二世），約西元前一五六〇年

卡摩西（Kamose），約西元前一五五五～前一五五〇年

新王國時期：約西元前一五五〇～前一〇六九年

第十八王朝：西元前一五五〇～前一二九五年

阿赫摩斯一世（Ahmose I），西元前一五五〇～前一五二五年

阿蒙霍特普一世（Amenhotep I），西元前一五二五～前一五〇四年

圖特摩西斯一世（Tuthmosis I），西元前一五〇四～前一四九二年

圖特摩西斯二世（Tuthmosis II），西元前一四九二～前一四七九年

圖特摩西斯三世（Tuthmosis III），西元前一四七九～前一四二五年

哈特謝普蘇特（Hatshepsut），西元前一四七三～前一四五八年

阿蒙霍特普二世（Amenhotep II），西元前一四二七～前一四〇〇年

圖特摩西斯四世（Tuthmosis IV），西元前一四〇〇～前一三九〇年

阿蒙霍特普三世（Amenhotep III），西元前一三九〇～前一三五二年

阿蒙霍特普四世／埃赫納吞（Amenhotep IV/Akhenaten），西元前一三五二～前一三三六年

斯蒙赫卡拉／內芙爾娜芙魯阿吞（Smenkhkara/Nefernefruaten），西元前一三三八～前一三三六年

圖坦卡門（Tutankhamen），西元前一三三六～前一三二七年

阿伊（Ay），西元前一三二七～前一三二三年

霍雷姆赫布（Horemheb），西元前一三二三～前一二九五年

第十九王朝：西元前一二九五～前一一八六年

拉美西斯一世（Ramses I），西元前一二九五～前一二九四年

塞狄一世（Seti I），西元前一二九四～前一二七九年

拉美西斯二世（Ramses II），西元前一二七九～前一二一三年

梅倫普塔（Merenptah），西元前一二一三～前一二〇三年

阿蒙梅西（Amenmesse），西元前一二〇三～前一二〇〇年
塞狄二世（Seti II），西元前一二〇〇～前一一九四年
西普塔（Siptah），西元前一一九四～前一一八八年
塔沃絲蕾特（Tawosret），西元前一一八八～前一一八六年

第二十王朝：西元前一一八六～前一〇六九年

塞斯納赫特（Sethnakht），西元前一一八六～前一一八四年
拉美西斯三世（Ramses III），西元前一一八四～前一一五三年
拉美西斯四世（Ramses IV），西元前一一五三～前一一四七年
拉美西斯五世（Ramses V），西元前一一四七～前一一四三年
拉美西斯六世（Ramses VI），西元前一一四三～前一一三六年
拉美西斯七世（Ramses VII），西元前一一三六～前一一二九年
拉美西斯八世（Ramses VIII），西元前一一二九～前一一二六年
拉美西斯九世（Ramses IX），西元前一一二六～前一一〇八年
拉美西斯十世（Ramses X），西元前一一〇八～前一〇九九年
拉美西斯十一世（Ramses XI），西元前一〇九九～前一〇六九年

第三中間期：西元前一〇六九～前七四七年

第二十一王朝（塔尼斯）：西元前一〇六九～前九四五年

斯門德斯（Smendes），西元前一〇六九～前一〇四三年
阿蒙尼姆尼蘇（Amenemnisu），西元前一〇四三～前一〇三九年
蘇塞恩尼斯一世（Psusennes I），西元前一〇三九～前九九一年
阿蒙尼莫佩（Amenemope），西元前九九三～前九八四年
大奧索爾孔（Osorkon the Elder），西元前九八四～前九七八年
西阿蒙（Siamen），西元前九七八～前九五九年
蘇塞恩尼斯二世（Psusennes II），西元前九五九～前九四五年

第二十二王朝（布巴斯提斯／利比亞）：西元前九四五～前七一五年

謝斯弘克一世（Sheshonq I），西元前九四五～前九二四年
奧索爾孔一世（Osorkon I），西元前九二四～前八八九年
謝斯弘克二世（Sheshonq II），約西元前八九〇年
泰柯洛斯一世（Takeloth I），西元前八八九～前八七四年
奧索爾孔二世（Osorkon II），西元前八七四～前八五〇年

泰柯洛斯三世（Takeloth III），西元前八五〇～前八二五年

謝斯弘克三世（Sheshonq III），西元前八二五～前七七三年

皮邁伊（Pimay），西元前七七三～前七六七年

謝斯弘克五世（Sheshonq V），西元前七六七～前七三〇年

奧索爾孔四世（Osorkon IV），西元前七三〇～前七一五年

第二十三王朝（塔尼斯／利比亞）：西元前八一八～前七一五年

同期有數個世系的統治者，分別盤踞於赫拉克勒奧波利斯、赫莫波利斯、利安托波利斯與塔尼斯，其中包括：

佩杜巴斯迪斯一世（Pedubastis I），西元前八一八～前七九三年

謝斯弘克四世（Sheshonq IV），約西元前七八〇年

奧索爾孔三世（Osorkon III），西元前七七七～前七四九年

第二十四王朝：西元前七二七～前七一五年

巴克恩熱內夫（Bakenrenef），西元前七二七～前七一五年

王國晚期：西元前七四七～前三三二年

第二十五王朝（庫什王朝）：西元前七四七～前六五六年

皮耶（Piye），西元前七四七～前七一六年

沙巴卡（Shabaqa），西元前七一六前七〇二年

沙比特卡（Shabitqa），西元前七〇二～前六九〇年

塔哈爾卡（Taharqa），西元前六九〇～前六六四年

坦塔蒙（Tantamen），西元前六六四～前六五六年

第二十六王朝（賽伊斯）：西元前六七二～前五二五年

尼柯一世（Necho I），西元前六七二～前六六四年

薩美提克斯一世（Psammetichus I），西元前六六四～前六一〇年

尼柯二世（Necho II），西元前六一〇～前五九五年

薩美提克斯二世（Psammetichus II），西元前五九五～前五八九年

阿普利斯（Apries），西元前五八九～前五七〇年

阿赫摩斯二世（Ahmose II），西元前五七〇～前五二六年

薩美提克斯三世（Psammetichus III），西元前五二六～前五二五年

第二十七王朝（第一次波斯控制期）：西元前五二五～前四〇四年

岡比西斯（Cambyses），西元前五二五～前五二二年

大流士一世（Darius I），西元前五二二～前四八六年

薛西斯一世（Xerxes I），西元前四八六～前四六五年

阿塔薛西一世（Artaxerxes I），西元前四六五～前四二四年

大流士二世（Darius II），西元前四二四～前四〇五年

阿塔薛西二世（Artaxerxes II），西元前四〇五～前三五九年

第二十八王朝：西元前四〇四～前三九九年

阿米狄歐斯（Amyrtaios），西元前四〇四～前三九九年

第二十九王朝：西元前三九九～前三八〇年

奈夫里提斯一世（Nepherites I），西元前三九九～前三九三年

哈柯爾（Hakor）西元前三九三～前三八〇年

奈夫里提斯二世（Nepherites II），約西元前三八〇年

第三十王朝：西元前三八〇～前三四三年

奈克塔內波一世（Nectanebo I），西元前三八〇～前三六二年

泰奧斯（Teos），西元前三六二～前三六〇年

奈克塔內波二世（Nectanebo II），西元前三六〇～前三四三年

第二次波斯控制期：西元前三四三～前三三二年

阿塔薛西斯三世（Artaxerxes III），西元前三四三～前三三八年

阿西斯（Arses），西元前三三八～前三三六年

大流士三世（Darius III），西元前三三六～前三三二年

托勒密王朝時期：西元前三三二～前三〇年

馬其頓王朝：西元前三三二～前三〇五年

亞歷山大大帝（Alexander the Great），西元前三三二～前三二三年

菲利普·阿里戴奧斯（Philip Arrhidaios），西元前三二三～前三一七年

亞歷山大四世（Alexander IV），西元前三一七～前三一〇年

托勒密王朝：西元前三〇五～前三〇年

托勒密一世（Ptolemy I），西元前三〇五～前二八二年
托勒密二世（Ptolemy II），西元前二八五～前二四六年
阿爾西諾二世（Arsinoe II），西元前二七五～前二六八年
托勒密三世（Ptolemy III），西元前二四六～前二二二年
貝倫尼柯二世（Berenike II），西元前二四六～前二二一年
托勒密四世（Ptolemy IV），西元前二二一～前二〇五年
托勒密五世（Ptolemy V），西元前二〇五～前一八〇年
克麗奧佩托拉一世（Kleopatra I），西元前一九四～前一七六年
托勒密六世（Ptolemy VI），西元前一八〇～前一四五年
克麗奧佩托拉二世（Kleopatra II），西元前一七六～前一一六年
托勒密七世（Ptolemy VII），西元前一四五年
托勒密八世（Ptolemy VIII），西元前一四五～前一一六年
克麗奧佩托拉三世（Kleopatra III），西元前一四二～前一〇一年
托勒密九世（Ptolemy IX），西元前一一六～前一〇七年
托勒密十世（Ptolemy X），西元前一〇七～前八八年
貝倫尼柯三世（Berenike III），西元前一〇一～前八〇年

托勒密九世（Ptolemy IX），西元前八八～前八〇年
托勒密十一世（Ptolemy XI）西元前八〇年
托勒密十二世／吹笛者（Ptolemy XII/Auletes），西元前八〇～前五八年
克麗奧佩托拉五世（Kleopatra V）西元前五八～前五七年
貝倫尼柯四世（Berenike IV），西元前五八～前五五年
托勒密十二世／吹笛者（Ptolemy XII/Auletes），西元前五五～前五一年
克麗奧佩托拉七世（Kleopatra VII），西元前五一～前三〇年
托勒密十三世（Ptolemy XIII），西元前五一～前四七年
托勒密十四世（Ptolemy XIV），西元前四七～前四四年
托勒密十五世／凱薩里恩（Ptolemy XV/Caesarion），西元前四四～前三〇年

拼音說明

古埃及人名的確經常看起來極度複雜。很大部分是由於埃及人的歷史環繞著他們的國王建構，而每一位君主擁有五個標準名稱，這些稱謂還可以隨著他們的人生變化，例如，卡塞凱姆（Khasekhem）自己改名為卡塞凱姆威（Khasekhemwy）；圖坦卡吞（Tutankhaten）更名為圖坦卡門（Tutankhamen）。某些時候，這類的稱謂更換實在過於頻繁，的確持續造成了極大的困惑以及爭議，例如，王后娜芙蒂蒂（Nefertiti）為自己增名為納芙爾內芙露阿吞—娜芙蒂蒂（Neferneferuaten-Nefertiti），接著在聯合攝政王時期，他的稱謂又變成安柯赫普魯拉—內芙爾娜芙魯阿吞（Ankhkheperura-Neferneferuaten），最後，當他成為君王之後，名字又變成了安柯赫普魯拉—斯蒙赫卡拉（Ankhkheprura-Smenkhkara）。不僅如此，埃及學者也會隨時間而轉換他們閱讀名稱的方式。例如，現今的哈特謝普蘇特（Hatshepsut），曾經念作「Hatasu」與「Hashepsowe」；「Khuenaten」如今為埃赫納吞（Akhenaten）；「Raneb」則是今日的內布拉（Nebra）。同一個名稱，某些埃及學者則偏好不同的拼音方式，例如娜芙蒂蒂（Nefertiti）也可以拼為「Nofretete」，而圖坦卡門（Tutankhamen）也有人拼為「Tutenkhamon」。同樣的情況也發生在書寫眾多說希臘語的托勒密（Ptolemies）君王們的名字，例如本書所使用較嚴謹拼法的貝倫尼柯（Berenike）與克麗奧佩托拉（Kleopatra），它們更常見的拼法則是「Berenice」與「Cleopatra」。而且，在眾多托勒密君王們的時期，還有熟知希臘語與埃及語的學者曼涅托，辛勤地將古代埃及君王的名字轉換為希臘語版本，因此，阿蒙霍特普（Amenhotep）變成了阿蒙諾菲斯（Amenophis）；杜提摩西（Djhutymose）成為圖特摩西斯（Tuthmosis）；而塞恩沃斯里特（Senwosret）變成塞索斯特里斯（Sesostris）等等。

地名可能又更令人困惑，不僅是因為古埃及地名大多擁有更後期的希臘語版本，它們還可能擁有第三個阿拉伯語版本。例如，原本的「Men-nefer」接著變成孟斐斯（Memphis），如今則是「Mit Rahina」。以希臘名為人所熟知的地方，例如底比斯（Thebes），則是源自於埃及地名「Ta-ipet-su」，而現在的阿拉伯地名則是「el-Uksor」或路克索（Luxor）。另外，某些地名僅有阿拉伯語版本吉薩（el-Giza），但這類阿拉伯居住地的名稱，有時也可以是時期的名稱，例如地名巴達爾（el-Badari），可以指稱巴達爾時期（Badari Period）與巴達爾文化（Badari Culture）；結合了「el-Till」與「Beni Amra」二字的阿瑪納丘地（Tell el-Amarna），同時身為地名與時期名。

埃及名稱之所以經常如此令人困惑，很明顯地是因為它們呈現出來的模樣，無可避免地難以一致。儘管如此，我在本書使用的所有名稱與日期都是我一直以來所慣用的，我是以此來訴說我個人版本的埃及故事。

致謝

過去許多許多年來，我接收到很多很多人提供協助、資訊與支持，在這裡，我想要特別感謝：

Dr Amr Aboulfath、Dr Assem Allam、Dr Osama Amer、the Beaumont family、Guy de la Bédoyère、Susanne Bell、the Billis family、Richard Bradley、Juliet Brightmore、Rita Britton、Prof. Don Brothwell、Dr Diana Brown、Peter & Tanya Buckley、Kevin Cale、Christine Carruthers、Julie & Adam Chalkley、Prof. Krzysztof Ciałowicz、Maxine Coe、Prof. Matthew Collins、Dr Vanessa Corby、Steve Cross、Linda Dale、Janet Darke、Martin Davidson、Sian Davies、Andrew Dean、Dr David Depraetere、Amber & Simon Dickinson、Dr Sarry el-Dinn、Dr David Dixon、Jackie Dunmore、Mel Dyke、Elaine Edgar、Dr Bill Edwards、Sophie Elwin-Harris、Prof. Earl Ertman、Ceryl Evans、Janice Eyres、Prof. Mahmoud Ezzamel、Mohammed Fekri、Alan & Chris Fildes、Lynne Fletcher、Michael Fletcher、Imogen Forbes、Dr Diane France、Pam Gidney、Anton Gill、Dr Mercedes González、Carrie Gough、Marilyn Griffiths、Janice Hadlow、Prof. Shelley Haley、Julia Hankey、Lynn & Barry Harper、Mohamed Hawash、Kate Hawkins、

Pam Hayes、Dr Stan Henrickx、Dr Bernard Hephrun、Kerry Hood、Dr David Howard、Prof. Anthony Humphreys、Ian Hunt、Jeremy Hunt、Sarah Hunt、Dr Dirk Huyge、Lynda Jackson、Duncan James、John & Joan Johnson、Martyn & Christine Johnson、Dr John Kane、Dr Tim Kendall、Leigh Kroeger、Rupert Lancaster、David Langan、Eva Laurie、Duncan Lees、Jackie Ligo、John Livesey、Bill Locke、John Lombard、Mark Lucas、Sarah Lucas、Joan McMahon、Steven & Val McMahon、Claire McNamara、Helen Matthews、Gillian Mosely、Dr Sahar el-Mougy、Natalie Murray、Dr Christopher Naunton、Richard Nelson、Prof. Paul Nicholson、Prof. Terry O'Connor、Geoffrey Oates、Delia Pemberton、Michael & Jane Pickering、Jan Picton、Rod Poole、Maddy Price、Magdy el-Rashidy、Christine Rawson、Ali Reda、Dr Howard Reid、Lisa & Tim Riley、Jennifer Robertson、Bill Rudolph、Filippo Salamone、Dr Ahmed Saleh、Nermine Sami、Julia Samson、Emma Sargeant、Prof. Nick Saunders、Dr Otto Schaden、Dr John Schofield、Ian Scorah、Gillian Scott、Phyl & Gordon Semley、Ali Hassan Sheba & family、Alastair Smith、Jean Smith、Dr Hourig Sourouzian、Dr Alice Stevenson、George Stewart、Jackie Teasdale、Angela Thomas、Jean Thompson、'Tracey'、Caterina Turroni、Dr Eleni Vassilika、Jonathan & Myra Le Vine、David & Carole Walker、Claire Watkins、Ros Watson、Rowena Webb、Dr Andy Wilson、Alison Winfield。

不過，最重要的是，這個故事與滿滿的愛獻要給Garry & Susan Fletcher、Kate Fletcher、Stephen、Eleanor、Max與Django。

參考書目

Adams, B. 1992, Predynastic Figurine Fragment of Human Female from Qau, KMT 3 (1), pp.12-13

Adams, B. 1996, Elite Graves at Hierakonpolis, Aspects of Early Egypt (Spencer, J. ed.), London, pp.1-15

Adams, B. 1998, Egyptian Mummies, Aylesbury

Adams, B. 1999, Unprecedented Discoveries at Hierakonpolis, Egyptian Archaeology 15, pp.29-31

Adams, B. & Ciałowicz, K. 1997, Protodynastic Egypt, Aylesbury

Adams, W.Y. 1977, Nubia: Corridor to Africa, London

Aldred, C. 1963, Valley Tomb No.56 at Thebes, Journal of Egyptian Archaeology 49, pp.176-8

Aldred, C. 1971, Jewels of the Pharaohs: Egyptian Jewelry of the Dynastic Period, London

Aldred, C. 1973, Akhenaten and Nefertiti, London

Aldred, C. 1988, Akhenaten, King of Egypt, London

Aldrete, G., Bartell, S. & Aldrete, A. 2013, Reconstructing Ancient Linen Body Armor: Unraveling the

Linothorax Mystery, Baltimore

Allen, J. 2005, The Ancient Egyptian Pyramid Texts, Atlanta

Allen, J. et al. 1994, Further Evidence for the Coregency of Amenhotep III and IV, Amarna Letters 3, pp. 26-31

Amélineau, E. 1904, Les nouvelles fouilles d'Abydos III (1897-1898), Paris

American University in Cairo, 1997, Description de l'Egypte: publiée par les ordres de Napoléon Bonaparte, Cairo

Andreu, G., Rutschowscaya, M. & Ziegler, C. 1997, Ancient Egypt at the Louvre, Paris

Andrews, C. 1990, Ancient Egyptian Jewellery, London

Andronikos, M. 1984, Vergina: the Royal Tombs and the Ancient City, Athens

Anthes, R. 1986, The Head of Queen Nofretete, Berlin

Antiquity 1927, News & Notes: The Tomb Of Queen Hetepheres, Antiquity 1 (2), pp.216–18

Appian, trans. White, H. 1913, Civil Wars III-IV, London

Arnold, D. 1991, Amenemhat I and the Early Twelfth Dynasty at Thebes, Metropolitan Museum Journal 26, pp.5-48

Arnold, D. 1999.a, When the Pyramids were Built: Egyptian Art of the Old Kingdom, New York

Arnold, D. 1999.b, Temples of the Last Pharaohs, London

Arnold, D. et al. 1996, The Royal Women of Amarna: Images of Beauty from Ancient Egypt, New York

Arrian, trans. de Selincourt, A., 1958, The Campaigns of Alexander, Harmondsworth

Arroyo, R. 2003, Egypt: Music in the Age of the Pyramids, Madrid

Ashton, S. 2003, The Last Queens of Egypt, London

Athenaeus (trans. Gulick, C.) 1928-33, The Deipnosophists II & V, London

Aufderheide, A. 2003, The Scientific Study of Mummies, Cambridge

Baadsgaard, A., Monge, J., Cox, S. & Zettler, R. 2012, Bludgeoned, Burned, and Beautified: Re-evaluating Mortuary Practices in the Royal Cemetery of Ur. Sacred killing: the archaeology of sacrifice in the ancient Near East (Porter, A. & Schwartz, G. Eds.), Winona Lake, pp.125-58

Bahn, P. 2014, Review: Wadi Sura – the Cave of Beasts: a rock art site in the Gilf Kebir (SW-Egypt), Antiquity 88 (340), pp.668–70

Baines, J. & Malek, J. 1980, Atlas of Ancient Egypt, Oxford

Bangs, R. & Scaturro, P. 2006, Mystery of the Nile: The Epic Story of the First Descent of the World's Deadliest River, New York

Bard, K. 1994, The Egyptian Predynastic: a review of the evidence, Journal of Field Archaeology 21(3), pp.265-88

Bard, K. 2007, Introduction to the Archaeology of Ancient Egypt, Malden

Barnett, R. 1977, Illustrations of Old Testament History, London

Bates, O. 1914, The Eastern Libyans, London

Baumgartel, E.J. 1955, The Cultures of Prehistoric Egypt, London

Baumgartel, E.J. 1970, Petrie's Naqada Excavation: a Supplement, London

Bell, B. 1970, The Oldest Records of the Nile Floods, The Geographical Journal 136 (4), pp.569-73

Bell, B. 1971, The Dark Ages in Ancient History I: The First Dark Age in Egypt, American Journal of Archaeology 75 (1), pp.1-26

Bell, B. 1975, Climate and the History of Egypt: the Middle Kingdom, American Journal of Archaeology 79 (3), pp.223-69

Bell, L. 1985, Luxor Temple and the Cult of the Royal Ka, Journal of Near Eastern Studies 44 (4), pp.251-94

Bell, M. 1985, Gurob Tomb 605 and Mycenaean chronology, Mélanges Gamal Eddin Mokhtar I, Cairo, pp.61-86

Bennet, C. 2005, Arsinoe and Berenice at the Olympics, Zeitschrift für Papyrologie und Epigraphik Bd. 154, pp.91-96

Benson, M. & Gourlay, J. 1899, The Temple of Mut in Asher, London

ten Berge, R. & van de Goot, F. 2002, Seqenenre Taa II, the violent death of a pharaoh, Journal of Clinical Pathology 55, p.232

Bergstrom, B.1984, Reflections on the Association between the Sun-God and Divine Kingship in the 18th

Dynasty, in Sundries in Honour of Torgny Säve-Söderbergh, Boreas 13, Uppsala, pp.33-42

Berman, L. ed. 1990, The Art of Amenhotep III, Cleveland

Betrò, M. 2014, Kenamen: l'undicesima mummia, Pisa

Bhardwaj, A. 2014, Walking the Nile, High Life (May), pp.36-42

Bianchi, R.S. ed. 1988, Cleopatra's Egypt: The Age of the Ptolemies, New York

Bianchi, R.S. 2003, Images of Cleopatra VII Reconsidered, Cleopatra Reassessed, British Museum Occasional Paper 103, (eds. Walker, S. & Ashton, S.), London, pp.13-23

Bickel, S. & Paulin-Grothe, E. 2012, The Valley of the Kings: two burials in KV.64, Egyptian Archaeology 41, pp.36-40

Bickel, S. & Paulin-Grothe, E. 2014, KV.40: a burial place for the royal entourage, Egyptian Archaeology 45, pp.21-4

Bierbrier, M. 1982, The Tomb-Builders of the Pharaohs, London

Bietak, M. 1996, Avaris, the Capital of the Hyksos: recent excavations at Tell Dab'a, London

Bietak, M. 2005, The Thutmose Stronghold of Perunefer, Egyptian Archaeology 26, pp.13-17

Bietak, M. 2012, The Archaeology of the 'Gold of Valour,' Egyptian Archaeology 42, p.32

Bietak, M. & Lange, E. 2014, Tell Basta: the palace of the Middle Kingdom, Egyptian Archaeology 44, pp.4-7

Bietak, M. & Strouhal, E. 1974, Die Todesumstände des Pharaos Seqenenre (17 Dynastie), Annalen des

Naturhistorischen Museums Wien 78, pp.29–52

Bingen, J. 2007, Hellenistic Egypt: monarchy, society, economy, culture, Edinburgh

Birch, S. ed. 1878, Records of the Past being English Translations of the Assyrian and Egyptian Monuments: X: Egyptian Texts, London

Bjorkman, G. 1971, Kings at Karnak: a Study of the Treatment of the Monuments of Royal Predecessors in the Early New Kingdom, Uppsala

Blackman, A. 1953, The Rock Tombs of Meir VI, London

Blankenberg van Delden, C. 1969, The Large Commemorative Scarabs of Amenhotep III, Leiden

Bomann, A. & Young, R. 1994, Preliminary Survey in the Wadi Abu Had, Eastern Desert, 1992, Journal of Egyptian Archaeology 80, pp.23-44

Bosse-Griffiths, K. 2001, Amarna studies and Other Selected Papers, Freiburg

Boston, Museum of Fine Art 1988, Mummies and Magic: The Funerary Arts of Ancient Egypt, Boston

Bothmer, B. 1960, Egyptian Sculpture of the Late Period, 700 bc to ad 100, Brooklyn

Bothmer, B. 1970, A New Fragment of an Old Palette, Journal of the American Research Center in Egypt 8, pp.5-8

Bourriau, J. 1981, Pharaohs & Mortals: Egyptian Art in the Middle Kingdom, Cambridge

Bourriau, J. 1991, Patterns of change in burial customs during the Middle Kingdom, Middle Kingdom Studies

(Quirke, S. ed.), New Malden, pp.3-20
Bowman, A. 1986, Egypt after the Pharaohs, 332 bc – ad 642, London
Breasted, J.H. 1988, Ancient Records of Egypt: Historical Documents from the Earliest Times to the Persian Conquest, I-IV, Chicago
Brewer, D., Redford, D. & Redford, S. 1994, Domestic Plants and Animals: the Egyptian Origins, Warminster
Brier, B. & Zimmerman, M. 2000, The Remains of Queen Weret, Chungara: Revista de Antropología Chilena 32 (1), pp.23-6
Brovarski, E., Doll, S. & Freed, R., eds. 1982, Egypt's Golden Age: the art of living in the New Kingdom, Boston
Brunton, G. 1937, Mostagedda and the Tasian culture: British Museum expeditions to Middle Egypt 1928-1929, London
Brunton, G. 1948, Matmar: British Museum expeditions to Middle Egypt, 1929–1931, London
Brunton, G. & Caton-Thompson, G. 1928, The Badarian Civilisation and Predynastic Remains near Badari, London
Bryan, B. 1984, Evidence for Female Literacy from Theban Tombs of the New Kingdom, Bulletin of the Egyptological Seminar 6, pp.17-32
Bryan, B. 1997, The Statue Program for the Mortuary Temple of Amenhotep III, in The Temple in Ancient

Egypt: New Discoveries and Recent Research (ed. S. Quirke), London, pp.57-81
Bryan, B. 2003, Property and the God´s Wives of Amen, Women and Property (Lyons, D. & Westbrook, R. eds.), Center of Hellenic Studies, Harvard University, Cambridge, pp.1–15.
Buckley, S. 2011, Revisiting the Amarna Royals: Part 2, Shemu: the Egyptian Society of South Africa
Buckley, S. & Evershed, R. 2001, The Organic Chemistry of Embalming Agents in Pharaonic and Graeco-Roman Mummies, Nature 413 (6858), pp.837-41
Buckley, S.A., Evershed, R. & Clarke, K. 2004, Complex Organic Chemical Balms of Pharaonic Animal Mummies, Nature 431, pp.294-9
Bunbury, J. 2012, The Mobile Nile, Egyptian Archaeology 41, p.15-17
Buonaventura, W. 1994, Serpent of the Nile: Women and Dance in the Arab World, London
Butzer, K. 1965, Physical conditions in Eastern Europe, Western Asia and Egypt before the period of agricultural and urban settlement, Cambridge
Callender, G. 1988, A Critical Examination of the Reign of Hatshepsut, Ancient History 18 (2), pp.86-102
Callender, G. 1990, Queen Hetepheres I, Bulletin of the Australian Center for Egyptology 1, pp.25-9
Callender, G. 1996, Problems in the Reign of Hatshepsut, KMT 6 (4), pp.16-27, 79-80
Callender, G. 1998, Materials for the Reign of Sebekneferu, Proceedings from the 7th Annual Conference of Egyptologists, ed. C. Eyre, Cambridge, pp.227-36

Callender, G. 2004, Queen Tausert and the End of Dynasty 19, Studien zur altägyptischen Kultur 32, pp.81-104

Callender, G. 2006, The Cripple, the Queen and the Man from the North, KMT 17 (1), pp.49–63

Callender, G. 2010, Queen Neit-ikrety/Nitokris, Abusir & Saqqara 2010 Vol. I (eds. Bárta, M., Coppens, F. & Krejci, J.), Prague, pp.246-60

Callender, G. 2012, Ankhnespepi II, The Encyclopedia of Ancient History, DOI: 10.1002/9781444338386.wbeah15422

Callimachus, trans. Trypanis, C.A. 1968, Callimachus: Fragments, London

Calverley, A. & Broome, M. 1933-58, The Temple of Sethos I at Abydos I-IV, London

Caminos, R. 1964, The Nitocris Adoption Stela, Journal of Egyptian Archaeology 50, pp.71-101

Capel, A. & Markoe, G. eds. 1996, Mistress of the House, Mistress of Heaven: Women in Ancient Egypt, New York

Carnarvon, Earl of & Carter, H. 1912, Five Years' Explorations at Thebes; A Record of Work Done 1907 –1911, New York

Carney, E. 2013, Arsinoe of Egypt and Macedon: a Royal Life, New York

Carter, H. 1917, A Tomb prepared for Queen Hatshepsuit and other recent discoveries at Thebes, Journal of Egyptian Archaeology 4, pp.106-18

Carter, H. 1927-33, The Tomb of Tutankhamen II-III, London

Carter, H. & Gardiner, A. 1917, The Tomb of Ramesses IV and the Turin Plan of a Royal Tomb, Journal of Egyptian Archaeology 4 (2-3), pp.130-58

Carter, H. & Mace, A. 1923, The Tomb of Tutankhamen I, London

Carter, H. & Newberry, P. 1904, The Tomb of Thoutmosis IV, London

Case, H. & Payne, J. 1962, Tomb 100: the Decorated Tomb at Hierakonpolis, Journal of Egyptian Archaeology 48, pp.5-18

Cassius Dio, trans. Scott-Kilvert, I. 1987, The Roman History: the Reign of Augustus, Harmondsworth

Černy, J. 1973, Community of Workmen at Thebes in the Ramesside Period, Cairo

Cesarani, F., Martina, M., Boano, R., Grilletto, R., D'Amicone, E., Venturi, C. & Gandini, G. 2008, Multidetector CT Study of Gallbladder Stones in a Wrapped Egyptian Mummy, Radiographics 29 (4), http://pubs.rsna.org/doi/full/10.1148/rg.294085246

Chaveau, M. 2000, Egypt in the Age of Cleopatra, Ithaca

Chaveau, M. 2002, Cleopatra: Beyond the Myth, Ithaca

Chugg, A.M. 2004, The Lost Tomb of Alexander the Great, London

Ciałowicz, K. 1985, Predynastic Graves with Weapons found in Egypt and Nubia, Fontes Archaeologici Posnanienses 34, pp.157–80

Ciałowicz, K. 2009, The Early Dynastic administrative-cultic centre at Tell el-Farkha, British Museum Studies

in Ancient Egypt and Sudan 13, pp.83–123
Cicero, trans. M. Grant, 1960, Selected Works, Harmondsworth
Clayman, D. 2014, Berenice II and the Golden Age of the Ptolemies, New York
Cockburn, A., Cockburn, E. & Reyman, T.A. eds. 1998, Mummies, Disease and Ancient Cultures, Cambridge
Cohen, R. & Westbrook, R. eds. 2000, Amarna Diplomacy: the Beginnings of International Relations, Baltimore
Collins, P. 2008, From Egypt to Babylon: the International Age 1550-500 bc, London
Conrad, N. & Lehner, M. 2001, The 1988/1989 Excavation of Petrie's 'Workmen's Barracks' at Giza, Journal of the American Research Center in Egypt 38, pp.21-60
Cook, R. 1937, Amasis and the Greeks in Egypt, Journal of Hellenic Studies 57 (2), pp.227-37
Cook, S., Adcock, M. & Charlesworth, M. 1934, The Cambridge Ancient History X: the Augustan Empire, 44 bc-ad70, Cambridge
Corteggiani, J.P. 1986, The Egypt of the Pharaohs at the Cairo Museum, London
Cotterel, A. 2004, Chariot: the Astounding Rise and Fall of the World's First War Machine, London
Cumming, B. 1982-84, Egyptian Historical Records of the later Eighteenth Dynasty I-III, Warminster
Curto, S. 1971, The Military Art of the Ancient Egyptians, Turin
Curto, S. & Mancini, M. 1968, News of Kha and Meryt, Journal of Egyptian Archaeology 54, pp.77-81
el-Daly, O. 2005, Egyptology: the Missing Millennium, London

Darnell, D. 2002, Gravel of the Desert and Broken Pots in the Road, Egypt and Nubia: Gifts of the Desert (Friedman, R. ed.), London, pp.156-77

Darnell, J. 1997, The Apotropaic Goddess in the Eye, Studien zur altägyptischen Kultur 24, pp.25-48

Darnell, J. 2002, Opening the Narrow Doors of the Desert: discoveries of the Theban Desert Road Survey, Egypt and Nubia: Gifts of the Desert (Friedman, R. ed.), London, pp.132-55

Darnell, J. C. & Manassa, C. 2007, Tutankhamen's Armies: Battle and Conquest during Ancient Egypt's Late 18th Dynasty, Hoboken

D'Auria, S., Lacovara, P. & Roehrig, C. 1988, Mummies and Magic: the Funerary Arts of Ancient Egypt, Boston

Davies, B. 1992, Egyptian Historical Records of the later Eighteenth Dynasty IV, Warminster

Davies, N. de G. 1903-08, The Rock Tombs of El-Amarna I-VI, London

Davies, N. de G. 1913, Five Theban Tombs, London

Davies, N. de G. 1939, Research in the Theban Necropolis: 1938-1939, The Metropolitan Museum of Art Bulletin 34 (12), pp.280-84

Davies, N. de G. 1943, The Tomb of Rekh-mi-Re' at Thebes I-II, New York

Davies, N.M. & Gardiner, A. 1915, The Tomb of Amenemhet, London

Davies, S., Smith, H. & Frazer, K. 2006, The Sacred Animal Necropolis at North Saqqara: the Mother of Apis and Baboon Catacombs, Archaeological Report, London

Davies, W. & Friedman, R. 1998, Egypt, London

Davis, T. 1904, The Tomb of Thoutmôsis IV, London

Davis, T. 1907, The Tomb of Iouiya and Touiyou, London

Davis, T. 1912, The Tombs of Harmhabi and Touatânkhamanou, London

Davis, T. 2001, The Tomb of Siptah with The Tomb of Queen Tiyi, London

Davis, W. 1992, Masking the Blow: the Scene of Representation in Late Prehistoric Egyptian Art, Berkeley

Dawson, D., Giles, S. & Ponsford, M. 2002, Horemkenesi: May he Live Forever! The Bristol Mummy Project, Bristol

Dawson, W.R. & Gray, P.H.K. 1968, Catalogue of Egyptian Antiquities in the British Museum I: Mummies and Human Remains, London

Dayagi-Mendels, M. 1989, Perfumes and Cosmetics in the Ancient World, Jerusalem

Decker, W. 1992, Sports and Games of Ancient Egypt, New Haven

Dee, M., Wengrow, D., Shortland, A., Stevenson, A., Brock, F., Flink, L. & Ramsey, C. 2013, An absolute chronology for early Egypt using radiocarbon dating and Bayesian statistical modelling, Proceedings of the Royal Society A. 469 (2159), pp.1-11

Delmas, A. & Casanova, M. 1990, The Lapis-lazuli Sources in the Ancient East, South Asian Archaeology 1987

(1), pp.493-505

Depuydt, L. 1995, Murder in Memphis: the Story of Cambyses's Mortal Wounding of the Apis Bull (c.23 bce), Journal of Near Eastern Studies 54 (2), pp.119-26

Der Manuelian, P. & Loeben, C. 1993, From Daughter to Father the Recarved Egyptian Sarcophagus of Queen Hatshepsut and King Thutmose I, Journal of the Museum of Fine Arts, Boston 5, pp.24-61

Derry, D. 1942, Mummification II: methods practiced at different periods, Annales du Service des Antiquités de l'Egypte 41, pp.240-69

Desroches-Noblecourt, C. 1963, Tutankhamen: Life and Death of a Pharaoh, London

Desroches-Noblecourt, C. 1990, Le Message de la Grotte Sacrée, Les Dossiers d'Archéologie, 149-50, pp.4-21

DeVries, C. 1969, A Ritual Ball Game? Studies in Honour of J.A. Wilson, Studies in Ancient Oriental Civilisation 35, Chicago, pp.25-35

Diodorus Siculus, trans. Oldfather, C.H. 1933-47, Diodorus of Sicily I-III, London

Diodorus Siculus, trans. Geer, R.M. 1947-54, Diodorus of Sicily IX-X, London

Diodorus Siculus, trans. Walton, F.R. 1957, Diodorus of Sicily XI, London

Dixon, D. 1969, The Transplantation of Punt Incense Trees in Egypt, Journal of Egyptian Archaeology 55, pp.55-65

Donadoni, S. ed. 1997, The Egyptians, Chicago

Donohoe, V. 1992, The Goddess of the Theban mountain, Antiquity 66 (253), pp.871–85

Donker van Heel, K. 2012, Djekhy and Son: Doing Business in Ancient Egypt, Cairo

Dorman, P. 1988, The Monuments of Senenmut: Problems in Historical Methodology, London

Dorman, P. 2001, Hatshepsut: Wicked Stepmother or Joan of Arc? The Oriental Institute News and Notes 168, pp.1-6

Dorman, P. & Bryan, B. eds. 2007, Sacred Space and Sacred Function in Ancient Thebes, Chicago

Drews, R. 2000, Medinet Habu: Oxcarts, Ships, and Migration Theories, Journal of Near Eastern Studies 59 (3), pp.161-190

Drower, M.S. 1985, Flinders Petrie: a Life in Archaeology, London

Dunand, F. & Zivie-Coche, C. 2004, Gods and Men in Egypt: 3000 bce to 395 CE, London

Dunham, D. 1943, An Experiment with an Egyptian Portrait: Ankh-haf in Modern Dress, Bulletin of the Museum of Fine Arts Boston 41 (243), p.2

Edgerton W.F. 1951 The Strikes in Ramses III's Twenty-Ninth Year Journal of Near Eastern Studies 10 (3), pp.137-45

Edwards, A. 1888, A Thousand Miles up the Nile, London

Edwards, A. 1891, Pharaohs, Fellahs and Explorers, New York

Edwards, A. & O'Neill, P. 2005, The Social and Political Position of Woman in Ancient Egypt, Proceedings of the Modern Language Association 120 (3), pp.843-57

Edwards, D. 2004, The Nubian Past: an Archaeology of the Sudan, London

Edwards, I. 1965, Lord Dufferin's Excavations at Deir El-Baḥri and the Clandeboye Collection, Journal of Egyptian Archaeology 51, pp.16-28

Edwards, I. 1972, Treasures of Tutankhamen, London

Edwards, I. 1985, The Pyramids of Egypt, Harmondsworth

Ellis, S. 1992, Graeco-Roman Egypt, Princes Risborough

Emery, W. 1984, Archaic Egypt, Harmondsworth

Emery, W., Smith, H. & Millard, A. 1979, The Fortress at Buhen: the Archaeological Report, London

Empereur, J. 1998, Alexandria Rediscovered, London

Empereur, J. 2002, Alexandria: Past, Present and Future, London

Evans, P. 2000, The Land that Time Drowned, La Dolce Vita on the Delta Sunday Times Magazine (20.8.00), pp.28-33, 40-43

Fahmy, A. 2003, A Fragrant Mixture: Botanicals from the Basket in B333, Nekhen News 15, p.20

Fairman, H. & Grdseloff, B. 1947, Texts of Hatshepsut and Sethos I inside Speos Artemidos, Journal of Egyptian Archaeology 33, pp.12–33

Fakhry, A. 1943, A Note on the tomb of Kheruef at Thebes, Annales du Service des Antiquités de l'Egypte 42, pp. 449-508

Farag, N. & Iskander, Z. 1971, The Discovery of Neferwptah, Cairo

Fattovich, R. 2012, Egypt's trade with Punt: New discoveries on the Red Sea Coast, British Museum Studies in Ancient Egypt and Sudan 18, pp.1–59

Faulkner, R. 1942, The Battle of Megiddo, Journal of Egyptian Archaeology 28, pp.2-15

Faulkner, R. 1946, The Euphrates Campaign of Tuthmosis III, Journal of Egyptian Archaeology 32, pp.39-42

Faulkner, R. 1946, The Wars of Sethos I, Journal of Egyptian Archaeology 33, pp.34-9

Faulkner, R. 1969, The Pyramid Texts, Warminster

Faulkner, R. 1973-78, The Ancient Egyptian Coffin Texts I-III, Warminster

Faulkner, R. 1985, The Ancient Egyptian Book of the Dead, London

Fay, B. 1984, Egyptian Museum Berlin, Mainz

Fazzini, R., Romano, J. & Cody, M. eds. 1999, Art for Eternity: Masterworks from Ancient Egypt, Brooklyn

Fenwick, H. 2004, Ancient roads and GPS survey: modelling the Amarna Plain, Antiquity 78 (302), pp.880-85

Filce Leek, F. 1972, The Human Remains from the Tomb of Tut`ankhAmen, Oxford

Fildes, A. & Fletcher, J. 2001, Son of the Gods: Alexander the Great, London

Filer, J. 1995, Ancient Egyptian Bookshelf: Disease, London

Fischer, H. 1962, The Cult and Nome of the Goddess Bat, Journal of the American Research Center in Egypt 1,

pp.7-18

Fischer, H. 1989, Egyptian Women of the Old Kingdom and Heracleapolitan Period, New York

Fletcher, J. 1997, Marks of Distinction: the Tattooed Mummies of Ancient Egypt, NILE Offerings I, pp.28-30

Fletcher, J. 1998, Oils and Perfumes of Ancient Egypt, London

Fletcher, J. 2000, Egypt's Sun King: Amenhotep III, London

Fletcher, J. 2002, The Egyptian Book of Living and Dying, London

Fletcher, J. 2004, The Search for Nefertiti, London

Fletcher, J. 2008, Cleopatra the Great, London

Fletcher, J. 2011, Revisiting the Amarna Royals: Part 1, Shemu: the Egyptian Society of South Africa, 15 (4,) pp.1-3

Fletcher, J. 2015, The Most Democratic Form of Adornment: Hair and Wigs in ancient Egypt, El-Rawi: Egypt's Heritage Review 7, pp.66-71

Flores, D. 2003, Funerary Sacrifice of Animals in the Egyptian Predynastic Period, Oxford

Forbes, R. 1964, Studies in Ancient Technology IV, Leiden

Forbes, C. & Garner, G. 1982, Documents of the Egyptian Empire, Melbourne

Forman, W. & Quirke, S. 1996, Hieroglyphs and the Afterlife in Ancient Egypt, London

Forster, E.M. 1982, Alexandria: a History and a Guide, London

Francis, E. & Vickers, M. 1984, Green Goddess: a Gift to Lindos from Amasis of Egypt, American Journal of Archaeology 88 (1), pp.68-9

Fraser, P.M. 1972, Ptolemaic Alexandria, Oxford

Freed, R., Markowitz, Y. & D'Auria, S. eds. 1999, Pharaohs of the Sun: Akhenaten, Nefertiti, Tutankhamen, Boston

Friedman, F. 1995, The Underground Relief Panels of King Djoser at the Step Pyramid Complex, Journal of the American Research Center in Egypt 32, pp.1-42

Galán, J.M. 2000, The Ancient Egyptian Sed-Festival and the Exemption from Corvee, Journal of Near Eastern Studies 59 (4), pp.255-64

Galt, C. 1931, Veiled Ladies, American Journal of Archaeology 35 (4), pp.373-93

Gardiner, A. 1916, The Defeat of the Hyksos by Kamose: the Carnarvon Tablet No.1, Journal of Egyptian Archaeology 3, pp.95-116

Gardiner, A. 1936, The Egyptian Origin of Some English Personal Names, Journal of the American Oriental Society 56, pp.189-97

Gardiner, A. 1959, The Royal Canon of Turin, Oxford

Gardiner, A. 1961, The Egyptian Memnon, Journal of Egyptian Archaeology 47, pp.91-9

Gardiner, A. 1964, Egypt of the Pharaohs, London

Garstang, J. 1903, Maḥâsna and Bêt Khallaf, London

Garstang, J. 1907, The Burial Customs of Ancient Egypt as illustrated by tombs of the Middle Kingdom, London

Getty Museum 1996, Alexandria and Alexandrianism: Papers delivered at a Symposium organized by the J.Paul Getty Museum and the Getty Center for the History of Art and Humanities April 22-25, 1993, Malibu

Ghalioungui, P. 1973, The House of Life: Magic and Medical Science in Ancient Egypt, Amsterdam

Gillam, R. 1995, Priestesses of Hathor: their Function, Decline and Disappearance, Journal of the American Research Center in Egypt 32, pp. 211-37

Gillam, R. 2005, Performance and Drama in Ancient Egypt, London

Girling, R. 2003, Identified: Egypt's Holy Grail, The Sunday Times Magazine (8.6.03), pp.20-34

Goedicke, H. 1992, Problems concerning Amenophis III, Baltimore

Goedicke, H. 1994, Water and Tax, Les Problèmes Institutionnels de l'Eau en Égypte ancienne et dans l'Antiquité méditerranéenne (Menu, B. ed.), Cairo, pp.187-94

Goedicke, H. 1999, George, Bulletin of the Australian Center for Egyptology 10, pp.39-45

Goddio, F. ed. 1998, Alexandria: the Submerged Royal Quarters Surveys and Excavations 1992-97, London

Goneim, M.Z. 1956, The Buried Pyramid, London

Gordon, A. & Schwabe, C. 2004, The Quick and the Dead: Biomedical Theory in Ancient Egypt, Leiden

Gosline, S. 1996, Female Priests: a Sacerdotal Precedent from Ancient Egypt, Journal of Feminist Studies in Religion 12 (1), pp.25-39

Goudchaux, G. 2001, Cleopatra's subtle religious strategy, Cleopatra of Egypt (eds. Walker, S. & Higgs, P.) London, pp.128-41

Goudchaux, G. 2003, Cleopatra the Seafarer Queen: Strabo and India, Cleopatra Reassessed, British Museum Occasional Paper 103, (eds. Walker, S. & Ashton, S.), London, pp.109-12

Grajetzki, W. 2003, Burial Customs in Ancient Egypt: Life in Death for Rich and Poor, London

Grajetzki, W. 2005, The Coffin of the 'King's Daughter' Neferuptah and the Sarcophagus of the 'Great King's Wife' Hatshepsut, Göttinger Miszellen 205, pp.55-65

Grant, M. 1972, Cleopatra, London

Gray, P. 1972, Notes concerning the position of the arms and hands of mummies with a view to possible dating of the specimen, Journal of Egyptian Archaeology 58, pp.200-4

Green, P. 1990, Alexander to Actium: The Hellenistic Age, London

Greek Ministry of Culture, 1999, Minoans and Myceneans: Flavours of their Time, Athens

Griffiths, J. 1966, Hecataeus and Herodotus on 'A Gift of the River', Journal of Near Eastern Studies 25 (1), pp.57-61

Griffiths, J. 1970, Plutarch's De Iside et Osiride, Cardiff

Grimm, G. 2003, Alexandria in the time of Cleopatra, Cleopatra Reassessed, British Museum Occasional Paper No.103, (eds. Walker, S. & Ashton, S.), London, pp.45-9

Habachi, L. 1957, Two Graffiti at Sehēl from the Reign of Queen Hatshepsut, Journal of Near Eastern Studies 16 (2), pp.88-104

Habachi, L. 1984, The Obelisks of Egypt: Skyscrapers of the Past, Cairo

Hall, H. 1928, Review: Relazione sui lavori della Missione Archeologica Italiana in Egitto (Anni 1903-1920); II. La tomba intatta dell' architetto Cha by E. Schiaparelli, Journal of Egyptian Archaeology 14 (1-2), pp.203-5

Hall, R. 1986, Egyptian Textiles, Aylesbury

Hall, R. & Janssen, J. 1985, The Egyptian Laundry, Wepwawet 1, p.23

Hanawalt, R. 1998, Did Tut Lie in State? The Akhetaten Sun: Newsletter of the Amarna Research Foundation 3 (2), pp.6-9

Hankey, J. 2001, A Passion for Egypt: Arthur Weigall, Tutankhamen and the 'Curse of the Pharaohs', London

Harpur, Y. 1987, Decoration in Egyptian Tombs of the Old Kingdom, London

Harpur, Y. 2001, The Tombs of Nefermaat and Rahotep at Meidum, Oxford

Harris, J. & Weeks, K. 1973, X-Raying the Pharaohs, London

Harris, J. & Wente, E. eds. 1980, An X-Ray Atlas of the Royal Mummies, Chicago

Harris, J. 1973, Nefertiti Rediviva, Acta Orientalia 35, pp.5-14

Harris, J. 1992, Akhenaten and Neferneferuaten in the tomb of Tut'ankhAmen, in After Tut'ankhAmen: Research and Excavation in the Royal Necropolis at Thebes, (ed. N. Reeves), London, pp.55-72

Harrison, R. 1978, The Tutankhamen Post-Mortem, Chronicle: Essays from Ten Years of Television Archaeology (ed. R. Sutcliffe), London, pp.40-52

Harrison, T. 2003, Upside Down and Back to Front: Herodotus and the Greek Encounter with Egypt, Ancient Perspectives on Egypt (eds. Matthews, R. & Roemer, C.), London, pp.145-55

Hart, G. 1986, A Dictionary of Egyptian Gods and Goddesses, London.

Hart, G. 1990, Egyptian Myths, London

Hart, G. 1991, Pharaohs and Pyramids: a Guide through Old Kingdom Egypt, London

Harvey, S. 2001, Holy Abydos, Tribute to a conquering king, Archaeology 54 (4) http://archive.archaeology.org/online/features/abydos/abydos.html

Harvey, S. 2004, New Evidence at Abydos for Ahmose's Funerary Cult, Egyptian Archaeology 24, pp.3-6

Hassan, A. 1997, The Queens of the Fourth Dynasty, Cairo

Hassan, F. 1992, Primeval Goddess to Divine King: the Mythogenesis of Power in the Early Egyptian State, The Followers of Horus: Studies dedicated to Michael Allen Hoffman (Friedman, R. & Adams, B.), Oxford, pp.307-21

Hassan, F. 2001, The Fall of the Egyptian Old Kingdom

Hassan, F. & Smith, S. 2002, Soul Birds and Heavenly Cows: Transforming Gender in Predynastic Egypt, In Pursuit of Gender: Worldwide Archaeological Approaches, New York (eds. Nelson, S. & Rosen-Ayalon, M.), pp.43-65

Hassan, S. 1930, Excavations at Gîza IV, 1932–1933, Cairo

Hayes, W. 1935, Royal Sarcophagi of the XVIII Dynasty, Princeton

Hayes, W. 1949, Career of the Great Steward Henenu under Nebhepetre Mentuhotpe, Journal of Egyptian Archaeology 35, pp.43-9

Hayes, W. 1958, The Scepter of Egypt: a Background for the Study of the Egyptian Antiquities in the Metropolitan Museum of Art I-II, New York

Hayes, W. 1977, Most Ancient Egypt, Chicago

Hegazy, el-S. 1999, Hatshepsut: a fairy king or political genius? Cairo

Hepper, F. 1969, Arabian and African frankincense trees, Journal of Egyptian Archaeology 55, pp. 66-7

Herodotus, trans. de Selincourt, A. 1959, The Histories, Harmondsworth

Heuer, K. 1972, City of the Stargazers: the rise and fall of ancient Alexandria, New York

Heyob, S. 1975, The Cult of Isis among Women in the Graeco-Roman World, Leiden

Hill, M. ed. 2007, Gifts for the Gods: Images from Egyptian Temples, New York

Hodges, H. 1974, Technology in the Ancient World, London

Hoffman, M. 1984, Egypt before the Pharaohs, London

Hölbl, G. 2001, A History of the Ptolemaic Empire, London

Holladay, A. 1989, The Hellenic Disaster in Egypt, Journal of Hellenic Studies 109, pp.176-82

Hollis, S. 2000, Goddesses and Sovereignty in Ancient Egypt, Goddesses who Rule (eds. Benard, E. & Moon, B.), Oxford, pp.215-32

Homer, trans. Rieu, E. 1946, The Odyssey, Harmondsworth

Homer, trans. Rieu, E. 1954, The Iliad, Harmondsworth

Hornung, E. 1990, Valley of the Kings: Horizon of Eternity, New York

Hornung, E. 1992, Idea into Image: Essays on Ancient Egyptian Thought, New York

Houlihan, P. 2001, Wit and Humour in Ancient Egypt, London

Hulit, T. & Richardson, T. 2007, The Warriors of Pharaoh: experiments with new Kingdom scale armour, archery and chariots, The Cutting Edge: Studies in Ancient and Medieval Combat (Molloy, B. ed.), Stroud, pp.52-63

Huyge, D. 2012, The Aurochs of Qurta: Egyptian 'Ice Age' Art, Current World Archaeology 53, pp.28-9

Huyge, D., Watchman, A., De Dapper, M. & Marchi, E. 2001, Dating Egypt's oldest 'art': AMS 14C age determinations of rock varnishes covering petroglyphs at El-Hosh (Upper Egypt), Antiquity 75 (287),

pp.68-72

James, T. 1953, The Mastaba of Khentika called Ikhekhi, London

James, T. 1972, Gold Technology in Ancient Egypt: Mastery of Metal Working Methods, Gold Bulletin 5 (2), pp.38-42

James, T. 1973, The Archaeology of Ancient Egypt, London

James, T. 1984, Pharaoh's People: scenes from life in Imperial Egypt, London

James, T. 1988, Ancient Egypt: the Land and its Legacy, London

James, T. 2002, Ramses II, Vercelli

Jánosi, P. 1992, The Queens of the Old Kingdom and their Tombs, Bulletin of the Australian Center for Egyptology 3, pp.51-8

Jánosi, P. 1992, The Queens Ahhotep I and Ahhotep II and Egypt's Foreign Relations, Journal of the Ancient Chronology Forum 5, pp.99-105

Jánosi, P. 1993, The Discovery of Queen Ahhotep I, Journal of the Ancient Chronology Forum 6, pp.87-8

Jánosi, P. 2010, Montuhotep-Nebtawyre and Amenemhat I: Observations on the Early Twelfth Dynasty in Egypt, Metropolitan Museum Journal 45, p.7-20

Janssen, J, 1980, Absence from Work by the Necropolis Workmen of Thebes, Studien zur Altägyptischen Kultur 8, pp.127-52

Janssen, J. 1986, A Notable Lady, Wepwawet 2, pp.30-31

Jaritz, H. 1994, What Petrie Missed, Egyptian Archaeology 5, pp. 14-16

Jasnow, R. 1997, The Greek Alexander Romance and Demotic Egyptian Literature, Journal of Near Eastern Studies, 56 (2), pp.95-103

Jenkins, N. 1980, The Boat Beneath the Pyramid: King Cheops' Royal Ship, London

Johnson, J. 2013, The Amarna Boundary Stelae: a translation, Carnmoor

Johnson, J. 1986, The Role of the Egyptian Priesthood in Ptolemaic Egypt, Egyptological Studies in Honor of Richard A. Parker, (L.H. Lesko, ed.) Hanover, pp.70-84

Johnson, S. 1990, The Cobra Goddess of Ancient Egypt, London

Johnson, W. 1996, Amenhotep III & Amarna: some new considerations, Journal of Egyptian Archaeology 82, pp.65-82

Jones, J. 2002, Towards Mummification: new evidence for early developments, Egyptian Archaeology: Bulletin of the Egypt Exploration Society 21, pp.5-7

Jones, J., Higham, T., Oldfield, R., O'Connor, T. & Buckley, S. 2014, Evidence for Prehistoric Origins of Egyptian mummification in Late Neolithic Burials, PloS One 9 (8), e103608. doi:10.1371/journal.pone.0103608

Kákosy, L. 1989, The Plundering of the Pyramid of Cheops, Studien zur Altägyptischen Kultur 16, pp.145-69

Kamish, M. 1985, Foreigners at Memphis in the Middle of the Eighteenth Dynasty, Wepwawet 1, pp.19-21

Kanawati, N. 1990, Saqqara Excavations shed new light on Old Kingdom History, Bulletin of the Australian Center for Egyptology 1, pp.55-67

Kanawati, N. 1997, Ankhmahor, a Vizier of Teti, Bulletin of the Australian

Center for Egyptology 8, pp.65-79

Kanawati, N. 2001, A Female Guard buried in the Teti Cemetery, Bulletin of the Australian Center for Egyptology 12, pp.65-70

Kanawati, N. 2003, Nepotism in the Sixth Dynasty, Bulletin of the Australian Center for Egyptology 14, pp.39-59

Kanawati, N. & Abder-Raziq, M. 2001, The Teti Cemetery at Saqqara VII: the Tombs of Shepsiputah, Mereri (Merinebti), Hefi and Others, Warminster

Kees, H. 1961, Ancient Egypt: a cultural topography, London

Kelder, J. 2009, Royal Gift Exchange between Mycenae and Egypt: olives as 'Greeting Gifts' in the Late Bronze Age Eastern Mediterranean, American Journal of Archaeology 113 (3), pp.339-52

Kemp, B. 1966, Abydos and the Royal Tombs of the First Dynasty, Journal of Egyptian Archaeology 52, pp.13-22

Kemp, B. 1991, Ancient Egypt: Anatomy of a Civilization, London

Kemp, B. 2000, The Colossi from the Early Shrine of Coptos in Egypt, Cambridge Archaeological Journal 10 (2), pp.211-42

Kemp, B. 2005, 100 Hieroglyphs: think like an Egyptian, London

Kemp, B. 2007, Notes from the Field: the lives of the have-nots, Horizon 2 (July), pp.2-3

Kemp, B. & O'Connor, D. 1974, An Ancient Nile Harbour: University Museum Excavations at the Birket Habu, International Journal of Nautical Archaeology and Underwater Exploration 3 (1), pp. 101-36

Kendall, T. 1997, Do Ancient Dances Survive in Present-Day Sudan? The Spirit's Dance in Africa (Dagan, E. ed.), Montreal, pp.306-9

Kinney, L. 2007, Dancing on a Time Line, Bulletin of the Australian Center for Egyptology 18, pp.145-59

Kitchen, K. 1985, Pharaoh Triumphant: the life and times of Ramesses II, King of Egypt, Warminster

Kitchen, K. 1996, The Third Intermediate Period in Egypt (1100-650 bc), Warminster

Kitchen, K. 2006, High society and lower ranks in Ramesside Egypt at home and abroad, British Museum Studies in Ancient Egypt and Sudan 6, pp.31-6

Kleiner, D. 2005, Cleopatra and Rome, Cambridge

Kobusiewicz, M., Kabaciński, J., Schild, R., Irish, J. & Wendorf, F. 2009, Burial practices of the Final Neolithic pastoralists at Gebel Ramlah,Western Desert of Egypt, British Museum Studies in Ancient Egypt and Sudan 13, pp.147–74

Köhler, C. & Jones, J. 2009, Helwan II: the Early Dynastic and Old Kingdom Funerary Relief Slabs, Studien zur Archäologie und Geschichte Altägyptens 25, Leidorf

Kozloff, A. 2012, Amenhotep III: Egypt's Radiant Pharaoh, Cambridge

Kozloff, A. & Bryan, B. 1992, Egypt's Dazzling Sun: Amenhotep III and his world, Cleveland

Kuhlmann, K. 1981, Ptolemais: Queen of Nectanebo I. Notes on the Inscription of an Unknown Princess of the XXXth Dynasty, Mitteilungen des Deutschen Archäologischen Instituts Kairo 37, pp.267-79

Kuhrt, A. 1995, The Ancient Near East c.300-330 bc: II, London

Kuper, R. ed. 2013, Wadi Sura – the Cave of Beasts: a rock art site in the Gilf Kebir (SW-Egypt) (Africa Praehistorica 26), Cologne

La Loggia, L. 2009, Egyptian engineering in the Early Dynastic period: The sites of Saqqara and Helwan, British Museum Studies in Ancient Egypt and Sudan 13, pp.175–96

La Loggia, A. 2012, Counting the Costs: a Project Manager's View of the Fort, Nekhen News 24, pp.21-2

La'da, C. 2003, Encounters with Ancient Egypt: the Hellenistic Greek Experience, Ancient Perspectives on Egypt (Matthews, R. & Roemer, C. eds.), London, pp.157-69

Langton, N. & B. 2002, The Cat in Ancient Egypt, London

Lansing, A. 1919, Statues of the Goddess Sekhmet, Bulletin of the Metropolitan Museum of Art 14 (10) II, pp.3-23

Laourdas, B. & Makaronas, C. eds. 1970, Ancient Macedonia: papers read at the first international symposium held in Thessaloniki, 26-29 August 1968, Thessalonika

Lauer, J-P. 1976, Saqqara: the Royal Cemetery of Memphis, London

Leahy, A. 1996, The Adoption of Ankhnesneferibre at Karnak, Journal of Egyptian Archaeology 82, pp.145-65

Lehner, M. 1997, The Complete Pyramids, London

Lenzo, G. 2010, The Two Funerary Papyri of Queen Nedjmet (P. BM EA 10490 and P. BM EA 10541 + Louvre E. 6258), British Museum Studies in Ancient Egypt and Sudan 15, pp.63–83

Lepsius, R. 1852, Discoveries made in Egypt, Ethiopia and the peninsula of Sinaii in the years 1842-1845, London

Lesko, B. 1997, The Rhetoric of Women in Pharaonic Egypt, Listening to their Voices: the Rhetorical Activities of Historical Women (ed. M. Wertheimer), pp.89-110

Lesko, B. 1998, Queen Khamerernebty II and her sculpture, Ancient Egyptian and Mediterranean Studies in Memory of William A. Ward (ed. L. Lesko), Providence, pp.149-62

Lesko, B. 1999, The Great Goddesses of Egypt, Norman

Lesko, L. ed. Pharaoh's Workers: the villagers of Deir el-Medina, Ithaca

Levi, P. 1980, Atlas of the Greek World, Oxford

Lewis, N. 1986, Greeks in Ptolemaic Egypt: case studies in the social history of the Hellenistic world, Oxford

Lichtheim, M. 1945, The Songs of the Harpers, Journal of Near Eastern Studies 4 (3), pp.178-212

Lichtheim, M. 1975, Ancient Egyptian Literature, I: The Old and Middle Kingdoms, Berkeley

Lichtheim, M. 1976, Ancient Egyptian Literature, II: The New Kingdom, Berkeley

Lichtheim, M. 1980, Ancient Egyptian Literature, III: The Late Period, Berkeley

Lilyquist, C. 2003, The Tomb of Three Foreign Wives of Tuthmosis III, New York

Lilyquist, C. 2012, Treasures from Tell Basta: Goddesses, Officials and Artists in an International Age, Metropolitan Museum Journal 47, pp.9-72

Limme, L. 2008, Elkab, 1937-2007: seventy years of Belgian archaeological research', British Museum Studies in Ancient Egypt and Sudan 9, pp.15-50

Lindsay, J. Daily Life in Roman Egypt, London

Lindsay, J. 1970, Cleopatra, London

Lister, R. 1979, The Travels of Herodotus, London

Llewellyn-Jones, L. 2003, Aphrodite's Tortoise: The Veiled Woman of Ancient Greece, Classical Press of Wales

Lloyd, A. 1972, Triremes and the Saïte Navy, Journal of Egyptian Archaeology 58, pp.268-79

Lloyd, A.1976, Herodotus Book II, Commentary 1-98, Leiden

Lloyd, A. 1977, Necho and the Red Sea: Some Considerations, Journal of Egyptian Archaeology 63, pp.142-55

Lloyd, S. & Müller, H.W. 1980, Ancient Architecture, London

Lohwasser, A. 2001, Queenship in Kush: Status, Role and Ideology of Royal Women, Journal of the American Research Center in Egypt 38, pp.61-76

Lopes, M. 2013, The Apries Palace Project, Egyptian Archaeology 42, pp.36-7

Loret, V. 1899.a, Le Tombeau de Thoutmès III a Biban-el-Molouk, Bulletin de L'Institut d'Egypte 9, pp.91-7

Loret, V. 1899.b, Le Tombeau d'Amenophis II et la cachette royale de Biban el-Molouk, Bulletin de L'Institut d'Egypte 9, pp.98-112

Louvre 1981, Un Siècle de Fouilles Françaises en Égypte 1880-1980, Paris

Louvre 1999, L'art Égyptien au temps des pyramides, Paris

Lubec, G., Holaubek, J., Feldl, C., Lubec, B. & Strouhal, E. 1993, Use of Silk in Ancient Egypt, Nature 362, p.25

Lucas, A. (rev. J.R. Harris), 1989, Ancient Egyptian Materials and Industries, London

Luce, J.V. 1963, Cleopatra as Fatale Monstrum (Horace, Carm. 1. 37. 21), The Classical Quarterly 3 (2), pp.251-57

Lunde, P. & Porter, A. eds. 2004, Trade and Travel in the Red Sea Region: Proceedings of Red Sea Project I, Oxford

Lythgoe, A. 1916, The Tomb of Perneb, The Metropolitan Museum of Art Bulletin 11 (2), pp.31-6

McCarthy, H.L. 2002, The Osiris Nefertari: a Case Study of Decorum, Gender, and Regeneration, Journal of the American Research Center in Egypt 39, pp.173-95

McDowell, A.G. 1999, Village Life in Ancient Egypt: Laundry Lists and Love Songs, Oxford

McFarlane, A. 1990, The Cult of Min in the Third Millenium bc, Bulletin of the Australian Center for Egyptology 1, pp.69-75

McFarlane, A. 2000, The Unis Cemetery I: the Tomb of Irukaptah, Warminster

MacGillivray, J. 2009, Thera, Hatshepsut, and the Keftiu: crisis and response, Time's Up! Dating the Minoan eruption of Santorini (Warburton, D. ed.), Monographs of the Danish Institute at Athens 10, Sandbjerg, pp.154-70

MacGregor, N. 2012, A History of the World in 100 Objects, London

MacLeod, R. ed. 2002, The Library of Alexandria: Centre of Learning in the Ancient World, London

Macadam, M. 1951, A royal family of the Thirteenth Dynasty, Journal of Egyptian Archaeology 37, pp.20-8

Mace, A. & Winlock, H. 1916, The Tomb of Senebtisi, New York

Maehler, H. 1983, Egypt under the Last Ptolemies, Institute of Classical Studies Bulletin 30, pp.1-16

Maehler, H. 2003, Roman Poets on Egypt, Ancient Perspectives on Egypt (eds. Matthews, R. & Roemer, C.), London, pp.203-15

Malville, J., Schild, R., Wendorf, F., & Brenmer, R. 2007, Astronomy of Nabta Playa, African Sky 11 (2), pp.2-7.

Mallory-Greenough, L. 2002, The Geographical, Spatial, and Temporal Distribution of Predynastic and First

Dynasty Basalt Vessels, Journal of Egyptian Archaeology 88, pp.67-93

Manassa, C. 2008, Sounds of the Underworld, The Tenth International Congress of Egyptologists, Rhodes pp.152-3

Manetho (trans. Waddell, W.G.) 1940, History of Egypt and other works, London

Manley, B. 1996, The Penguin Historical Atlas of Ancient Egypt, Harmondsworth

Manniche, L. 1987.a, City of the Dead: Thebes in Egypt, London

Manniche, L. 1987.b, Sexual Life in Ancient Egypt, London

Manniche, L. 1989, An Ancient Egyptian Herbal, London

Manniche, L. 1991, Music and Musicians in Ancient Egypt, London

Manniche, L. 2006, In the Womb, Bulletin of the Australian Center for Egyptology 17, pp.97-112

Markowitz, Y., Lacovara, P. & Hatchfield, P. 1997, Jewellery Fragments from the Tomb of Nefertari, Chief of Seers: Egyptian Studies in Memory of Cyril Aldred (eds. Goring, E. et al.), London, pp.220-28

Martin, G. 1974, The Royal Tomb at el-Amarna: the Rock Tombs of El-'Amarna VII; I: the objects, London

Martin, G. 1989, The Royal Tomb at el-'Amarna: the Rock Tombs of El-'Amarna VII; II: the reliefs, inscriptions & architecture, London

Martin, G. 1991, The Hidden Tombs of Memphis: new discoveries from the time of Tutankhamen to Ramesses the Great, London

Mattingly, H. 1950, Zephyritis, American Journal of Archaeology 54 (2), pp.126-8

Meza, A. 1995, An Egyptian Statuette in Petra, Journal of the American Research Center in Egypt 32, pp.179-83

Midant-Reynes, B. 2000, The Prehistory of Egypt: from the First Egyptians to the First Pharaohs, Oxford

Miller, E. & Parkinson, R. 2001, Reflections on a Gilded Eye in 'Fowling in the Marshes', Colour and Painting in Ancient Egypt (Davies, W. ed.), London, pp.49-52

Millet, N. 1990, The Narmer Macehead and Related Objects, Journal of the American Research Center in Egypt 27, pp.53-9

Milne, J.G. 1916, Greek and Roman Tourists in Egypt, Journal of Egyptian Archaeology 3, pp.76-80

Milton, J. 1986, Sunrise of Power: Alexander and the World of Hellenism, Boston

Minas-Nerpel, M. & de Meyer, M. 2013, Raising the Pole for Min in the Temple of Isis at Shanhur, Zeitschrift für Ägyptische Sprache und Altertumskunde 140, pp.150-59

van Minnen, P. 2003, A Royal Ordinance of Cleopatra and Related Documents, Cleopatra Reassessed, British Museum Occasional Paper No.103, (eds. Walker, S. & Ashton, S.), London, pp.35-42

Moens, M. 1985, The Procession of the God Min to the ḫtjw-Garden, Studien zur Altägyptischen Kultur 12, pp.61-73

Mohamed, A. & Anderson, J. 2013, Highlights from the Sudan National Museum, Khartoum

Moioli, M. 2000, Inside the Crocodiles: Tebtunis gods were stuffed with ancient documents, Discovering

Archaeology 2 (2), p.65

Mond, R. & Myers, O. 1934, The Bucheum I & II, London

Montserrat, D 1996, Sex and Society in Graeco-Roman Egypt, London

Moran, W. L. 1992, The Amarna Letters, Baltimore

Morkot, R. 1986, Violent Images of Queenship & the Royal Cult, Wepwawet 2, pp.1-9

Morkot, R. 1987, Studies in New Kingdom Nubia, I: politics, economics and ideology – Egyptian imperialism in Nubia, Wepwawet 3, pp.29-49

Morkot, R. 1990, Nb-M3't-R'-United-with-Ptah, Journal of Near Eastern Studies 49, pp.323-37

Morkot, R. 2000, The Black Pharaohs, London

Morkot, R. 2010, Divine of Body: The Remains of Egyptian Kings – Preservation, Reverence and Memory in a World without Relics, Past and Present 206, pp.37-55

Morrell, R. 2001, The Pyramid Builders, National Geographic: Online Extra

Moyer, I. 2002, Herodotus and an Egyptian Mirage: The Genealogies of the Theban Priests, Journal of Hellenic Studies 122, pp.70-90

Müller, H.W. & Thiem, E. 1999, The Royal Gold of Ancient Egypt, London

Münch, H. 2000, Categorizing archaeological finds: the funerary material of Queen Hetepheres I at Giza, Antiquity 74 (286), pp.898-908

Munro, I. 2010, Evidence of a Master Copy transferred from Thebes to the Memphis area in Dynasty 26, British Museum Studies in Ancient Egypt and Sudan 15, pp.201–24

Murnane, W. 1980, United with Eternity: a concise guide to the monuments of Medinet Habu, Cairo

Murnane, W. 1995, Texts from the Amarna Period in Egypt, Atlanta

Murray, M. 1905, Saqqara Mastabas I, London

Myśliwiec, K. 2000, The Twilight of Ancient Egypt: First Millenium bce, Ithaca

Nachtergael, G. 1980, Bérénice II, Arsinoé III et l'offrande de la boucle, Chronique d'Égypte 55, pp.240-53

Naville, E. 1891, Bubastis 1887-1889, London

Naville, E. 1898, The Temple of Deir el-Bahari III, London

Naville, E. 1907, The XIth dynasty temple at Deir el-Bahari I, London

Nederhof, M. 2006, Armant stela of Tuthmosis III http://mjn.host.cs.st-andrews.ac.uk/egyptian/texts/corpus/pdf/ArmantTuthmosisIII.pdf

Nelson, K. & Khalifa, E. 2011, Nabta Playa Black-topped pottery: technological innovation and social change, British Museum Studies in Ancient Egypt and Sudan 16, pp.133–48

Nerlich, A. 2000, Molecular Archaeology and Egyptology, Egyptian Archaeology: Bulletin of the Egypt Exploration Society 17, pp.5-7

Nerlich, A., Buckley, S., Fletcher, J., Caramello, S. & Bianucci, R. 2011, An Interdisciplinary Study of the

Mummified Remains of the 18th Dynasty Official Nebiri, PalArch Journal of Archaeology of Egypt 10(1), p.22

Neugebauer, O & Parker, R.A. 1968, Two Demotic Horoscopes, Journal of Egyptian Archaeology 54, pp.231-35

Newberry, P. 1928, Akhenaten's Eldest Son-in-Law 'Ankhkheprurē', Journal of Egyptian Archaeology 14, pp.3-9

Nicholson, P. & Shaw, I. (eds.), 2000, Ancient Egyptian Materials and Technology, Cambridge

Nilsson, M. 2010, The Crown of Arsinoe II: the Creation and Development of an Imagery of Authority, Gothenburg

Nims, C. 1965, Thebes of the Pharaohs: Pattern for Every City, London

Niwinski, A. 1984, The Bab el-Gusus Tomb and the Royal Cache in Deir el-Bahri, Journal of Egyptian Archaeology 70, pp.73-81

Nunn, J. 1996, Ancient Egyptian Medicine, London

O'Connor, D. 2009, Abydos: Egypt's First Pharaohs and the Cult of Osiris, London

Ockinga, B. 1991, The Tomb of Sennedjem at Awlad Azzaz (Sohag), Bulletin of the Australian Center for Egyptology 2, pp.81-9

Ockinga, B. 1995, Hatshepsut's Election to Kingship: the ba and the ka in Egyptian Royal Ideology, Bulletin of the Australian Center for Egyptology 6, pp.89-102

Oppenheim, A. 1996, The Jewellery of Queen Weret, Egyptian Archaeology 9, p.26

Oren, E. ed. 1997, The Hyksos: New Historical and Archaeological Perspectives, Philadelphia

Orland, R., Orland, F. & Orland, P. 1990, Psychiatric assessment of Cleopatra: a challenging evaluation, Psychopathology 23 (3), pp.169-75

Pack, R.A. 1965, The Greek and Latin literary texts from Greco-Roman Egypt, Ann Arbor

Panagiotakopulu, E. 2004, Pharaonic Egypt and the origins of plague, Journal of Biogeography 31, pp.269-75

Parizek, R., Moneim, A., Fantle, M., Westerman, J. and Issawi, B. 2010, Isotopic data: Implications for the source(s) of Osireion groundwater, Abydos, Egypt, Bulletin of the Tethys Geological Society 5 pp.23-34

Parker, G. 2002, Ex Oriente Luxuria: Indian Commodities and Roman Experience, Journal of the Economic and Social History of the Orient 45 (1), pp.40-95(56)

Parker, R. 1950, The Calendars of Ancient Egypt, Studies in Ancient Oriental Civilization 25, Chicago

Parkinson, R. 1991, Voices from Ancient Egypt: an anthology of Middle Kingdom writings, London

Parkinson, R. 1995, 'Homosexual' Desire and Middle Kingdom Literature Journal of Egyptian Archaeology 81, pp.57-76

Parkinson, R. 1999, Cracking Codes: the Rosetta Stone and Decipherment, London

Parkinson, R. & Quirke, S. 1995, Papyrus: Egyptian Bookshelf Series, London

Parkinson, R. & Schofield, L. 1993, Akhenaten's Army? Egyptian Archaeology 3, pp.34-5

Payne, J. 1968, Lapis Lazuli in Ancient Egypt, Iraq 30, pp.58-61

Peacock, D. & Williams, D. eds. 2007, Food for the Gods: new light on the ancient incense trade, Oxford

Peet, T. 1925, The Legend of the Capture of Joppa and the Story of the Foredoomed Prince, Journal of Egyptian Archaeology 11 (3-4), pp.225-9

Peet, T. 1930, The Great Tomb Robberies of the Twentieth Egyptian Dynasty, Oxford

Pendlebury, J. 1933. The City of Akhenaten II, London

Pendlebury, J. et al. 1951, The City of Akhenaten III, London

Petrie, W. 1890, Kahun, Gurob & Hawara, London

Petrie, W. 1892, Medum, London

Petrie, W. 1894, Tell el Amarna, London

Petrie, W. 1896, Koptos, London

Petrie, W. 1898, Deshasheh 1897, London

Petrie, W. 1900, Royal Tombs of the First Dynasty, London

Petrie, W. 1901, Royal Tombs of the Earliest Dynasties, London

Petrie, W. 1931, Seventy Years in Archaeology, London

Petrie, W. & Quibell, J. 1896, Naqada and Ballas, London

Peust, C. 2006, Ladies and Gentlemen or Gentlemen and Ladies? On the Order of Conjoined Gender Nouns in

Egyptian, Bulletin of the Australian Center for Egyptology 17, pp.113-21

Pflüger, K. 1946, The Edict of King Haremhab, Journal of Near Eastern Studies 5 (4), pp.260-76

Philips, J. 1996, Aegypto-Aegean Relations up to the 2nd millennium B.C., in Interregional Contacts in the Later Prehistory of Northeastern Africa, Poznan, pp.459-70

Piccione, P. 2003, Pharaoh at the Bat, College of Charleston Magazine 7 (1), p.36

Pinch, G. 1993, Votive Offerings to Hathor, Oxford

Pinch, G. 1994, Magic in Ancient Egypt, London

Pinch, G. 2001, Red things: the symbolism of colour in magic, in Colour and Painting in Ancient Egypt (ed. W. Davies), London, pp.182-85

Pischikova, E. 2009, The early Kushite Tombs of South Asasif, British Museum Studies in Ancient Egypt and Sudan 12, pp.11–30

Pliny, trans. Rackham, H. et al. 1947-63, Natural History, London

Plutarch 1952, The Lives of the Noble Grecians and Romans: the Dryden Translation, Chicago

Podzorski, P. 1990, Their Bones Shall Not Perish: an examination of predynastic human remains from Naga-ed-Dêr in Egypt, New Malden

Pomeroy, S. 1975, Goddesses, Whores, Wives and Slaves: Women in Classical Antiquity, New York

Pomeroy, S. 1984, Women in Hellenistic Egypt, New York

Poo, M. 1995, Wine and Wine Offering in the Religion of Ancient Egypt, London

Posener-Kriéger, P. 1997, News from Abusir, The Temple in Ancient Egypt: New Discoveries and Recent Research (Quirke, S. ed.), London, pp.17-23

Posener-Kriéger P. & de Cénival, J. 1968, Hieratic Papyri in the British Museum V: The Abusir Papyri, London

Postgate, N., Wang, T. & Wilkinson, T., 1995, The evidence for early writing: utilitarian or ceremonial? Antiquity 69 (264), pp.459-80

Prag, J. & Neave, R. 1997, Making Faces: using forensic and archaeological evidence, London

Prag, K. 1986, Byblos and Egypt in the Fourth Millennium bc, Levant 18, pp.59-74

Prahl, R. 2004, The Origin of the Guanches: Parallels with Ancient Egypt? Migration and Diffusion 5 (19), pp.80-92

Priese, K. ed. 1991, Agyptisches Museum, Mainz

Quaegebeur, J. 1971, Documents concerning a Cult of Arsinoe Philadelphos at Memphis, Journal of Near Eastern Studies 30 (4), pp.239-70

Quibell, J. 1898, The Ramesseum, London

Quibell, J., 1900, Hierakonpolis I, London

Quibell, J. 1908, The Tomb of Yuaa and Thuiu, Cairo

Quibell, J. & Green, F. 1902, Hierakonpolis II, London

Quirke, S. 1990, Who Were the Pharaohs: a history of their names with a list of cartouches, London

Quirke, S. 1991, Royal Power in the 13th Dynasty, Middle Kingdom Studies (ed. S. Quirke), New Malden, pp.123-39

Quirke, S. 1992, Ancient Egyptian Religion, London

Quirke, S. ed. 1998, Lahun Studies, Reigate

Rabino Massa, E. et al. 2000, Malaria in Ancient Egypt: Paleoimmunological Investigation on Predynastic Mummified Remains, Chungara: Revista de Antropología Chilena 32 (1), pp.7-9

Raven, M. 1983, Wax in Egyptian magic and symbolism, Oudheidkundige Mededelingen uit het Rijksmuseum van Oudheden te Leiden 64, pp.7-47

Ray, J. 2001, Reflections of Osiris: Lives from Ancient Egypt, London

Ray, J. 2003, Cleopatra in the Temples of Upper Egypt: the evidence of Dendera and Armant, Cleopatra Reassessed, British Museum Occasional Paper 103, (eds. Walker, S. & Ashton, S.), London, pp.9-11

Ray, J. 2007, The Rosetta Stone and the Rebirth of Ancient Egypt, London

Redford, D. 1984, Akhenaten the Heretic King, Princeton

Redford, D. 1986, The Name Manetho, Egyptological Studies in Honor of Richard A. Parker, (Lesko, L. ed.) Hanover, pp.118-21

Redford, D. 1992, Egypt, Palestine and Israel in ancient times, Princeton

Redford, S. 2002, The Harem Conspiracy: the Murder of Ramses III, DeKalb

Reeves, N. 1986, Miscellanea Epigraphica, Studien zur Altägyptischen Kultur 13, pp.165-70

Reeves, N. 1990, Valley of the Kings: the decline of a royal necropolis, London

Reeves, N. 1990, The Complete Tutankhamen, London

Reeves, N. 2000, Ancient Egypt: the Great Discoveries, a year-by-year chronicle, London

Reeves, N. 2001, Akhenaten: Egypt's False Prophet, London

Reeves, N. 2014, TutankhAmen's Gold Mask http://www.academia.edu/7516977/TutankhAmens_Gold_Mask_2014_

Reeves, N. & Wilkinson, R. 1996, The Complete Valley of the Kings: Tombs and Treasures of Egypt's Greatest Pharaohs, London

Reisner, G. 1927, The Tomb of Meresankh, a Great-Granddaughter of Queen Hetep-Heres I and Sneferuw, Bulletin of the Museum of Fine Arts 25 (151), pp.64-79

Reisner, G. 1932, The Bed Canopy of the Mother of Cheops, Bulletin of the Museum of Fine Arts 30 (180), pp.56-60

Reisner, G. 1936, The Dog that was Honoured by the King of Egypt, Bulletin of the Museum of Fine Arts 34 (206), pp.96-9

Remijsen, S. 2009, Challenged by Egyptians: Greek Sports in the Third Century bc, The International Journal of the History of Sport 26 (2), pp.246-71

Renberg, G. 2008, Review: Deir el-Bahari in the Hellenistic and Roman Periods: a Study of an Egyptian Temple based on Greek Sources (A. Lajtar), Bryn Mawr Classical Review

Reymond, E. 1973, Catalogue of Demotic Papyri in the Ashmolean Museum I: Embalmers' Archives from Hawara including Greek Documents and Subscriptions, Oxford

Reymond, E. 1981, From the Records of a Priestly Family from Memphis I, Wiesbaden

Reymond, E. & Barns, J. 1977, Alexandria and Memphis: Some Historical Observations, Orientalia 46 (1), pp.1-33

Rice, E. 1999, Cleopatra, London

Rice, M. 1990, Egypt's Making: the Origins of Ancient Egypt: 5000-2000 bc, London

Rice, M. 2006, Swifter than the Arrow: the Golden Hunting Hounds of Ancient Egypt, London

Ridealgh, K. 2011, Yes dear! Spousal dynamics in the Late Ramesside Letters, Current Research in Egyptology 2010: Proceedings of the Eleventh Annual Symposium, (Horn, M., Kramer, J., Soliman, D., Staring, N., van den Hoven, C. & Weiss, L. eds.), Oxford, pp.124-30

Ridgway, B. 1990, Hellenistic Sculpture I: the Styles of ca. 331-200 bc, Madison

Roberts, A. 1995, Hathor Rising: the Serpent Power of Ancient Egypt, Rottingdean

Robins, G. 1987, The Role of the Royal Family in the 18th Dynasty up to the end of the reign of Amenhotep III: 2:

Royal Children, Wepwawet 3, pp. 15-17

Robins, G. ed. 1990, Beyond the Pyramids, Atlanta

Roehrig, C. ed. 2005, Hatshepsut: from Queen to Pharaoh, New York

Romer, J. 1984, Ancient Lives: the Story of the Pharaoh's Tombmakers, London

Romer, J. & Romer, E. 1995, The Seven Wonders of the World, London

Rose, J. 2000, Tomb KV.39 in the Valley of the Kings: a double archaeological enigma, Bristol

Rostovtzeff, M. 1928, Greek Sightseers in Egypt, Journal of Egyptian Archaeology 14 (1-2), pp.13-15

Roth, A. 1993, Fingers, Stars and the 'Opening of the Mouth': the nature and function of the ntrwj-blades, Journal of Egyptian Archaeology 79, pp.57–79

Roth, A. 1999, The Absent Spouse: Patterns and Taboos in Egyptian Tomb Decoration, Journal of the American Research Center in Egypt 36, pp.37-53

Roth, A. & Roehrig, C. 2002, Magical Bricks and the Bricks of Birth, Journal of Egyptian Archaeology 88, pp.121-39

Rowe, A. 1961, Studies in the Archaeology of the Near East II: Some Facts Concerning the Great Pyramids of El-Gîza and their Royal Constructors, Bulletin of the John Rylands Library 44 (1), pp.100-18

Rowlandson, J. ed. 1998, Women and Society in Greek and Roman Egypt: a sourcebook, Cambridge de Ruiter, B.F. 2010, The Death of Arsinoe Philadelphus: the evidence reconsidered, Zeitschrift für Papyrologie und

Epigraphik 174, pp.139–50
Rutherford, I. 2003, Pilgrimage in Greco-Roman Egypt: New Perspectives on Graffiti from the Memnonion at Abydos, Ancient Perspectives on Egypt (eds. Matthews, R. & Roemer, C.), London, pp.171-89
Ryan, D. 1990, Who is Buried in KV.60: a Field Report, KMT 1 (1), pp.34-9, 53-8
Ryholt, K. 2000, The Late Old Kingdom in the Turin King-list and the Identity of Nitocris, Zeitschrift für ägyptische Sprache und Altertumskunde 127, pp.87–100
Saleh, M. & Sourouzian, H. 1987, Official Catalogue of the Egyptian Museum, Cairo, Mainz
Samson, J. 1972, Amarna, City of Akhenaten and Nefertiti: Key Pieces from the Petrie Collection, Guildford
Samson, J. 1977, Nefertiti's Regality, Journal of Egyptian Archaeology 63, pp.88-97
Sandars, N. 1985, The Sea Peoples: warriors of the ancient Mediterranean, London
Sandys, G. 1615, The Relation of a Journey begun an.Dom 1610, in Four Books, London
Saunders, N.J. 2006, Alexander's Tomb: the two thousand year obsession to find the lost conqueror, New York
Sauneron, S. 1980, The Priests of Ancient Egypt, New York
Säve-Söderbergh, T. ed. 1987, Temples and Tombs of Ancient Nubia: the international rescue campaign at Abu Simbel, Philae and other sites, London
Schiaparelli, E. 1927, La Tomb Intatta dell' Architetto Kha nella necropolis di Tebe, Turin
Schulman, A. 1988, Hittites, Helmets and Amarna: Akhenaten's first Hittite War, The Akhenaten Temple Project 2,

(Redford, D. ed.), pp.53-80

Seidlmayer, S. 1996, Town and State in the Early Old Kingdom: a View from Elephantine, Aspects of Early Egypt (Spencer, J. ed.), pp.108-27

Seligman, C. & Murray, M. 1911, Note upon an Early Egyptian Standard, Man 11, pp.163-71

Serpico, M. & White, R. 2000, The botanical identity and transport of incense during the Egyptian New Kingdom, Antiquity 74 (286), pp.884-97

Shaw, G. 2009, The Death of King Seqenenre Tao, Journal of the American Research Center in Egypt 45, pp.159-76

Shaw, I. 1991, Egyptian Warfare and Weapons, Princes Risborough

Shaw, I. ed. The Oxford History of Ancient Egypt, Oxford

Shaw, I. & Nicholson, P. 1995, British Museum Dictionary of Ancient Egypt, London

Shortland, A. ed. 2001, The Social Context of Technological Change: Egypt & the Near East 1650-1550 bc, Oxford

Siliotti, A. & Leblanc, C. 1993, Nefertari e la Valle delle Regine, Florence

Simpson, S. ed. 2002, Queen of Sheba: Treasures from Ancient Yemen, London

Simpson, W. 1972, The Literature of Ancient Egypt: an anthology of stories, instructions and poetry, New Haven

Skeat, T. 1962, Notes on Ptolemaic Chronology III, Journal of Egyptian Archaeology 48, pp.100-105

Smith, G. 1912, The Royal Mummies, Catalogue général des antiquités égyptiennes de la musée du Caire, Nos. 61051-61100, Cairo

Smith, H. 1974, A Visit to Ancient Egypt: life at Memphis and Saqqara (c.500-30 bc), Warminster

Smith, H. & Hall, R. 1984, Ancient Centres of Egyptian Civilisation, London

Smith, H. & Jeffreys, D.G. 1986, A Survey of Memphis, Egypt, Antiquity 60 (229), pp.88-95

Smith, W. 1981, The Art and Architecture of Ancient Egypt, London

Smither, P. 1945, The Semnah Despatches, Journal of Egyptian Archaeology 31, pp.3-10

Southern, P. 1998, Mark Antony, Stroud

Southern, P. 2001, Julius Caesar, Stroud

Sowada, K. 1999, Black-topped Ware in Early Dynastic Contexts, Journal of Egyptian Archaeology 85, pp.85-102

Spence, K. 2000, Ancient Egyptian Chronology and the Astronomical Orientation of Pyramids, Nature 408, pp.320-24

Spencer, J. 1993, Early Egypt: the rise of civilization in the Nile valley, London

Spencer, J. 2011, The Egyptian temple and Settlement at Naukratis, British Museum Studies in Ancient Egypt and Sudan, pp.17, 31–49

Springborg, P. 1990, Ptolemaic Queens, Greek daimon, the Roman Emperor and his genius, Royal persons:

patriarchal monarchy and the feminine principle, London, pp.194-214

Stadelmann, R. 2000, Kom el-Hetan: the Mortuary Temple of Amenhotep III, Egyptian Archaeology 16, pp.14-15

Stead, M. 1986, Egyptian Life, London

Stevenson, A. 2009.a, Predynastic burials, UCLA Encyclopedia of Egyptology (ed. Wendrich, W.), http://escholarship.org/uc/item/2m3463b2

Stevenson, A. 2009.b, Palettes, UCLA Encyclopedia of Egyptology (ed. Wendrich, W.), http://repositories.cdlib.org/nelc/uee/1069

Stocks, D. 2001, Testing ancient Egyptian granite-working methods in Aswan, Upper Egypt, Antiquity 75 (287), pp.89–94

Stocks, D. 2003, Immutable laws of friction: preparing and fitting stone blocks into the Great Pyramid of Giza, Antiquity 77 (297), pp.572-8

Strouhal, E. & Callender, G. 1992, Profile of Queen Mutnodjmet, Bulletin of the Australian Center for Egyptology 3, pp.67-76

Strouhal, E. & Gaballa, F. 1993, King Djedkara Isesi and his Daughters, Biological Anthropology and the Study of Ancient Egypt, London (eds. Davies, W. & Walker, R.), London, pp.104-118

Strouhal, E., Gaballa, M., Bonani, G., Woelfli, W., Nemeckova, A. & Saunders, S. 1998, Re-Investigation of the Remains thought to be of King Djoser and those of an Unidentified Female from the Step Pyramid at Saqqara, Proceedings of the Seventh International Congress of Egyptologists (ed. C.Eyre), Leuven, pp.1103-7

Suetonius, trans. Graves, R. 1957, The Twelve Caesars, Harmondsworth

Sullivan, E. 2012, Visualizing the size and movement of the portable festival barks at Karnak temple, British Museum Studies in Ancient Egypt and Sudan 19, pp.1–37

Sweeney, D. 2004, Forever Young? The Representation of Older and Ageing Women in Ancient Egyptian Art, Journal of the American Research Center in Egypt 41, pp.67-84

Tait, J. 2003, Cleopatra by Name, Cleopatra Reassessed, British Museum Occasional Paper No.103, (eds. Walker, S. & Ashton, S.), London, pp.3-7

Tarn, W. 1936, The Bucheum Stelae: a Note, Journal of Roman Studies 26 (2), pp.187-89

Taylor, J. 1998, Nodjmet, Payankh and Herihor: the End of the New Kingdom reconsidered, in Proceedings of the Seventh International Congress of Egyptologists (ed. C. Eyre), Leuven, pp.1143-55

Taylor, J. 2001, Death and the Afterlife in Ancient Egypt, London

Terrace, E. & Fischer, H. 1970, Treasures of the Cairo Museum from Predynastic to Roman times, London

Thomas, A. 1981, Gurob: a New Kingdom Town, London

Thomas, E. 1966, The Royal Necropoleis of Thebes, Princeton

Thomas, N. 1995, The American Discovery of Ancient Egypt, Los Angeles

Thomas, R. & Villing, A. 2013, Naukratis revisited 2012: integrating new fieldwork and old research, British Museum Studies in Ancient Egypt and Sudan 20, pp.81–125

Thompson, D. 1955, A Portrait of Arsinoe Philadelphos, American Journal of Archaeology 59 (3), pp.199-206

Thompson, D. 1973, Ptolemaic oinochoai and portraits in faience: aspects of the ruler-cult, Oxford

Tidyman, R. 1995, Further Evidence of a coup d'etat at the end of dynasty 11? Bulletin of the Australian Center for Egyptology 6, pp.103-10

Tiradritti, F. 1998, Isis, the Egyptian Goddess who Conquered Rome, Cairo

Toivari, J. 1998, Marriage at Deir el-Medina, in Proceedings of the Seventh International Congress of Egyptologists (ed. C.Eyre), Leuven, pp.1143-55

Tomber, R. 2000, Indo-Roman trade: the ceramic evidence from Egypt, Antiquity 74 (285), pp.624-31

Tooley, A. 1991, Child's Toy or Ritual Object, Gottinger Miszellen 123, pp.101-11

Török, L. 1997, The Kingdom of Kush: Handbook of the Napatan-Meroitic Civilization, Brill

Trigger, B., Kemp, B., O'Connor, D. & Lloyd, A. 1983, Ancient Egypt: A Social History, London

Troy, L. 1986, Patterns of Queenship in Ancient Egyptian Myth and History, Uppsala

Uphill, E. 1988, Egyptian Towns and Cities, Aylesbury

Uytterhoeven, I. & Blom-Böer, I. 2002, New Light on the Egyptian Labyrinth: Evidence from a Survey at

Hawara, Journal of Egyptian Archaeology 88, pp.111-20

van Dijk, J. 1996, Horemheb and the Struggle for the Throne of Tutankhamen, Bulletin of the Australian Center for Egyptology 7, pp.29-42

Vandersleyen, C. 1995, Who was the First King in the Valley of the Kings? Valley of the Sun Kings: New Explorations in the Tombs of the Pharaohs (Wilkinson, R. ed.), Tucson, pp.22-4

Vassilika, E. 2010, The Tomb of Kha, Turin

Vasunia, P. 2001, The Gift of the Nile: Hellenizing Egypt from Aeschylus to Alexander, Berkeley

Veldmeijer, A. J. 2010, Tutankhamen's Footwear: Studies of Ancient Egyptian Footwear, Batinge

Vergnieux, R. & Gondran, M. 1997, Aménophis IV et les pierres du soleil: Akhénaten retrouvé, Paris

Vermeersch, P., Paulissen, E., Van Peer, P., Stokes, S., Charlier, C., Stringer, C. & Lindsay, W. 1998, A Middle Palaeolithic burial of a modern human at Taramsa Hill, Egypt, Antiquity 72 (277), pp.475-84

Verner, M. 1994, Forgotten Pharaohs, Lost Pyramids: Abusir, Prague

Verner, M. 1997, Further Thoughts on the Khentkaus Problem, Discussions in Egyptology 38, pp.109-17

Verner, M. 2001, The Pyramids, New York

Virgil, trans. Dryden, J. 1968, Virgil's Aened, New York

Vogel, C. 2003, Fallen Heroes? Winlock's 'Slain Soldiers' Reconsidered, Journal of Egyptian Archaeology 89, pp.239-45

Vogelsang-Eastwood, G. 1993, Pharaonic Egyptian Clothing, Leiden

Vogelsang-Eastwood, G. 1999, Tutankhamen's Wardrobe, Leiden

Vörös, G. 2007, Egyptian Temple Architecture: 100 Years of Hungarian Excavations in Egypt, 1907-2007, Budapest

Vos, R. 1993, The Apis Embalming Ritual, P.Vindob.3873, Leuven

Wachsmann, S. 1987, Aegeans in the Theban Tombs: Orientalia Lovaniensia Analecta 20, Louvain

Wade, C. 2008, Sarcophagus Circle: the goddesses in the tomb, The Tenth International Congress of Egyptologists, Rhodes pp.269-70

Wainwright, G. 1913, The Keftiu People of the Egyptian Monuments, Annals of Archaeology & Anthropology 6 (1-2), pp.24-83

Wainwright, G. 1923, The Red Crown in Early Prehistoric Times, Journal of Egyptian Archaeology 9, pp.23-33

Walbank, F. 1979, Egypt in Polybius, Glimpses of Ancient Egypt: Studies in Honour of H.W. Fairman (eds. in Ruffle, J., Gaballa, G.A. & Kitchen K.A.), Warminster, pp.180-89

Walbank, F. 1981, The Hellenistic World, London

Walker, S. & Higgs, P. 2001, Cleopatra of Egypt: from History to Myth, London

Ward, W.1977, Neferhotep and His Friends: a Glimpse at the Lives of Ordinary Men, Journal of Egyptian Archaeology 63, pp.63-6

Ward, C. 2012. Building pharaoh's ships: Cedar, incense and sailing the Great Green, British Museum Studies in Ancient Egypt and Sudan 18, pp.217–32

Warden, M. 2000, Recarving the Namer Palette, Nekhen News 12, pp.26-7

Watterson, B. 1979, The Use of Alliteration in Ptolemaic, Glimpses of Ancient Egypt: Studies in Honour of H.W. Fairman (eds. in Ruffle, J., Gaballa, G. & Kitchen K.), Warminster, pp.167-9

Watterson, B. 1998, The House of Horus at Edfu, Stroud

Weeks, K. 2000, KV.5: a Preliminary Report on the Excavations of the Tomb of the Sons of Ramses II in the Valley of the Kings, Cairo

Weigall, A. 1911, The tomb of Amenhotep, Annales du Service des Antiquités de l'Egypte II, pp.174-75

Weigall, A. 1927, A History of the Pharaohs II, London

Weinstein, J. 1974, A Statuette of the Princess Sobeknefru at Tell Gezer, Bulletin of the American Schools of Oriental Research 213, pp.49-57

Welles, C. 1962, The Discovery of Sarapis and the Foundation of Alexandria, Historia 11, pp.271-89

Wells, R. 1985, Sothis and the Satet Temple on Elephantine: a Direct Connection, Studien zur Altägyptischen Kultur 12, pp.255-302

Welsby, D. 1996, The Kingdom of Kush: the Napatan and Meroitic Empires, London

Wendorf, F. & Schild, R. 2002, Implications of Incipient Social Complexity in the Late Neolithic in the Egyptian

Sahara, Gifts of the Desert (Friedman, R. ed.), London, pp.13-20

Wendrich, W. & Cappers, R. 2005, Egypt's Earliest Granaries: evidence from the Fayuum, Egyptian Archaeology 27, pp.12-15

Wengrow, D. 2001, Rethinking Cattle-Cults in Early Egypt: towards a prehistoric perspective on the Narmer Palette, Cambridge Archaeological Journal 11 (1), pp.91-104

Wengrow, D. 2006, The Archaeology of Early Egypt: Social Transformations in North-East Africa, c.10,000 to 2,650 bc, Cambridge

Wengrow, F., Dee, M., Foster, S., Stevenson, A. & Ramsey, C. 2014, Cultural convergence in the Neolithic of the Nile Valley: a prehistoric perspective on Egypt's place in Africa, Antiquity 88 (339), pp.95-111

Wente, E. 1962, Egyptian 'Make Merry' Songs Reconsidered, Journal of Near Eastern Studies 21 (2), pp.118-28

Wente, E.F. 1982, Funerary Beliefs of the Ancient Egyptians, Expedition 24 (2), pp.17-26

Wente, E. 1990, Letters from Ancient Egypt, Atlanta

Wente, E. & Harris, J. 1992, Royal Mummies of the Eighteenth Dynasty: a Biological and Egyptological Approach, After Tut'ankhAmen (ed. N. Reeves), London, pp.2-20

Werner, E. 1979, Identification of Nefertiti in Talatat Reliefs Previously Published as Akhenaten, Orientalia 48, pp.324-31

Wheeler, N. 1935, Pyramids and their Purpose, Antiquity 9 (33-35), pp.5-21, 161-89, 292-304

Whitehorne, J. 2001, Cleopatras, London

Wilding, D. 1977, Egyptian Saints: deification in Pharaonic Egypt, New York

Wilfong, T. 1997, Women and Gender in Ancient Egypt: from Prehistory to Late Antiquity, Ann Arbor

Wilkinson, A. 1998, The Garden in Ancient Egypt, London

Wilkinson, C. 1983, Egyptian Wall Paintings, New York

Wilkinson, R. 2000, The Complete Temples of Ancient Egypt, London

Wilkinson, T. 1999, Early Dynastic Egypt, London

Wilkinson, T. 2003, Genesis of the Pharaohs, London

Wilkinson, T. 2010, The Rise and Fall of Ancient Egypt, London

Wilkinson, T. 2011, Ancient Egypt and Africa, Shemu: the Egyptian Society of South Africa

Williams, B. 1988, Narmer and the Coptos Colossi, Journal of the American Research Center in Egypt 25, pp.35-59

Williams, C. 1936, The Season of 1935 to 1936 in Egypt, American Journal of Archaeology 40, pp.551-6

Williams, E. 1985, Isis Pelagia and a Roman Marble Matrix from the Athenian Agora, Hesperia 54 (2), pp.109-19

Wilson, J. 1931, Ceremonial Games of the New Kingdom, Journal of Egyptian Archaeology 17, pp.211-20

Wilson, J. 1955, Buto and Hierakonpolis in the Geography of Egypt, Journal of Near Eastern Studies 14 (4),

pp.209-36

Wilson, P. 1997, Slaughtering the Crocodile at Edfu and Dendera, The Temple in Ancient Egypt: New Discoveries and Recent Research, (ed. S.Quirke), London, pp.179-203

Winlock, H. 1917, A Restoration of the Reliefs from the Mortuary Temple of Amenhotep I, Journal of Egyptian Archaeology 4, pp.11-15

Winlock, H. 1924, The Tombs of the Kings of the Seventeenth Dynasty at Thebes, Journal of Egyptian Archaeology 10, p.217-277

Winlock, H. 1940, The Court of King Neb-Ḥepet-Rē Mentu-Hotpe at the Shaṭṭ er Rigāl, American Journal of Semitic Languages and Literatures 57 (2), pp.137-61

Winlock, H. 1942, Excavations at Deirel-Bahari 1911-1931, New York

Winlock, H. 1975, Excavating Egypt: Digger's Luck, The Metropolitan Museum of Art Bulletin 33 (2), pp.56-71

Winlock, H. 2007, The Slain Soldiers of Nebhepetre Montuhotep, New York

Witt, R. 1970, The Egyptian Cults in Macedonia, Ancient Macedonia: papers read at the first international symposium held in Thessaloniki,

26-29 August 1968 (ed. Laourdas, B. & Makaronas, C.J.), Thessalonika, pp. 324-33

Witt, R. 1971, Isis in the Graeco-Roman World, London

Yoshimura, S. & Takamiya, I. 1994, A Monument of Khaemwaset at Saqqara, Egyptian Archaeology 5, pp.19-23

Zabkar, L.V. 1963, Herodotus and the Egyptian Idea of Immortality, Journal of Near Eastern Studies 22 (1), pp.57-63

Zecchi, M. 2008, The Monument of Abgig, Studien zur Altägyptischen Kultur 37, pp.373-86

Ziegler, C. 1990, The Louvre: Egyptian Antiquities, Paris

Zivie, A. 1998, The Tomb of Lady Maïa, Wet-nurse of Tutankhamen, Egyptian Archaeology: Bulletin of the Egypt Exploration Society 13, pp.7-8

Zivie, A. 2007, The Lost Tombs of Saqqara, Toulouse

Zivie-Coche, C. 2002, Sphinx: History of a Monument, London

埃及五千年（二版）：文明起源與王朝興衰的故事
The Story of Egypt

作　　者　喬安・佛列契（Joann Fletcher）
譯　　者　楊凌峰
責任編輯　夏于翔
協力編輯　魏嘉儀
內頁構成　李秀菊
封面美術　萬勝安
圖片提供　達志影像

發 行 人　蘇拾平
總 編 輯　蘇拾平
副總編輯　王辰元
資深主編　夏于翔
主　　編　李明瑾
業務發行　王綬晨、邱紹溢、劉文雅
行　　銷　廖倚萱
出　　版　日出出版
　　　　　地址：231030新北市新店區北新路三段207-3號5樓
　　　　　電話：02-8913-1005　傳真：02-2718-1258
　　　　　網址：www.sunrisepress.com.tw
　　　　　E-mail信箱：sunrisepress@andbooks.com.tw

發　　行　大雁文化事業股份有限公司
　　　　　地址：231030新北市新店區北新路三段207-3號5樓
　　　　　電話：02-8913-1005　傳真：02-8913-1056
　　　　　讀者服務信箱：andbooks@andbooks.com.tw
　　　　　劃撥帳號：19983379　戶名：大雁文化事業股份有限公司

印　　刷　中原造像股份有限公司
二版一刷　2024年6月
定　　價　850元
I S B N　978-626-7460-57-3

國家圖書館出版品預行編目（CIP）資料

埃及五千年：文明起源與王朝興衰的故事／喬安・佛列契（Joann Fletcher）著；楊凌峰譯. -- 二版. -- 新北市：日出出版：大雁文化事業股份有限公司發行, 2024.06
592面；17×23公分
譯自：The story of Egypt : the civilization that shaped the world
ISBN 978-626-7460-57-3（平裝）. --
1.古埃及　2.文明史　3.埃及文化
761.3　　　　113007676